U0929675

中国仪器仪表年鉴

自动化仪表分册 2014

中国仪器仪表行业协会年鉴编辑委员会 编

中国商业出版社

图书在版编目（C I P）数据

中国仪器仪表年鉴. 2014. 自动化仪表分册 / 中国仪器仪表行业协会年鉴编辑委员会编. -- 北京 : 中国商业出版社, 2014.12
ISBN 978-7-5044-8806-0

Ⅰ. ①中… Ⅱ. ①中… Ⅲ. ①仪器－中国－2014－年鉴②仪表－中国－2014－年鉴③自动化仪表－中国－2014－年鉴 Ⅳ. ①F426.4-54

中国版本图书馆 CIP 数据核字（2014）第 296944 号

责任编辑：刘万庆

中国商业出版社出版发行
（100053　北京广安门内报国寺 1 号）
010-63180647　www.c-cbook.com
新书店总店北京发行所经销
廊坊市国彩印刷有限公司印刷
*　*　*
规格：889×1230 毫米　开本：16　字数：560 千字
印张：正文 15.125　彩色 2.5
2014 年 12 月第 1 版　2014 年 12 月第 1 次印刷
定价：380.00 元
*　*　*　*
（如有印装质量问题可更换）

中国仪器仪表年鉴自动化仪表分册
组织机构

主办单位：中国仪器仪表行业协会

承办单位：中国仪器仪表行业协会自动化仪表分会

上海工业自动化仪表研究院

前　言

自动化仪表主要包括温度仪表、压力仪表、物位仪表、流量仪表、机械量仪表、在线分析仪器、执行器、显示控制仪表以及控制系统等几大类产品，是中国仪器仪表行业最大的专业分支，是重大技术装备的重要组成部分，是工业化和信息化实现“深度”融合的基础，在提高我国工业装备自动化、智能化水平，推进产业转型升级和经济发展方式转变中发挥了重要的作用。为了如实反映行业发展历程，总结、交流行业发展的成果和经验，引导行业健康发展，中国仪器仪表行业协会特组织编写了《中国仪器仪表年鉴(自动化仪表分册)》（以下简称分册）。

分册共12章，主要介绍了我国自动化仪表行业的发展现状、发展环境、发展趋势、2013年生产运行状况、标准化情况、检测与认证情况、新产品与新技术情况以及自动化仪表产品在石化、LNG、核电等重点行业的应用情况，简要介绍了行业部分重点企业和骨干企业，并邀请部分专家和企业领导就当前热点、行业发展、企业管理等方面内容发表自己的看法。分册还以附录的形式发布了行业统计数据、行业大事记、获得省部级奖励情况以及重大项目进展与完成情况等等。

分册的编写由协会统一组织，自动化仪表分会具体承担，在编写过程中，得到了总会领导、行业专家的精心指导，同时也得到了分会正副理事长单位、理事单位、会员单位以及从事自动化仪表科研开发、生产销售和应用等各个方面的广泛关注和积极支持。分册的控制系统部分由缪学勤同志编写，控制阀部分由王群增同志编写，流量部分由蔡武昌、汤俊峰同志编写，物位仪表部分由李竞武同志编写，标准化部分由石镇山同志编写，检测部分与认证部分由姚志宏同志编写，乙烯行业应用部分由杨金城同志编写，炼油行业应用部分由朱健同志编写，煤化工行业应用部分由李俊杰同志编写，LNG行业应用部分由云涛同志编写，核电应用部分由陈廷炯、张晶同志编写，徐建平同志对标准化部分和检测与认证部分进行了审核与补充，范铠同志对全部内容进行了审核；业内很多老同志、老专家对本年鉴提出了很多宝贵意见。

分册是协会第一次独立组织编纂。由于时间紧、经验有限，行业情况收集和内容征集存在不足，部分专业领域及内容没有编入年鉴之中，各章节内容还有待完善和补充，不妥之处在所难免，敬请批评指正，为今后行业年鉴编辑工作水平的提高创造条件。

在此，对所有为“自动化仪表分册”的编辑出版做出了贡献的单位和个人表示由衷的感谢！

编著者

2014 年 9 月

北京中通诚益科技发展有限责任公司

地址：北京市昌平区国际信息产业基地立业路8号兆科大厦

电话：010-52282970　　网址：www.bjzhtcy.com

城市智慧供热运营监管平台

系统架构图

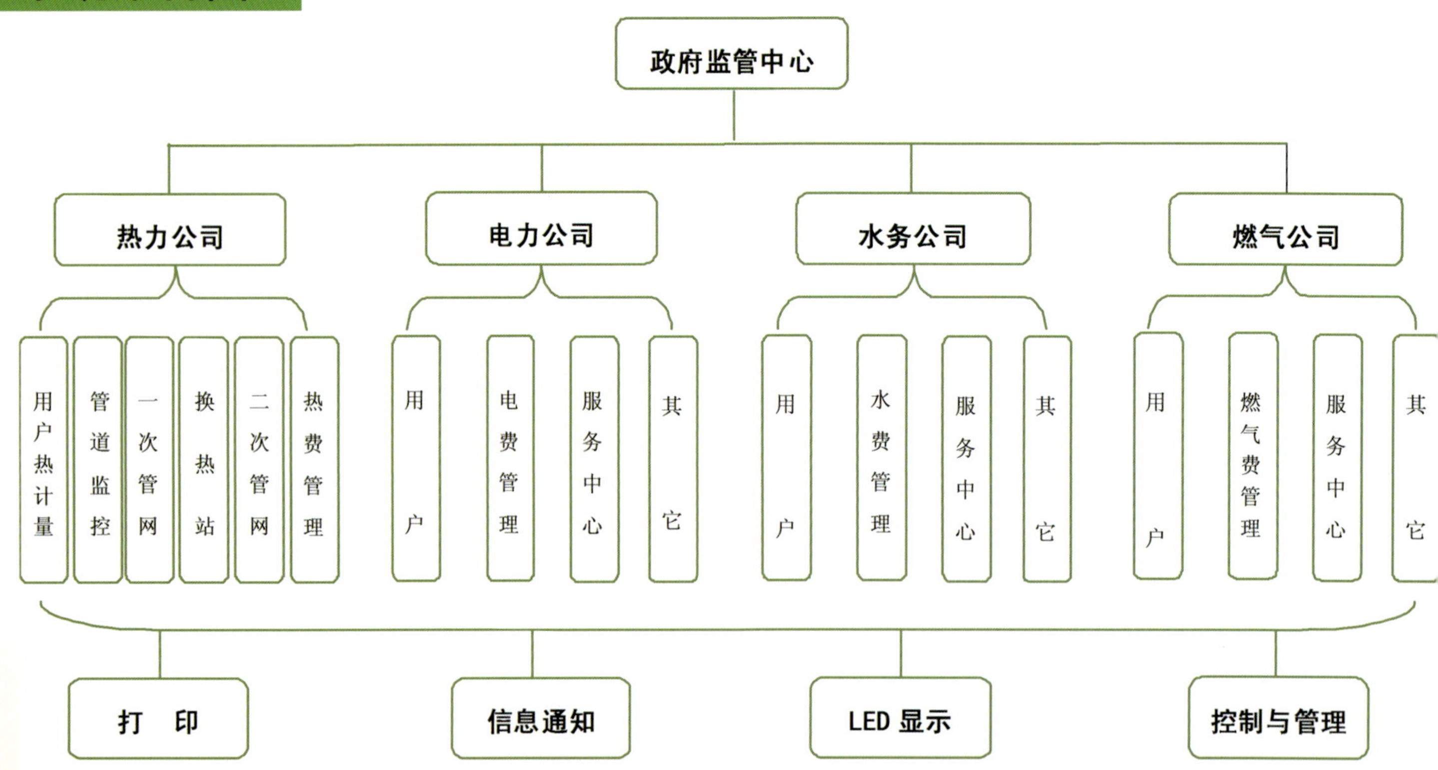

城市智慧供热运营监管平台——主要表现

一、终端用户（独特技术）

1、调节功能。

选用“多工位”调节技术，实现末端变流量供热。流量在大、中、小的调节中，使室温变化平稳，延长室温降温时间，节能效果显著，并能消除系统垂直失调；

2、清洁功能。

选用“定期旋转”技术，防止水锈、水垢，确保产品在质保期内正常工作；

3、防冻功能。

设有值班流量，使过水阀门保持一定角度，确保供热系统24小时热循环，适用于高严寒地区。

二、供热企业

1、结算点位置。

明确了楼栋热力入口作为供用双方热量贸易结算点；

2、节能。

通过系统调控与管理，节能率高达27%以上，节能效果显著

3、热费分摊合理。

合理的热费分摊，能提高热费管理效力、合理解决邻户传热、空置户、报订用户和放水等诸多问题、避免用热不均与浪费现象。

三、系统管理

1、政府监控平台。

集成热源、管网、换热站、用热末端的实时数据信息，现热计量装置运行、热用户投诉和供热质量等相关信息监控

2、管网监控系统。

监控管网故障情况，防止水力平衡失调，确保安全供热避免重大事故发生；

3、热费管理系统。

实现了热费合理分摊、自动缴费和远程欠费关阀等功能

4、热计量管理系统。

主要记录与分析一次网、二次网、楼栋之间的耗热量；热末端用热信息，对楼栋热量表的计量值进行热费合理分摊实现分户热计量。

5、换热站无人值守系统。

主要对换热站内的变频、水泵、气候补偿进行合理调节控制。

通过“智慧供热系统”的管理，从热源到供热末端进行调节与控制，实现供热计量智能化、系统控制自动化、住户热自主化，政策监管科学化管理。达到系统安全用热，用热能的目的。

目 录

第七章 行业发展趋势

第八章 重点行业应用情况

第九章 行业视角

第十章 重点企业介绍

第十一章 潜力企业介绍

第十二章 两化融合

附录

广告索引

1. 中环天仪股份有限公司／封面
2. 重庆川仪自动化股份有限公司／封底
3. 北京华控技术有限责任公司／首扉
4. 厦门宇电自动化科技有限公司／封三
5. 重庆四达试验设备有限公司／目录前页
6. 中环天仪股份有限公司／双彩页
7. 重庆川仪自动化股份有限公司／双彩页
8. 上海自动化仪表股份有限／双彩页
9. 上海工业自动化仪表研究院／双彩页
10. 开封仪表有限公司／双彩页
11. 北京康吉森自动化设备技术有限责任公司／彩全页
12. 吴忠仪表有限责任公司／彩全页
13. 北京和利时系统工程有限公司／彩全页
14. 福建上润精密仪器有限公司／彩全页
15. 北京国电智深控制技术有限公司／双彩页
16. 安徽天康股份有限公司／彩全页
17. 重庆伟岸测器制造有限公司／彩全页
18. 上海辰竹仪表有限公司／彩全页
19. 福建顺昌虹润精密仪器有限公司／彩全页
20. 天信仪表集团有限公司／双彩页
21. 西仪集团有限责任公司／双彩页
22. 北京瑞普三元仪表有限公司／彩全页
23. 南京菲尼克斯电气有限公司／彩全页
24. 浙江迪元仪表有限公司／彩全页
25. 上海凡宜科技电子有限公司／彩全页
26. 太原太航科技有限公司／双彩页
27. 南京优倍电气有限公司／双彩页
28. 苏州苏试试验仪器股份有限公司／彩全页
29. 杭州盘古自动化系统有限公司／彩全页
30. 北京青云精益检测设备有限公司／彩全页
31. 浙江中德自控阀门有限公司／彩全页
32. 浙江伦特机电有限公司／彩全页
33. 上海辛克试验机有限公司／彩全页
34. 北京中通诚益科技发展有限责任公司／彩全页

重庆川仪自动化股份有限公司

公司简介

重庆川仪自动化股份有限公司经过多年的发展，现已成为工业自动控制系统装置制造业国内综合实力领先的企业，公司目前主要从事工业自动控制系统装置及工程成套的研发、生产、销售、技术咨询、服务等业务。公司在技术、市场、人才等方面具备一定的先发优势，拥有比较雄厚的技术基础，产品门类齐全，销售服务网络完善，系统集成及总包服务能力在国内同行业处于领先地位。

公司的主要业务是工业自动控制系统装置及工程成套，包括单项产品和系统集成及总包服务，单项产品主要包括智能变送器、智能调节阀、智能执行机构、智能流量仪表、温度仪表、控制设备及装置和分析仪器等。

公司自成立以来，一直致力于工业自动控制系统装置相关技术的研究及相关产品的开发。多年来，公司坚持科技创新，产业报国，致力于为国家电力、冶金、化工、核工业、轻工建材、轨道交通、市政工程及环保等行业的重点项目提供先进的自动化仪表和系统解决方案，经济规模连续多年位居行业第一，在国内市场和同行业内享有极高的知名度。先后荣膺中国电子信息100强、重庆工业50强、国家信息产业基地龙头企业、全国机械工业职工技术创新优秀组织单位等荣誉称号。

重庆川仪

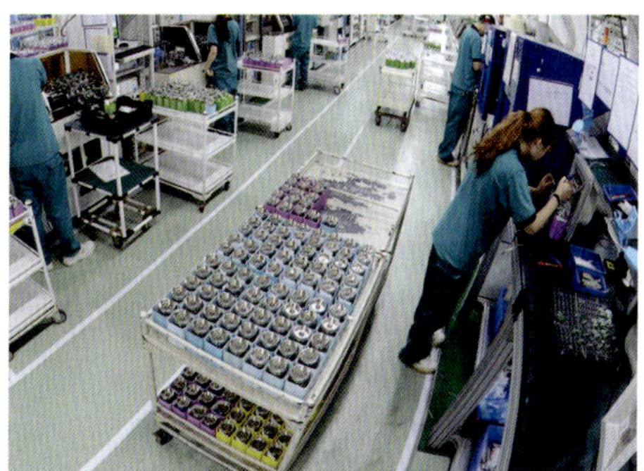

P work shop
roduction

中环天仪股份有限公司位于天津滨海高新技术产
工业自动化仪表、自控系统集成、电气控制装置、气
仪表和气象环境仪器制造商。公司拥有国家级技术中
高级技术研发人员，承担着多项国家 863 科技攻关项
东亚、东南亚、西亚、南美、中东及北非等 20 多个国
证体系认证，始终坚持“满足顾客需要，提供优质服
有为用户持续提供优质产品和满意服务的能力。

上海工业自动化仪表研究院
SHANGHAI INSTITUTE OF PROCESS AUTOMATION INSTRUMENTATION
工业过程自动化国家工程研究中心
NATIONAL ENGINEERING RESEARCH CENTER FOR PROCESS AUTOMATION
国家能源核电站仪表研发（实验）中心
NATIONAL ENERGY RESEARCH DEVELOPMENT AND TESTING CENTER FOR I&CS IN NUCLEAR POWER PLANT

上海工业自动化仪表研究院（简称 SIPAI），创建于1956年10月，系原机械工业部直属的行业归口科研机构，是从事工业自动化仪表产品和生产过程自控系统研究、开发、生产、应用和试验的综合性科研院所，在国内外自动化仪表领域享有较高的知名度和声誉。SIPAI于1999年改制为科技型企业，现由上海市国有资产监督管理委员会管理。

借助国家工业转型升级、两化深度融合的契机，SIPAI以电力能源、工业安全、节能减排、智能制造等新兴产业为突破口，形成了以系统集成与高端产品、检验检测、行业服务、科技园区为主的四大业务板块。

SIPAI现有专业技术人员270余人，占在职员工总数79%；其中享受政府特殊津贴的高级专家20多人，各类国际、国内认可的专业资质人才100余人次，竭诚为您提供最专业、最优质的服务！

SIPAI四大主营业务与主要服务领域

一站式核电仪控电设备鉴定（EQ）服务

SIPAI作为国家能源局授权的研发与试验机构，具备设计试验大纲、实施试验或分析、出具鉴定报告等综合服务能力，试验能力覆盖基准性能试验、老化试验、电磁兼容试验、软件V&V以及LOCA、地震、辐照、热氧老化等核电专项试验项目，可为用户提供一站式的专业服务。

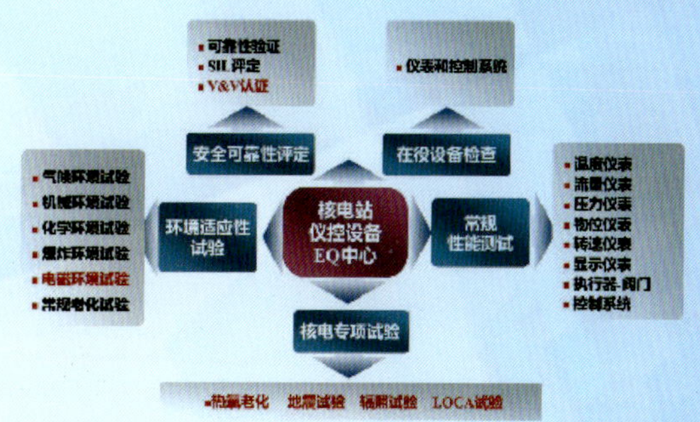

信息安全技术服务

服务内容覆盖工业控制系统信息安全的全生命周期，包括风险评估、脆弱点分析、安全漏洞检测、供应链管理、攻防演练、工程设计和实践、信息安全测评、项目验收、培训等，致力于形成完整的信息安全服务体系。

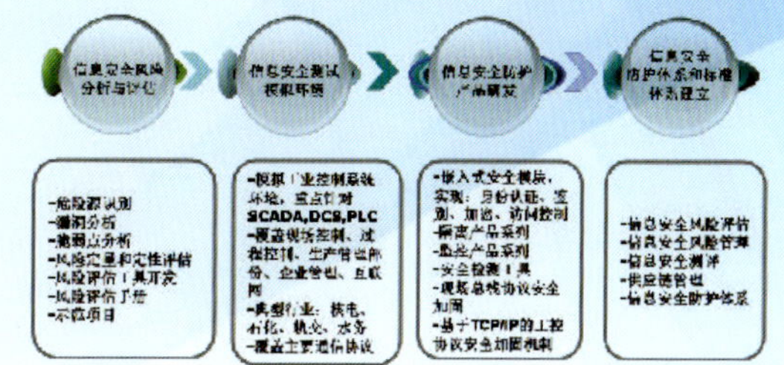

信息安全技术服务体系 Information security technology service system

智能制造数字化车间解决方案

针对我国自动化数字化程度较低的锅炉制造行业开发了数字化车间解决方案，主要功能包括汽包及管子冷热加工关键设备的自动化、数字化改造；制造工艺流程的智能化再造；加工信息全过程跟踪；产品质量全过程可追溯；并可实现PLM、MES、ERP的全面贯通。该解决方案已在输配电装备制造行业推广应用。

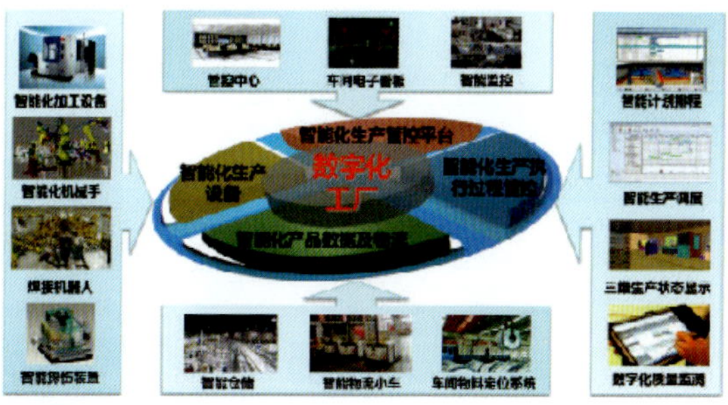

两化融合咨询评估服务

工信部首批推荐的两化融合管理体系贯标咨询服务机构，开展了两化融合管理体系、质量体系、工业产品生产许可证、CCC认证以及两化融合规划等方面的咨询服务，致力于为企业实施自动化、信息化和智能化升级提供详细咨询及实施一体化服务。

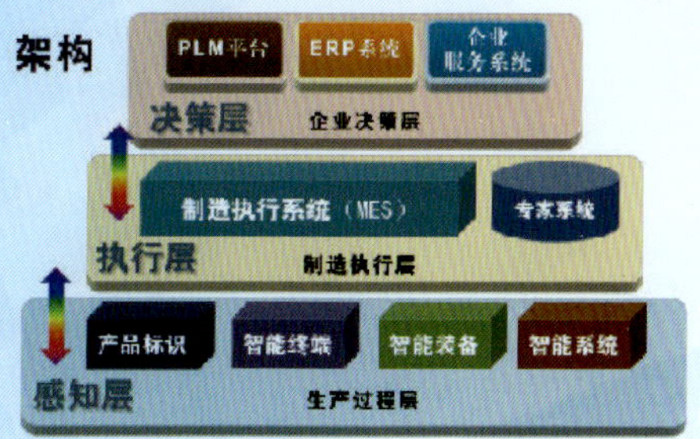

地址：上海市漕宝路103号（200233）
电话：021-64368180-232
传真：021-64516101

www.sipai.com

主要产品

电磁流量计

浮子流量计

涡轮流量计

腰轮流量计

刮板流量计

双转子流量计

体积管式流量计量检定装置

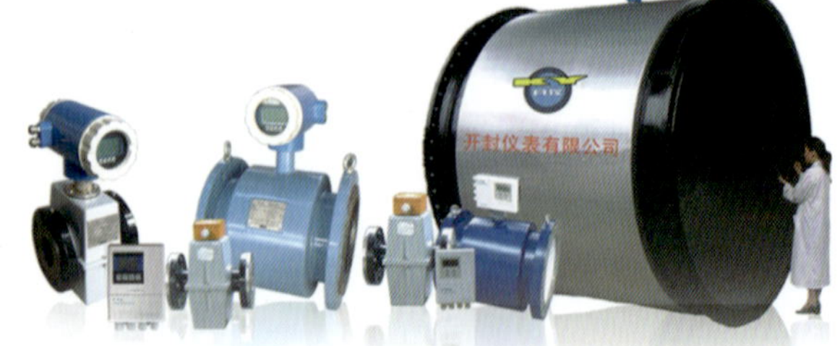

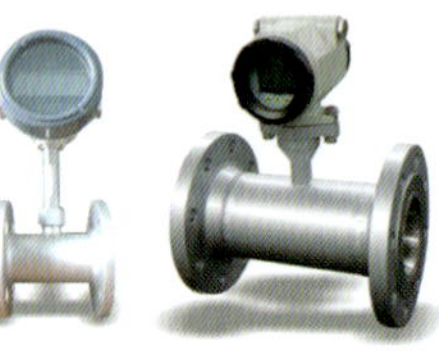

吴忠仪表有限责任公司

中國自動化 Wuzhong Instrument Co.,Ltd

专业 专注 创新

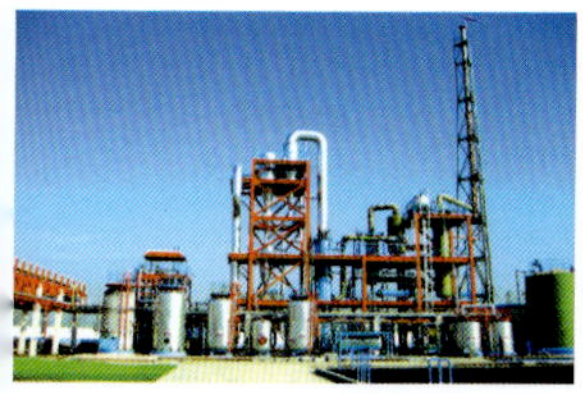
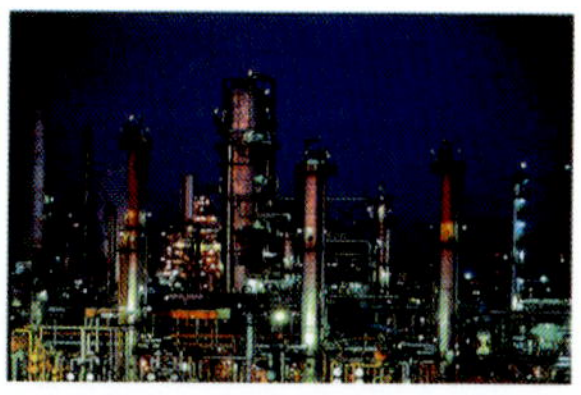
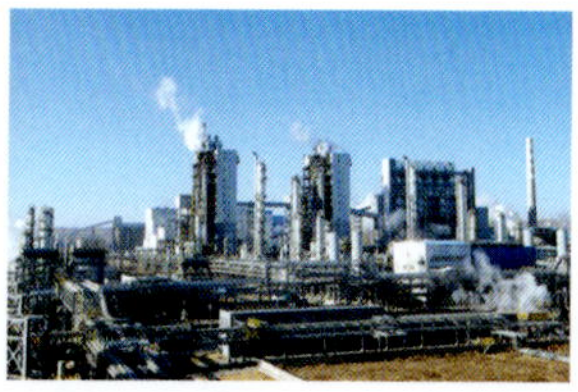
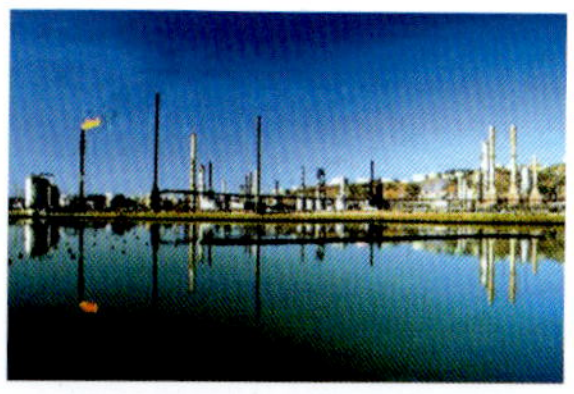
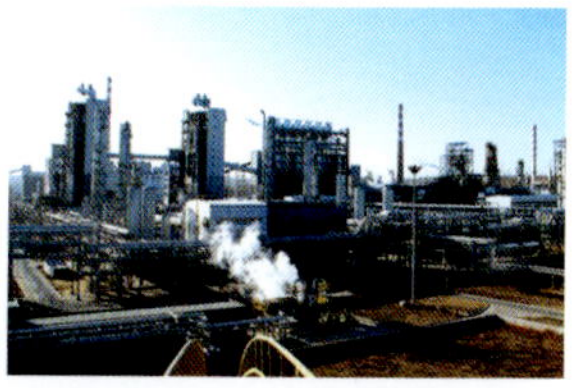

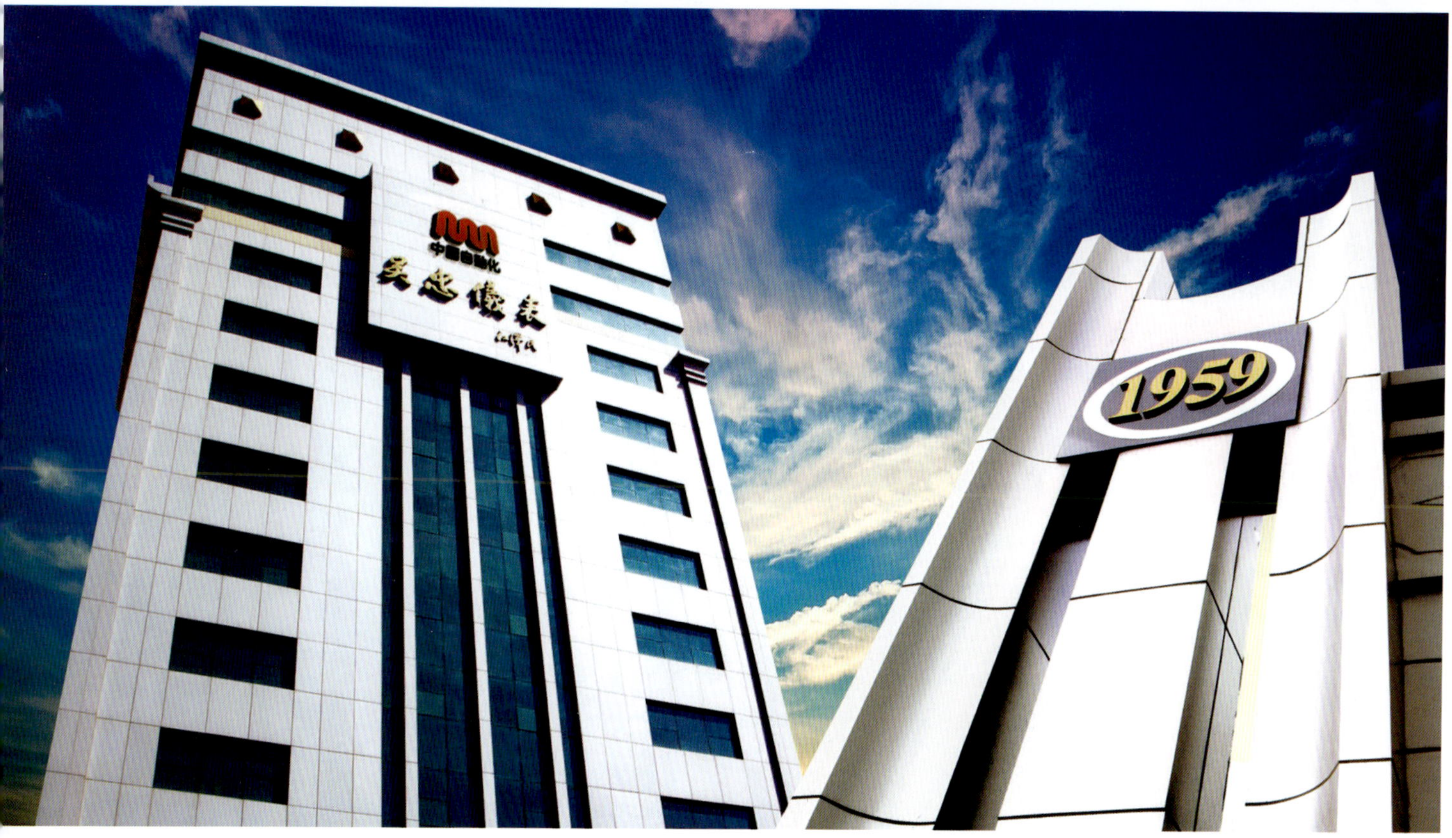

吴忠仪表有限责任公司
地址：宁夏吴忠市朝阳街67号
邮编：751100
电话：093-3929080
传真：0953-3929080
网址：http://www.wzyb.com.cn

WUZHONG INSTRUMENT CO.,LTD.
Address：67 Chaoyang Street, Wuzhong City in Ningxia
Zip Code：751100
Tel：0953-3929080
Fax：0953-3929080
Website：www.wzyb.com.cn

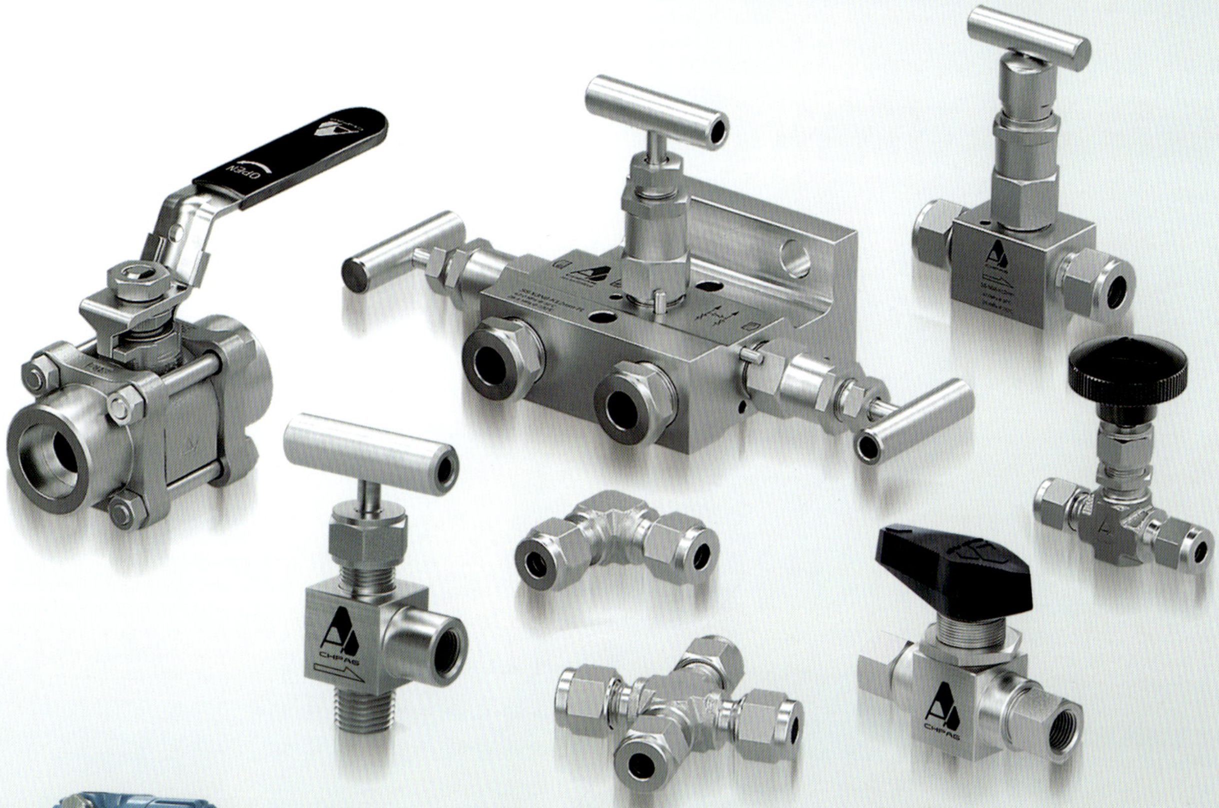

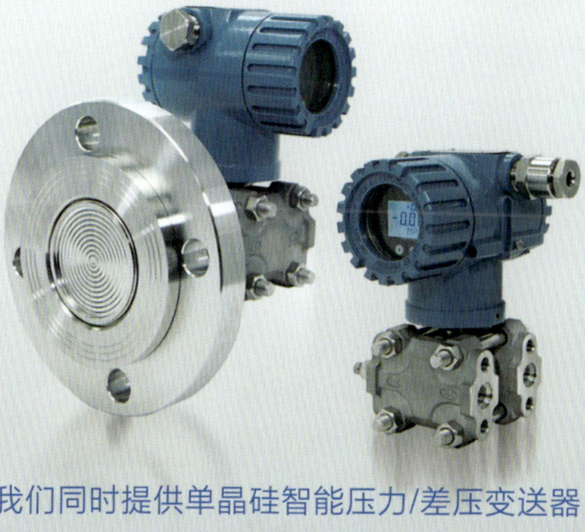

持之以恒、引领中国自动化开发创新应用进程

北京国电智深控制技术有限公司（简称国电智深公司）成立于2002年初，是由国电科技环保集团股份有限公司和国网电力科学研究院共同投资组建，具有独立法人资格的现代化高新技术企业。

国电智深公司长期致力于重大技术装备大型自动化控制系统的研发、设计、制造与推广应用，多次成功实施国家"863"项目和国家级科研项目，被北京市科学技术委员会认定为北京市电站自动化工程技术研究中心,被北京市经济和信息委员会认定为北京市认定企业技术中心。

国电智深公司具有完全自主知识产权的 **EDPF-NT自动化控制系统（DCS）**率先打破了国外自动化控制系统对中国火电高端市场的垄断局面，成功实现大型火电机组自动化控制系统这一重大技术装备的自主化和产业化。可为火电、水电、核电、清洁能源、石化、化工、冶金、煤矿等各工业领域提供整套自动化解决方案。

国电智深公司以超过1500台套、1.8亿千瓦机组容量的出色业绩和超过20%的市场占有率，成为研发和工程能力一流的自动化知名企业，是国内目前最大的DCS供应商之一。

核心产品

- EDPF-NT自动化控制系统（DCS）
- EDPF-NT现场总线智能管理及诊断软件（AMS）
- EDPF-DEH汽轮机数字电液控制系统（DEH）
- EDPF-ETS汽轮机危急遮断保护系统（ETS）
- EDPF-SU全激励式仿真系统
- SOEGEN-256型SOE信号发生器
- EDPF-QPS智能电源切换器
- 高级应用优化控制软件包

服务领域

- 大型火力发电厂主厂房及辅助车间控制
- 大型水力发电厂计算机监控系统
- 大型煤化工全流程控制
- 大型多晶硅生产线控制
- 核电站非安全级系统控制
- 风力发电、太阳能发电、地热发电等新能源产业自动化控制
- 生物质发电、垃圾焚烧发电等环保产业自动化控制
- 石化、冶金、造纸、市政建设等行业过程控制

典型业绩

国家新技术示范项目--江苏谏壁电厂2×1000MW超超临界机组

大渡河深溪沟4×165MW水电站项目

粤电湛江生物质发电机组

西藏羊八井地热电厂项目

宁夏英力特煤化工项目

青松吐鲁番槽式太阳能项目

安徽天康（集团）股份有限公司创建于1974年，位于长江之滨的天长市,南接古城南京,东与扬州相邻,地处充满活力的“长三角”经济圈，有着良好的投资与发展环境。

历经近四十年的发展，集团公司所属的仪表、电缆、光缆、医药、医疗器械、锂电池、钢管等产品凭借良好的质量和服务，被广泛应用于石油、电力、化工、通讯、卫生等行业。公司现已是安徽省50户重点骨干企业、国家级高新技术企业、中国质量诚信企业、银行资信AAA级企业、中国电子元件百强企业、中国仪表行业十强企业、中国电线电缆10强企业。

公司旗下安徽天康股份有限公司生产的仪表、光电缆产品在国内市场具有较高份额。1996年以来公司先后通过ISO9001质量管理体系、ISO14001环境管理体系、OHSAS18001职业健康安全管理体系和国军标质量管理体系认证。

2010年，公司自主品牌“天仪”荣获国家工商总局“中国驰名商标”，2011年“洲鸽”荣获安徽省工商行政管理局“安徽省著名商标”，对公司产品的品牌效应有了很大的提升。

公司在建立和完善国内营销网络的基础上，还利用自营进出口权，积极开拓国际市场，产品远销欧洲、非洲、亚洲等70多个国家和地区，出口额连年攀升。

公司将始终秉持“有跨越才有卓越”的天康精神，在创建和谐企业的基础上，不断把握市场发展脉搏，积极寻求经济战略联盟，为振兴民族工业而继续努力。

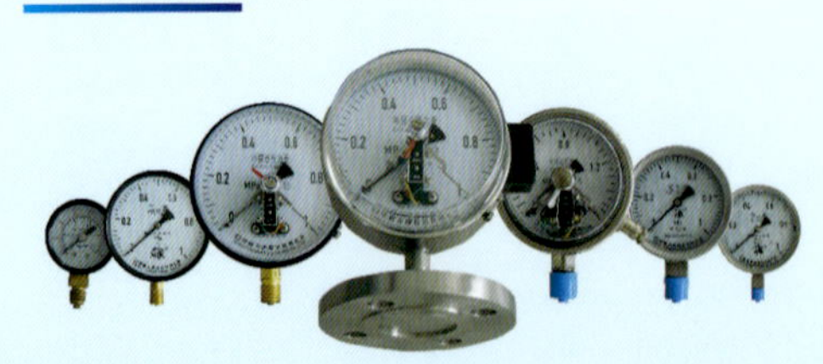

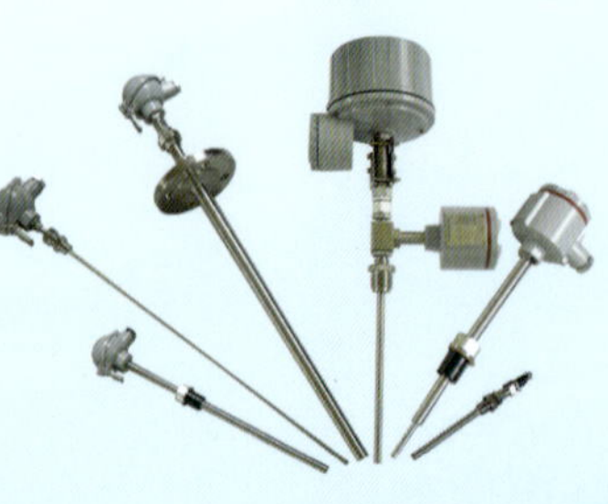

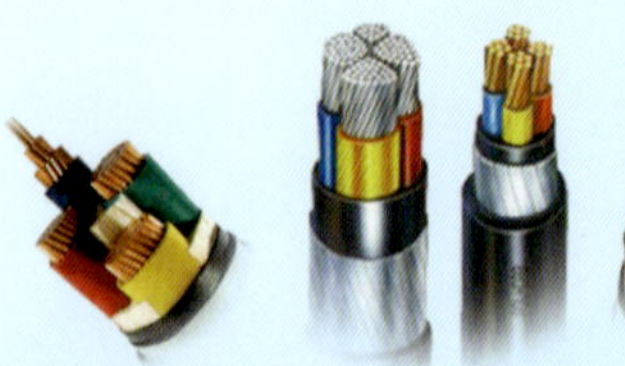

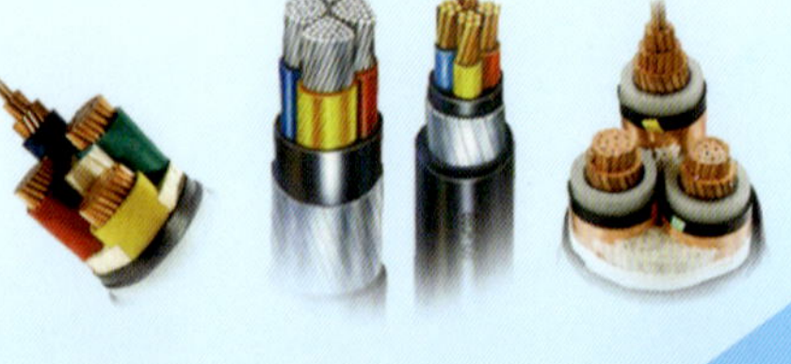

安徽天康股份有限公司

ANHUI TIANKANG SHARES CO.,LTD.

地 址：安徽省天长市仁和南路20号

邮 编：239300

网 址：www.tiankang.com

电 话：86-550-7777777

传 真：86-550-7038699

邮 箱：xsc@tiankang.com

发展方向： ● 以传感器技术为核心 ● 以应用仪器仪表为主业 ● 以自动化系统集成为目标

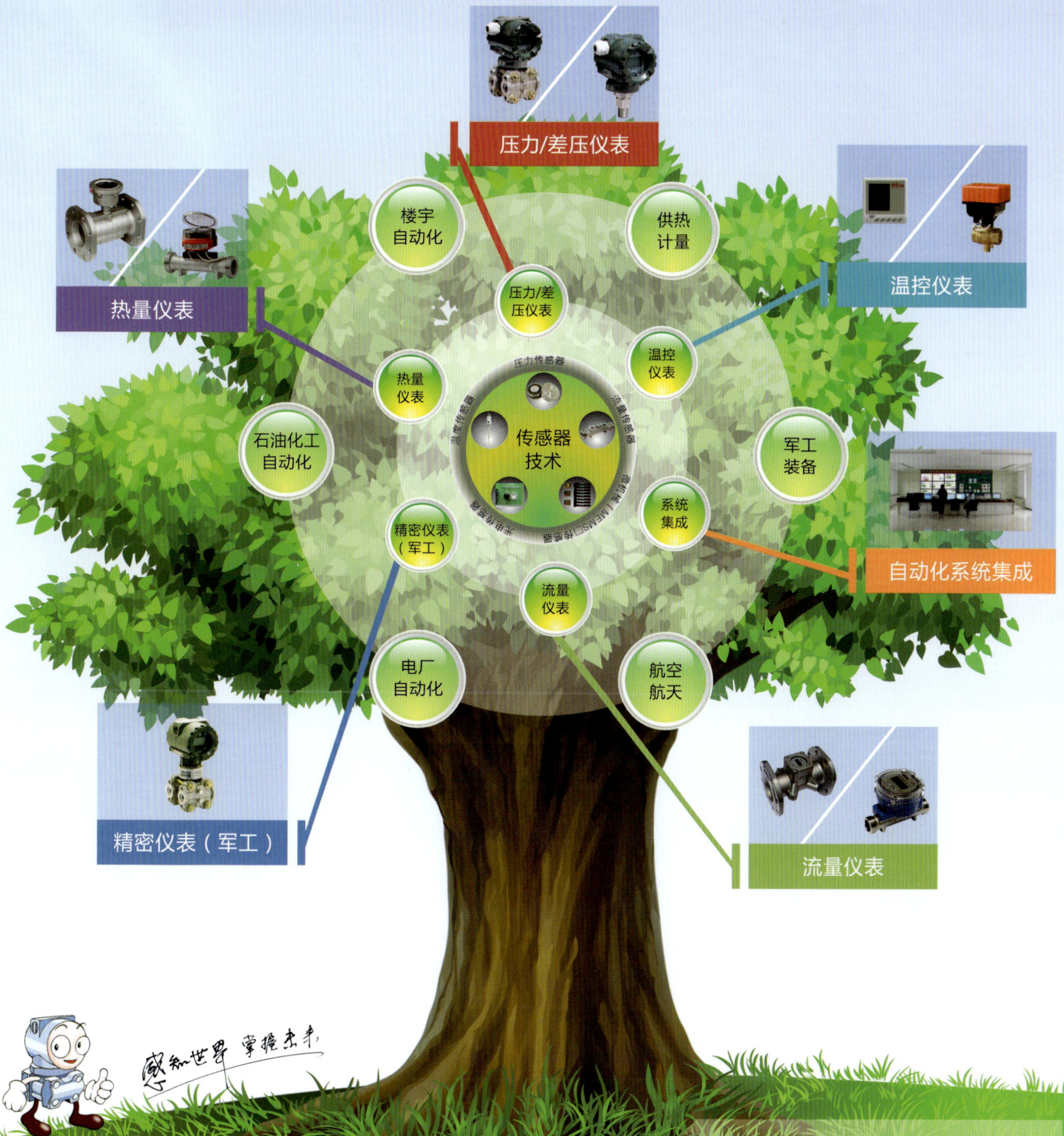

压力/差压仪表

热量仪表

温控仪表

楼宇自动化

供热计量

压力/差压仪表

热量仪表

温控仪表

传感器技术

石油化工自动化

军工装备

系统集成

精密仪表（军工）

流量仪表

电厂自动化

航空航天

自动化系统集成

精密仪表（军工）

流量仪表

感知世界 掌握未来

重庆市伟岸测器制造股份有限公司
CHONGQING WECAN PRECISION INSTRUMENTS CO., LTD.
地址：重庆市北部新区高新园黄山大道中段66号
电话：023-67509200（总机） 传真：023-67509300
服务热线：（固话）800-807 0328（手机）400-887 0328
E-mail:wecankj@tom.com 邮编：401121
更多详情，敬请登陆:http://www.wecankj.com.cn

第一章 自动化仪表行业发展环境

第一节 2013年我国经济保持了稳定发展的良好局面

2013年是全面贯彻落实党的十八大精神的开局之年，也是在增长阶段转换背景下加快发展方式转变的关键之年。面对错综复杂的国内外形势，党中央、国务院采取了一系列调控措施，有效引导市场预期，经济运行企稳向好。但受结构性问题制约，经济稳定运行的基础尚不牢固。在实施“双稳健”财政、货币政策的同时，坚持稳中求进、以稳促进的思路，努力释放改革红利，激发市场活力和社会创造力，切实降低企业运营成本，促进经济运行向新常态平稳过渡。

一、2013年经济运行基本特征

2013年，GDP实际增长7.7%，CPI上涨2.6%，经济运行处在预期目标的合理区间。1-4季度，GDP分别增长7.7%、7.5%、7.8%和7.7%，季度之间波幅较小。从供给结构看，服务业增加值占GDP比重首次超过第二产业，达到46.1%，产业结构调整取得新进展。但在需求结构中，最终消费对GDP增长的贡献率比上年下降5个百分点，资本形成的贡献率则上升7.3个百分点，经济增长对投资的依赖程度明显提高。

（一）出口增长月度之间波动幅度较大

世界经济仍处于危机后的恢复期，总体态势趋于稳定。美联储开始退出QE，表明美国经济复苏基础加强，但导致流动性收紧、利率上升，不利于房地产复苏和私人消费、投资的增长，对发展中国家资本短期流动的冲击也有所显现。欧盟正逐步走出债务危机引发的经济衰退，默克尔优势连任，有利于欧盟和欧央行政策的连续性，也有利于欧元区朝“欧元巩固”的方向发展。受非常规宽松货币政策、刺激性财政政策的支撑，以及汇率大幅贬值效应，日本经济逐步走出通缩，GDP增长明显改善。美欧经济复苏，拉动发展中国家特别是制成品出口国的经济增长，也有利于资源出口国的经济稳定，但发达经济体逐步回升、发展中国家相对减速的增长格局维持不变。

年初以来，我国出口增长月度之间波动幅度较大。1-4月出口增长17.4%，6月份和9月份分别为-3.1%和-0.3%，11月份则达到12.7%。受内外利差、人民币升值，以及出口鼓励措施等因素驱动，从2012年下半年开始，尤其是2013年年初，虚假贸易明显增多。自5月份开始治理虚假贸易之后，出口增速明显回落。剔除虚假贸易，全年出口增速从海关总署公布的7.9%下调为6%左右。

（二）投资增长基本稳定

2013年，固定资产投资同比名义增长19.6%，比上年回落1个百分点；扣除价格因素，实际增长19.2%，比上年回落0.1个百分点。近5年平均，在固定资产投资构成中，制造业占34%，房地产占25%，基础设施占21%，其他服务业占14%，农业和采矿业合计占6%左右。

2013年，固定资产投资保持了稳定增长，对经济增长的贡献明显提高。但从发展趋势看，投资增长面临较大下行压力。一是房地产投资增长呈回落态势。房地产区域格局日益分化，三四线城市供给已相对过剩。受土地购置面积和房屋新开工面积增速较低、资金成本较高、保障房投资明显减缓等影响，2014 年房地产投资增速将明显下降。二是基础设施投资增长潜力有限。铁路、城市地铁和公共设施、环境治理、网络宽带等领域存在较大投资空间，但投融资平台负债率较高、税收收入下滑、土地收入增幅下降，地方政府投融资能力不足。随着简政放权、放宽准入，民间资本参与的积极性提高，但短期替代作用不会十分明显。三是受终端需求不振、产能过剩及利润偏低等因素影响，制造业投资增长将继续分化。纺织、家电等竞争力较强、集中度适中的行业投资有望保持稳定；钢铁、化工、建材等重化工业峰值临近，投资增速将持续下降；医药、仪器仪表、文化办公用机械等成长性产业，投资将实现高增长。此外，在居民消费升级、政府增加民生支出等带动下，文化体育、商务服务、节能环保、批发零售等产业投资有望继续高增长。但相对于基建、房地产和传统制造业，成长性行业支撑作用尚不足。

（三）消费增长出现一定幅度下降

2013 年，社会消费品零售增长 13.1%，比上年回落 1.2 个百分点；扣除价格因素，实际增长 11.5%，比上年回落 0.6 个百分点。反映了“三公”消费泡沫被挤出、居民收入增幅下降、企业效益不佳、结构性就业困难等对消费增长的直接影响。

从消费结构看，一是农村市场发展快于城镇。2013 年，农村社会消费品零售额同比增长 14.6%，增幅高于城镇 1.7 个百分点。一方面，“八项规定”对城镇市场的冲击大于农村；另一方面，近年来，农民收入增长快于城镇，购买力逐渐提高。二是与住宅相关的产品增长较快。2013 年，建筑及装潢材料、家具、家用电器和音像器材分别增长 22.1%、21.0% 和 14.5%，高于消费平均增幅。三是餐饮收入出现下降。2013 年，限额以上企业餐饮收入同比下降 1.8%。餐饮领域从公款支撑的泡沫向正常水平回归，要求餐饮企业调整经营策略和市场定位。

（四）物价温和上涨，农产品、服务与工业品价格分化

当前，我国物价总体处于温和上涨周期，加上存量货币偏多、劳动力成本上升和房价上涨、实施水资源和土壤保护计划等，食品、服务和居住类价格总体仍看涨。2013 年，居民消费价格（CPI）上涨 2.6%，其中食品、娱乐教育文化用品及服务、居住价格分别上涨 4.7%、1.8% 和 2.8%；工业生产者出厂价格（PPI）同比下降 1.9%。有关要素价格改革在三中全会后若能顺利启动，会对物价上涨形成一定压力。但也应看到，受美国 QE 退出和全球需求温和增长的影响，大宗商品价格上涨压力不大。PPI 涨幅有望缓慢变正，但产能过剩会继续抑制工业品价格上涨，CPI 和 PPI 仍存在一定幅度背离。

二、正确认识我国当前的经济增速

2012 年和 2013 年，我国 GDP 增长均为 7.7%。由于连续两年经济增长低于 8%，有人认为中国经济增长将出现“硬着陆”，并危及全球经济复苏。对当前我国经济增速需要有正确的认识。

从世界各国的经济发展历程看，没有那一个国家能够永远保持高速增长。二战后的日本

和西德，分别创造了“日本经济奇迹”和“西德经济奇迹”，但也只是保持了20年左右的高速增长，此后则出现了较大幅度的滑坡。改革开放以来，我国经济保持年均接近10%的高速增长已经超过了30年，被誉为“中国经济奇迹”。现阶段，我国人口结构变化和劳动力成本上升，传统竞争优势削弱；越来越多的产业达到或接近世界技术前沿，后发追赶空间缩小；高投入、高消耗、高污染的发展模式，造成资源、环境、生态约束日趋增强。与往年相比，经济增长一个百分点的数量明显不同，实现难度加大。2000年GDP增长一个百分点需要980亿的名义增加值，到2013年，增加到接近5300亿，是前者的5.4倍；2013年的经济增量相当于2000年经济总量的42%。再加上世界经济格局和国际分工进入新的调整期，发展中国家原有的竞争优势和增长空间相应发生很大变化。因此，当前我国经济增速适度回落在所难免，也符合世界经济发展的一般规律。

从发展趋势看，我国经济发展存在诸多有利条件。譬如，经济体制改革将释放新的增长动力与活力，城镇化潜力依然巨大，居民消费升级方兴未艾，竞争优势并未根本动摇，全球化孕育新机遇等。2013年以来，面对经济增长下行压力，政府保持了足够的定力，积极创新宏观调控方式，把工作重点放在转变经济发展方式、调整经济结构、提高经济运行的质量和效益、化解各种矛盾和风险上，这也必将为我国经济长期稳定发展奠定更加坚实的基础。预计在未来十年中，我国经济将保持7%左右的中高速增长。经测算，在2014-2020年间，GDP年均增速只要达到6.7%，就能实现比2010年翻一番的目标。如果说我国经济高速增长阶段已经过去，那么经济发展更富挑战，同时也更激动人心的阶段已经到来，实现工业化中期向工业化后期过渡，并走向成熟、迈向高收入社会、全面实现小康的阶段正在开启。

2013年，我国GDP总量56.9万亿元人民币，按全年平均汇率1:6.2折算，约合9.18万亿美元，比2012年增加接近1万亿美元，占全球经济总量的比重超过12%。我国经济增速虽已连续两年低于8%的水平，但由于经济规模不断扩大，经济增量占全球的份额保持在20%左右，仍然是全球经济增长的主要来源，对促进世界经济复苏发挥了重要作用。

三、结构调整中新增长动力正在形成

现阶段，我国经济处在向7%左右的中高速增长阶段转换的关键时期。增长阶段转换不仅仅是增长速度的换档与调整，更重要的是增长动力的转换与接续。过去30多年，经济增长主要依托低成本要素组合优势，今后将更多地依靠企业和个人的创新活力，拓展创新空间，促进产业转型升级；效率提升从主要通过农业劳动力向非农产业转移，转向重点通过产业内部的竞争和重组、不断淘汰低效率企业来实现。三中全会通过的《中共中央关于全面深化改革若干重大问题的决定》，旨在为实现上述转换奠定新的制度基础。可以预见，我国经济将在一个相对低的增长速度下良好运行，规模与质量、速度与效益的关系达到一种新的平衡，增长速度“下台阶”和增长质量“上台阶”得以同时实现。近年来，我国经济结构发生重大变化，新增长动力正在形成。

一是服务业增长加快，比重上升。2013年，第三产业增加值增长8.3%，比上年加快0.2个百分点，比第二产业高 0.5 个百分点；服务业增加值占 GDP 比重超过第二产业，达到 46.1%。其中，节能环保、文化旅游、互联网金融、科技信息等现代服务业保持较快增长。服务业接替制造业，成为经济运行中最最具活力的部分和新的增长动力，标志着我国经济结构发生了历史性重大变化。在城镇化水平提高、居民消费升级、制造业转型发展的背景下，生产性和生活性服务需求扩张潜力巨大，服务业将保持快速发展态势。

二是制造业转型升级取得新进展。面对劳动力、土地、资金等生产成本上涨，制造业企业积极探索“腾笼换鸟”、“机器换人”、“空间换地”、“电商换市”等，降低成本和提高效益，转型升级取得新进展。2013 年规模以上工业企业利润增长 12.2%，比上年加快 6.9 个百分点；企业亏损面 11.9%，比上年下降 0.2 个百分点；全国新注册企业增长 27.6%，民间投资比重上升到 63%，企业创新创业活力增强。

三是消费结构不断优化。大力整顿“三公”消费，高端消费泡沫被挤出，赢得了人民群众广泛“点赞”，高档餐饮娱乐企业开始面向大众消费转型。同时，信息消费、文化旅游、电子商务等新的消费热点和消费形式不断涌现，消费结构优化、升级呈健康发展态势。

四是高新技术和劳动密集型产品出口增长高于平均增速。2013 年，高新技术产品出口增长 9.8%，占出口总额比重达到 30%，高端制造产品竞争优势逐渐壮大；纺织品、服装、箱包、鞋类、玩具、家具、塑料制品等 7 大类劳动密集型产品出口增长 10.3%，占出口总额的 20.9%，传统竞争优势依然强劲。

五是就业状况改善。随着劳动年龄人口减少，新增就业压力趋缓；服务业比重上升，经济增长对就业的吸纳能力提高。2013 年城镇新增就业 1310 万人，比上年增加 44 万人，GDP 增长 1 个百分点，城镇新增就业达到 170 万人。同时，劳动力结构发生重大变化，受教育水平明显提高，2013 年普通高校毕业生 699 万人，占城镇新增就业比重上升至 53.4%。

六是城乡居民收入稳步增长。2013 年城镇居民人均可支配收入实际增长 7%，农村居民人均纯收入实际增长 9.3%，农村贫困人口减少 1650 万人，城乡居民收入差距缩小为 1：3.01，基尼系数下降到 0.473，收入分配状况有所改善。

四、稳增长、促改革、控风险，增强内生动力与活力

增长阶段转换和确立新常态的过程，也是政府、企业和居民逐步调整并适应的过程。在这一过程中，宏观政策的首要目标是保持经济运行的基本稳定、守住风险底线。今后一段时间，应继续坚持宏观政策稳定、微观政策放活、社会政策托底的总体思路，稳中求进和以稳促进相结合，在维持总需求基本稳定的前提下，着力深化体制改革，进一步激活、释放市场潜力与活力，积极引导、改善市场预期，有效防范和化解房地产泡沫、投融资平台等风险，切实降低企业运营成本，推动我国经济转型有序平稳进行。

（一）实施“双稳健”的财政、货币政策

先行国家增长阶段转换期的宏观政策经验显示，总需求政策保持基本稳定是成功转型的重要条件。考虑我国当前经济运行中存在的诸多风险，以及需求政策的有效性和选择空间，

宜采取双稳健的财政、货币政策。继续坚持结构性减税，适当加大对小微企业的减税力度；在赤字规模基本稳定前提下，适度增加代地方政府发债规模；着力盘活财政沉淀资金，适时提高公务员基本工资和津补贴标准。继续实施稳健的货币政策，M2 增长控制在 13% 左右，保持人民币汇率基本稳定。进一步推动利率市场化，允许银行在银行间市场发行大额可转让存单，提高存款利率浮动上限，引导银行业务转型；在相关条件具备时，审慎推进资本项目开放；尽快出台存款保险制度，提高中小金融机构满足中小企业贷款需求的能力。

（二）处理好深化改革与短期增长的关系

改革的重点领域、突破口和优先顺序的选择，至关重要。需要考虑如下因素：一是改革的增长效应。改革应当有利于增长或为持续增长创造条件，这也是检验改革合理性的基本尺度。在新一轮改革的起始阶段，为进一步增强内生动力与活力，尤其需要选择那些增长效应明显的改革举措。二是紧迫性、配套条件和达成共识的程度。那些矛盾突出、不改将会严重制约发展或稳定的领域，应当放到优先位置；配套条件跟不上，将会拖累改革的深入；增进共识将有利于减少和化解改革过程中的阻力。三是改革措施的不确定性和复杂性。对那些不确定性和复杂性较高的改革，可适当推后，并在前期通过深入调研、精心设计、分散试验等方式做好准备工作。

（三）实施区域差别化房地产政策

重视房地产市场的区域分化态势，加强分类指导，减少一刀切政策，提高调控政策的针对性和有效性。一二线城市加大土地供应，调整土地供应结构，提高中小户型住宅用地比重，通过限价房和共有产权房等形式，增加低价商品房供应数量。对于供求相对宽松的城市，要控制土地供应节奏，压缩库存消化周期，使市政建设与城镇化进程相协调。加快推进不动产登记、联网工作，扩大房地产税试点范围。提高棚户区改造项目的资金平衡能力，通过财政贴息、增加商业用地比例、完善市政配套设施等办法，提高对社会资金的吸引力。

（四）积极防范化解地方债务风险

依据对地方政府债务的新一轮审计，加快推出债务化解和处置方案。理顺中央政府、地方政府、投融资平台、银行的法律关系。明确中央政府救助地方政府的条件和惩戒措施，包括官员考核、预算约束和投资限制等，防止道德风险。推动资产证券化合理发展，促进地方政府融资平台债务的资产流转。对抵押担保、资金使用和现金流等符合条件的存量地方融资平台贷款应允许展期，以实现地方投资项目投融资的期限匹配。对于部分资金链难以为继的平台，应制定处置预案。加快建立完整的政府资产负债表，适时试点地方政府以市场方式自主发行市政债。

（五）改善企业运营环境，促进转型升级

扩大“负面清单制度”试点范围，对所有企业一视同仁，切实降低企业的准入成本。简政放权不是行政分权，要尽可能将权力放给市场和企业，而不能简单地下放给下级政府。创新行业规制方式，依照能耗、环保、质量等技术标准和规范，形成稳定、透明和可预期的制度体系。建立公平竞争的市场环境，约束地方政府以低地价、低环境标准、不适当税收优惠和财政补贴等手段过度刺激投资的行为。实施加速折旧政策，提高税收抵扣比例，鼓励企业设备更新和机器代替人工。深化金融改革，优化资源配置效率，切实降低实体经济的资金成本。实施兼并重组的财税、金融支持政策，鼓励优势企业开展跨地区、跨所有制的兼并重组，促进产业集中度提高。切实加大知识产权执法力度，降低企业维权成本，激励企业自主创新。

（本文作者：国务院发展研究中心宏观经济研究部 余斌）

第二节 行业相关政策

进入“十二五”期间，国家陆续发布“十二五”国家战略性新兴产业发展规划、高端装备制造业“十二五”发展规划、智能制造装备产业“十二五”发展规划、智能制造科技发展“十二五”专项规划、物联网“十二五”发展规划、仪器仪表行业“十二五”发展规划、国家环境监测“十二五”规划、国家食品安全监管体系“十二五”规划等，从战略性新兴产业、高端装备制造、智能制造装备等产业层面以及环境监测和食品安全监管等领域，对仪器仪表尤其是自动化仪表的发展提出了具体要求和导向。

为贯彻落实《“十二五”国家战略性新兴产业发展规划》和《工业转型升级规划（2011-2015）》，增强传感器及智能化仪器仪表产业的创新能力和国际竞争力，推动传感器及智能化仪器仪表产业创新、持续、协调发展，工业和信息化部、科技部、财政部、国家标准化管理委员会组织制定了《加快推进传感器及智能化仪器仪表产业发展行动计划》。为了加快提升工业基础能力，工信部规划司2013年下发了70号文《工业和信息化部关于开展工业强基专项行动的通知》，要求围绕提升重点行业、关键领域的关键基础材料、核心基础零部件（元器件）、先进基础工艺和产业技术基础发展水平，实施工业转型升级强基工程，主要针对装备制造和电子信息产业“四基”领域部分重大工程和重点装备的关键技术和产品，重点支持15个工业“四基”重点方向的工程化和产业化，夯实产业发展基础，提升产业链整体水平。其中第七个方向为电力、石化用高端阀门，吴忠仪表有限责任公司高端控制阀工程化项目获得支持，支持资金600万元。

自2011年设立智能制造装备发展专项以来，工信部、发改委等继续支持智能制造装备发展专项，极大地鼓励了用户企业采用具有自主知识产权装备的行为，增强了本国仪器仪表等装备制造企业的自信。2013年，仪器仪表行业获得智能制造装备发展专项支持的项目为5个，支持金额约1.5亿元（具体项目见附件）。

为了加强煤炭深加工示范项目技术装备自主化工作，提高产业发展水平和竞争力，实现产业可持续发展，国家能源局印发了《关于依托煤炭深加工示范项目开展技术装备自主化工作的通知》（科技司函[2013]28号）。通知要求，已列入《煤炭深加工示范项目规划》的项目必须承担技术装备自主化的示范任务，要积极推进设备国产化，做好国外引进技术的消化、吸收和再创新工作，鼓励自主研发，增强自主开发、设计和制造能力，制定设备自主化方案并严格落实，严格规范设备招标采购活动。

国务院出台加强企业技术创新主体地位全

面提升企业创新能力的意见，以及工信部贯彻国务院精神开展扶助小微企业专项行动等措施，为以中小企业为主、具有高技术特征的仪器仪表产业创造了较好的经营环境。

信息化和工业化融合是工信部近年来一直大力推动的工作。2012 年工信部在仪器仪表行业的自动化仪表子行业试点开展评估，在评估基础上，2013 年工信部“信息化和工业化深度融合创新推进专项行动”（工信部信【2013】165 号）将仪器仪表行业列为两化深度融合助传统产业改造升级试点行业，并给予资金支持。

这些政策措施的出台，为自动化仪表行业的健康稳定发展提供了强有力的支撑和保障，同时在国家重点支持项目的带动下，提升了行业的技术水平和管理水平，为国内自主品牌产品提供了更多的进入国家重大工程和重大项目的机会。

第二章 行业基本情况

第一节 仪器仪表大行业基本情况

仪器仪表是用于感知、测量、控制、传输、处理和显示被测对象的物理量、化学量、机械量等信息的器具、装置和系统。

按照国家统计局的产业分类，仪器仪表行业包括工业自动控制系统装置（即自动化仪表）、电工仪器仪表、光学仪器、实验室仪器、分析仪器、试验机、供应用仪表、环境监测专用仪器仪表等20个子行业。

目前，我国已经成为国际上仪器仪表行业的规模最大的国家之一，同时也是仪器仪表行业规模最大、产品品种最齐全的发展中国家。2013年仪器仪表在行业规模、运行质量、技术进步、企业结构调整等各个方面都取得了较显著的成绩，为实现行业“十二五”规划目标（在技术进步、结构调整、企业素质提高的推动下“产销翻番、产值过万亿”）奠定了良好基础。

一、规模迅速壮大

2013年行业主营业务收入达到8256亿元，同比增长15.1%；利润总额725亿元，同比增长16.5%。工业总产值是2005年的14倍，是2010年1.6倍。“十二五”期间的前三年，呈现出工业总产值每年增加1000亿元的高速增长态势，不少产品的年产量已位居世界前列，如电能表、水表、煤气表、数字万用表、望远镜和显微镜等，产量均位居世界第一。另外，变送器、执行器、测绘仪器、金属材料试验机等产品的产量也名列世界前茅。

2013年进出口总额达到638亿美元，其中，进口金额402亿美元，同比增长3.35%，进口金额是2005年的2.9倍、2010年的1.39倍；出口金额236亿美元，同比增长7.56%，出口金额是2005年的4.45倍、2010年的1.65倍。

二、技术水平明显提高

“十一五”期间，产品基本完成了从模拟技术向数字技术的转变，绝大部分产品已经采用数字技术，在智能化、网络化技术方面也有了很大的进展。

行业加快了向中高档产品发展的速度，开发了一批技术水平达到或接近国际水平的中高档产品，并实现了产业化和推广应用，如自主研制的分散型控制系统（DCS）在国内市场占有率已达到40%左右，自主研制的测量精度为0.075%的高精度压力/差压变送器已投入批量生产，油井多相流检测技术在海湾地区的油田得到广泛应用等。

自主开发的DCS控制系统在国家重大装备上的应用连续取得突破，已先后在1000MW超超临界火电机组、年产45万吨合成氨/80万吨尿素、50万吨/年化肥、1000万吨/年炼油、轨道交通、大型LNG接收站等重大工程项目中获得应用突破和推广，并取得良好的运行效果。国产控制系统进入大型工程，改变了大型工程配套系统长期由国外公司垄断的局面，对国家经济安全具有战略意义。

三、本国企业竞争力不断提高

国有、国有控股以及民营企业的主要经济指标在行业中所占比例不断提高，市场竞争能力明显提升。2013年，其产值占比达到75.4%，比2005年提高了18.8个百分点，比2010年提高了6.4个百分点。其中民营企业的发展最为迅速：2013年主营业务收入达到5028.8亿元，在行业中的占比达到60.9%，比2010年提高了6.6个百分点；利润为442.3亿元，在行业中的占比约为61%；有的民营企业已经成为一类产品的龙头企业，例如分散型控制系统（DCS）、温度仪表、激光在线分析仪器、电能表等。

四、对外合作进一步加深

除传统的技术引进和合资方式仍有新的发展外，通过代加工获得国外技术、利用国外成熟的技术市场引进技术以及吸引国外技术人才等新的合作方式也都有了很好的合作案例。如吴忠仪表厂与德国阿卡公司签订模块式调节阀技术转让协议、中国四联集团接受美国霍尼韦尔公司委托生产压力传感器、正泰仪表公司和中环天仪从世界上知名的仪表制造商引入技术开发和制造管理的高级人才等。

同时，国内企业也通过并购境外企业和在境外建厂等方式走出国门，参与国际竞争，开始了国际化之旅，如和利时公司并购了新加坡CONCORD和BOND两家公司，北京东西分析仪器公司并购了澳大利亚GBC公司，天美295万美元收购英国EI公司 66%股权，将获得EI的技术及品牌价值，其产品线得以扩大和补充，华立仪表在泰国和南美等多地建立本地化工厂等。

五、自主创新能力逐步加强

截至2013年，仪器仪表行业有中国四联、上自仪、浙江中控、北京和利时、中环天仪、时代集团、济南试金、聚光科技、重庆耐德、吴忠仪表、三川水表、河南中光学、宁夏隆基宁光仪表、美亚光电、威胜集团、天正电气、正泰电气等17家企业的技术中心被认定为国家级企业技术中心；有4个经国家发改委批准设立的国家工程研究中心（工业自动化国家工程研究中心、工业过程自动化国家工程研究中心、传感器国家工程研究中心、制造业自动化国家工程研究中心）和6个经科技部批准设立的工程技术研究中心（国家真空仪器工程技术研究中心、国家光学仪器工程技术研究中心、国家冶金自动工程技术研究中心、国家工业控制机及系统工程技术研究中心、国家环境光学监测仪器工程技术研究中心、国家医用诊断仪器工程技术研究中心）；科技部还联合有关部门、地方以共同投资、专管共用、共建共享模式建立了13个国家大型科学仪器中心（北京质谱中心、上海质谱中心、广州质谱中心、北京核磁共振中心、北京电子能谱中心、长春质谱中心、北京磁共振脑成像中心、北京傅立叶变换质谱中心、西安加速器质谱中心、国家X射线数字化成像仪器中心、武汉磁共振中心、北京电子显微镜中心、中子散射谱仪中心）。

“十二五”以来，不少产品获得了国家科学技术奖励：7个项目和产品获得国家技术发明二等奖（“基于生物敏感膜的便携式传感器关键技术及应用”、“高性能谐振式传感器关键技术及其应用”、“多维精细超光谱遥感成像探测技术”、“基于拉曼散射的新型分布式光纤温度传感技术与工程安全监测应用”、“先进空间光学姿态敏感器技术”、“基于测量基准时空转换技术的时栅位移传感器”、“光学元件内应力、双折射和光学波片相位延迟测量的新原理和仪器”）；1个项目获得国家科学技术进步一等奖（“高端控制装备及系统的设计开发平台研究与应用”），7个项目获得国家科学技术进步奖二等奖（“高端控制阀关键技术自主创新和产业化项目”、“炼油化工重大工程自动化控制与优化一体化系统关键技术研究”、“宽带微波毫米波频谱分析仪”、“大气环境综合立体监测技术研发、系统应用及设备产业化”、“中控以标准国际化为核心的自动化技术创新工程”、“环境与灾害监测预报小卫星超光谱成像仪”、“小型质谱仪关键技术创新及整机研制”）。

我国提出的《用于工厂自动化的以太网EPA（Ethernet for Plant Automation）》、《用于工业过程自动化的无线网络WIA-PA（Wireless Networks for Industrial Automation - Process Automation）》和《激光气体分析仪》等3个提案已被采纳为国际标准，开创了我国仪器仪表行业制订国际标准的先河。

六、行业发展前景广阔

由于仪器仪表行业为整个国民经济提供装备和工具，服务对象广泛，因此，近年来，无论国内外形势如何波动，发展速度一直相对稳定；发展速度、年度完成投资增速以及新增固定资产增速在整个机械工业中也一直处于前列；同时，广大投资者对本行业充满信心，上市企业不断增多。截至2013年底，以仪器仪表为主业的上市企业达到68家。其中，在中国大陆上市60家（创业板22家、上海9家、深圳29家），在中国香港上市5家，在美国纳斯达克上市2家，在新加坡上市1家。

第二节 工业自动化仪表行业基本情况

《国民经济行业分类（GB / T4754 — 2011）》中表述：工业自动化控制系统装置（工业自动化仪表）是指用于连续或断续生产制造过程中测量和控制生产制造过程的温度、压力、流量、物位等变量或者物体位置、倾斜、旋转等参数的工业用计算机控制系统、检测仪表、执行机构和装置，其行业代码为4011。

一、主要产品分类

工业自动化仪表主要包括温度仪表、压力仪表、物位仪表、流量仪表、机械量仪表、在线分析仪器、执行器（控制阀）、显示控制仪表以及控制系统等几大类产品。

（一）温度仪表

温度仪表是用来测量物体冷热程度的仪表，按测温方式可分为接触式和非接触式两大类。接触式测温仪表是利用热平衡原理，将测温元件与被测对象直接接触进行热交换，用测温元件的物理值代表被测对象的温度值，如双金属温度计、热电阻、热电偶等。非接触式仪表是通过热辐射原理，根据被测对象所发射的辐射能量来测量温度，如红外温度计、辐射感温式温度计等。

（二）压力仪表

压力仪表是用来测量气体或液体压力的仪表，又称压力表或压力计。压力是指垂直均匀作用于物体单位面积上的力，亦称压强。仪表所测的压力包括绝对压力、大气压力、正压力（表压）、负压力（真空度）。工程技术上所测量的多为表压。压力表按工作原理的不同可分为液柱式压力计、弹性压力表、负荷式压力计、压力传感器（包括变送器）及压力开关。

（三）物位仪表

物位仪表是用于检测容器内贮存物体表面位置的仪表：按测量目的区分主要有连续测量和位式控制两种；按测量对象区分主要有液体位置（液位）和物料位置（料位）两种；按测量手段区分主要有直读式、浮力式（浮球、浮子、磁翻转、电浮筒、磁致伸缩等）、回波反射式（超声、微波、导波雷达等）、电容式、重锤探测式、音叉式、阻旋式、静压式等多种。其它还有核辐射式、激光式等用于特殊场合的测量方法。

物位仪表的命名方式通常由仪表的测量手段、测量对象和测量目的3个部分组成，例如音叉物位控制器、电浮筒液位计等。对于既能测量液位又可测量料位的仪表则称为物位计，例如超声物位计、微波物位计、导波雷达物位计等。

（四）流量仪表

流量仪表是用来测量管道或明渠中的浆料、液体、气体或蒸汽等流体流量的仪表，又称流量计。流量仪表种类繁多，按照测量方法和结构原理可以分为差压式流量计（包括孔板、喷嘴、文丘里管、弯管、均速管和楔形管等）、容积式流量计（包括椭圆齿轮流量计、腰轮流量计、刮板流量计和皮膜式流量计等）、叶轮式流量计（包括涡轮流量计、分流旋翼式流量计和水表等）、浮子流量计（包括玻璃锥管流量计和金属锥管流量计等）、电磁流量计、超声波流量计、流体振荡式流量计（包括涡街流量计、旋进旋涡流量计和射流流量计等）、质量流量计、插入式流量计、明渠流量计和其他流量计（包括激光流量计、靶式流量计、冲量式流量计和动量式流量计等）。

（五）机械量仪表

机械量仪表是对力、重量、转速、转矩、位移、速度、尺度和机械振动等物理量进行测量的仪表。机械量仪表种类很多，一般按被测变量可以分为力和重量仪表（如轧制力测量仪、张力测量仪、电子皮带秤、动态轨道衡、料斗秤、汽车秤等）、转矩测量仪、尺度位移仪（如宽度计、厚度计、位移计等）、速度测量仪、机械振动测量仪等。

（六）控制阀

控制阀又称“调节阀”，是工业过程控制系统中“执行器仪表”最为广泛使用的产品。在控制系统中，控制阀是通过接受调节控制单元输出的连续或开关控制信号，借助动力操作改变阀门开度实现控制流量、压力、温度、液位等工艺参数的最终控制元件。控制阀由执行机构和阀门组成。按其所配执行机构使用的动力，控制阀可以分为气动、电动、液动、手动与自力式等5种，即以压缩空气为动力源的气动调节阀、以电为动力源的电动控制阀、以液体介质（如油等）压力为动力的液动控制阀、手动操作的手动控制阀和依靠流经阀内介质自身的压力或温度作为能源驱动的自力式调节阀。

（七）控制系统

控制系统包括分散控制系统、可编程控制器、工业PC等，由于年鉴关于控制系统后面的介绍主要是围绕分散控制系统（DCS），因此，此处只给出了DCS定义。

分散控制系统是以计算机为依托，纵向分层、横向分散，将分布在整个企业的控制设备和数据处理设备连接起来，实现信息共享和协调工作，完成各种控制和管理任务的系统。

二、行业现状

受国内一直持续保持增长的市场需求带动，我国自动化仪表行业一直保持较快的稳定发展态势。

（一）行业处于快速稳定增长的运行状态，产业规模迅速扩大

自动化仪表是一个快速、平稳发展的行业，2009 年 -2013 年主要经济情况见表 1-1。尽管受经济结构调整的影响，2012 年和 2013 年的增速放缓，但在智能制造、节能减排、技术改造、自主创新、新兴产业等政策带动和需求上升的影响下，自动化仪表行业在机械行业中一直维持较高的增速，2013 年主营业务收入首次突破 3000 亿元。自动化仪表由于其地位特殊、作用大，对国民经济有巨大倍增和拉动作用，因此有着良好的市场需求和巨大的发展潜力。展望未来，行业技术进步及结构调整的成效将进一步显现，一批有突破性进展的产品将逐步推广，其主导企业将脱颖而出、加速发展，节能环保测控设备、民生用仪表、流程工业用中高档测控设备、工厂自动化用测控设备、符合经济振兴方向适应领域细分需求的专用仪器将有较大发展。

表 2–1　2009 ~ 2013 年工业自动化仪表经济情况

指标名称	2009 年（万元）	同比（%）	2010 年（万元）	同比（%）	2011 年（万元）	同比（%）	2012 年（万元）	同比（%）	2013 年（万元）	同比(%)
工业总产值	11629661	12.16	16991946	38.64	21010479	29.00	25041556	17.99		
主营业务收入	10173544*	13.00*	14669280*	40.38*	19967294	24.66	24498856	15.74	30320954	16.61
利润总额	876870*	13.06*	1380321*	49.38*	2028405	28.74	2148318	4.75	2760945	22.22
出口交货值	642533	-5.01	1254244	76.31	1411661	13.88	1577815	6.49	2273915	12.33
完成投资	1031242	56.29	2039431	97.76	2683649	13.73	3276494	22.09	3844415	17.87
新增固定资产	784409	117.52	1408749	79.59	2238210	33.11	1960826	-12.39	2333469	23.75
资产总计	10389698*	13.12*	14304711*	34.46*	16477651	21.56	20161674	13.86	25221388	13.33
负债总计	5507476*	10.95*	7468749*	32.71 *	8195579	17.41	9917538	7.43	12502765	12.38

备注：带＊的为当年 11 月份累计数，其他均为 12 月份累计数；2013 年国家统计局不再提供工业总产值数据

（二）经济结构发生明显变化，民营企业产值比例不断上升

民营企业迅速崛起，已经成为自动化仪表

行业的主体。2013 年国有及国有控股企业完成主营收入 431 亿元，民营企业完成主营收入 1996 亿元，三资企业完成主营收入 535 亿元，各类企业占比情况见图 1-1。由于国内企业的技术进步，三资企业占比继续下降，民营企业上升明显，占比达到 65.8%。民营企业已经成为部分产品的龙头企业，例如分散型控制系统（DCS）、电动执行机构、流量仪表和温度仪表等。国有企业和国有控股企业的主营业务收入仅占行业总量的 14.2%。

图 2—1 2013 年各类企业主营收入占比情况

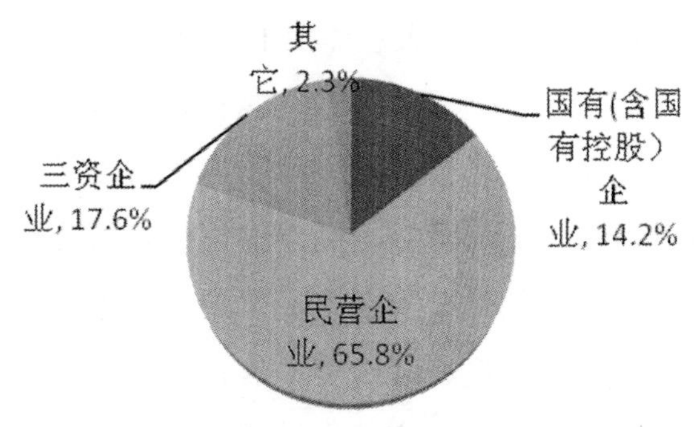

（三）国内企业生产制造水平大幅提升，信息化水平不断增强

受劳动力成本上升、用户对产品可靠性要求越来越高、市场竞争加剧等因素影响，企业为了降低生产成本、提高生产效率，不断加大自动化装备资金投入力度，纷纷购买数控机床、贴片机等生产设备和研发专用的工装设备，提高了生产制造水平。同时为了提高管理水平，加大了信息化投入，很多企业购买了 ERP 软件，已经基本实现采购、销售、财务、仓库等的信息化管理。行业内企业在重庆川仪自动化股份有限公司、吴忠仪表有限责任公司和上海辰竹仪表有限公司等 3 个生产过程信息化示范企业的带动下，积极推进生产过程信息化，行业整体信息化水平不断增强。吴忠仪表股份有限公司和上海辰竹仪表有限公司还被推选为 2013 年仪器仪表行业两化融合标杆企业。

（四）国内企业综合水平大幅提升，对外合作进一步深化加强

由于国内企业技术水平和管理水平等的大幅提升，与国外企业的合作已经从技术引进、成立合资公司等发展到为外资企业委托生产、合作研发生产，国外中高档产品向中国转移势头明显，知名跨国公司争相与我国骨干企业洽谈合作事宜、委托加工、合资生产等。如：中国四联仪器仪表集团有限公司接受日本东芝委托为其生产电磁流量计，产品返销日本乃至国际市场，同时在与日本横河公司合资生产压力变送器的基础上，又受美国 Honeywell 公司委托生产压力传感器；重庆耐德工业股份有限公司与日本东京计装公司成立合资公司，共同致力于工业过程流量、物位的检测与控制以及液位管理系统的生产、销售；上海自动化仪表股份有限公司与英国 IMI 集团公司合作组建合资公司，生产核电调节阀产品，推进了中国核电调节阀产业发展。

另外，国内企业积极实施“走出去”战略，在国外注册成立公司，一方面为国外客户更好地提供服务；另一方面又可作为与国外加强技术交流与合作的窗口。有实力的国内企业积极并购国外企业以进一步拓展国外市场等，如和利时集团公司继 2011 年收购新加坡 Concord 公司后，2013 年又收购了新加坡 Bond 集团公司，真正实现了与国际接轨。

（五）科技创新水平不断提高，技术进步、结构调整、领域拓展步伐加快

（1）重点产品有所突破，高端新产品不断

涌现

依托国家重点工程和重大科技专项的实施，一批国家急需、长期依赖进口、受制于国外的智能制造装备产品实现了突破，如国产控制系统、高精度压力/差压变送器、高精度多声道超声流量计、高温高压调节阀等。

（2）已有技术突破的产品向产业化、规模化发展

经过多年努力，我国企业的流程工业用控制系统DCS水平已接近国外，其生产规模已达到或超过在华外企；流程工业广泛应用的压力/差压变送器水平与规模明显提高，性价比优势明显，已进入核电、军工等领域；高温高压调节阀产品使用寿命明显增长，抗冲刷、耐磨性等性能大幅提高，已进入煤化工领域。

（3）服务领域由传统产业向新兴产业拓展

工业自动化控制系统行业内企业不断开拓市场领域，由面向石化、电力、冶金等传统产业向新能源、智能电网等新兴行业以及民生领域延伸。如：上自仪、北京和利时、重庆川仪都已进入轨道交通监控设备领域；北京和利时、上海海得控制、东方电气等正在大力发展风电控制系统；北京京仪集团在光伏发电监控领域已承接工程；浙江中控在青海从事光热发电控制；重庆伟岸已进入城市供热节能领域；以上自仪、北京和利时为首的几十家企业从事核电用控制系统和仪表的研发生产；中国四联集团开始进入新一代信息产业用高档基材的生产。

（4）由制造企业向以制造为基础的集成和现代服务业方向发展。

国内企业由生产向以产品为基础的装备制造和集成服务拓展，由传统的以制造为主向制造型服务转变。如：重庆耐德公司发展节能环保和应急救灾装备；北京京仪集团发展单晶炉等光伏元件生产设备；重庆川仪与四川石化签约，承接该厂全部运行维修服务；浙江中控为集成服务项目总成设立独立子公司，开展硬件与软件方面的服务等等。

三、存在差距和问题

我国自动化仪表行业虽然近几年取得了较好的发展，但与国外相比，总体上仍然存在较大的差距和问题。

（一）产品以中低档为主，高档仪表产品主要依赖进口

我国自动化仪表总体水平仅处于国际20世纪90年代末期水平，主要占据国内中低档产品市场。高档现场仪表，如科氏力质量流量计、多通道超声波流量计、高端物位仪表以及恶劣工况下应用的调节阀等产品主要依赖进口。用来测量力、速度、加速度、位置、转角等参数的单机自动化和生产线自动化用传感器，目前国内生产的产品仅占国内市场的30%，且属于中低档水平。在产品稳定性、品种规格以及生产规模和产业化水平方面与国外差距很大。

（二）国产可编程控制系统（PLC）产品产业化较慢

由于国内重视流程工业自动化的技术引进和自主创新产品开发，我国流程工业自动化的技术和产品取得了显著成绩，国产分散控制系统（DCS）产品已经打破国外垄断，其基本性能和技术水平已达到国外同类产品水平，由于具有很高的性价比，市场占有率已达45%左右。但是国产PLC系统国内缺乏龙头企业，产业规模小，产品市场90%以上被国外品牌垄断，特别是高端PLC系统产品，国内急待加强开发并

实现批量生产。

（三）国产产品的稳定性和可靠性与国外产品有明显差距

国产自动化仪表产品的可靠性指标，即平均无故障运行时间与国外产品相比约相差 1 ～ 2 个数量级，差距明显。主要有以下原因：一是产品设计。由于产品开发以跟踪模仿为主要方式，缺少对基础技术和核心技术的研究，也缺乏各种环境因素对产品稳定性和可靠性影响的试验，造成产品的“先天不足”；二是制造。由于制造信息化和精益化的水平低，虽然不少企业引入了先进的制造设备，如购置数控加工设备、SMT 生产线等，但是整个生产链的精益化和质量管理水平不高，不能把制造过程产生的偏差控制在允许的范围内，致使产品制造质量不稳定。

（四）应用技术开发滞后，系统集成能力亟需加强

自动化仪表应用面广，涉及石化、冶金、电力、炼油、造纸、食品以及机械等行业，由于工艺流程不同会有不同的要求，自动化仪表应针对行业不同要求，提供各种行业整体综合解决方案。长期以来，我国对系统应用技术重视不够，开发严重滞后，特别是缺乏对超大规模企业联合工程自动化集成应用技术的研究，严重影响了国产产品应用领域的拓展和各行业实现信息化的服务。

（五）面对技术的最新发展，国内企业缺乏技术储备

近几年，节能环保、新一代信息技术、新能源和新材料等战略性新兴产业的崛起，对工业自动化仪表的要求越来越高，从而出现了大量自动化控制和检测的新技术和新产品，如功能安全技术、信息安全技术、安全仪表系统、无线传感器网络和无线仪表、物联网等前瞻性技术和高端产品。面对这些新技术，国外公司已有新产品问世，而国内企业缺少技术储备，目前才刚刚起步，技术水平与国外差距比较大。

第三章 2013年自动化仪表行业运行情况

本章依据统计局数据和行业协会掌握的信息对2013年我国自动化仪表行业基本情况、行业发展现状与产销状况等进行全面分析总结。

第一节 行业生产规模

一、总体规模

2013年，工业自动化仪表行业1060个（规模以上）企业实现主营业务收入3032.09亿元，同比增长16.61%；实现利润总额276.09亿元，同比增长22.22%；实现出口交货值227.39亿元，同比增长12.33%；完成投资额384.44亿元，同比增长17.87%；新增固定资产233.34亿元，同比减少23.75%；资产总计达到2522.13亿元，同比增长13.33%；负债总计1250.28亿元，同比增长12.38%。

按经济规模分，33个大型企业，实现主营业务收入876亿元，同比增长30.10%，利润总额76亿元，同比增长38.60%；163个中型企业，实现主营业务收入944亿元，同比增长9.57%，利润总额108亿元，同比增长17.18%；864个小型企业，实现主营业务收入121亿元，同比增长13.77%，利润总额91亿元，同比增长16.65%。

按经济类型分，国有及国有控股企业完成主营收入431亿元，同比增长13.46%，实现利润总额35亿元，同比增长9.51%；民营企业完成主营收入1996亿元，同比增长19.30%，实现利润总额179亿元，同比增长24.01%；三资企业完成主营收入535亿元，同比增长9.99%，实现利润总额55亿元，同比增长27.66%。

按地区分，江苏省、山东省、浙江省、北京市、上海市、广东省、辽宁省、湖南省、重庆市、天津市的主营业务收入位居前10名，前10个地区的主营业务收入占全国的比例达到91%。数据表明，自动化仪表行业的地区集中度相当高；利润总额方面，江苏省、浙江省、山东省、北京市、上海市、广东省、河南省、辽宁省、重庆市、天津市位居前10名，占全国利润总额的92.5%，说明前10个地区的经营质量略高于全国平均水平；在资产总计排名中，江苏省、浙江省、北京市、上海市、广东省、山东省、辽宁省、山西省、重庆市、河南省位居前10。详细指标见本书。

行业运行态势如下：

（一）主营收入保持较高增幅，行业平稳进入中速发展期

2013年工业自动化仪表行业主营收入首次超过3000亿，同比增幅16.61%，行业同比增幅超过大行业平均值，并且占比高达37%，比上年提高了1.53个百分点，是带动大行业维持15.91%增幅的最大分行业。

经过近两年的调整，自动化仪表行业的同比增幅由近30%的高点降至10%～20%的中速增长区，目前正处在中位偏高区域。从高增长向中速增长的调整过程较为平缓，没有出现需求大幅波动、产能过剩、产业濒临困境等严峻情况，行业保持长期可持续中速增长的可能性增大。

（二）经济结构进一步调整，民营企业增

速明显

由于本国企业的技术进步，三资企业主营业务收入占比继续下降，比上年下降了1.22个百分点。

（三）进出口逆差快速缩小

本国企业的技术进步，不仅阻挡了进口产品的冲击，而且积极开拓国外市场，取得良好效果。2013年的进出口逆差为32.6亿美元，较上年下降了10.5%，比2011年下降了35.5%。自动化仪表行业的进步为仪器仪表大行业缩小进出口逆差做出了巨大贡献。

总之，2013年工业自动化仪表行业经济处于中速增长运行状态，产销增幅明显，利润增幅快速上升，经济效益提高。这主要是由于企业结构调整稳步推进、新兴产业发展态势较好、高技术产业增加值比重加大、企业自主创新能力提升和一些关键核心技术取得突破，使工业自动化仪表行业得到了发展，产品的可靠性、数字化、智能化、集成化水平不断提高，受国家“国产化”政策带动而扩大了高端自动化装备的应用，在扩大了高档产品占有率的同时，提高了市场占有率。随着“十二五”规划的全面推进，国家继续实施积极财政政策和稳健货币政策，支持工业企业信息化和工业化的两化融合建设，作为现代工业基础的自动化仪表行业将迎来新的发展机遇。

（注：以上数据来自国家统计局和海关总署）

二、主要产品规模

鉴于细分产品市场规模数据的复杂性，无论是国家统计局还是业界相关单位，都无法提供准确的数据，为了让关注行业发展的业界人士对行业有个大致了解，我们根据行业统计和走访调研，搜集了一些数据，供参考。

（一）分散控制系统（DCS）规模

2013年我国的DCS市场略有增长，总额为78亿元左右。化工、电力和石化仍然是DCS主要的应用行业。在煤化工、核电、天然气等新建项目和国家节能减排政策的带动下，我国DCS市场规模将进一步扩大。

国内控制系统主要生产企业有浙江中控、北京和利时、国电智深、上海新华、上自仪等。由于国产产品水平近几年有明显提升，已经达到或接近国外水平，有的甚至已经超过国外产品，因此国产产品市场占有率不断提高。据统计，2013年国产DCS生产规模达到32亿元左右，市场占有率达到40%左右，浙江中控、北京和利时两家国内企业表现突出，已经占到国内市场的30%左右。受国家大力推进装备国产化政策影响，国产DCS的市场占有率将进一步提高，国外产品将进一步降低价格，市场竞争将进一步加剧。

（二）控制阀生产规模

据不完全统计，2013年中国控制阀市场销售额为220亿元。未来几年，在我国经济继续“维稳”增长的带动下，控制阀行业将保持12%左右的年复合增长率。

1、发展速度远高于世界平均水平

我国控制阀市场近几年的平均增速为15%左右，远远高于全球5%的增长率。中国已经成为全球控制阀市场的热点。据统计，2011年我国控制阀企业的市场销售额为180亿元人民币，2012年达到200亿元左右。

2、产业发展呈现地区不均衡状态

我国控制阀行业自上世纪五十年代末开始起步，早期的国有生产企业主要有吴忠仪表厂、重庆川仪、鞍山热工仪表厂、天津仪表四厂、上海自仪七厂、中山调节阀厂、无锡仪表阀门厂、瑞安市工业自动化仪表总厂、徐州化工机械厂等9家。改革开放后，随着行业结构的不断调整，在市场经济大潮的冲击下，国有企业的部分人才选择自主创业，由此衍生出一批民营控制阀生产企业。经过五六十年的发展变迁，最终形成了现今的分布格局，主要集中在浙江、江苏、上海、天津、大连、重庆等地，其中长三角地区由于经济发展相比全国更快，市场环境成熟，因此集中了国内50%以上的控制阀产量。

3、国内企业占据中低端市场

国内控制阀行业由于缺少真正的核心技术，自主开发能力不强，产品的稳定性、可靠性不高，导致国内产品与国外产品相比仍然存在较大的差距，产品附加值较低，主要占据的是中低端市场。国内中高端市场的大部分仍被拥有品牌和技术的合资企业或外资企业牢牢控制，大型项目的高温、高压、高磨损等关键部位使用的产品仍然被国外企业垄断。

4、用户需求持续旺盛，中高端产品前景广阔

控制阀产品作为工业过程控制中的一种易损耗产品，其每年的新增及维修用备件更换用量都将随我国工业的发展而逐年增加。

从行业分布来看，化工、石化和电力行业仍然占据着我国控制阀最为重要的市场地位。化工和石化领域的业务增长，尤其是煤化工、天然气等新兴行业将是未来新的市场增长点。冶金行业由于国家调控和环保倡导等原因逐渐回落，而发电行业由于整体行业升级和“上大压小”项目等而出现暂缓和滞后，但是其安装量下的维护量将继续保持。核电项目的重新启动将成为新的热点。市政行业继续保持高增长势头，建材和造纸行业增长明显放缓。这些行业需求的持续增长，将带动中国控制阀行业继续稳定增长。随着国家越来越重视装备国产化，加大国产化推进力度，将为国内产品在中高端市场提供很好的发展机遇。

（三）流量仪表生产规模

1、企业数估计

通过这些年的发展，流量仪表生产企业的数量也是快速增长。通过中国仪器仪表行业协会（CIMA）网站公布的会员单位名单了解到，目前中国仪器仪表协会的会员单位有1078家，其中自动化仪表行业有320家会员单位，而从事流量计生产的企业有71家。另，中国流量计信息网（www.fm369.cn）的企业栏目介绍中，共有413家企业，其中国外企业93家，计量部门56家，代理销售48家，其他产品33家，去除部分重复出现的企业，以及CIMA会员单位的企业，共有122家生产流量计产品的企业。流量仪表制造企业会员单位地区分布见表3—1。

注：括号内为中国流量计信息网企业数量

另据有专家估计2007年有600余家企业生产流量仪表，但其中有些企业虽然声称生产流量仪表，但实际上只是贴牌销售，本身不具备生产能力，实际应低于此值。鉴于这个数据，估计2013年生产流量仪表的企业在600～700家之间，其中有相当开发、生产能力的企业在100～200家之间。

2、市场规模

流量仪表尚无官方或半官方的单独统计数据，只有若干专业人士、研究机构/咨询公司提供的估计数字。

2004年CIMA流量仪表专业委员会（FMC）昆明会议上，顾问蔡武昌曾估计2003年流量仪表

表3-1 流量仪表制造企业会员单位地区分布

地区	自动化仪表类数	流量仪表类数	地区	自动化仪表类数	流量仪表类数
北京	31	7(13)	河南	4	2(6)
天津	16	2(7)	湖北	4	1(6)
河北	11	3(4)	广东	12	4(8)
山西	4	2(1)	重庆	18	3(3)
黑龙江	3	1(0)	云南	2	0(0)
上海	60	14(13)	陕西	8	2(3)
辽宁	19	6(12)	山东	17	4(6)
江苏	34	6(32)	宁夏	2	1(0)
浙江	53	7(3)	湖南	0	0(1)
安徽	8	2(3)	其他	7	0(0)
福建	7	4(1)	合计	320	71(122)

中国市场为42.3亿元（本土生产26亿，进口16.3亿）。中国工控网2007年研究报告为46亿元，2013年的报告为58.8亿元；CIMA/FMC秘书长武丽英在2010年全国计量学会测试学会会议（上海嘉定）上报告称2008年市场估计在70～80亿之间。

结合有关数据，根据行业会员基本情况报表汇总所得数据评估测算，2013年的中国流量仪表市场规模约为95亿元左右。

下面分类说明主要产品的生产规模。

（1）超声流量计

2013年，上海中核、唐山汇中、上海迪纳声、深圳建恒、北京昌民等几家企业合计有1.3亿以上的销售额，其他国内一些企业合计1.5亿元，包括大连、威海、天津、武汉、北京等企业的时差、多普勒产品。上述企业以及个别传统水表行业企业销售的超声水表目前合计有3000万～3500万销售额。

由于发改委提出的全国节能设备配置，进口超声流量计的销量由9000万左右（包括flexim、Siemens、GE、krohne、E+H；气体超声流量计；其他品牌等）突破到2亿左右。

国产明渠超声流量计有约5000万以上的销售额，面积／速度法流量计、河道时差超声流量计、进口明渠超声流量计合计约有3000万左右的销售额。

超声热量表，国内和进口品牌众多，国内厂家的销量占绝对优势。唐山汇中有近1个亿的销售额，威海天罡有近2亿的销售额，重庆伟岸销售额1亿元，保守估计国内合计有12亿的销售额，国外品牌估计有1～2亿的销售额。

总体合计，超声流量计市场约有19～20亿人民币的销售额。

（2）电磁流量计

2013年我国电磁流量计国内生产总量估计为13万台，其中上海地区3万台，河南开封地区3万台，浙江1.5万台，重庆1.4万台。我国电磁流量计转换器生产量估计约为12万台，其中沈阳地区估计5万台，上海地区2.8万台，北京地区1.2万台。

2013年外资企业在国内电磁流量计估计销售数据为6万台左右，主要外资企业为科隆、E+H、横河、西门子、ABB等。外资企业在华生产的电磁流量计还有一部分销往国外市场，此部分未计算在内。

因此，中国电磁流量计国内企业和外资企业总产量约为19万台。

据调查，电磁流量计的市场销售价格以

口径DN150，四氟衬里为例，中档平均售价约为4000～5000元/台，高档如科隆约为12000～16000元/台。因此，我国电磁流量计2013年市场销售额约为13亿元人民币。

（3）差压/压力变送器

我国差压/压力变送器总体销售量约为80万台。其中横河川仪销售近30万台，北京罗斯蒙特28万台左右，重庆伟岸、上海威尔泰、重庆川仪、上自仪合计15万台左右。

据调查，中差压的差压变送器以中档企业为例，报价4500元/台，而成交均价约为2000元/台；微差压则报价5000～6000元/台，成交均价约为3000元/台。因此，估计我国差压/压力变送器市场销售额约为18亿元人民币。

(4) 涡街流量计

2013年我国涡街流量计的全国总销售量约为5万台。上海地区有约1万台，其中上海横河电机有限公司销售量约8000台，青岛自动化、重庆川仪以及天津的一家企业平均每家有约2000台的销售量。

涡街流量计的市场售价以口径DN100为代表，中档企业的销售价格约为2500元/台，高档的如上海横河DN100售价约1.7万元/台。另外，大口径的DN400售价约为15万元/台、DN300售价约为7万元/台，小口径DN50的售价约为1.55万元/台。因此，估计我国涡街流量计市场销售额约为4.5亿元人民币。

（5）科里奥利质量流量计

2013年我国科里奥利质量流量计全国销售量为3万台左右，市场规模估计17亿元左右。目前国外产品仍然占有绝对优势；像艾默生、E+H、西门子等。国内企业也有长足进步，目前已涉足LNG、气体测量等领域。从市场规模来看，艾默生公司生产的质量流量计占据国内50%市场份额，销售量为1.5万台，E+H公司生产的质量流量计占据国内30%市场份额，销售量为8000台。国内企业西安东风、太航科技、上海一诺、中隆仪表、中测院等生产3000台左右，其余份额为其它企业拥有。

（四）物位仪表生产规模和品牌

我国注册物位仪表企业可分为三类：①外商独资企业；②中外合资企业；③国内企业。其中，中外合资企业往往是过渡型的，如果效益好外方就收购中方股份，企业变为独资。

1、外商独资企业

外商独资企业主要情况见表3-2。

表3-2　外资独资企业主要情况

序号	公司名称	主要产品	备注
1	恩德斯豪斯（苏州）自动化设备有限公司	雷达、超声、电容、音叉、TDR、压力式	
2	上海凡宜电子科技有限公司	浮球液位开关、阻旋、电容、超声、磁翻转液位计	
3	上海柯普乐自动化仪表有限公司	磁翻转液位计，浮球液位开关	
4	麦丽丘路（上海）控制仪表有限公司	电浮筒、导波雷达、磁翻转液位计、浮球开关	
5	上海达宏松岛机械有限公司	微波、超声、重锤式物位计，电容、阻旋开关	
6	ABB上海工程有限公司	磁翻板、磁致伸缩、导波式液位计	
7	西门子（大连）传感器与通信有限公司	超声换能器、射频电容开关	

2、中外合资企业

中外合资企业主要情况见表3-3。

表3-3　中外合资企业主要情况

序号	公司名称	主要产品	备注
1	上海信东仪器仪表有限公司（港日）	电浮筒、磁翻板液位计	
2	重庆霍克川仪仪表有限公司（中澳）	超声、微波、电容物位计	
3	承德克罗尼仪表有限公司（中德）	微波，电浮筒、磁翻转液位计	
4	辽阳科林仪表有限公司（中日）	磁翻板、玻璃板液位计	
5	北京斯维克斯仪表有限公司（中加）	磁翻板液位计	

3、国内企业

据不完全统计，国内生产物位仪表的企业有一百多家，其中大部分是中小企业。企业主要情况见表3-4。

表3-4　国内企业主要情况

序号	公司名称	主要产品	备注
1	上海星申仪表有限公司	电浮筒、磁翻转、玻璃板液位计	
2	北京古大仪表有限公司	微波、超声波物位计	
3	丹东通博电气（集团）有限公司	电浮筒、磁翻转、微波液位计	
4	上海雄风自控工程有限公司（深圳万讯自控股份有限公司子公司）	射频电容开关、重锤式、微波物位计、磁翻转液位计	
5	温州海米特集团公司	电浮筒、磁翻板液位计	

综合上述三类企业的情况，再加上其他企业年销售额估计约8亿元（以平均1000万元计），因此，估计2013年我国物位仪表生产规模约为18亿元。

第二节 行业进出口情况

一、总体情况

2013年自动化仪表出口交货值完成227.4亿元，同比增长12.33%，与上年相比增幅明显。全年进出口总额达到115.2亿美元，其中：进口73.9亿美元，同比增长0.26%；出口41.3亿美元，同比增长10.76%；逆差为32.6亿美元，比上年减少3.8亿美元；进口金额同比微增，出口金额大幅增加，达到10.76%。行业近5年的进出口情况见表3-5。

表3-5　2009～2013年我国自动化仪表行业进出口情况

	2009年（亿美元）	同比（%）	2010年（亿美元）	同比（%）	2011年（亿美元）	2012年（亿美元）	同比（%）	2013年（亿美元）	同比（%）
进口	58.14	5.5	81.51	40.20	85.86	73.67	-14.2	73.87	0.26
出口	22.33	-12.5	32.00	43.27	35.34	37.27	5.46	41.28	10.76

从表 3.5 可以看出，2011 年自动化仪表进口和出口为近 5 年的高点，2012 年与 2013 年进口基本持平，但出口增幅明显。

二、主要产品进出口情况

（一）分散型控制系统

我国控制系统近 5 年的进出口情况见表 3-6。

表 3-6　2009～2013 年我国控制系统进出口情况

		2009 年	同比（%）	2010 年	同比（%）	2011 年	同比（%）	2012 年	同比（%）	2013 年	同比（%）
进口	台	11313	142.0	16070	42.05	5129	-68.08	3793	-26.05	4455	17.45
	万美元	36772.86	11.7	46840.15	27.38	43189.29	-7.79	36804.12	-14.78	27533.46	-25.19
出口	台	684	-27.0	1191	74.12	2063	73.22	3502	69.75	4312	23.13
	万美元	7534.87	33.0	10126.78	34.40	14808.72	46.23	13044.04	-11.92	17317.26	32.76

由表 3-6 可以看出，自 2010 年开始，控制系统进口数量和金额达到高点后，进口金额连续 3 年保持下跌，2013 年同比下降达 25.19%；虽然 2013 年进口数量比上年增长，但也远比 2010 年低。进口金额的大幅下降得益于本国企业的技术进步，国内 DCS 控制系统技术水平已经达到国外先进水平而进入了重大装备领域。同样，由于国产 DCS 控制系统技术水平的明显提升，性价比高，近 5 年出口数量一直保持较高的增幅，2010 年、2011 年、2012 年更是连续三年增幅达到 70% 左右，出口金额也总体上保持较高增长趋势。

（二）流量和物位仪表

我国测量、检验液体流量或液位的仪器及装置（不含差压变送器）近 5 年的进出口情况见表 3-7。

表 3-7　2009～2013 年我国流量、物位仪表进出口情况

		2009 年	2010 年	2011 年	2012 年	2013 年
进口	万台	133.6	323.17	287.1	375.98	669.17
	万美元	37133.98	37714.24	44322.57	48126.93	51066.04
出口	万台	1411.74	1494.45	1506.9	1496.4	1772.53
	万美元	12989.53	17239.3	20156.25	23208.72	25836.62

由表 3-7 可以看出，自 2009 年开始，我国流量和物位仪表虽然在 2011 年进口数量有所下降，但是进口额一直保持增长，同样出口额也是一直保持 10% 以上的增幅，出口数量 2013 年增加明显，达到 1772.53 万台。

1、流量仪表

2013 年，我国海关公布的数据显示，进口流量仪表与液位仪表共计 5.11 亿美元，其中流量仪表部分所占比例估计达七成，金额约为 3.577 亿美元。进口差压变送器与压力变送器共计 2.57 亿美元，其中差压变送器约占六成，金额约为 1.542 亿美元。2013 年进口流量仪表总计约为 5.12 亿美元。

我国流量仪表虽然发展迅速，但是高端产

品如气体超声、科里奥利质量流量计等与国外产品还是有一定差距，国内市场基本还是以外资品牌为主。以机械为主的流量仪表基本以国产品牌为主，且有一定量出口。

2、物位仪表

据估计，2013年我国物位仪表进口金额约为1.533亿美元。在我国销售物位仪表的外国公司有E+H、Vega、Siemens 、Magnetrol、Emersio、Krohne、Enraf-honywell等，年进口量约10亿元。

我国物位仪表工业总体上比较落后，产品和国际水平尚有差距，除少数产品随成套设备出口外，基本上没有直接出口的。高端电子型产品大部分靠进口。有关情况如下：

机械类产品 常规产品基本能满足国内需求，故进口很少。特殊工况（高温、高压及特殊材质）所用产品主要靠进口，但总量不大。为了降低成本，机械类产品的外企较早就在中国设厂本地化制造，特殊规格产品的本地供货能力也在不断增强。

机械电子类产品 典型产品是电动浮筒液位计、重锤探测式物位计、磁致伸缩液位计等，国内虽然有产品，但性能较国外产品有差距，部分产品仍需进口。对于石化、化工、炼油等行业需求较多的电动浮筒液位计，一些公司采用进口电子头部件、自行加工机械部件组装的方式保证性能和降低成本，每年要进口数千台电浮筒的电子头。

电子类产品 典型产品是利用超声、微波技术来测量物位的仪表。微波（雷达）物位计目前大多数还是靠进口，每年约两万余台，占国内需求量的三分之二。超声物位计也差不多，每年两万余台，占国内需求量的70%。

第三节 抽样企业情况

一、上报数据企业情况

2013年填报中国仪器仪表行业协会自动化仪表分会经济情况调查表的企业55家，有2家企业数据填报信息不准确剔除，因此，据统计53家企业2013年主营业务收入170.8亿元，利润总额18.6亿元。

53家企业中有25家企业参与了两化融合评估工作并填报了2009年、2010年、2011年相关的数据，这25家企业相关经济情况如表3-8。

表3-8 25家企业主要经济指标情况

企业数	销售收入（亿元）				利润总额（亿元）			
	2009年	2010年	2011年	2013年	2009年	2010年	2011年	2013年
25	96.92	114.39	133.15	159.13	7.1	11.48	11.94	15.21

二、自动化仪表行业部分上市公司情况

兰州海默科技股份有限公司、深圳万讯自控股份有限公司、深圳市汇川技术股份有限公司、北京金自天正智能控制股份有限公司、江西三川水表股份有限公司、上海自动化仪表股份有限公司、上海海得控制系统股份有限公司、上海威尔泰工业自动化股份有限公司、南京科远自动化集团股份有限公司、中国自动化集团有限公司、中海网络科技股份有限公司等11家上市公司进行分析汇总，经济运行状态见表3-9。

表 3-9 企业 2012 ～2013 年经济运行状态

企业数：11 其中 1 个企业营收负增长	2013 年	2012 年	增长率%
销售收入（亿元，%）	97.41	89.18	9.23
利润总额（亿元，%）	11.82	8.44	40.05
主业利润率（%，百分点）	33.15	31.44	1.71
利润率（%，百分点）	12.13	9.46	2.67
总资产利用率（%，百分点）	6.18	5.18	1
产品存货率（%，百分点）	15.32	12.3	3.02
销售费用率（%，百分点）	8.96	10.13	-1.17
管理费用率（%，百分点）	11.34	13.08	-1.74
财务费用率（%，百分点）	0.7	0.82	-0.12

在上面所列的运行指标中，销售收入实现 97.41 亿元，同比增长 9.23%，净增 8.23 亿元；利润总额实现 11.82 亿元，增长 40.05%，高于销售收入增幅 30.82 个百分点。有 1 个企业的销售收入为负增长（－2.45 亿元），对销售收入净增 8.23 亿元的贡献度为 -29.77%。

利润总额净增 3.38 亿元（其中 2 个企业共负增长 5167.3 万元，对净增额的贡献为 -15.38%），主业利润贡献了 2.29 亿元，贡献度为 67.75%，其他利润 1.09 亿元、贡献度 32.25%。

毛利增长 4.03 亿元，对主业利润增长 2.29 亿元的贡献度为 175.98%，期间费用增长 1.87 亿元，贡献度为－81.66%。销售收入增长对毛利增长的贡献度为 112.67%，毛利率下跌 1.06 个百分点，贡献度则为 -23.39%。

销售收入增长对销售成本增长的贡献度为 90.66%，销售成本率上涨对销售成本增长的贡献度为 10.73 %。销售收入增长对期间费用增长的贡献度为 180.81%，期间费用率减少对期间费用增长的贡献度为 -69.51%。

从对 11 个主要企业盈利能力的比较看到，深圳市汇川技术股份有限公司的毛利率、主业利润率和主业利润转换率均为最高，分别为 51.95%、30.47% 和 58.66%。

第四章 行业标准化情况

本章主要介绍自动化仪表行业国内外标准化组织情况与已制订的国际标准、国家标准和行业标准情况以及2012-2013年度（主要是2013年）开展的标准化工作情况。

第一节 概述

标准与我们每个人的生活息息相关，标准与我们的核心竞争力紧密联系在一起。“十二五”期间，《国民经济和社会发展第十二个五年规划纲要》和《国家中长期科学和技术发展规划纲要2006-2020》均把标准化工作放到了重要位置，明确指出要“实施知识产权战略和技术标准战略”，提出了“将形成技术标准作为国家科技计划的重要目标”。随着经济和科技的发展，技术标准已成为社会发展和科技进步的重要技术支撑，成为提高国民经济竞争力的重要手段。

我国虽然是产品出口大国，却不是出口贸易强国。我国工业自动化仪表行业的标准化工作是伴随着工业自动化仪表产业从无到有、从小到大而发展起来的。然而经过多年的发展，目前仍存在标准水平偏低、自主技术含量不高、更新不及时、配套程度低、针对性不强等主要问题。因此，“十二五”期间自动化仪表行业通过加强新一代控制装置、工业自动化产品安全、系统保证和功能安全、企业系统装置和集成、工业通信网络系统安全、高端自动化仪表系统、在线分析仪器和检验仪器等方面的标准制修订工作，将具有我国自主知识产权技术融入标准，增强产品竞争力，加快新产品开发和产品的升级换代，从而推动经济结构调整、产业升级和对外贸易的发展。主要制定的标准包括：新型自动化仪器仪表技术标准；温度仪表、流量仪表、执行器标准；压力仪表标准；显示仪表标准；工业无线通信技术标准；现场总线及工业以太网技术标准；工业控制计算机标准；可编程序控制器（PLC）标准；智能传感器标准；安全仪表系统标准；测量、控制和实验室用电设备的电磁兼容性要求标准；系统集成技术（FDT、EDDL、OPC）标准；在线分析技术和仪器标准。

本行业的标准化工作由全国工业过程测量和控制标准化技术委员会（SAC/TC124）负责组织协调。SAC/TC124秘书处设在机械工业仪器仪表综合技术经济研究所。第四届全国工业过程测量和控制标准化技术委员会自2008年8月成立以来，在国家标准化管理委员会、工业和信息化部、中国机械工业联合会的领导下，依靠全体委员和委员单位的大力支持和配合，在实施国家标准化发展战略、积极采用国际标准和国外先进标准、改善标委会管理机制和运行机制、开拓服务领域的标准化工作新挑战中，有效地组织和开展了各项标准化活动，较好地发挥了标委会的职能，取得了一些成绩。2013年任期届满，根据国家标准化管理委员会《全国专业标准化技术委员会管理规定》的有关要求，按照第四届全国工业过程测量和控制标准化技术委员会第五次全体委员会议的决定，秘书处于2013年11月得到国家标准化管理委员会和中国机械工业联合会的换届批复，正式成立第五届标委会。

鉴于标委会对口的IEC/TC65已更名为“工

业过程测量、控制和自动化”，因此 TC124 标委会根据国家标准化管理委员会的更名批复，于 2013 年更名为“全国工业过程测量控制和自动化标准化技术委员会”。

SAC/TC124 现下设 10 个分委会，分别是：

SC1 温度、流量、机械量、物位、显示仪表、执行器和结构装置分技术委员会，秘书处设在上海工业自动化仪表研究院；

SC2 控制仪表及装置、工业控制计算机系统分技术委员会，秘书处设在西南师范大学；

SC3 压力仪表分技术委员会，秘书处设在西安工业自动化仪表研究所；

SC4 工业通信（现场总线）及系统分技术委员会，秘书处设在机械工业北京仪器仪表综合技术经济研究所；

SC5 可编程序控制器及系统分技术委员会，秘书处设在北京机械工业自动化研究所；

SC6 分析仪器分技术委员会，秘书处设在中国仪器仪表行业协会；

SC7 工业在线校准方法分技术委员会，秘书处设在上海市计量测试技术研究院；

SC8 智能记录仪表分技术委员会，秘书处设在浙江中控自动化仪表有限公司；

SC9 石油产品检测仪器分技术委员会，秘书处设在辽宁省产品质量监督检验院；

SC10 系统及功能安全分技术委员会，秘书处设在机械工业仪器仪表综合技术经济研究所。

第二节 国家标准体系

工业过程测量和控制标准体系如图 4-1 所示，主要包括工业自动化系统综合技术标准、工业自动化装置技术标准、工业通信网络技术标准、企业系统装置和集成技术标准等 4 个大类。

其中：工业自动化系统综合标准 40 项，包含 EMC 要求、功能安全、系统评估方法、安全仪表系统、批量控制标准等；工业自动化装置标准 523 项，包含分析仪器、温度与压力仪表、流量与物位仪表、机械量仪表、自动称重装置与其他检测仪表、显示记录仪表、调节仪表、执行器、自动控制与遥控装置、工业控制与计算机应用装置、其他自动化装置标准等；工业通信网络标准 68 项，包含 DCS 系统、现场总线、实时以太网、工业无线、通信功能安全、计算机安全、高可用自动化网络（冗余）、工业线缆安装标准等；企业系统装置和集成标准 17 项，包含设备行规、分类与文档、试运行、现场设备工具、企业控制系统集成、功能块 +EDDL、OPC-UA 标准等。

第三节 国际标准化工作

一、对口国际标准化组织

SAC/TC124 对口国际标准化组织 IEC/TC65（工业过程测量、控制和自动化）和 ISO/TC30（封闭管道中流体流量的测量），2012-2013 年先后 41 次组织行业专家参加相关的国际标准化活动。

（一）IEC/TC65

IEC/TC65 是国际电工委员会下设的“工业过程测量、控制和自动化”技术委员会，其秘书处设在法国。IEC/TC65 工作内容包括：制定用于工业过程测量、控制和自动化的系统和元件方面的国际标准；协调系统集成相关标准化工作；在国际领域参与电气、气动、液压、机械或其他测量和控制系统相关的国际标准化工作。IEC/TC65 共有 4 个分技术委员会，分别是

图 4-1　工业过程测量和控制标准化体系图

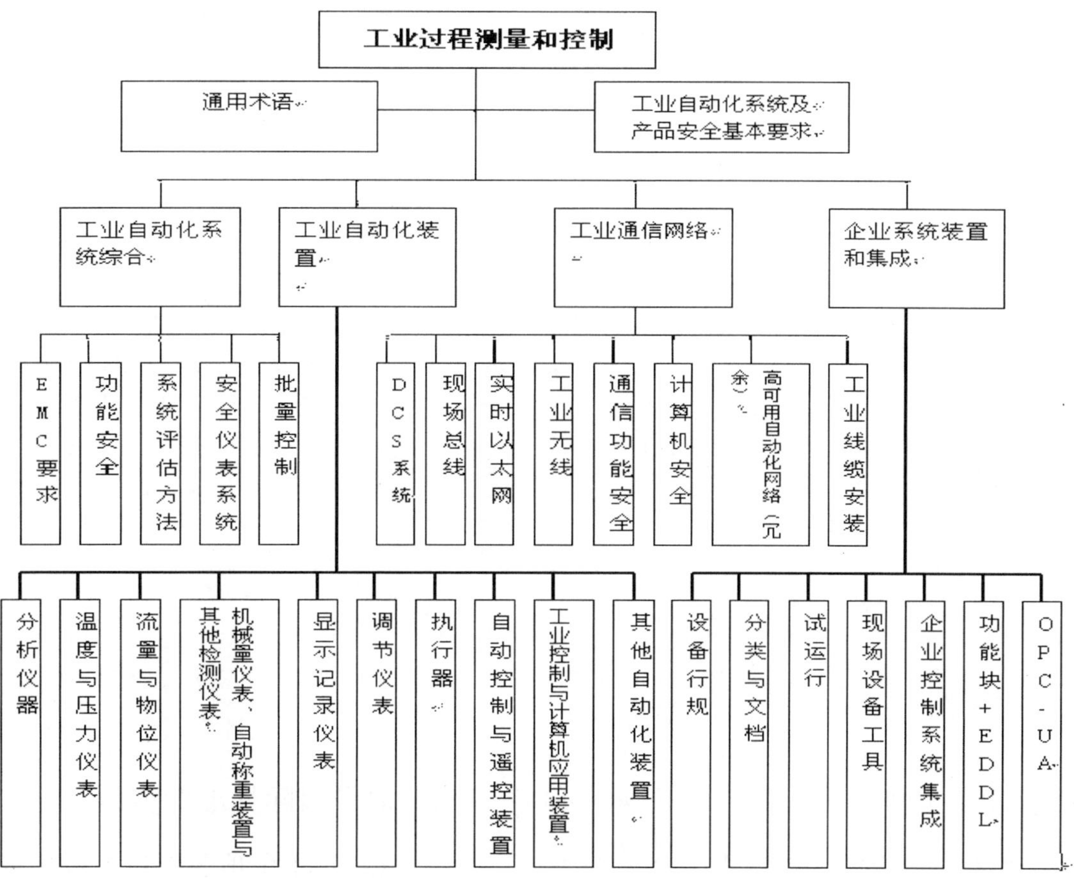

SC65A 系统、SC65B 装置与过程分析、SC65C 工业网络、SC65E 企业系统中的设备与集成。IEC/TC65 组织结构图如图 2 所示。截至 2013 年底，IEC/TC65 及其 4 个分技术委员会现行国际标准共 296 项，标准数目在所有 IEC 技术委员会中排名第一，其标准工作活跃，覆盖范围全面，反映最新技术及时，在 IEC 中有着巨大的影响力。

针对我国技术发展的需要，在 IEC/TC65 及其 4 个分技术委员下属的 46 个工作组中，我国共派出 50 名本领域技术专家参与其中的 36 个工作组，涉及国内 20 多家单位（骨干企业、研究院所、高校等），密切跟踪国际标准最新进展，代表中国在国际上进行技术层面的交流。

（二）ISO/TC30

国际标准化组织 ISO/TC30（封闭管道中流体流量的测量）秘书处设在英国的 BSI（英国标准协会）。它的工作范围是制定封闭管道中流体流量的测量方法和规则标准，包括：术语和定义；检验、安装和操作规则；仪表和所需设备的构建；测量条件；对测量数据及误差的采集、评价和解释。ISO/TC30 下设 3 个分技术委员会，即 ISO/TC30/SC2（差压装置）、ISO/TC30/SC5（速度和质量方法）和 ISO/TC30/SC7（含水表的容积方法）。共设有 11 个工作组（WG），从不同技术领域开展标准化工作。ISO/TC30 组织结构图如图 4-3 所示。截至 2013 年底，ISO/TC30 共

图 4-2　IEC/TC65 组织机构图

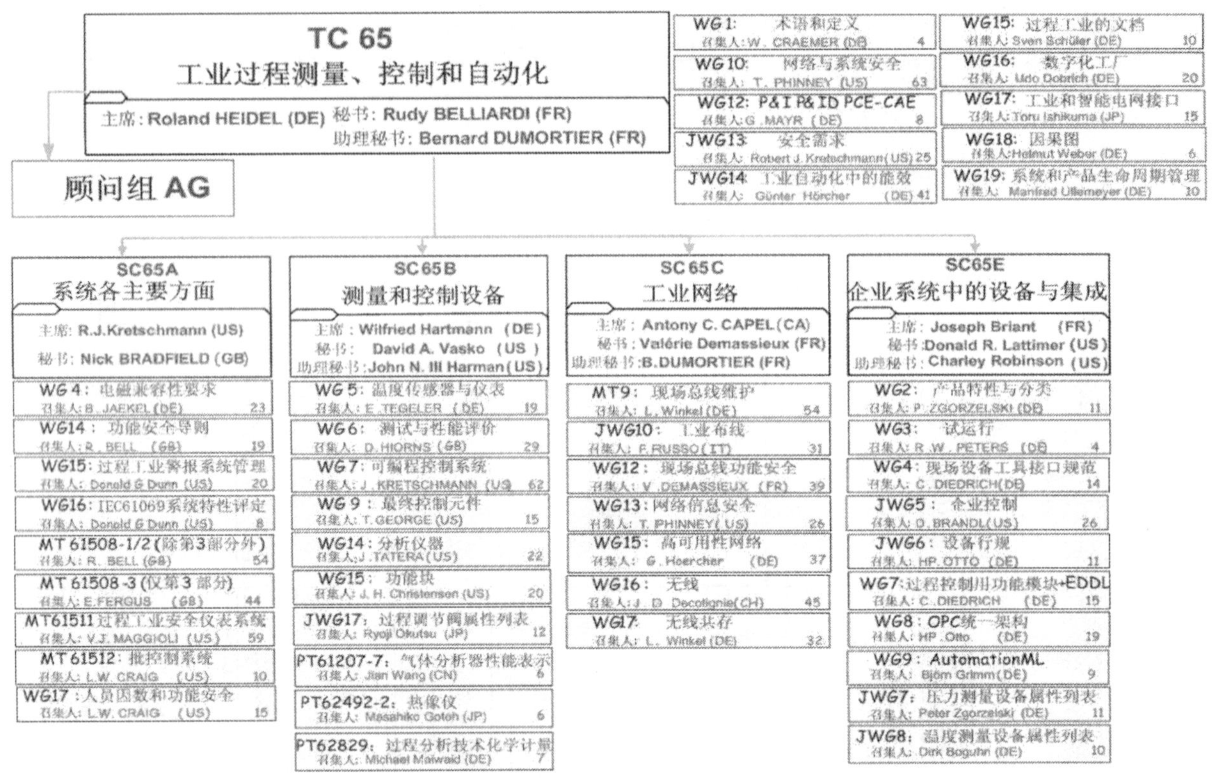

发布 ISO 国际标准 41 项，其中有 25 项国际标准已转化为我国国家标准或列入国家标准计划。

二、取得国际标准新突破

（一）十余项我国自主技术成为了国际标准或其重要组成部分

图 4-3　ISO/TC30 组织机构图

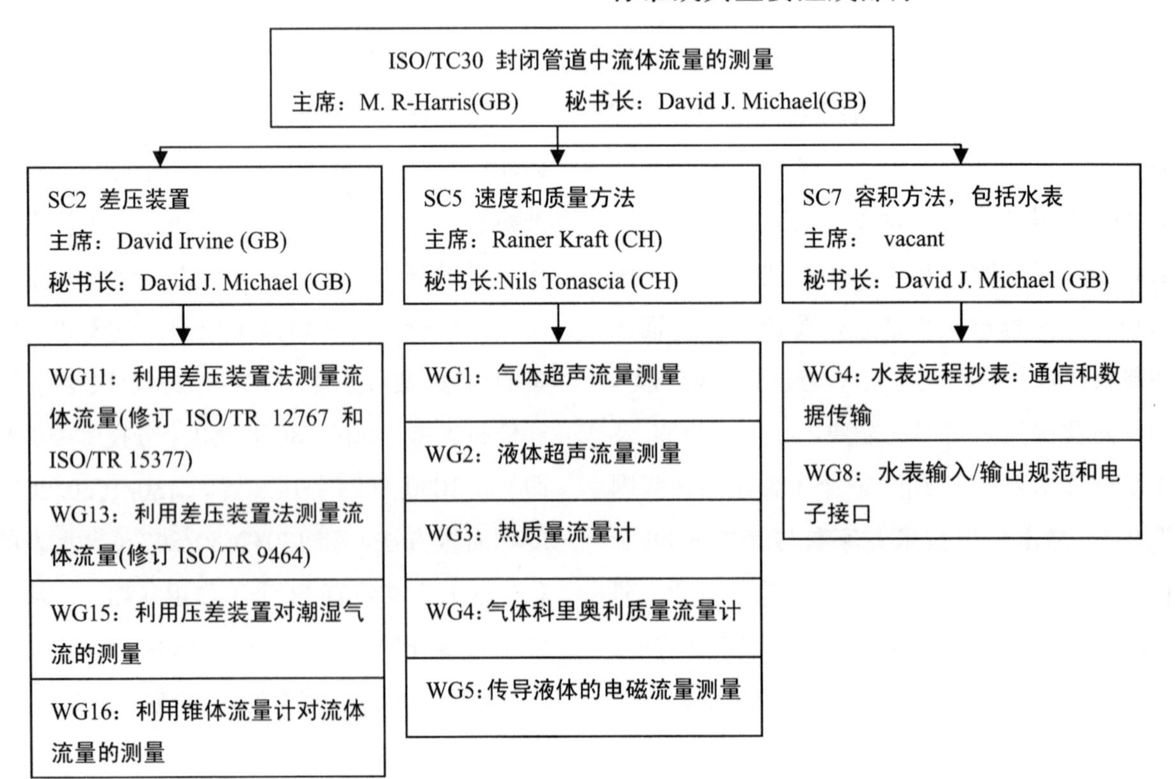

工业自动化领域作为“十二五”规划中高端智能装备及基础制造装备的基础，是培育和发展战略性新兴产业的关键。在国家标准委、科技部等有关部门的支持下，全国工业过程测量控制和自动化标准化技术委员会配合行业内众多企业、研究院所、高校等单位和专家，多年来致力于服务工业自动化行业的技术研究和标准化工作，使得十余项具有我国自主知识产权技术已成为国际标准或国际标准的重要部分，为我国工业自动化产业的健康发展提供了有力技术保障。

1、《用于工业测量与控制系统的EPA系统结构与通信规范》作为第14种类型，成为IEC61158系列标准的多个部分标准，包括IEC61158-3-14、IEC61158-4-14、IEC61158-5-14、IEC61158-6-14。

2、作为公共行规族CPF14列入IEC61784-2《工业通信网络 规范 第2部分：基于ISO/IEC 8802-3实时网络的附加现场总线规范》；EPA功能安全现场总线行规列入IEC 61784-3《工业通信网络 规范 第3-14部分：功能安全现场总线 CPF14附加规范》；EPA现场总线安装行规列入IEC 61784-5《工业通信网络 规范 第5-14部分：现场总线安装 CPF14安装规范》。

3、IEC 62439 Type14《高可用性自动化网络 第14类型：EPA》

4、IEC 61918 Type14《工业通信网络 工业通信网络的安装 第14类型：EPA》

5、IEC 62061-2-201《工业过程测量、控制与自动化设备领域中对控制设备的特殊要求，不包括功能安全》

6、IEC 61003-2《工业过程控制系统用模拟输入两位或多位输出仪表 第2部分：检查和例行试验导则》

7、IEC 61207-7《气体分析器性能表示 第7部分：可调谐激光气体分析器》

8、IEC 62601《工业通信网络 现场总线规范 WIA通信网络与通信行规》

9、IEC/TR 62795《FDT/DTM和EDDL设备集成技术互操作规范》

（二）2012～2013年度取得的国际标准化新突破

1、工业实时以太网通信技术EPA

现场总线和工业以太网是发展高端装备制造业和提升工业信息化水平的关键测控技术。我国现场总线技术的研究起步较晚。在有关部委的支持下，2005年我国EPA技术正式纳入IEC 61158（现场总线）第四版标准，成为我国工业现场总线领域具有自主知识产权的首个国际标准。通过科研团队的持续攻关，EPA 系统结构、通信协议、功能安全、配置设计等核心技术形成了6项具有我国自主知识产权的IEC国际标准，构建了一个较为完整的技术、标准体系。该系列成果成功应用于大型化工、炼油等多种工业过程控制领域。

2010年，德国电气电工信息技术委员会（DKE）决定将EPA配置设计标准IEC 61784-5-14（工业通信网络规范 第5-14部分：现场总线的配置设计 第14类型）转化为德文版德国标准，2012年11月正式发布。这充分表明了德国对我国EPA自主技术的认可，以及对该技术和产品在德国应用的良好预期。它开创了我国工业自动化领域自主技术以标准为载体出口发达国家的又一个先河，为我国高新技术领域提高研发质量、实现又好又快的跨越式发展树立了典范。

2、FDT/DTM 和 EDDL 设备集成技术互操作规范

2012 年 6 月，由我国自主制定的《FDT/DTM 和 EDDL 设备集成技术互操作规范》通过了 IEC/SC65E（企业系统中的设备与集成）投票，正式成为 IEC/TR 62795。该标准规定了具有我国自主知识产权的 EDD-DTM 转换技术，实现了工业自动化现场使用电子设备描述语言（EDDL）和现场设备工具（FDT）的各种智能化现场设备间的无缝集成，从而提高了自动化系统的工作效率、产品质量和生产能力，增强了自动化系统中不同技术间的可互操作性，保障了生产过程的持续稳定运行，提高了系统的可靠性、可用性。标准实施可用于国内外工业自动化用户的系统集成，降低构建自动化网络的总体成本，从而能提高我国自动化系统的信息化集成水平和总体效益。

3、《工业自动化产品的安全要求》

2012 年 11 月 30 日，以我国控制设备安全技术为主导制定的控制设备安全标准，最终以全票通过，正式成为国际标准 IEC 61010-2-201《测量、控制和实验室用电气设备的安全要求 第 2-201 部分：控制设备的特殊要求》，这是首个被 IEC 批准的工业自动化领域安全标准。

工业自动化产品的安全是目前国际上自动化领域研究的一个热点。中国在 2007 年启动制定 18 项《工业自动化产品的安全要求》强制性国家标准，该标准是基于国际标准中的《工业自动化产品的安全要求 第 11 部分：可编程序控制器的安全要求》制定的。为将我国企业的利益反映到国际标准中，促进国产控制设备进入国际市场，可编程序控制器安全国家标准草案完成之后，2008 年 5 月，中国代表团参加了 IEC/TC65 东京年会。会上中国代表团提出制定自动化产品安全要求国际标准的需求，获得大多数成员的支持。为此，成立了 IEC/TC65 和 TC66/JWG13 工作组，专门负责制定工业自动化产品安全标准。工作组专家经过四年的努力，终于完成该国际标准的制定。此项 IEC 国际标准是我国在工业自动化安全国际标准化领域取得的第一个成果，意义重大，影响深远。以我国控制设备安全技术为基础的国际标准的执行，将更有利于提高我国控制设备质量和产品竞争力、保障人员健康和安全、保护环境以及保证可持续发展战略的实施。

第四节 国内标准化工作

一、国家标准

全国工业过程测量控制和自动化标准化技术委员会主要工作包括制定：工业过程测量和控制用通信网络协议标准；各类仪器仪表、执行机构、控制设备标准和安全标准。近年来，标委会为逐步构建符合我国国情的工业自动化和仪器仪表标准体系，将一批先进、适用的国际标准转化为了我国的国家标准和机械行业标准。目前，SAC/TC124 现行国家标准 340 项，国家标准计划 147 项。

2013 年，根据国标委《关于印发＜高端装备产业标准化发展规划编制工作方案＞的通知》，组织智能制造装备领域相关标委会共同编制了智能制造装备产业标准化发展规划，建立了智能制造装备产业发展的技术标准体系，明确了产业标准化发展重点和标准制修订工作任务，提出了推进产业标准化发展和国际标准化战略的工作机制和措施。

为此，自动化仪表领域开展了与“十二五”标准化规划相适应的一系列国家重点项目实施工作。

（一）智能电网标准化工作

TC124 标委会作为副组长单位参加了国家智能电网设备标准化组的工作，负责组织我国智能电网设备方面的标准体系研究、技术协调和标准制修订推进工作，配合工作组一起制定了智能电网技术标准体系。该体系覆盖了智能电网的相关技术领域，用以指导电网企业、电力用户和设备制造商的生产、建设和设备研制，支持跨行业、跨地区开发和应用，协调和统一有关技术问题，连接系统的各个环节，确保其互操作性。目前形成的智能电网标准体系是一个具备系统性、协调性、兼容性、自主性和开放性的层级结构，由 9 个专业分支、28 个技术领域组成。TC124 标委会归口的功能安全、信息安全、高可用性自动化网络、现场总线、实时以太网、EMC、OPC-UA 等技术标准都纳入了该标准体系的各技术领域。2013 年，IEC/TC65 建立专门的 TC65/WG17 工业和智能电网接口工作组，来自中科院沈阳自动化研究所、机械工业仪器仪表综合技术经济研究所的有关专家积极参与了该工作组的国际标准化工作，并将该国际标准的理念运用到相关的国家标准研制和技术研究中。

（二）物联网标准化工作

2013 年，IEC/MSB（市场战略局）发起白皮书项目“物联网之无线传感器网络”，由我国专家牵头，与国际专家共同起草并完成。通过该白皮书的制定，可以明确相关技术的国际现状、未来发展方向及市场需求，将我国自主技术提升到 IEC 战略高度，有助于战略引领行业发展，为实现我国制造业转型升级提供高端解决方案。

TC124 标委会作为副组长单位参加了物联网标准联合工作组的工作，负责作为物联网的基础和重要组成部分的智能传感器的标准体系建立和关键技术标准研制工作。围绕国家物联网发展的整体战略目标，以促进物联网传感器产业发展为重点，初步建立了符合我国国情的物联网智能传感器标准体系，目前正在开展术语、接口规范、特性与分类等近 20 项物联网应用急需的智能传感器关键技术标准研制工作，并利用现有基础争取早日建立智能传感器综合测试验证平台，从而推进物联网传感器技术和重点产品的研发与产业化，促进物联网应用示范和推广，加快共性技术服务平台建设，为物联网的整体发展提供坚实基础。

（三）自动化能效标准化工作

作为中国节能减排标准化技术联盟副理事单位，TC124 标委会积极响应国家“十二五”规划中提出的节能减排的可持续发展战略，和我国这样的发展中国家工业生产中的能源消耗约占总能源消耗量的 75% 的现状，积极开展了工业自动化系统能效技术研究和标准制定工作。标委会派多名国内企业、研究院所专家参加了 IEC/TC65/JWG14（工业自动化能效）工作组的国际标准制修订工作，共同起草了 65/489/DC“工业自动化能效报告”。该报告明确了提高能效和能效量化的前提，即：能源消耗的测量，装置和系统的量化、控制、测试和认证；用于预测性维护的条件检测。同时，报告中规定了工业自动化能效的定义及相关模型、KPI 定义、工厂级优化、技术方法和通用要求，针对不同的应用领域提出了几种能效方案。同时，还将工业自动化节能技术引进了公共建筑节能领域，从而推进了我国节能减排产品的开发和技术的进步，为我国节能减排标准化政策、规划研究和制定提供了良好的支撑。

（四）军民标准通用化工程

根据《标准化事业发展“十二五”规划》提出的“坚持军民结合、寓军于民，逐步建立军民标准相互转化的工作机制，探索建立军民标准化技术组织的融合机制，促进标准化资源的军民共建共享，加强军民产品和技术标准协调统一，努力实现国家标准体系与国家军用标准体系之间的有机衔接、协调互补，促进经济建设和国防建设的互动发展”的指导思想，TC124标委会参与了国标委和总装备部共同开展的《军民标准通用化工程》，组织本领域专家积极参与了其中民用标准适用性分析及验证、关键元器件标准、物联网标准、新材料标准、新能源标准、高端装备制造标准、自主创新技术领域标准示范工程建设、标准符合性检测能力补充建设、标准符合性检测资源共享等专项的项目论证工作，编写了项目论证报告和深化论证报告。

（五）工业信息安全标准化工作

由于工业控制系统广泛运用于工业、能源、交通、水利以及市政等关键领域，一旦工业控制系统信息安全（Security）出现漏洞，将对工业生产运行和国家经济安全造成重大隐患。2011年，工信部发布了《关于加强工业控制系统信息安全管理的通知》，以加强工业控制系统信息安全管理。TC124标委会对口的IEC/TC65在近十年前就专门设立工作组TC65/WG10开展了IEC 62443《工业过程测量和控制安全网络和系统安全》系列国际标准的制定工作。标委会长期以来一直派专家参与该国际标准的制定工作，并于2010年将目前已发布的三项IEC 62443国际标准列入了机械行业标准计划项目。2012年，标委会联合全国信息安全标准化技术委员会（SAC/TC260）共同组织和利时、浙江中控、西门子、施耐德、罗克韦尔等制造企业和核电、电力、石化等应用领域专家40多人组成信息安全标准工作组，开始自主制定适应我国工业控制需求、具体可行的《工业控制系统信息安全评估规范》和《工业控制系统信息安全验收规范》国家标准。2013年两项标准已制定完成并上报国标委等待批准。同时，启动了《集散控制系统（DCS）安全防护标准》、《集散控制系统（DCS）安全管理标准》、《集散控制系统（DCS）安全评估标准》、《集散控制系统（DCS）风险与脆弱性检测标准》、《可编程逻辑控制器（PLC）安全要求》国家标准制定程序，以进一步完善工业信息安全标准体系。

为使国内自动化领域的专家和用户能够更多了解工业控制系统信息安全集成解决方案和最新技术发展动态，标委会还于2012年和2013年连续两年在北京举办了“工业自动化与标准化”研讨会，主题都是功能安全和信息安全。

（六）传感器及智能化仪器仪表产业发展专项

2012年开始，TC124标委会秘书处配合中国机械工业联合会和机械工业仪器仪表综合技术经济研究所的工作，积极推动传感器及智能化仪器仪表产业发展专项的开展，组织来自政府、高等院校、科研院所、制造企业、重点用户、学会协会等方面的专家25名共同组成专项推进工作组，分赴上海、无锡、宁波、杭州、重庆、沈阳、北京、深圳等地开展调研，走访生产企业和用户单位，并多次召开专家座谈会，旨在统筹规划传感器及智能化仪器仪表产业发展，增强传感器及智能化仪器仪表产业的创新能力和国际竞争力。2013 年科技部、工信部、财政部、国标委四部委共同发文《加快推进传感器及智能化仪器仪表产业发展行动计划》，目前标委会正配合行业内有关单位和专家制定工业、食品、环保、文物等领域的具体实施规划。

（七）2013 年度发布的国家标准

由 TC124 及其 10 个分委会修制定并经国标委批准，于 2013 年度正式发布的国家标准共有 67 项目，详见表 4-1。

表 4-1　2013 年正式发布的行业相关国家标准

序号	标准号	标准名称
1	GB/Z 29619.1-2013	测量和控制数字数据通信 工业控制系统用现场总线 类型 8：INTERBUS 规范 第 1 部分：概述
2	GB/Z 29619.2-2013	测量和控制数字数据通信 工业控制系统用现场总线 类型 8：INTERBUS 规范 第 2 部分：物理层规范和服务定义
3	GB/Z 29619.3-2013	测量和控制数字数据通信 工业控制系统用现场总线 类型 8：INTERBUS 规范 第 3 部分：数据链路服务定义
4	GB/Z 29619.4-2013	测量和控制数字数据通信 工业控制系统用现场总线 类型 8：INTERBUS 规范 第 4 部分：数据链路协议规范
5	GB/Z 29619.5-2013	测量和控制数字数据通信 工业控制系统用现场总线 类型 8：INTERBUS 规范 第 5 部分：应用层服务的定义
6	GB/Z 29619.6-2013	测量和控制数字数据通信 工业控制系统用现场总线 类型 8：INTERBUS 规范 第 6 部分：应用层协议规范
7	GB/T 20245.2-2013	电化学分析器性能表示 第 2 部分：pH 值
8	GB/T 20245.3-2013	电化学分析器性能表示 第 3 部分：电解质电导率
9	GB/T 20245.4-2013	电化学分析器性能表示 第 4 部分：采用覆膜电流式传感器测量水中溶解氧
10	GB/T 20245.5-2013	电化学分析器性能表示 第 5 部分：氧化还原电位
11	GB/T 18403.2-2013	气体分析器性能表示 第 2 部分：气体中氧（采用高温电化学传感器）
12	GB/T 18403.6-2013	气体分析器性能表示 第 6 部分：光度分析器
13	GB/T 29618.2-2013	现场设备工具(FDT)接口规范 第 2 部分：概念和详细描述
14	GB/T 29618.1-2013	现场设备工具(FDT)接口规范 第 1 部分：概述和导则
15	GB/T 29618.41-2013	现场设备工具(FDT)接口规范 第 41 部分：对象模型行规集成-通用对象模型
16	GB/Z 29638-2013	电气/电子/可编程电子安全相关系统的功能安全 功能安全概念及 GB/T 20438 系列概况

17	GB/T 20965-2013	控制网络 HBES 技术规范 住宅和楼宇控制系统
18	GB/Z 29496.1-2013	控制与通信网络 CC-Link Safety 规范 第 1 部分:概述/协议
19	GB/Z 29496.2-2013	控制与通信网络 CC-Link Safety 规范 第 2 部分：行规
20	GB/Z 29496.3-2013	控制与通信网络 CC-Link Safety 规范 第 3 部分：实现
21	GB/T 29618.315-2013	现场设备工具(FDT)接口规范 第 315 部分：通信行规集成 MODBUS 现场总线规范
22	GB/T 29813-2013	分析器系统 技术咨询和投标评估指南
23	GB 29812-2013	工业过程控制 分析小屋的安全
24	GB/T 17614.3-2013	工业过程控制系统用变送器 第 3 部分：智能变送器性能评定方法
25	GB/T 29814-2013	在线分析器系统的设计和安装指南
26	GB/T 29820.1-2013	流量测量装置校准和使用不确定度的评估 第 1 部分：线性校准关系
27	GB/T 29618.309-2013	现场设备工具（FDT）接口规范 第 309 部分：通信行规集成 可寻址远程传感器高速通道
28	GB/T 29815-2013	基于 HART 协议的电磁流量计通用技术条件
29	GB/T 29816-2013	基于 HART 协议的阀门定位器通用技术条件
30	GB/T 29817-2013	基于 HART 协议的压力/差压变送器通用技术条件
31	GB/T 29818-2013	基于 HART 协议的质量流量计通用技术条件
32	GB/T 29819-2013	流程企业建模
33	GB/T 29821-2013	工业过程测量和控制系统用仪表可靠性技术报告编写导则
34	GB/T 29823-2013	试验用空气焓值法试验装置检验方法
35	GB/T 29618.302-2013	现场设备工具（FDT）接口规范 第 302 部分：通信行规集成 通用工业协议
36	GB/T 29910.1-2013	工业通信网络 现场总线规范 类型 20：HART 规范 第 1 部分：HART 有线网络物理层服务定义和协议规范
37	GB/T 29910.2-2013	工业通信网络 现场总线规范 类型 20：HART 规范 第 2 部分：HART 有线网络数据链路层服务定义和协议规范
38	GB/T 29910.3-2013	工业通信网络 现场总线规范 类型 20：HART 规范 第 3 部分：应用层服务定义
39	GB/T 29910.4-2013	工业通信网络 现场总线规范 类型 20：HART 规范 第 4 部分：应用层协议规范
40	GB/T 29910.5-2013	工业通信网络 现场总线规范 类型 20：HART 规范 第 5 部分：WirelessHART 无线通信网络及通信行规
41	GB/T 29910.6-2013	工业通信网络 现场总线规范 类型 20：HART 规范 第 6 部分：应用层附加服务定义和协议规范

42	GB/T 30121-2013	工业铂热电阻及铂感温元件
43	GB/T 30090-2013	无字母代号热电偶分度表
44	GB/T 13966-2013	分析仪器术语
45	GB/T 30119-2013	原子吸收测量用校准溶液制备方法
46	GB/T 13971-2013	紫外线气体分析器技术条件
47	GB/T 30093-2013	自动化控制系统可靠性技术评审程序
48	GB/T 30094-2013	工业以太网交换机技术规范
49	GB/T 30097-2013	炉前铁液热分析仪
50	GB/T 30120-2013	纯金属组合热电偶分度表
51	GB/T 30429-2013	工业热电偶
52	GB 30439.1-2013	工业自动化产品安全要求 第1部分：总则
53	GB 30439.2-2013	工业自动化产品安全要求 第2部分：压力/差压变送器的安全要求
54	GB 30439.3-2013	工业自动化产品安全要求 第3部分：温度变送器的安全要求
55	GB 30439.4-2013	工业自动化产品安全要求 第4部分：控制阀的安全要求
56	GB 30439.5-2013	工业自动化产品安全要求 第5部分：流量计的安全要求
57	GB/T 30244-2013	示波极谱仪及其试验溶液制备
58	GB/T 30245.1-2013	工业过程测量和控制系统用远程输入输出设备 第1部分：通用技术条件
59	GB/T 30245.2-2013	工业过程测量和控制系统用远程输入输出设备 第2部分：性能评定方法
60	GB/T 30243-2013	封闭管道中流体流量的测量 V形内锥流量测量节流装置
61	GB/T 30431-2013	实验室气相色谱仪
62	GB/T 30432-2013	液体活塞式压力计
63	GB/T 30433-2013	液相色谱仪测试用标准色谱柱
64	GB/T 30241.1-2013	齐纳二极管安全栅 第1部分：通用技术条件
65	GB/T 30241.2-2013	齐纳二极管安全栅 第2部分：性能评定方法
66	GB/T 25740.2-2013	PROFIBUS & PROFINET 技术行规 PROFIdrive 第2部分：行规到网络技术的映射
67	GB/T 25740.1-2013	PROFIBUS & PROFINET 技术行规 PROFIdrive 第1部分：行规规范

二、行业标准

目前，全国工业过程测量和控制标准化技术委员会(SAC/TC124)执行的行业标准有305项，行业标准计划有100项（其中2012年批复计划14项）。

2012～2013年，根据工信部《关于编制工业和通信业“十二五”技术标准体系建设方案的通知》和中机联《关于做好机械工业“十二五”技术标准体系建设工作的通知》的要求，开展了机械工业领域标准体系建设工作。相关标委会历时两个月完成了其中仪器仪表行业工业过程测量和控制专业领域的行业标准体系框架和体系表的编制工作。

2013年，自动化仪表行业上报的标准见表4-2。

表4-2　报批的相关行业标准

序号	计划编号	项目名称	备注
1	2009-0542T-JB	仪器仪表可靠性设计评审	2013-02报批
2	2009-0543T-JB	仪器仪表可靠性要求与考核方法的编写指南	2013-02报批
3	2009-0544T-JB	仪器仪表可靠性验证试验及测定试验（指数分布）导则	2013-02报批
4	2010-1111T-JB	工业过程测量和控制系统用模拟输入数字式指示控制仪 第1部分：两位或多位输出仪表	2013-02报批
5	2010-1112T-JB	工业过程测量和控制系统用模拟输入数字式指示控制仪 第2部分：时间比例输出仪表	2013-02报批
6	2010-1117T-JB	工业过程控制系统用时间比例控制器性能评定方法	2013-02报批
7	2011-1706T-JB	工业钨铼热电偶技术条件	2013-03报批
8	2010-1122T-JB	工业铜热电阻技术条件及分度表	2013-05报批
9	2010-1143T-JB	双金属温度计	2013-09报批
10	2011-1711T-JB	射流流量传感器	2013-09报批
11	2012-2016T-JB	超声波家用燃气表	2013-10报批

第五节 其它标准化情况

一、防爆仪表分技术委员会成立

作为工业自动化仪表的一部分，防爆仪表是防爆电气设备的重要分支，是国民经济发展的重要装备，大量应用于石油、化工、新能源等工业领域。加强防爆仪表技术标准化工作，不仅符合我国安全发展石油、化工和新能源产业的实际需要，同时对于提高生产效率、提升工业安全水平、促进国民经济安全健康发展具有十分重要的作用。

特别是近年来，自动化仪表技术突飞猛进，国家战略性新兴产业对智能化仪表及系统应用的依赖度不断增加，同时包括石油、化工、煤炭、新能源利用在内工业领域对仪表防爆安全需求日显突出。因此，在全国防爆电气设备标准化技术委员会下设防爆仪表分技术委员会，已成为社会各界专业人士的广泛共识，并必将有利于发挥仪表行业整体优势，有利于丰富和发展我国防爆技术标准体系，可为工业自动化仪表及其系统在爆炸危险场所安全应用、促进国民经济安全发展提供重要的技术支撑。

上海工业自动化仪表研究院在防爆技术领域拥有一流的防爆仪表产品检测服务平台，是国家工业自动化仪表产品质量监督检验中心、国家仪器仪表防爆安全监督检验站、国家安全生产上海防爆电气检测检验中心，也是国际电工委员会 IECEx 体系国际防爆实验室，并与德国 PTB、美国 FM、英国 SIRA、荷兰 Dekra 等十多个世界著名防爆检验机构建立了广泛的合作关系。作为全国防爆电气设备标准化技术委员会副秘书长单位，上海工业自动化仪表研究院有多名专家长期致力于国内外防爆设备标准化工作，他们分别是美国仪表学会防爆电气设备标准化技术委员会（ISA 12）的高级会员、国际电工委员会防爆电气设备认证体系（IECEx 体系）国际主任评审员、IEC/TC31/PT60079-33、IECEx WG10、ExTAG WG4、WG8 成员、ExTAG WG9 召集人，先后参加了在澳大利亚、德国等地举行的 IEC TC31 年会，参与了一大批包括正压型、浇封型、增安型、本质安全型国家防爆标准或美国仪表学会防爆仪表标准的制修订工作，2006 年该院还在上海成功承办了国际电工委员会防爆电气设备认证体系（IECEx）国际年会，赢得了广泛的国际声誉。

2007 年 7 月，按照国家标准化发展战略的总体要求，依据行业技术发展的实际需要，经与各级政府主管部门、行业组织、归口标委会的充分沟通，上海工业自动化仪表研究院正式行文向国家标准化管理委员会提交了《关于组建“全国防爆电气设备标准化技术委员会防爆仪表分技术委员会”的申请报告》。

2008 年 8 月，国家标准化管理委员会发出通知《关于批准筹建全国食品分析与抽样标准化技术委员会等 190 个全国专业标准化技术委员会的通知》（国标委综合［2008］125 号文），全国防爆电气设备标准化技术委员会防爆仪表分技术委员会（SACTC9/SC7，以下简称“防爆仪表分委会”是批准筹建的全国专业标准化技术委员会之一。

2008 年 11 月，上海工业自动化仪表研究院按规定的程序和要求完成了全部筹建准备工作，报送了全国防爆电气设备标准化技术委员会防爆仪表分技术委员会组建方案和相关材料。

2013 年 3 月，国家标准化管理委员会正式下达《关于成立全国防爆电气设备标准化技术委员会防爆仪表分技术委员会的批复》（标委办综合［2013］23 号），同意成立全国防爆电气设备标准化技术委员会防爆仪表分技术委员会（SAC/TC9/SC7），负责仪表的防爆技术领域的国家标准之修订工作，秘书处设在上海工业自动化仪表研究院。第一届防爆仪表分技术委员会由 33 名委员组成，徐建平任主任委员，张刚任副主任委员，卢巧任委员兼秘书长。

2013 年 4 月 24 日，根据《全国专业标准化技术委员会管理规定》，全国防爆电气设备标准化技术委员会防爆仪表分技术委员会在上海华夏宾馆成功召开了成立大会暨第一次全体委员会会议。

二、IEC SC65BWG6 在上海顺利召开

IEC SC65B WG6（测量与控制装置试验和性能评定）工作组会议于2013年10月23-24日在上海光大酒店召开，会议由上海工业自动化仪表研究院（SIPAI）承办。会议召集人FANTONI先生先简要介绍了IEC SC65B WG6自上次会议以来的基本工作情况，然后作了关于过程控制系统标准的专题报告。REDAELLI先生作了关于过程测量传感器标准的专题报告。徐建平先生在会上全面介绍了SIPAI仪表与控制系统试验和性能评定能力。与会专家认真听取报告后进行了热烈而深入的讨论，充分交换了意见，使标准编写方、产品生产方、产品使用方有了很好的沟通。会议还就IEC TS 62603 Guideline for Evaluating the Performances of Process Control Systems的DTS（技术规范草案）稿和IEC 62828 Reference Conditions and Procedures for Testing Industrial Measurement Transmitters - Part 1: General Procedures for All Types of Transmitters 和 Part 2: Specific Procedures for Pressure Transmitters的CD稿（委员会草案稿）进展情况进行了交流，讨论了上述DTS稿和CD稿所收到的意见，并审查了IEC 61003-1 Ed3和IEC 61003-2 Ed2两个标准的CD稿，明确了未来的工作方向和目标。

本次会议的顺利举行，促进了中国仪表行业与国际标准化组织的沟通交流，增进了标准化工作在行业、企业中的影响力，也使国际专家了解了目前中国的行业情况，对于加强中国与国际标准组织的联系，提高中国在国际标准化工作中的话语权具有重要意义。

三、标委会所获奖励

1、2012年度“IEC 1906奖”：丁露

2、2012年度“上海市标准化优秀学术成果奖”二等奖：《焓差试验台检测标准的研究》

3、2013年度“中国标准创新贡献奖”一等奖：《IEC 62601:2011 用于过程自动化的WIA通信网络与通信规范》

4、2012年度国家安全生产科技成果三等奖：《自动化仪表与控制系统功能安全技术集成研究》科研成果

5、2013年度“中国标准创新贡献奖”优秀青年奖：梅恪

6、2013年度“中国机械工业科学技术奖”三等奖：《GB/T 26336 工业通信网络 工业环境中的通信网络安装、GB/T 19760.1～4 CC-Link控制与通信网络规范及GB/T 19582.1～3基于Modbus协议的工业自动化网络规范等现场总线通信标准》。

第五章 行业检测与认证情况

本章主要介绍自动化仪表行业检测和认证情况，分析目前制造业企业自身的检测和试验能力、产品的检测与认证情况等。

第一节 概述

按照国务院办公厅《关于加快发展高技术服务业的指导意见》（国办发[2011]58号）和其他相关政策文件，检测检验服务业是国家重点支持发展的八大高技术服务业之一，也是生产性服务业的重要组成部分和高端环节，具有技术含量和附加值高、创新性强、发展潜力大、辐射带动作用突出等特点，加快发展高技术服务业对于扩大内需、吸纳就业、培育壮大战略性新兴产业、促进产业结构优化升级具有重要意义。

据不完全统计，截至2013年底，经中国合格评定国家认可委员会（CNAS）批准的认证机构136家（其中产品认证机构62家）、检测实验室为4890个、校准实验室676个、检查机构370家，主要集中在北京、广东、上海、江苏、浙江、山东等地域。据资料，2013年度我国第三方认证检测市场规模已达1000亿元，且近年增速将保持在15%以上，中国正成为全球最具潜力的检测检验服务业市场之一。

近年来，各级政府对发展检测检验市场非常重视，鼓励检验检测机构朝着市场化方向运营，不断提升专业化服务水平，鼓励基于已有的检测资源，加强测试方法、测试技术等基础能力建设，发展面向设计开发、生产制造、售后服务全过程的分析、测试、检验、计量等服务，培育第三方的质量和安全检验、检测、检疫、计量、认证技术服务，重点加强战略性新兴产业和农业等重点行业产品质量检验检测体系建设，鼓励检验检测技术服务机构由提供单一认证型服务向提供综合检测服务延伸。各级政府陆续出台了不少支持检测检验服务业发展的扶持政策，并在国家层面开始重视对检测检验公共服务平台建设的投入。与此同时，就自动化仪表行业而言，一方面一些科研院所更加重视其技术研发、标准制定和检测检验等优势资源发挥，大力开展共性技术、关键技术、基础技术能力建设和检测方法研究，着眼于国际接轨要求，积极发展检测检验服务业，努力为行业新技术辐射推广、产品创新研发、高效安全应用提供集“检测、校准、检查、认证和培训”于一体的“一站式”技术支持服务，为企业产品技术创新、做专做特、参与国内外市场竞争发挥着越来越重要的桥梁作用；另一方面，一些规模以上的骨干企业或专业产品制造企业，也积极发挥其专业优势，基于产品质量控制和新品研发的实际需要，建立了为满足如流量仪表计量器具制造和阀门特种设备生产等行政许可要求的专业实验装备，有的还按照ISO/IEC 17025（GB/T 27025-2008 检测和校准实验室能力的通用要求）同步建有实验室质量管理体系，取得了中国合格评定国家委员会（CNAS）的实验室能力认可，为企业产品质量保证、核心竞争力提升和企业可持续发展奠定了基础。

总之，随着市场经济的深入发展、科技创新的驱动、国外先进测试技术的引入和企业对产品质量的日益重视，行业的检测能力和水平也得到了大大提升，产品创新和技术发展支撑体系不断健全和完善，自动化仪表行业也不例外。

第二节 行业检测情况

一、检测需求与技术发展

工业自动化仪表及其系统是工业生产过程检测、控制、优化、调度、管理和决策功能实现、满足高效生产和安全生产的重要装备，经历了从气动技术到电动技术的发展历程，并逐步实现了模拟技术到数字技术的升级，正朝着数字化、智能化、网络化和集成化方向发展。工业自动化系统装置主要涉及各类生产现场的测量控制仪表及控制室仪表，其中包括各种温度、流量、机械量（力、压力）、物位等过程检测仪表，各种变送、调节仪表，各种执行伺服装置及执行器，各种显示、记录仪表，各种可编程控制器（PLC）、单／多回路调节器，分散控制系统、现场总线控制系统及现场智能仪表等。其应用领域几乎涵盖了全部产业部门，包括钢铁、化工、电力、能源、汽车、船舶、食品、医药等支柱产业。

为了有效验证产品的质量，通常产品不仅要通过常规的性能测试或校准，还要进行环境适应性试验，包括气候环境、机械环境、化学环境、爆炸环境、电磁环境和常规老化试验等。对于一些高端应用的自动化仪表系统，还必须进行功能安全、信息安全、软件验证与确认等安全相关的试验验证。

到目前为止，只有政府行政许可相关的自动化仪表产品（如用于贸易交接的流量仪表等计量仪表产品、用作压力管道元件的自控阀门等）的型式试验，或涉及按照国家强制性标准进行的防爆安全检验认证，必须经由国家指定的第三方检测机构进行检验测试，并出具报告或颁发证书。对于其他产品检测检验，由于其依据的标准一般都为推荐性标准，因此在第三方检测机构进行检测仍是一种市场行为，特别是对于一些自身具备检测条件的企业，可以在研发、生产过程中利用自己的试验装备进行产品检测。但是，由于不少企业实验室仅仅具备一些专业的基本性能检测试验能力，不具备如气候环境、机械环境、电磁兼容、可靠性、功能安全、电气安全、防爆安全、信息安全、软件验证与确认等试验验证能力，因此常常也会委托第三方实验室进行检测。特别是近年来，随着市场竞争日趋激烈，不少企业开始认识到并重视第三方检测对其参与市场竞争的作用，特别是参与国际竞争的作用，越来越多的企业在产品定型时或正常生产一段时间后直接委托声誉高、一站式服务能力强的第三方检测机构进行产品全性能检测。更有越来越多的工业用户，为了证明其采购的产品满足相关标准的规定，要求产品供应商提供相关的第三方检测报告或证书。

伴随着工业自动化仪表系统装置的智能化升级，软件对仪表系统性能的改善和提升发挥了重要作用。因此，为了有效评价产品的质量和性能，人们开始关注软件的准确性、可靠性和安全性评价方法研究和测评能力建设，如上海工业自动化仪表研究院随着其“上海工业软件工程中心”和“国家能源核电站仪表研发（实验）中心”的建设，建立了“工业嵌入式软件测评能力”和完备质量管理体系。

“十二五”以来，国家大力发展战略性新兴产业，仪表和自动化的作用日趋明显、需求持续扩大，但对其应用的可靠性、安全性提出了更为严格的要求，特别是伊朗核电站“震网”事件发生后，用于重要设施的自动化仪表控制系统的信息安全等成为了社会关注的热点，工业控制系统信息安全的第三方测评能力建设也得到了政府相关部门的重视，如浙江大学建立了信息安全国家重点实验室，上海工业自动化仪表研究院研究建立了基于危险化工生产工艺的工业控制系统信息安全防护体系策略，并已成功在上海高桥石化260万吨加氢装置改造工程中进行了示范应用。

功能安全、信息安全和软件验证与确认等第三方测评服务能力是当前自动化仪表及其系统走向高端的最重要基础技术能力，是自动化仪表技术创新发展的关键。这些能力不仅技术难度高，而且建设资金投入大，国内有机构能研究并建立这些高端服务能力，是中国政府对发展检测检验服务业倡导“市场主导、政府促进、创新驱动、开放共赢”的结果。

需要指出的是，检测检验服务不仅仅是针对产品的检测服务，而且可覆盖产品全生命周期的各个环节。例如，为了证实产品制造厂商质量管理体系满足要求，或证实工业装置设计、选型的正确性，以及评价产品安装、维护和维修的符合性，甚至对采购产品的符合性验货等，都可以使用经中国合格评定国家认可委员会（CNAS）认可、并经国家认证认可监督管理委员会（CNCA）计量认证和资质授权的第三方的检查机构提供相关支持服务。

二、企业检测能力

近年来，仪表行业企业自身检测能力和水平有了很大提升，主要表现在两个方面：其一是生产制造过程中的检验测试，其二是用于研发设计的测试。重庆川仪、上海自仪、吴忠仪表、和利时、浙江中控、天仪集团等企业的技术中心被认定为国家级企业技术中心。国家发改委批准设立了传感器国家工程研究中心、工业自动化国家工程研究中心、工业过程自动化国家工程研究中心。科技部批准设立了国家电力自动化工程技术研究中心、国家仿真控制工程技术研究中心、国家工业控制机及系统工程技术研究中心、国家冶金自动化工程技术研究中心等，这些技术和研究中心均具备了相应的专业基本性能测试能力，达到了国内领先的检测水平。另外，国内很多企业也建立了自己的检测装置，如上海威尔泰具有世界一流的压力变送器检测装置和经中国合格评定国家认可委员会（CNAS）认可的国家级流量检测中心，开封仪表公司拥有水大流量检测装置等等。这些企业的检测装置，为保证产品质量和规模化制造生产奠定了技术基础，同时也确保了企业的出厂检验能力。

但是需要指出的是，部分企业尚需提升产品质量控制的风险意识，加强检测检验的内控管理，特别是对于涉及法制计量、防爆安全、电气安全等检测项目必须严格按企业标准、国家标准或第三方批准的技术文件规定，就每一台出厂产品进行全检，绝不能按抽样方法进行出厂检验。在多年的工作实践中发现，部分防爆产品生产企业（民营、国营、外资企业都有）对隔爆外壳的静压试验未能严格按GB 3836.2强制标准进行全检，这一安全隐患必须得到制止。还有的计量器具或特种设备（如阀门）等生产企业，尽管企业按规定建有出厂试验装置，但仅按抽检进行出厂试验，又对每台出厂产品出具检测合格证书。针对这些强制性标准要求或涉及安全的行政许可要求，企业必须高度重视这些检测要求的严肃性，提高风险责任意识，相关政府主管部门应采取措施加强监管力度，以确保产品应用安全。

三、公共检测平台

计划经济时期，国家针对工业自动化仪表行业投资兴建了相对完整的公共检测平台，主要分布在自动化仪表相对发达地区，如上海、北京、天津、重庆、西安。随后，深圳、杭州、南京、丹东等地方政府也投入相当的财力开展了共性技术研究和检测平台的建设。业已建成的机构包括：国家工业自动化仪表产品质量监督检验中心（上海仪器仪表自控系统检验测试所）、机械工业测量控制设备及网络质量检测中心、国家仪器仪表元器件质量监督检验中心、机械工业仪表材料产品质量监督检测中心、机械工业流量仪表产品质量监督检测中心、机械工业压力仪表产品质量监督检测中心、国家热工流量仪表质量监督检验中心（重庆）、国家水表质量监督检验中心（河南）、国家热工流量仪表质量监督检验中心（石家庄）、国家燃气表质量监督检验中心（辽宁）、国家传感器质量监督检验中心（成都）等。

各地技术监督局的计量技术机构是我国计量校准领域的核心力量，其校准、检测产品范围与自动化仪表行业的检测机构有部分交叉。

随着改革开放的深入发展，不少外资检测机构也纷纷落户中国，承担起计量校准和出口产品的认证检测（如CE，UL，Lloyd's等），其检测市场份额得到迅速扩张。

一些从事校准的公司发挥其灵活机动的特点，校准服务到现场，逐渐渗透、占领了部分计量校准的市场。

以下是部分公共检测平台介绍。

（一）上海仪器仪表自控系统检验测试所

隶属于上海工业自动化仪表研究院，是我国工业自动化控制系统行业知名的，覆盖检测、校准、检查和认证的综合性技术机构，国家工业自动化仪表产品质量监督检验中心、国家质检总局计量器具型式评价机构、国家质检总局特种设备（压力管道元件）型式试验机构、国家级仪器仪表防爆安全监督检验站、国家安全生产上海防爆电气检测检验中心、机械工业第一计量测试中心站、国家进出口商品检验局工业自动化仪表认可试验室、中国船级社（CCS）产品检测和试验机构、机械工业仪器仪表可靠性技术中心等技术机构均设在该所。

该所可开展机械环境、气候环境、化学腐蚀环境、电磁兼容性、电气安全、功能安全（SIL）和防爆安全等检验、测试和/或评定，温度、流量、物位、压力、机械量、时间、频率、电流、电压、功率、加速度、长度等仪器仪表、计量器具的检测、校准及检定，以及防爆产品验货、工程项目防爆安全检查/评估和工厂条件检查等服务。这些机构还与世界上近20个知名机构（如，德国PTB、美国FM、法国LCIE、英国SIRA、日本TIIS、韩国KTL、澳大利亚TestSafe等）建立了双边合作关系，其防爆实验室是国际电工委员会防爆认证体系（IECEx）认可的国际防爆实验室。

目前，该所对照国家级质检中心能力先进性要求，正结合国家能源核电站仪表研发（实验）中心建设等项目，建立包括核电站用仪控设备质量鉴定能力在内的高端仪控系统检测检验“一站式”服务平台。通过近两年的能力创新建设，不仅具备了软件验证确认、信息安全测评等高端仪控系统安全应用必需的技术能力，同时在核电质量鉴定相关的LOCA试验、先进三代必需的β辐照试验技术能力建设取得重大突破，顺利建成了填补国内空白的试验装置，并已全部通过国家级技术验收，开始为社会提供试验服务，可为我国仪控系统技术提升和产业发展提供全面支撑，为政府对仪控产品质量监管提供技术手段。

（二）机械工业测量控制设备及网络质量检测中心

机械工业测量控制设备及网络质量检测中心（简称TCDN）隶属于机械工业仪器仪表综合技术经济研究所，专业从事PROFIBUS、MODBUS、KNX、安全、EMC、功能安全等领域的标准研究制定、检测、认证工作，属非营利的中立第三方检测机构。设有多个检测试验室，拥有各类先进检测仪器设备四百多台套。机械工业测量控制设备及网络质量检测中心是：

★中国合格评定国家认可委员会（CNAS）认可的实验室（实验室认可编号：L3331）；

★中国机械工业联合会批准并授权的机械工业测量控制设备及网络质量检测中心；

★中国质量认证中心（简称CQC）委托检测实验室；

★总装备部北京圣涛平试验工程技术研究院／军用电子元器件检测技术研究中心签约实验室；

★ TÜV莱茵技术（上海）有限公司认可实验室；

★北京鉴衡认证中心认可实验室。

可进行PROFIBUS、MODBUS、KNX等工业控制网络认证检测，为信息技术设备、测量、控制和实验室用电气设备提供安全、EMC等试验，为军用电子产品进行可靠性试验，电工电子产品等提供环境试验，并出具权威的检测报告。

（三）国家仪器仪表元器件质量监督检验中心

该中心设在沈阳仪表研究院，于1983年由国家经委、财政部批准并投资筹建，1989年通过国家质量技术监督局计量认证和审查认可，予以国家级质检中心授权，并成为国家质量监督检验检疫总局特种设备型式试验机构，2000年独立注册事业法人单位“机械工业仪器仪表元器件质量检验所”，2000年7月通过中国实验室国家认可委员会的实验室认可。2006年成为总装北京圣涛平试验工程技术研究院签约试验室，2012年工业和信息化部授予工业（仪器仪表元器件）产品质量控制和技术评价沈阳实验室。

中心按国家质检总局授权的主要业务领域包括：弹性元件（波纹管、补偿器、软管等）；机械元件（薄膜键盘、开关、旋钮、接插件等）；敏感元件（压力、位移、温度、磁敏、光敏等）；传感器、变送器及仪表；环境试验（温湿度、振动、冲击等）；计量（几何量、压力、电磁量等）。压力管道元件制造许可型式试验、汽车传感器产品试验、船用及军用产品检验。检验标准及检验方法制修订、产品检测技术及可靠性技术研究；检测仪器设备研发。检验业务类别包括：型式检验、委托检验、监督检验、质量仲裁检验、科技成果及新产品鉴定检验。

检测，服务客户的理念，望借此为行业的进步发展贡献自己最大的力量。

（四）机械工业仪表材料产品质量监督检测中心

该中心设在重庆材料研究院，是国家质量监督检验检疫总局认可的通过国家计量认证的检测机构。1990年通过国家计量认证和机构认可，2000年首批获得重庆市司法鉴定许可，2001年通过中国合格评定国家认可委员会(CNAS)的检测和校准实验室认可，具有面向国内外出具第三方检测、校准报告的能力和资质的检测校准机构。

该中心位于两江新区蔡家工业园，占地面积5600 m²，拥有各类检测设备100多台（套），包括电子探针、光学金相显微镜、电子万能试验机、高温拉伸试验机、高温蠕变持久试验机、固定式金属分析光谱仪、等离子体发射光谱仪、高频红外碳硫分析仪、原子荧光光度计、同步热分析仪、氧氮氢联测仪、耐腐蚀性能检测系统、热电偶热电阻测试系统、高低温环境试验装置、盐雾试验仪等先进的大型检测仪器装备。主要从事金属及合金、钢铁材料、铁磁材料、贵金属、测温材料及元器件、电阻材料等材料性能检测（力学性能、物理性能、化学分析、热电性能、电阻性能、金属腐蚀）、质量评定、仲裁试验、失效分析、司法鉴定、标准制修订试验验证及检测技术咨询等服务工作。

（五）机械工业流量仪表产品质量监督检测中心

该中心由机械工业联合会（原机械工业部）批准建立，和国家水大流量计量站、机械工业第十三计量测试中心站等三个机构均设在开封仪表有限公司（原开封仪表厂）。建有目前国内最完善的流量测试校验标准装置，有大、中、小型水流量、气体流量、油流量等实流标准装置和试验设备，是我国介质较全、流量范围最大的流量仪表生产试验基地，可提供的业务包括：水流量标准装置（准确度：0.1%），口径：DN15-DN1600，流量：0.1～16000m³/h；油流量标准装置（准确度：0.03%），口径：DN15-DN100，流量：3～180m³/h；气体流量标准装置（两套），钟罩式（准确度：0.5%），口径：DN15-DN50，流量：0.5～360m³/h，临界流喷嘴法（准确度：0.32%），口径：DN50-DN100，流量：30～1050m³/h。其中，国家水大流量计量站是由国家质量技术监督局授权，承担全国范围内流量计（DN500- DN1600）的水大流量检定、校准和检验。

（六）机械工业压力仪表产品质量监督检测中心

机械工业压力仪表产品质量监督检测中心（以下简称“中心”）是原机械工业部设置的部属压力仪表产品质量监督检验机构，设置在西安工业自动化仪表研究所内。中心现有实验室面积1000多平方米，其中恒温面积300多平方米，工作基准室的恒温控制在（20±0.5）℃。中心现有检验仪器设备270多台套，价值400多万元。中心的检测及检定范围为：1000MPa以下（含1000MPa）的精密压力表和一般压力表（包含压力真空表）；250MPa以下（含250MPa）的活塞式压力计、浮球式压力计；1000MPa以下（含

1000MPa）的特殊压力表；压力传感器、数字压力计；二等以下（含二等）的精密和工业微压计（包含补偿式微压计、液体压力计、倾斜式微压计）；压力变送器、压力记录仪；六氟化硫密度控制器；压力控制器（包含压力开关）；气体减压器；压力校验器；数字多用表；交直流电压表、电流表、功率表；电工测量变送器；钳形电流表；二次仪表；交直流标准电压、电流源等。

中心的主要业务范围为：承担压力仪表的国家监督检查、等级评定、产品质量认证检验、委托检验，新产品开发项目的鉴定检测、计量器具新产品定型鉴定和样机试验、仲裁检验等。承担压力、电学部分的计量检定业务。

（七）国家传感器质量监督检验中心

该中心设在中国测试技术研究院，是国家质量监督检验检疫总局授权的法定产品质量监督检验机构，于2000年通过国家实验室认可委员会认可，是国家指定的OIML R60“称重传感器”证书试验单位。中心拥有测试范围1KN～1MN的静重式力基准机，有目前亚洲最大的50MN高精度稳压力源，30MN力标准机，高精度光栅位移传感器，还拥有一套完整的小负荷称重传感器测试用加荷装置，多种先进的专用测试仪表(如DK38、DMP39、DMP40表），以及具有国际先进水平用于电阻应变计工作特性检测的设备。

国家传感器质量监督检验中心目前承担业务有：测力、称重传感器、位移传感器和电阻应变计及相关检测元件的监督检验，承担国家质量监督检验检疫总局监督司委派的产品质量国家监督抽查任务；还对外承接企业或各省质量技术监督局的委托进行OIML R60型式评定试验、样机试验、定型鉴定试验等工作。

（八）苏试检测连锁实验室

苏州苏试试验仪器股份有限公司2009年起向制造服务业转型，以“苏试检测”品牌在苏州、北京、重庆、广州、上海、南京等地建立了连锁实验室，专业从事工业自动化产品环境适应性和可靠性试验的综合环境实验室，具有计量认证证书（CMA）、中国合格评定国家认可委员会（CNAS）实验室认可证书、国防科技工业实验室认可委员会（DILAC）认可证书，试验范围涵盖振动、冲击、碰撞、颠簸、自由跌落、运输、高温、低温、温度冲击、快速温变、盐雾、霉菌、沙尘、淋雨、防水、离心加速度、噪声、温度/湿度/振动三综合等环境与可靠性项目试验、国军标GJB899的可靠性鉴定实验、可靠性验收试验、可靠性研制试验及GJB1032规定的可靠性筛选试验等项目。

第三节 行业认证情况

与工业自动化控制系统有关的认证工作涉及两大块，其一是与企业有关的管理体系认证，其二是产品认证。

一、体系认证

我国目前开展的管理体系认证与自动化仪表行业相关的主要有ISO 9001（GB/T 19001-2008 质量管理体系 要求）质量管理体系认证、ISO 14001（GB/T 24001-2004 环境管理体系 要求及使用指南）环境管理体系认证、OHSAS 18001（GB/T 28001-2011 职业健康安全管理体系 要求）职业健康安全管理体系认证、HACCP食品安全保证体系认证、IQNET （Association The International Certification Network）国际认证机构联盟认证、ISO 13485医疗器械质量管理体系认证、SA 8000社会责任标准认证、ISO 10015（GB/T 19025-2001 质量管理 培训指南）培训管理体系认证、ISO/TS 16949（GB/T 18305-2003 质量管理体系 汽车生产件及相关维修零件组织 应用GB/T 19001-2000的特别要求）质量管理体系认证（适用于汽车生产供应链）、能源管理体系认证、GJB 9001B管理体系认证、ATEX或IECEx防爆产品制造质量管理体系审核、BSCI欧洲商业社会标准认证（验厂审核）、ISO 17025实验室认可与ISO 17020（GB/T 18346-2001 各类检查机构能力的通用要求）检查机构的认可等。

自动化仪表行业是企业的管理体系认证国内开展较早的行业，1991年11月上海福克斯波罗有限公司获得国际认证机构（DNV）颁发的通过ISO9001质量体系设计（研制）、安装和服务的质量保证模式的合格证书，成为中国第一家通过该机构认证的企业。ISO 9001认证已经成为企业经营、合作或国际协作、参与招投标和供货的入门基本要求，如今已在本行业基本普及，企业已开始关注ISO 14001认证和OHSAS 18001认证，一些行业领先企业也在尝试SA 8000社会责任认证。凡是为饮料食品行业提供仪表和系统的需通过HACCP认证、为汽车工业服务需通过ISO/TS 16949认证、为军工国防提供装备要通过GJB 9001B认证等都已成为行业的共识。近年来，防爆产品生产的企业按照IECEx和ATEX认证规则，建立并接受第三方的防爆产品制造质量管理体系审核，进而取得IECEx和ATEX防爆产品认证，已成为防爆产品制造厂商谋求国际市场准入、提升企业竞争力的新热点。

值得一提的是，ISO/IEC 17025实验室认可已经不仅仅为专业检测企业所必需，不少大企业、拥有独特检测能力资源的企业也纷纷依据ISO/IEC 17025要求建立了实验室质量管理体系，并取得了中国合格评定国家认可委员会（CNAS）的检测实验室认可或校准实验室认可，不仅向社会展示企业自身的内部质控能力，提升了企业知名度与企业的无形资产，而且部分独特的企业实验室还获得了政府主管部门的计量认证和资质授权，也在特定范围内承担起了一些社会检测或检定（校准）服务。

ISO/IEC 17020检查机构认可目前仅局限于从事行业质量、安全等检查的机构，如上海仪器仪表自控系统检验测试所是国内仪表行业最早取得中国合格评定国家认可委员会（CNAS）能力认可，并取得国家认证认可监督管理委员会计量认证和资质认定的机构，多年来从事着海上钻井平台、石化行业防爆电气设备安装检查、防爆电气设备检修服务企业检查、美国FM委托的FM检查、ISO/IEC 60079-34与ATEX产品认证、防爆电气生产许可证核查等技术服务。随着石油化工、煤矿行业对安全生产的日益重视，随着“中国制造”与国际贸易的迅猛发展，专业检查机构的检查活动逐步纳入国际标准规范的轨道，检查需求不断增多，检查的能力逐年拓展，有力地体现了行业监、查、管深入发展的趋势。

二、产品认证

与自动化仪表相关的产品认证，包括国家行政许可、特殊应用场合的产品准入认证和自愿性产品认证等。

我国实施的3C认证现尚未涉及工业自动化仪表产品。

（一）行政许可

与自动化仪表相关的实施行政许可制度的产品认证主要有：制造、修理计量器具许可证制度；进口计量器具型式批准；工业产品生产许可证制度；特种设备制造许可制度（电动、气动阀门）；武器装备科研、生产许可证制度等。

1、制造、修理计量器具许可证制度

为了规范制造、修理计量器具许可活动，加强制造、修理计量器具许可监督管理，确保计量器具量值准确，根据《中华人民共和国计量法》及其实施细则、《中华人民共和国行政许可法》等法律、行政法规，在中华人民共和国境内，对于被列入中华人民共和国依法管理的计量器具目录（型式批准部分）的计量器具，凡以销售为目的制造计量器具或以经营为目的修理计量器具均应取得制造或修理计量器具许可证。

目录范围内的计量器具，主要包括用于贸易结算、安全防护、医疗卫生和环境监测等领域的产品。相关产品进入市场销售其单位需向有关部门申请办理制造计量器具许可证（开展修理业务的单位需办理修理计量器具许可证）。涉及自动化仪表类的计量器具有液位计、辐射温度计、称重传感器/称重显示器、流量计、水表、燃气表、压力仪表、压力变送器和压力传感器等。

计量器具许可证的申请程序应遵循由国家质量监督检验检疫总局发布的《制造、修理计量器具许可监督管理办法》。凡是申请计量器具许可证的单位需要接受现场考核评审。对于制造计量器具的企业，还需取得计量器具型式批准证书。经型式批准和现场考核合格的企业，可获得由质量主管部门颁发的计量器具许可证，制造和修理计量器具许可证有效期为3年。制造、修理计量器具许可证到期的单位，须于到期前3个月提出复查换证申请。

2、进口计量器具型式批准

按照《中华人民共和国进口计量器具管理办法》，任何单位和个人进口计量器具，以及外商（含外国制造商、经销商，下同）或其代理人在中国境内销售被列入《中华人民共和国进口计量器具型式审查目录》的计量器具的，均应申请办理进口计量器具型式批准。属进口的，由外商申请型式批准。属外商在中国境内销售的，由外商或其代理人申请型式批准。

目前，被列入进口计量器具型式审查目录的共有75种计量器具，与自动化仪表相关的产品有液位计、红外温度计、辐射温度计、称重传感器、流量计、水表、燃气表、热能表、压力仪表（包括变送器、传感器）、热量计等。对于列入目录的进口计量器具，必须在进口前取得进口计量器具型式批准证书。具体的申请应向国家质量监督检验检疫总局提出，并由其安排授权的第三方技术机构（型式评价技术机构）完成型式评价。对于列入目录的进口计量器具，取得的型式批准永久有效，但对每台进口的产品，通常需要授权的第三方技术机构进行进口首检。

3、工业产品生产许可证制度

我国工业产品生产许可证制度是一种政府行政许可制度，其依据《中华人民共和国工业产品生产许可证管理条例》（国务院令第440号）、《中华人民共和国工业产品生产许可证管理条例实施办法》（国家质检总局令第80号）、《国家质量监督检验检疫总局关于修改〈中华人民共和国工业产品生产许可证管理条例实施办法〉的决定》（国家质检总局令第 130 号）等。

历史上，自动化仪表产品中的阀门、仪表机箱机柜等均被纳入工业产品生产许可证范围，后被取消，并仅将防爆仪表产品纳入工业产品生产许可证范围。2006 年前，大多数防爆自动化仪表产品列入了防爆电气产品生产许可证目录。2006 年 7 月，全国工业生产许可证办公室下发了《关于对部分计量类防爆电器产品不再实施工业产品生产许可证管理的通知》（全许办[2006]54 号文），要求自通知发布之日起，各省级生产许可证办公室停止受理防爆型可燃气体报警（探测）器和防爆温度仪表、流量仪表、压力仪表、液体（物位）仪表等 5 种计量类防爆电气产品的生产许可证申请。从此以后，只有电动执行机构、电气阀门定位器、电磁阀、电动调节阀、电 / 气转换器、（张力、温度、湿度、料位、速度等）传感器、安全栅、仪表箱等仪表类防爆产品仍在目录范围。

防爆电气生产许可证参照采用国际通用的第 5 种质量评定模式（产品型式试验、现场核查管理体系与 5 年后复证），由全国工业产品生产许可证办公室指定的审查部组织核查组到生产企业现场核查管理体系。按照《防爆电气产品生产许可证实施细则》（XK06-014），在实施现场制造过程管理体系评审过程中，检查组将在生产线末端或合格产品中进行抽样，并送指定的防爆产品生产许可证检验机构检验（企业可在指定的检验机构自主选择）。凡是目录内的防爆产品已取得防爆合格证书、且现场质量管理体系评审合格或经整改后合格、抽检产品经检验机构检验合格的企业均可取得防爆产品生产许可证。许可证有效期为 5 年，获证后的监督由地方质监局负责。

需要说明的是，原装进口防爆产品不需要申办进口许可证，但是按照《中华人民共和国标准化法》和相关强制性标准规定的要求，所有防爆产品（包括自动化仪表系统）必须经国家指定的防爆检验机构检验合格，并取得防爆合格证书，方可在国内合法地进口、销售和使用。

目前为止，仪表行业专业从事防爆产品检测认证机构是设在上海工业自动化仪表研究院的国家级仪器仪表防爆安全监督检验站（国家工业自动化仪表产品质量监督检验中心），它也是国家质量监督检验检疫总局指定的全国防爆产品生产许可证检验机构。

4、特种设备制造许可制度

对于特种设备中与压力管道元件相关的自动化仪表产品（如电动、气动调节阀和控制阀等），需按《压力管道安全管理与监察规定》进行型式试验和注册。

具体的特种设备压力管道元件阀门制造许可项目与级别如表 5-1。

凡属表 5-1 范围内的阀门（包括各类自控阀门）均需经指定的型式试验机构进行型式试验和经鉴定评审机构实施现场鉴定评审，并取得特种设备制造许可证。对于上表范围的进口产品仅需取得型式试验机构颁发的型式试验报告（证书）。

在工业自动化仪表技术领域，主要涉及电动、气动调节阀和控制阀等（包括进口的）产品，须按 TSG D7001-2013《压力管道元件制造监督检验规则》，由指定的型式试验机构进行型式试验。国内企业还需进行现场鉴定评审。

型式试验机构须经国家质量监督检验检疫总局特种设备安全监察局组织专家进行现场评审并核准。目前，仪表行业唯一指定的型式试

表 5-1 特种设备压力管道元件阀门制造许可项目与级别

许可项目		代表产品的范围	产品限制范围
品种（产品）	级别		
阀门	A1	设计温度大于425℃，公称压力大于10MPa,且公称直径大于或者等于300mm的特殊工况阀门。	用途、产品名称、规格
	A2	⑴工程压力大于或者等于6.4MPa，且公称直径大于或者等于300mm的特殊工况阀门。 (2) 设计温度低于-46℃，公称压力大于或者等于4MPa,且公称直径大于或者等于300mm的特殊工况阀门。	
	B	一般工况阀门和其他特殊工况阀门	

注：特殊工况阀门，是指专用于电站、石油天然气及化工用高温高压管道、剧毒管道、低温管道和城镇燃气管道的阀门；一般工况阀门，是指不属于特殊工况阀门的其他压力管道用阀门。

验机构是设在上海工业自动化仪表研究院的国家工业自动化仪表产品质量监督检验中心。

5、武器装备科研、生产许可证制度

对于列入武器装备目录的热工仪表实施武器装备科研、生产许可证制度，组织专家组每5年一次对企业进行管理体系审核和一次中间检查，企业的产品则要通过第三方检验机构的型式试验，并经军方认可。该许可证还包括保密制度审核，一般要求企业至少取得三级保密资格证书。

（二）特殊应用场合的产品准入认可

特殊应用场合的工业自动化仪表产品，如核设施、防爆电气设备、煤矿用产品、船用设备等，须通过相应的认证。

1、对于用于核电站核安全级仪控设备并列入《民用核安全设备目录》的，必须按照《民用核安全设备监督管理条例》（国务院第500号令，2007年7月）和HAF601《民用核安全设备设计、制造、安装和无损检验监督管理规定》，取得民用核安全设备设计和制造许可证等。根据《民用核安全设备目录（第一批）》（国核安发〔2007〕168号），目前被列入目录的核安全级仪表类产品有温度计、流量计、压力变送器、差压变送器、液位变送器、辐射监测传感器、核测仪表、控制台屏、显示仪表、阀门驱动装置等，并于2008年1月1日起试行，2009年1月1日起强制执行。

核安全许可证工作由国家核安全局负责组织实施，并颁发证书。申证单位应具有5年以上与拟从事活动相关或相近工作业绩的法人单位，拥有与拟从事活动相适应、经考核合格专业人员（从事焊接和无损检验的人员应取得相应的资格证书），具有适宜的工作场所、设施和装备、技术能力，建立有完善的QMS（包括核质保体系和质量保证大纲），并有效实施。凡申证产品模拟件经试验鉴定合格，并通过核质保体系现场审查和技术专家评审，将由国家核安全局颁发许可证。证书有效期为5年，在证书到期前6个月提出换证申请。

2、对于用于爆炸性环境的产品，由于中国国家防爆标准属于强制性标准，依据中华人民共和国标准化法及其实施条例，在中国生产、销售和使用的防爆产品（包括进口的）必须取得国家授权的防爆检验机构（如国家级仪器仪表防爆安全监督检验站）颁发的防爆合格证书，证书有效期为5年。

目前，中国对防爆产品的检验发证依据ISO第1种认证模式，仅通过对图样审查和样品试验，即颁发防爆合格证书。防爆合格证书的颁发不需要对防爆产品制造企业进行工厂质量管理体系审查。为此，国内对目录内的17大类158种产品采用防爆产品许可证制度作为补充，重点对取得防爆合格证书的产品制造企业进行防爆产品制造质量管理体系审查，并实施抽样检验。

3、对于煤矿井下使用的电气设备产品，按煤安标志规则对12大类120种矿用防爆产品（包括矿用仪表产品）实施煤安标志认证制度，具体工作程序包括审图、产品型式试验和现场管理体系审核等环节，证书有效期为5年。

具体申请流程包括向煤安标志认证中心提出申请并签署合同，由指定实验室进行技术审查和样机试验、由中心指派的审查组实施工厂审核、由煤安标志中心进行最终的文件审核，进而颁发煤安标志认证证书。这里需要补充说明的是，煤安标志认证也可以按批次进行检验发证，对批检产品，其证书上通常会清晰注明覆盖的产品的系列编号，表明证书仅对明示的产品有效。对于批次检验的，无需对产品制造厂商进行工厂审核。

本质上讲，煤安标志认证是一种用户行业的产品准入认证，但它确实也是基于《中华人民共和国煤炭法》的政府行政许可制度，具体由国家安全生产监督管理局主管，由煤安标志认证中心组织实施并发证。

4、对于船用仪表系统，按照国际惯例，通常需要取得船级社（如中国船级社等）的产品认可。对于用于可能进入国际航道的船用产品还需获得相关国家或该国家认可的船级社的认可。

以中国船级社为例，具体的申请流程应遵循中国船级社（CCS）《产品检验规则》。按照规则，中国船级社认可涉及的产品有：金属材料及其制成品；非金属材料及其制成品；主机、辅助机械；锅炉与受压容器；防污染设备；消防设备；耐火材料与耐火结构件；救生设备；电气装置（包括仪表系统产品）；无线电通信、导航设备；船装设备；配套件和零部件；集装箱及其配件。针对产品的认可模式有设计认可、型式认可、工厂认可。具体的检验方法有制造检验、出厂检验、不定期检验、个别检验4种。颁发的证书有型式认可证书、工厂认可证书、CCS产品证书或等效的证明文件等4种。

就最常用的船用产品型式认可证书申请而言，一般包括：提交申请、相关材料准备、现场审核、样品准备、样品送检、取证6个阶段。

（三）产品自愿认证

所谓自愿认证是相对于上述强制性认证而言的。自愿性认证的种类很多，有的可以是一个行业的中介组织的要求，也可以是一个技术机构的行为，甚至还可以是基于某企业的要求开展的自愿性认证。以下列出的种种是最常见的自愿性认证。各企业可根据自身的特点和市场发展需要适时申请相关的自愿性认证。

1、认证机构开展的产品自愿性认证是一种非强制性的自愿认证。自动化仪表行业产品目前未纳入中国强制认证（3C）产品目录，主要的产品认证形式为自愿性产品认证，以加施各认证机构的自愿认证标志的方式表明产品符合相关的质量、安全、性能、电磁兼容等认证要求。CQC标志认证重点关注安全、电磁兼容、性能、有害物质限量（RoHS）等直接反映产品质量和影响消费者人身和财产安全的指标，旨在维护消费者利益，促进提高产品质量，增强国内企业的国际竞争力。

2、自动化仪表行业的产品主要是依据 GB 4793（IEC 61010）测量、控制和实验室用电气设备的安全要求开展安全认证。随着新近制定完成的 18 项工业自动化产品安全系列标准的发布，这项认证将受到极大关注。值得提及的是，伴随着工业自动化仪表电气安全国际标准的发布，国际电工委员会电气设备认证体系（IECEE）正考虑把工业自动化仪表相关的电气安全认证纳入现有的产品认证体系框架。

三、功能安全评估认证

功能安全是自动化领域新的热点。功能安全管理是一个全生命周期的理念。因此功能安全的认证包括功能安全管理体系、功能安全产品和功能安全工程师（即体系、产品、人员）等全方位的认证。北京和利时、上海威尔泰、上海辰竹等国内企业已经开始着手功能安全技术在相关产品研究开发中的应用，上海仪器仪表自控系统检验测试所和机械工业仪器仪表综合技术经济研究所都获得了国家的相关授权。其中，设在上海仪器仪表自控系统检验测试所的国家工业自动化仪表产品质量监督检验中心的功能安全评定能力已取得国家认可和资质认定，已对安全栅、压力变送器、阀门、执行机构、液位计等一批产品的功能安全进行了认证，并为多个工程项目用的一大批安全仪表系统回路提供了评估服务。

2011 年 7 月 29 日，国家颁布了基于欧盟 EN115-1 标准的新版自动扶梯和自动人行道的制造与安装安全规范，即 GB16899-2011　自动扶梯和自动人行道的制造与安装安全规范。随着该标准的实施，上海仪器仪表自控系统检验测试所已为一大批电梯企业开展的电梯安全装置相关的功能安全评估服务，受到了电梯行业企业的一致好评。

近年来，由于工业自动化仪表系统与功能安全技术的融合，以及工业应用安全现实需要，国际电工委员会电气设备认证体系（IECEE）正考虑把工业自动化仪表系统相关的功能安全认证纳入现有的产品认证体系框架。

四、防爆设备安装、检修服务评估认证

随着我国对安全生产防范与规范的控制愈来愈深入，中国石油化工集团公司（SINOPEC）从 2012 年起，对为其集团公司提供石油化工安装与检修服务的企业实施资格认可，其中提出防爆设备安装、检修企业必须提供相应的第三方签发的防爆电气设备安装、维修资格证书。这是一种应用户行业提出准入要求而发展起来的新的服务认证，是安装、检修服务领域深化安全防范体系的有力措施。目前这项认证在全国处于开创阶段，与国际上 IECEx 防爆设备安装、检修服务认证处于同步发展的水平。

需要注意的是，这里的防爆电气设备是防爆电器、防爆电机、防爆仪表和防爆灯具等的统称，仪表行业企业或系统集成商为中国石油化工集团公司提供防爆相关工程安装、维修服务时，需要关注这一市场准入要求。

五、与国际贸易相关的产品认证

我国生产的工业自动化仪表、系统装置如果要出口，需要通过相应出口目的地国家的有

关认证。

（一）产品进入欧盟的，一般要进行CE认证。

欧洲对大多数工业产品实施CE认证，它是一个贸易指令，对于仪表产品除涉及防爆安全、计量、医疗仪器等需要欧洲指定机构（NB）进行认证，进而签发CE自我声明文件（DOC）外，一般都可以按欧洲指令（如EMC，LVD）及其相关标准要求，通过自我检测或委托国内检测机构检测，并出具检测报告，进而由企业自我签署符合欧洲指令的符合性声明即可。

（二）防爆产品进入欧盟市场，必须取得欧洲ATEX产品认证（体系符合EN 13980标准，产品达到欧盟标准）。

ATEX认证也是欧洲CE认证的一种。ATEX认证采取ISO第5种认证模式，型式检验必须由欧洲指定机构检验并签发型式检验合格证书，同时还需取得欧洲指定机构的工厂质量管理体系的审核合格，这样企业才可在产品上标识CE标志。国内如国家级仪器仪表防爆安全监督检验站（NEPSI）已与众多欧洲指定机构（如，德国PTB、法国LCIE、英国BASEEFA、荷兰DEKRA等）建立了良好的互认合作关系，NEPSI已帮助一大批国内防爆企业顺利取得了欧洲ATEX认证。

需要提醒的是，最近发布了新的ATEX指令（2014/34/EU）已于2014年2月经欧洲议会审议通过，将于2016年4月20日执行，并替代94/9/EC指令，其最重要的变化是防爆产品的ATEX认证必须经由欧洲的制定代表提出申请。无独有偶，作为未来的新兴市场，由俄罗斯、白俄罗斯和哈萨克斯坦组成关税联盟的成员国，发布了包括防爆产品市场准入的一系列强制性技术法规。防爆产品的技术法规是TR CU 012/2011《爆炸性环境用设备技术法规》。该法规目前已经生效，进入欧亚经济委员会（EEC）成员国内的防爆产品必须经TR CU认证，该认证采取的认证模式和申请要求与最新TEX指令基本一致。国家级仪器仪表防爆安全监督检验站（NEPSI）与俄罗斯防爆检验机构NANIO CCVE建立了双边合作关系，可以帮助国内企业取得TR CU认证。

（三）为了更有利于防爆仪表系统产品进入国际市场，申请取得国际电工委员会防爆认证体系（IECEx）国际防爆产品认证已成为近几年仪表行业防爆产品提升市场竞争力的新趋势。

IECEx认证不仅可被澳大利亚、新西兰等国家直接接受，而且也可快捷取得IECEx各成员国国家防爆认证。IECEx认证严格按照ISO第5种认证模式，即型式检验、初次工厂审核和证后监督。因此，为了取得IECEx认证证书（CoC），不仅要由IECEx认可的国际防爆实验室对产品进行型式检验出具报告（ExTR），同时还需要由认证机构按照ISO/IEC60079-34《防爆产品制造质量体系要求》，对制造厂商实施工厂质量管理体系审核，并出具报告（QAR）。

纵观国际防爆产品认证体系，无论是IECEx认证，还是ATEX认证，都要求防爆产品制造企业建立质量管理体系，这对于国内防爆企业来说是一种新要求，更是提升发展的新契机。国家级仪器仪表防爆安全监督检验站（NEPSI）是IECEx认可的国际防爆实验室，可以帮助国内企业取得IECEx认证。

（四）出口美国的防爆产品应取得美国FM或UL认证。

由于北美的防爆在区域划分、安装规则等

方面与包括中国在内的其它IEC成员国，这几年FM和UL的认证标准也在变化之中，为了适应市场需要，这些认证机构可按申请要求基于IEC Zone和北美Divivsion的概念进行产品认证。因此，为了取得北美FM或UL认证，作为企业必须首先了解市场需求，明确认证要求。鉴于FM和UL都是IECEx认可的试验室和认证机构，原则上认证标准要求一致的情况下，基于IECEx认证的ExTR可被FM和UL直接接受，用于FM和UL认证。

（五）出口国外的船用仪表产品应获得各国船级的认可，如英国劳埃德船级社（Lloyd）认证、挪威DNV认证、日本NK认证或美国ABS认证等。

如前所述，对于用于可能进入国际航道的船用产品还需获得相关国家或该国家认可的船级社的认可。因此，船用产品的认可申请必须了解清楚产品使用船舶可能的航道，并征询客户产品需要的船用产品认可证书。这样不仅可通过试验机构的“一站式”服务有效缩短产品取证时间，而且可大大降低试验成本。

伴随着国际贸易产品认证的开展，我国企业学习了先进国家的经验，提升了企业的国际参与度与管理能力，提升了国际竞争力。国内的工业自动化仪表产品如需获得各种认证，通常可委托国内与之取得了互认资格的检测、检查机构承担，如上海仪器仪表自控系统检验测试所（国家工业自动化仪表产品质量监督检验中心）。

第六章 新产品、新技术情况

本章主要介绍近年来尤其是 2012 ~ 2013 年自动化仪表生产企业主要技术进步和新产品。

第一节 主要技术进展

一、分散型控制系统（DCS）

从 1975 年第一套 DCS 诞生到现在，DCS 经历了四个大的发展阶段。

1975-1980 年间出现的分散控制系统是第一代 DCS 系统。这是一种结合了仪表控制系统与 DCS 直接数字控制系统两者的优势而出现的全新控制系统。这个时期的系统比较注重控制功能的实现，因此系统的设计重点是现场控制站，各个公司的系统均采用当时最先进的微处理器构成现场控制站，因此系统的直接控制功能比较成熟可靠，一个现场控制站所控制的回路，从几个到几十个不等；系统的人机界面功能相对较弱，在实际运行中，用 CRT 操作站进行现场工况的集中监视，提供的信息有限。同时，各个厂家的系统均由专用产品构成，通信网络采用独家技术的高速数据总线或称高速数据公路。

1980-1985 年前后推出的各种系统是第二代 DCS 分散控制系统。这一代系统的特点是引入了局域网（LAN）作为系统的通信网络，过程控制站、显示操作站和系统管理站等都作为网络节点与通信网络相连，这使得系统的规模、容量有了进一步扩展。系统的功能逐步走向完善，除回路控制外，还增加了顺序控制、逻辑控制等功能，同时增加了系统管理站的优化控制和生产管理功能。随着 CRT 显示技术的发展，图形用户界面逐步丰富，使操作人员可以通过 CRT 的显示得到更多生产现场信息和系统控制信息。

第三代 DCS 以 1987 年 Foxboro 公司推出的 I/A Series 为代表，该系统采用了 ISO 标准 MAP（制造自动化协议）网络。这一代 DCS 在功能上实现了进一步扩展，增加了上层网络，引入了生产管理功能。这样，就形成了直接控制、监督控制和协调优化、上层管理等三层功能结构，基本上实现了现代 DCS 的标准体系结构。同时，多数 DCS 厂家在组态方面实现了标准化，由 IEC 61131—3 所定义的五种组态语言为大多数 DCS 厂家所采纳，极大地方便了用户。在构成系统的产品方面，除现场控制站还是专用产品外，人机界面工作站、服务器和各种功能站的硬件和基础软件大多采用市场商用产品，给系统维护带来了相当大的好处。

20 世纪 90 年代末，特别是进入 21 世纪以来，几个代表性 DCS 公司纷纷推出它们成熟的新一代系统，如 Honeywell 公司 Experion PKS（过程知识系统）、Emerson 公司的 Plant web 系统、Foxboro 公司的 A2 系统、横河公司的 CS-3000-R3（PRM 工厂资源管理系统）、ABB 公司的 IndustrialIT 系统等，这就是第四代 DCS 系统，其主要标志是信息化（Information）和集成化（Integration），主要特征是信息化与集成化、混合控制系统、兼容 FCS 进一步分散化、I/O 处理单元的小型化低成本与智能化、开放的平台与应用专业化。

根据功能可以将整个工厂的综合自动化和管理分为三层，即过程控制层、监控层和管理层。第四代DCS系统的主要技术特点如下：

(1) 真正实现了管理与控制一体化，是一套综合控制与信息管理系统。它们提供的信息平台可以集成全公司、全过程的信息，完成水平集成和垂直集成，实现各种信息化功能。其信息化功能主要包括设备管理和智能维修功能、能源管理功能、统计分析和质量管理功能以及批处理和配方管理功能等。同时，第四代DCS还进一步集成了MES的大部分功能。MES的功能包括车间的资源分配、过程管理、质量控制、维护管理、数据采集、性能分析及物料管理等。

(2) 系统不再限于过程控制，而是全面提供顺序控制和批处理控制，实现了混合控制功能。由于生产规模不断扩大，工艺要求越来越高，多数工业企业已不能简单划分为单一的过程控制或逻辑控制，为此，各DCS系统几乎全部采用原为PLC语言设计提供的IEC 61131-3标准进行组态软件设计。

(3) 超越了过去各家独自开发的技术路线，在强调系统体系结构和功能设计的基础上，尽可能采用先进技术和成熟产品，以最快的速度和最经济的集成方式推出DCS系统。

(4) 已经从系统的各个层面实现了开放，在管理层支持各种管理软件平台的连接；在监控层支持第三方先进控制产品、MES产品以及BATCH处理软件；在过程控制层可以支持多种DCS单元、PLC和RTU等单元。同时，各个厂家大力提升专业化解决方案的能力，将满足不同行业应用需求作为自己系统的最关键技术。

(5) 支持各种现场总线协议，兼容FCS现场总线系统的多种产品，从而实现了进一步的分散化。由于现场信号处理组件采用集成方式，进一步实现了小型化、智能化、分散化。

二、控制阀

变频的电动执行机构逐渐被一部分高端用户认可。国内的电动执行机构和阀门电动装置生产企业不断跟进国外产品的发展而相继推出了自己的产品，并不断扩大市场份额。主要企业有重庆川仪自动化股份有限公司、扬州市扬修电力设备有限公司等几十家，目前已经成为市场主流。尽管如此，大部分用户仍然会选择普通的电动执行机构产品，以满足自身的使用要求。因此普通型和智能变频执行机构各有自己不同的市场份额，从数量上讲普通型产品约占总体应用的80%以上，销售额占比约为70%左右。近几年来电动执行机构的主要技术开发方向主要集中在智能化、变频控制、总线通信技术等方面。另外电动执行机构机械部件的可靠性一直是用户和厂家追求的目标。“十二五”以来，国内电动执行机构的可靠性有了很大的提高，重庆川仪自动化股份有限公司、瑞基测控技术有限公司、扬修电力设备有限公司等相关企业的产品已得到用户广泛认可，并在国内部分重大工程中得到了应用。

国内虽然不断有企业开始宣传自己的电液执行机构产品，但是执行器行业协会内的企业还很少。吴忠仪表有限公司是全行业中对此研发较早的企业，并与其生产的DN500口径球阀配套使用。阀门行业生产电液执行机构的企业较多，但连续调节的电液执行机构目前国内还没有见到。

控制阀作为最终与工况介质接触的产品，

我们这几年与国外产品的差距在不断缩小。通过 CV3000 系列产品的引进、消化和吸收，吴忠仪表有限公司和重庆川仪自动化股份有限公司已经掌握了高温高压阀门研发的关键技术。2013 年，两家公司分别推出了自己设计的高压调节阀和迷宫式多级降压调节阀。另外，中环天仪以其与 FISHER 合作期间掌握的技术也推出了多级降压阀门的样品。硬密封球阀的设计和加工已被更多的企业所掌握，全行业主要企业均有了自己的产品，而且密封性已经可以达到Ⅵ级泄漏标准。

三、流量仪表

我国流量仪表行业总体上为常用品种齐全且产品多样化，但开发力量不强，缺乏技术创新。行业最新开展的为需要的用户提供现场仪表校准附加服务，提升了行业产品应用水平。

（一）气体超声流量计

2003 年，我国西气东输一期投产时，国内不能生产气体超声流量计，全部采用了进口多声道气体超声流量计。时隔 7 年后，2010 年 4 月 28 日，中国的权威计量专家们在南京宣布："国产的气体超声流量计已通过工业化使用，其性能达到了世界同类产品的先进水平。"多声道天然气超声流量计的研发成功，改变了国外对这一市场的垄断。国内气体流量计生产企业目前已经实现四声道超声流量计的批量化生产，并在国家重大项目中得到应用。

（二）差压式流量计

新型差压式流量计的设计使流体不是被迫收缩到管道中心轴线附近，而是利用内锥式节流装置使流体逐渐向管道内壁收缩，从而使整个流量计具有压力损失小、流场稳定且分布均匀等优点。

双量程差压流量计拓宽了量程范围，解决了传统差压流量计在实际测量时受限于量程范围而达不到用户要求的难题。

多孔孔板与其他差压式流量计一样，都是基于密封管道中的能量转换原理，只不过其流量传感器是一个多孔的圆盘节流整流器。当流体穿过圆盘的整流孔时被平衡整流，涡流被最小化，形成近似理想流体，通过取压装置获得稳定的差压信号，根据伯努利方程计算出体积流量、质量流量。目前应用逐渐成熟。

弯管流量计继承了差压式流量计结构简单、性能稳定、测量精确等优点，又克服了差压式流量计压力损失大、容易堵塞、维护困难等缺点。我国弯管流量计在技术上处于绝对领先地位，系统测量准确度达到 0.5 ～ 1.5 级、重复性精度为 0.2%。

（三）基于科里奥利效应的气体质量流量较高精度测量技术研究

主要进行测量敏感管管型仿真与优化、零点漂移产生机理及抑制、数字驱动、自适应数字信号处理、管壁冲刷检测等技术研究：利用有限元技术建立敏感管模型，为管型设计及零点漂移补偿提供理论支撑；为抑制变送器数字信号噪声干扰，采取自适应滤波与小波降噪技术；根据 CMF 特性对其激振系统进行详细设计，实现传感器振动的数字化精密快速控制；基于频率响应函数法的管道冲刷检测技术，以提高产品运行可靠性。

（四）射流流量计测量技术

射流流量计是一种新型的流场振动型流量计，利用产生振荡频率与流速呈一定的函数关系这一特性来实现流量测量，其优点是对于小流速测量误差较小且不受流体种类、密度、温度、压力的影响。

（五）涡街流量计的蒸汽干度测量技术

通过测量蒸汽流速，测出蒸汽质量所对应的信号幅值，将两信号组合，通过高速微处理器进行采集、查表、计算，实现对蒸汽的平均密度、流量和干度的在线测量，解决蒸汽计量中误差偏大的行业性难题。

（六）电磁流量计变频励磁技术

电磁流量计经历了直流励磁、交流正弦波励磁，已发展到今天的低频矩形波励磁。已有厂家研制生产出应用了多段励磁或双频励磁的产品，如今正在探索变频励磁技术。该技术主要是根据流量及噪声自动调节励磁频率，是一种自适应励磁技术，可以解决不同浆液浓度及流量大小测量。

四、物位仪表

近年来发展较快的物位仪表有以下几类：

（一）电子型限位式物位控制器（物位开关）

最典型的产品就是振动阻尼式物位控制器（音叉物位开关），不但能应用于液体，还能应用于固体物料，有多种形式的信号输出，有些还有自诊断功能。此外，还有多种原理的产品，如超声式、光导式、热导式、微波式等等，都是微电子技术与非电量电测技术结合的产品。

（二）机－电一体化的物位仪表

微电子技术和传统的机械原理的物位测量技术相结合，使原有的仪表性能有很大提高（如电浮筒液位计），并衍生出许多机电一体化的物位测量仪表，如磁致伸缩液位计、伺服型浮子液位计、重锤式物位计等，应用越来越广。

（三）非接触的TOF（行程时间）测量原理的物位计

TOF（Time of Flight，行程时间或传播时间）测量原理又称回波测距原理，属于非接触测距一类，是近年来发展最快、应用最广的物位测量新技术，可以应用的能量波有机械波（声或超声波）、电磁波（通常为K波段、C波段或X波段的微波），光波（通常为红外波段的激光），其相应的物位计有超声物位计、微波物位计及激光物位计，它们都是电子型的物位计。

超声波物位计已应用了30多年，技术已成熟。微波物位计是近十几年来发展起来的，发展速度很快，应用也越来越广。激光物位计虽然技术也已成熟，但由于原理上的原因，应用面较窄。总体来说，这类仪表已成为物位测量中非常重要的手段，应用增长很快。

（四）大型储罐液位精密计量

在液体石油产品以及化工液体的转运、仓储管理中，许多大型储罐需高精度测量液位，以计算储量，或进行贸易结算。按国际惯例，用于贸易结算的液位计误差要用绝对值表示，测量准确度需在±1mm以内，而用于库存管理的液位计测量准确度在±3mm以内，都属于计量级的液位计，量程一般为30m或更大。

能满足这类要求的液位计有伺服型浮子液位计、高精度微波（雷达）液位计、磁致伸缩液位计等。由于都是结合了微电子技术，除了能达到高精度测量液位外，都有数字通信接口，并可以和平均温度计、压力传感器结合进行综合测量。

目前国内对大型储罐液位的高精度计量仍采用量油尺人工计量（按国家标准）。国际法制计量组织建议成员国允许将液位计作为计量器具来使用。我国虽然已进口了不少计量级的液位计，但并未作为计量器具使用，因为尚未有相应准确度的检验标定装置及检验规程。

第二节 新产品情况

一、控制系统

（一）安全仪表系统

2012年，和利时自主研发的、中国第一套拥有独立自主知识产权的SIL3级安全仪表系统HiaGuard诞生，且经过第三方权威认证机构TUV莱茵的SIL3认证，技术达到行业前沿水平。安全仪表系统作为保障企业安全生产的重大装备，对于国家安全具有深远意义。在国际形势瞬息万变的今天，重大装备过分依赖国外厂家将有可能产生非常不利的后果。一旦由于国际局势突变影响到系统的进口或零部件、备品备件的进口，将严重影响我国国民经济的正常运行，直接影响到我国支柱产业的战略安全。该产品于2013年签订近60套SIS合同。

（二）EPA现场总线控制系统

《用于工业测量与控制系统的EPA(Ethernet for Plant Automation)系统结构与通信规范》是由浙江大学、浙江中控技术公司、中科院沈阳自动化所、重庆邮电学院、清华大学、大连理工大学等单位联合制定的用于工厂自动化的实时以太网标准。这是我国首个具有自主知识产权的工业通信标准，并已成为国家标准于2007年正式发布，同时于2005年12月正式进入IEC61158第四版现场总线国际标准，成为IEC 61158-314/414/514/614规范。这是工业控制领域中国人制定的第一个国际标准。当前，我国高度重视工业控制系统的信息安全，制定具有自主知识产权的工业通信标准显得尤为重要。

EPA现场总线控制系统采用分段化系统结构和确定性调度，可以实现从现场设备层到管理层通信网络平台的统一。EPA网络拓扑结构由两级网络组成，即过程监控层和现场设备层。现场设备层用于工业现场的各种现场设备之间以及现场设备与过程监视层的连接；过程监视层主要用于控制室仪表、装置以及人机接口之间的连接。无论是现场设备层还是过程监控层均可分为一个或几个微网段。这样一来，过程监控层的COTS商用技术直接可应用于变送器、执行机构、远程I/O和现场控制器等现场设备间的通信，工业以太网延伸到现场级，实现了工业自动化系统的垂直集成。

利用EPA开放网络平台，可以实现传统控制系统与基于EPA的现场总线控制系统之间的无缝连接与集成，使得工业现场设备中的大量信息能够无缝地传递到MES和ERP层，通过信息集成创新技术、数据挖掘技术以及大数据高级分析技术等，对工业企业生产全过程实现高效智能化管理。

（三）第五代DCS系统

和利时集团第五代DCS控制系统的重要特征是全面融入安全级系统设计思想，完成安全系统与传统DCS的功能整合，集中解决DCS当前技术水平中存在的问题和局限。在突破国外技术壁垒的同时，坚持自主创新，实现安全级思想在传统DCS技术上的全面整合，并在全生命周期内保证自动化产品的可靠性，由此将带来DCS系统的系列产品设计和应用的变更，实现国产DCS技术的全面赶超和领先。其技术的先进性主要体现在：

安全级系统设计思想贯穿产品研发制造生命周期。第五代DCS的主要设计思路为将安全级系统的设计思路和要求引入常规DCS，在成本可控的前提下整合安全级系统功能的同时，全面提升产品全生命周期的可靠性。通过第五代技术，DCS在保证系统的集成化、可靠性、低成本的前提下，完成从通用工业系统向安全工业系统的转化。

实现全厂设备综合管理。第五代DCS技术从工厂的控制管理级数字化延伸到现场级数字化，从板卡端子到现场传感器实现全数字化覆盖，充分保证工厂信息的充足度、完整度、透明度，并通过信息关联度的推理功能，全面感知被控过程和全厂设备状态。第五代DCS技术通过把现场控制、工厂控制和工厂管理经高速安全的数据网络无缝集成，彻底实现工厂的管控一体化和全厂数字化。

生命周期内的环保设计与实现制造。第五代DCS融入环保思想，设计开发将综合考虑诸如变频技术、超低功耗技术、本安技术、精益结构技术，为用户提供全面的工厂节能减排解决方案。第四代水平及以前的DCS系统采集信息量完整度存在较大局限，无法实现信息关联和深入的优化控制，给节能减排方案的实现带来了很大的局限。第五代DCS通过完整透明的数据关联分析可以灵活实现优化控制，最大程度地实现节能减排，为工厂带来直接经济效益，为社会环保做出贡献。

（四）大型煤化工综合生产培训(OTS)系统

由于大型煤化工控制系统复杂，控制水平和操作水平要求高。为了适应需求，浙江中控研发了煤制甲醇/合成氨综合生产培训系统UTM-CG装置，该系统以100Kt/a煤制甲醇、合成氨真实工厂为原型，按照一定比例缩小而制成。该系统以煤造气、气体净化、气体变换、甲醇（氨）合成等工段组成对象为背景，以主物料工艺流程为基础，控制系统采用中控DCS，可整体或单元运行。装置中适量采用真实的工厂用仪表、阀门，使操作人员认识各种仪表，学会使用调节器。

系统使用真实工厂普遍采用的控制软件，不仅能实现工厂所有设备的操作功能，而且仿真软件的开放性设计使所有模型参数均可作为故障点，从而模拟工厂实际生产过程中出现的各种故障。

（五）面向核电厂一回路的核电三重冗余分散控制系统T3000

新华集团三重冗余核电控制系统DCS—T3000是具备SIL-3级的高可靠性三重冗余系统，它克服了以往分散控制系统的缺点，把连锁ESD、事件顺序记录SOE、机组控制、常规指示记录功能以及故障诊断功能等完美地结合起来，整合成一套核电机组综合控制系统。技术特点有：可靠性高，采用多重冗余容错；有全面、完善、连续的自诊断和在线监测功能，有效消除运行中的隐形故障；集成化程度高，能实现中央控制，并具备强大的通信功能，可与DCS及其他计算机系统通信；具有良好的可维护性，系统能实现灵活组态和在线修改；提供事故顺序记录（SOE）等功能；系统有硬件和软件的各种权限保护；独立于其他控制系统等。

（六）城市轨道交通信号系统

和利时在城市轨道交通信号系统取得的4项新技术成果，分别是CBTC正线联锁、ZC区域控制、安全平台HVC2000和应答器，4项新技成果均获得了德国权威认证机构 TÜV SÜD 颁发的 SIL4 证书。

（七）网络化混合控制系统——大容量油气集输与管网过程的分布式控制系统（G3/G5）

浙江中控完成的“网络化混合控制系统——大容量油气集输与管网过程的分布式控制系统（G3/G5）”科技成果通过新产品鉴定。该项目针对大容量油气集输与管网检测控制的技术难题，融合集散控制系统（DCS）、逻辑控制器（PLC）以及分布式控制单元（RTU），自主研发高速工业总线、工业级环网通讯和一体化通讯控制技术，开发“网络化混合控制系统”，实现多重网络融合和管控一体化，提高产品的热冗余、耐腐蚀、抗电磁干扰等特性，产品具有高可靠性、高环境适应性等特点，满足油气及管网自动化领域的广域分布测控和混合控制的要求。

二、控制阀

（一）智能电动执行机构

浙江罗托克、上海仪集、上海自仪股份、重庆川仪等公司研发成功的智能电动执行机构把微电子、微机技术应用到执行机构基础产品上，提高了执行机构的技术含量，使许多功能可以依靠电子和软件技术来实现，根据控制电信号直接改变阀门的位移，并利用微机技术和现场通信技术实现双向通信、在线自动标定、自校正与自诊断等多种控制功能，有效提高了控制水平。智能化控制已成为电动执行机构发展的必然趋势。

（二）气动耐冲蚀角形控制阀

上海大通自控公司成功开发了煤化工行业专用气动耐冲蚀角形控制阀，解决了由于水煤浆的化学腐蚀性和冲蚀破坏性造成的阀体内表面易产生结焦、特别在死角处结焦严重、粉末状的煤粉还会在腔隙中屯积等技术难点，产品的性能、寿命达到并超过进口同类产品，打破了煤化工行业气化炉装置上全部配套进口调节阀的局面，满足了耐气蚀和抗冲刷的特殊工况下调节阀的使用。该项产品共获得 4 项实用新型专利。

（三）电液执行机构

浙江中德石化设备有限公司成功开发出新型电液执行机构。它由电子控制系统、液压集成系统、液压手操机构、机械执行机构、防火液压泄放阀等五大部分一体化组成。通过柱塞密封式氮气弹簧的回弹实现阀门的快速复位，增大了单作用执行机构弹簧的输出力矩，保证了较大的回弹力，使得阀门复位动作快速平稳可靠。具有功能齐全、结构紧凑、体积小、重量轻、输出力大、反应速度快、使用寿命长、快速启动、制动和频繁的换向及过载保护等特点。

（四）煤化工专用控制阀

吴忠仪表有限责任公司成功研制出具有自主知识产权的煤化工用关键控制阀系列产品，阀门使用寿命由 900 小时左右提高到 8000 小时以上，抗冲刷、抗耐磨等性能指标达到或优于国外同类产品水平。公司还与加拿大多伦多大学先进涂层技术中心、北京航空航天大学、西安交通大学和西安理工大学联合开展了科研攻关，成功掌握了煤化工专用控制阀的设计制造和涂层工艺技术，建立了高参数控制阀产品流体动力数学模型，提出了高参数控制阀耐冲蚀结构设计方法。

（五）24 寸口径低温高压铸造球阀

重庆川仪先后攻克了大口径球阀在低温状态下内部零件收缩量难以控制、阀门内漏和外漏、安全使用寿命、阀门使用安全性等一系列关键技术难点，在产品结构设计上进行了一系列研究与创新，如阀杆密封采用自紧的二重填料结构形式，阀体和阀盖止口采用自补偿密封机构设计，阀座密封面为宽圆弧面与球体弧面吻合等。该产品经检测各项技术参数均达到国家相关标准要求。

（六）快速电动执行机构

重庆川仪执行器分公司推出的“快速电动执行机构”新产品，可广泛应用于电力、钢铁、化工等行业的大型闸阀和截止阀的快速控制，配上带自锁的二级转换单元，可实现更大力矩快速传动及满足自锁要求。该产品的成功研制，填补了川仪多转式快速电动执行机构方面的空白，进一步完善了产品序列，为市场竞争打下了坚实基础。

（七）DDS 制浆工艺锅盖阀

浙江力诺公司研制成功了国内首创的 DDS 制浆工艺自动装料锅盖阀，并在四川省犍为县凤生纸业有限责任公司成功试运行 3 个月，各项性能指标符合标准，满足了 DDS 制浆的工艺要求，并且在凤生纸业 DDS 制浆工艺年产 10 万吨竹浆项目中，全部采用了力诺生产的控制阀，正式开启了 DDS 制浆工艺制浆控制阀全部国产化的历史。力诺自主研发的 DDS 制浆工艺锅盖阀成功试运行，标志着国内制浆锅盖阀全部依赖进口历史的结束，也意味着制浆造纸工业迎来了锅盖阀国产化的时代，使浙江力诺公司成为世界上第三家拥有自主知识产权的锅盖阀制造商，成为制浆造纸行业控制阀系统解决方案的提供商，成为行业的标杆。

（八）ATE 高压差控制阀和 G1610 锁渣阀

吴忠仪表有限责任公司研制的 ATE 高压差控制阀采用全锻造高压阀体，适用于高温高压差等严酷工况；采用多级套筒式或迷宫式内件设计，不断改变流体方向，控制流体速度允许压差 25Mpa 及以上；高压自密封设计，能保证阀门在超高压下工作时的稳定性；整机硬密封泄漏等级可达到 ASEM /ANSI B16.104 V级；阀内组件表面渗氮硬化处理，硬度达到 HRC70，关闭严密，寿命长；标配气动执行机构，全新附件管路设计，可实现紧急 1 秒关断要求。

G1610 锁渣阀采用超音速喷涂球芯；等离子喷焊结合超音速喷涂阀座，采用刮刀式密封结构，超硬超匹配的密封副；严格的防介质侵入导套结构，可避免长期使用轴套抱死。密闭弹簧腔结构，防止介质进入弹簧腔堆积造成弹簧失效

三、流量仪表

（一）微小流量超声流量计

针对超纯水及医药化工液体的小流量测量难题，上海迪纳声科技股份有限公司在流量传感器测量单元中采用独特设计，巧妙地应用超声测量原理并进行流体动力学运算，通过结构设计使内部无可动部件。输出单元可选远传通信模块，方便用户使用，真正实现精细化工化学流体、低流速小流量流体等精准计量。

（二）陶瓷衬里电磁流量计

上海光华仪表公司研发的陶瓷衬里电磁流量计，利用陶瓷本身的刚性、耐高温性、耐磨损性和耐腐蚀性，保证了传感器内径的稳定性，

从而保证了陶瓷流量计的高稳定性和高精度。

（三）气体涡轮流量计

浙江苍南仪表公司开发的CNiM-TM气体涡轮流量计，具有优良的低压和高压计量性能，适用于大流量气体尤其是天然气等气体的精确计量。主要技术指标如下：口径DN50～DN300；准确度等级为1级或更优；最大允许误差 $Qt \leqslant Q \leqslant Qmax$ 为±1.0%、$Qmin \leqslant Q < 0.2Qt$ 为±2.0%；重复性优于0.1%；压力损失≤2.5kPa。

（四）微弯管科里奥利质量流量计

太原太航仪表公司根据科里奥利质量流量计的特点及其模型分析，综合直管和弯管的优缺点，研发了一款测量精度高、稳定性好、抗干扰能力强、体积小、适应性强的类直管型（微弯管）科里奥利质量流量计。

（五）众数涡街流量计

浙江迪元仪表有限公司基于众数概念的功率谱分析，利用概率论中的众数概念，成功研发了众数涡街流量计。该产品把出现概率最大的一组脉冲频率作为当前涡街频率输出 “出现概率最大”即“功率最大”，基于功率谱的分析方法达到了测量气体下限1.8m/s、液体下限0.18m/s的指标，量程比可达30:1。

（六）多声道气体超声流量计

上海中核维思仪器仪表有限公司新一代国产气体超声流量计产品通过FPAG和DSP（或ARM）组成的信号处理系统，采用声采样技术、声环法发射和接收技术、复杂波发射和接收信号识别技术以及专有的换能器制作技术，不仅能满足各种压力等级和声程的需要，而且大大提高仪器的抗干扰性能及适用范围。同时，引入流场诊断和修正数学模型，较少偏流、旋转流、不对称流对测量精度的影响。该产品具有自主知识产权，填补了国内空白。

四、物位仪表

（一）26GHz 微波（雷达）物位计

随着微波（雷达）物位测量技术的发展，国际上知名厂家目前生产的微波（雷达）物位计以26GHz频率为主。国内生产微波物位计的厂家仍以6GHz频率为主，虽然许多厂家几年前就开始研发26GHz 的雷达物位计，但已出产品的只有少数几家。硬件指标上已和国外产品接近，但回波处理软件和国外产品差距仍较大，产品性能在逐步提高中。

天津中环天仪、北京瑞普三元、上海妙声力等仪表公司通过和西门子公司合作，购买西门子公司的电路板组件，自行加工外壳、天线等机械部件，生产了自己品牌的微波物位计，成本和价格虽然比国内产品稍高些，但性能和指标已接近国外产品，满足了中间市场的需求。

（二）电浮筒液位计

前十余年，国内电浮筒液位计主要生产方式是组装：用购买国外知名公司的电子部件，自行加工机械部件来生产自己品牌的电浮筒液位计，解决了国内产品性能差与国外产品价格高的矛盾，一段时间内成为主要生产方式，虽然也满足了市场需求，但是电子部件占仪表生产成本中的主要部分也使生产厂难以释怀。通过加快电子部件的研发，近几年，全部国产电浮筒液位计逐步被用户接受，所占比例逐年增加。

（三）磁致伸缩液位计

磁致伸缩液位计在加油站地下储罐、过程储罐中使用较多，虽然也是高技术、电子型液位计，但国内产品基本上能满足要求，尤其在加油站地下储罐液位测量中所占市场份额在一半以上。上自仪在“磁致伸缩液位计”原有设计的基础上，进行了带显示窗口结构的隔爆性能改进，经过国家级仪器仪表防爆安全监督检验站的试验审查，通过了EXd Ⅱ CT3～T6Gb的隔爆认证（证书号GYB13.1329x），可以满足市场对产品的防爆需求。

五、其它产品

自仪三厂独立完成了三套铠装热电偶组件及反应堆压力壳贯穿件产品样机的生产工作，标志着由上海自动化仪表股份有限公司和清华大学核能与新能源技术研究院共同研发的1E级高温气冷堆铠装热电偶组件及反应堆压力壳贯穿件项目取得重大突破。该项目依托山东石岛湾核电站20MW高温气冷堆项目，产品样机研制成功，填补了国内空白，对于核级温度仪表传感器国产化与自主化工作具有重要意义。

1E级铠装热电偶组件与反应堆压力壳贯穿件是高温气冷堆热工过程测量系统中重要的温度测量部件，用来测量反应堆冷却剂氦气以及堆内构件的温度，为反应堆安全运行和事故后监测提供高可靠性的温度参数，对高温气冷堆的安全运行有着极其重要的作用。长期以来，我国的堆芯温度测量仪表完全依靠进口，国际上仅有少数几家知名仪表生产企业具备设计与制造能力。

第七章 行业发展趋势

本章主要介绍自动化仪表行业目前总体技术现状、发展趋势和未来行业研发重点。

第一节 行业技术现状

一、总体情况

进入21世纪，我国制造业的高速发展拉动了自动化仪表的需求，世界知名的工业自动化仪表生产厂家纷纷在国内设厂，如ABB、SIEMENS、EMERSON等。面对国际竞争，国内企业如和利时、中控、重庆川仪、吴忠仪表等通过自主创新，提升了自身整体实力，行业的技术水平有了明显提高。

（一）产品实现了从模拟技术向数字技术的转变

仪器仪表基本实现了从模拟技术向数字技术的转换，并在智能化、网络化、数字化技术方面也有了很大的进展。

（二）从中低档产品逐步向中高档产品发展

在中低档产品已经普遍满足国内中小工程要求的情况下，加快了向中高档产品发展的速度，开发了一批技术水平达到或接近国际水平的中高档产品。如自主研制的分散型控制系统、高精度压力/差压变送器、高精度多声道超声流量计、质量流量计、高温高压调节阀等，技术指标达到或接近国外同类产品的水平，并已投入批量生产。

（三）重大装备用高端仪表与控制系统连续取得突破

国产高端仪表与控制系统进入如LNG接收站、大型煤化工等大型工程，改变了大型工程配套系统长期由国外公司垄断的局面，不但减少了进口，而且使重要经济领域的核心技术自主化，对国家经济安全具有战略意义。

二、分散型控制系统技术现状

为了发展我国工业自动化系统民族工业，多家企业从20世纪90年代初就开始研发DCS分散控制系统。十多年来，通过努力进取，不断创新，开发和生产了国产DCS系统，产品的技术水平已接近或达到国际先进水平。目前，具有代表性的国产第四代DCS系统有浙江中控集团公司WebField ECS-700分散控制系统、和利时系统工程公司HOLLiAS系统、上海新华控制技术公司XDS800控制系统、上海自仪股份公司SUPMAX 800分散型控制系统、重庆川仪控制系统公司PAS-100控制系统、国电智深EDPF－NT控制系统以及杭州优稳自动化系统公司UW500集散控制系统等。

国产DCS的市场占有率正在不断增加。由于成本、本地化和服务等方面的明显优势，目前在中小规模应用市场中，国产DCS已经占有较大部分的市场份额，但在大型、高端市场大多仍由国外DCS占据。最近几年，自主研发的高性能大规模DCS系统在大型高端应用领域已取得重大突破，并取得了较好的业绩。但是，国产控制系统产品的可靠性指标，即平均无故障运行时间与国外产品差距明显，国外系统MTBF为30万小时，国内系统约相差1-2个数量级。今后应进一步缩小差距。

2013 年 11 月，北京市发展与改革委员会在北京主持召开了由北京和利时系统工程公司承担的“第五代 DCS 控制系统高技术产业化示范工程项目”验收会。我国自主研发的基于生命周期的安全和可靠性设计模式，具有多重冗余容错、实时多任务控制管理机制以及自主网络协议等关键技术的第五代 DCS 分散控制系统成功通过鉴定验收。

三、控制阀

控制阀行业整体分为外资企业和本土企业两类，这两类企业技术上还存在着一定的差距。我国改革开放确实让本土企业引进了较为先进的产品技术，使我们与外资企业的差距一下子缩短到 10 ～ 15 年。普通开关阀门的总体水平基本与国外产品持平，例如蝶阀，其动作寿命几乎可与国外产品相比，以致很多国外企业直接采购国内产品。“十二五”期间，阀门协会组织国内部分阀门企业对核电产品进行了技术攻关，使得国内的阀门产品能够进入到核电领域。除了核一级产品的可靠性还需要进一步认证之外，大部分核电阀门已经具备了在核电厂长期使用的条件。目前，控制阀核级产品正在进行技术攻关，上海自动化仪表七厂的控制阀已具备相应的资质。浙江三方等企业也拥有核电阀门的生产许可证。从上述情况来看，国内普通控制阀在普通应用方面已经接近国外产品的技术水平，产品的可靠性大为提高。高压控制阀抗汽蚀及噪声的技术国内企业也基本掌握。从电厂的应用来看，超临界阀门和超超临界的阀门还是国内企业的缺憾，减温减压阀门还主要依靠进口，本土企业几乎不能生产。由此可见，我们本土企业与外资企业的差距主要是苛刻工况下的设计技术和产品的可靠性。

虽然我们选用的国产材料牌号和化学成分与国外一致，但是其品质与国外仍存在较大的差距。例如，我们的阀体铸造还不能完全达到使用要求，部分铸件还存在介质渗透现象，用于高温导热油时尤其明显。碳化物的喷涂工艺也与国外企业存在一定差距，喷涂速度比较低，使得碳化物与基体结合的强度下降，直接影响了硬密封球阀球体的抗冲刷能力和抗压差能力，特别是使得高压硬密封球阀难以实现高压差长期运行。

另外，由于国内绝大部分企业整体规模较小，投入的研发资金和人员不足。因此，基础性研究与国外存在着较大差异，在核心技术上的差距很难消除。从国内控制阀行业整体发展需要的角度出发，需要进行行业的整体整合，改变小、散、乱的局面，提高集中度，改变恶性竞争的局面，并为有条件的企业提供更好的发展空间和机遇。

四、流量仪表

改革开放前后，国产流量仪表经历了仿制、统一设计、自行研究开发的过程，后又通过技术引进，与国外技术先进企业合资、合作，使国内流量仪表技术有了较大发展。目前，国产流量仪表品种齐全，性能也有了很大提高。

（一）差压式流量计

常用的差压流量计分为节流式和绕流式两大类。节流式又分为标准型（孔板、喷嘴和文丘里管）和非标准型（如 1/4 圆孔板、锥形入口孔板、楔形孔板、弯管、多孔孔板等）。绕流式有环形孔板、环形通道（如 V 内锥、槽道、梭式、均速管、靶式等）。差压流量计是发展历史悠久、应用范围广泛、用量最多的第一大类流量计。此类流量计技术比较成熟，按照 ISO 5167:2003（对应 GB/T 2624-2006 用安装在圆形截面管道中的差压装置测量满管流体流量）系列标准制作的标准化产品，不经过实流标定就可以具有很好的精度，这在其他类型流量仪表中是少见的。国内市场主要由国产品牌占有，如江阴节流、温州捷达等都是业界著名的专业生产厂家。这类产品中差压产生部分曾经是国产产品一统天下，而差压测量部分则进口产品的市场份额更高。近年国外品牌的一体化孔板、一体化均速管类产品以其方便可靠的性能和用户体验侵占了部分国产市场份额。

（二）容积式流量计

容积式流量计主要包括椭圆齿轮流量计、腰轮流量计、双转子流量计、刮板流量计和旋转活塞流量计等，广泛应用于石油、天然气以及煤气等要求高精度测量的贸易结算场合。国内企业上世纪 60 年代就已经开始生产此类流量计，并占有大部分市场份额。浙江天信、浙江苍南等仪表企业得益于国家西气东输的大背景，发展迅速。合肥精大仪表公司在核电、军工行业以及上海一诺、重庆耐德等仪表厂家在石油行业都有较高知名度。

（三）涡轮流量计

涡轮流量计是叶轮式流量计中应用最广的速度类流量计，我国从上世纪 60 年代中期开始就已形成了全系列生产能力。气体涡轮流量计是仅次于孔板的第二大类天然气流量计，主要生产企业有浙江天信、浙江苍南等。液体涡轮流量计的主要生产企业有天津中环天仪等，此类产品也基本以国产为主。

（四）电磁流量计

我国早在上世纪 60 年代就开始电磁流量计的研制和生产，通过统一设计、引进国外先进技术以及与国外先进企业合资合作等得到了快速发展。至今，国产电磁流量计已能满足我国大部分工况条件下液体流量测量的需要。据不完全统计，目前全国电磁流量计生产企业有 220 余家，但是其中有一半是贴牌生产，真正有制造能力的不过 50 家左右，主要有上海光华·爱尔美特，上海威尔泰、开封仪表、重庆川仪、上海光华、上海肯特、浙江迪元等。

目前，国产电磁流量计均采用国际比较先进的低频矩形波励磁技术，仪表零点稳定，抗干扰性能好，测量精度可达到测量值的 0.5%。转换器应用微机技术实现了数字式、智能化，可现场调零、修改量程等，并有空管置零、空管报警、上下报警等功能。

（五）超声波流量计

以超声波原理测量流量并进入实用阶段约在上世纪 70 年代，主要限于测量液体流量，用于气体流量测量的约在 90 年代。由于气体声能衰减较大，使气体测量信号识别设计遇到很大困难。80 年代以后，由于先进的高速数字信号处理技术和压电陶瓷技术的迅速发展，使气体超声流量计测量天然气技术有了突破性进展。

我国从上世纪 80 年代开始开展超声流量计的研究，目前技术已比较成熟，生产企业也比较多，如深圳建恒、唐山汇中、上海迪纳声等，基本满足用户要求。国内用户所用的气体超声流量计主要选自艾默生丹尼尔（DANEEL）、德国西克（SIK）、德国 RMG、德国埃尔斯特（ELSTER）等公司的产品。上海中核维思仪器仪表有限公司生产的四声道气体超声流量计已应用于天然气城市门站计量。总的来说，国内的液体超声流量技术，尤其是用于测量水流量的已基本成熟，而气体超声流量测量技术则还需完善，尤其在转换器电路、软件功能等方面还需加强。

（六）科里奥利质量流量计

1977年，美国Micro Motion公司成为第一个成功利用科里奥利效应进行流体测量的公司。30多年来，经过研究人员的不断努力，科里奥利质量流量计（CMF）在性能及规格上不断得到完善，已成为成熟而广泛应用的新一代流量计，世界总装用量已超过100万台。国内的质量流量计技术和应用从上世纪80年代以来也得到了迅猛发展，以太原太航和西安东风为代表的国内生产厂家在自主研发和生产加工技术方面取得了实质性的进展，在国内市场中已占有一席之地。但是总体来说，与国外产品在可靠性、稳定性以及软件方面还有一定差距，国内市场仍以国外品牌如艾默生、E+H、科隆等为主。

五、物位仪表

目前，我国物位仪表品种齐全，技术有了一定提高，机械类产品基本满足国内需求，电子类产品差距仍比较明显。

（一）机械类物位仪表

由于我国机械加工成本优势比较强，制造一般机械类物位计基本没有问题。现在，一些民营企业已有相当规模，设备也很先进，并建立了质保体系，所以国产机械类物位仪表与国际水平功能差距不大，除了少数特殊规格或特殊材质外，基本上能满足国内普通需求。

（二）电子类物位仪表

电子类物位仪表，特别是微波（雷达）、超声等微电子技术产品，与国外相比尚有一定差距，而且短期内还难以赶上。硬件上许多仪表都已芯片化，国内很难和国外同步得到最新芯片，但时间差在缩短，性能指标上差距也不大，主要是可靠性、稳定性还不如国外产品。但在软件上差距较大，特别是微波、超声物位计，在回波处理软件上差距更大。

第二节 行业技术发展趋势

一、综合发展趋势

目前我国工业自动化仪表技术正在向智能化、网络化和集成化方向发展。

（一）PLC向着可编程自动化控制器PAC方向发展

长期以来，PLC始终处于工业控制自动化领域的主流，为各种各样的自动化控制设备提供了非常可靠的控制方案。同时，PLC也承受着来自其它技术产品的冲击，尤其是工业PC所带来的冲击。由于PC控制系统和PLC在技术上的差别越来越小，从而出现了一种新型的控制器-可编程自动化控制器PAC。

PAC结合了PLC的可靠性以及PC强大的软件能力，是具有更高性能的工业控制器。目前许多厂商已经生产出了结合PC功能和PLC可靠性的PAC，产品已经得到广泛应用。据ARC公司预计，今后PAC的市场增长将高于PLC。

（二）综合自动化控制系统的规模不断扩大

综合自动化系统是将先进的工业装备技术、现代管理技术和以先进控制与优化技术为代表的信息技术相结合，将企业的生产过程控制、优化、运行、计划与管理作为一个整体进行控制与管理，提供整体解决方案，以实现企业的优化运行、优化控制与优化管理，从而成为提高企业竞争力的核心高技术。随着企业生产规模的不断扩大，控制系统集成规模也在不断扩大，系统复杂程度也在不断提高。以当前新建的大型石化企业为例，涉及分散控制系统/现场总线控制系统（DCS/FCS）、安全仪表系统（SIS）、火灾和气体检测系统（FGS）、压缩机控制系统（CCS）、转动设备监控系统（MMS）、设备包控制系统（PECS）、分析数据采集系统（ADAS）、罐区数据采集系统（TDAS）、储运自动化系统（MAS）、设备管理系统（AMS）、操作数据管理系统（ODS）、先进控制（APS）、实时优化（RT-OPT）、操作培训方针系统（OTS）等多种自动化控制系统，规模多达几万点。例如，已经投产的天津炼化一体化项目包括 10 套炼油装置、9 套化工装置、公用工程及辅助设施、厂外工程，自动化系统集成规模 DCS I/O 约 143900 点，SIS I/O 约 44300 点。

（三）现场总线控制系统的应用不断拓展

现场总线控制系统（FCS）具有开放性、全数字化和互操作性的特点，已成为新型工业控制系统发展方向之一。随着 FCS 技术的完善，其应用将日益增加。以中外合资的石油化工企业为例，上海赛科乙烯项目、惠州乙烯项目和福建炼化一体化项目等较大规模地使用了现场总线技术。

（四）现场仪表技术向数字化、智能化、网络化、微型化和虚拟化的方向发展

随着微电子技术、计算机技术、集成技术、网络技术、超导技术和生物技术等高新技术的迅猛发展，现场仪表技术与产业的发展有了强大的推动力，传统的仪表仍将朝着高性能、高精度、高灵敏、高稳定、高可靠和长寿命的“六高一长”发展，新型的仪器仪表将朝着微型化、集成化、成套化、电子化、数字化、多功能化、智能化、网络化、计算机化、综合自动化、光机电一体化和服务上专门化、简捷化、家庭化、个人化、无维护化，以及组装生产自动化、无尘（或超净）化、专业化、规模化的“二十化”方向发展。在这“二十化”中，占主导地位、起核心或关键作用的是数字化、智能化、网络化、微型化和虚拟化。

（五）工业控制网络正向有线和无线相结合方向发展

在一些禁止、限制使用电缆或很难使用电缆的工业现场，有线控制网络很难发挥作用，而无线技术可以非常便捷地以无线方式连接网络设备，人们可随时、随地、随意地访问网络资源。随着微电子技术的不断发展，无线局域网技术将在工业控制网络中发挥越来越大的作用，有效地扩展工业设备的联网通信能力。目前无线现场仪表已经在国内一些项目中开始推广应用。

二、控制系统

（一）由单一系统产品发展到提供整体解决方案

随着开放系统和平台技术的不断发展，各个 DCS 厂家不仅注重系统本身的技术，而且更加重视如何满足应用需求。由于每个特定行业的应用都需要一个独特的解决方案，需要具备专业化的垂直行业应用知识和实践经验，于是，DCS 厂家纷纷提出满足不同行业专业化的整体解决方案，并实施专业化的、整套完善的服务。如浙江中控 InPlant 工厂自动化整体解决方案

系列产品、和利时 HOLLiAS 系列解决方案产品以及上海新华数字化电厂一体化解决方案等。

（二）增加能源管理功能，提高能源使用效率和减少污染排放

2010 年美国能源部的统计数据显示，工业部门的能源使用量超过其它使用部门，约占世界总释放能源的 1/2。预计到 2030 年，能够减少的 CO_2 排放量中 45% 可以通过能源措施来实现。在当今能源紧张、污染严重、对节能环保越来越重视的情况下，如何有效利用自动化技术实现工业生产的最优化运行、在最大限度地提高生产效率的同时提高能源利用效率是工业领域急待解决的问题。为此，现在的 DCS 几乎都把能源监控和管理功能纳入系统，实现各种能源的实时监控、成本分析和综合利用。DCS 系统能够根据不同的现场要求，对生产装置、各种能源利用情况以及污水处理等过程应用不同的控制单元实现就地控制和数据采集，并将信息送往系统管理平台，在对各种能耗及成本进行综合计算后，得出最佳能源消耗组合来指导操作，从而达到节能减排的目的。

（三）提供设备管理与智能维修功能，并提供远程诊断与维护功能

为了提高系统运行的可靠性，现在的控制系统都将提供设备诊断与维护功能。整个 DCS 系统的全部部件都可以实时自诊断，通过连续监测所有工厂设备和现场连接设备的状态、时间与运行状况，自动生成工厂设备的状态信息。有的产品甚至可提供预测性维护信息，据此，操作工程师可以有效决策并防止意外事件发生，从而大大提高整体生产效率，明显降低仪表与控制设备维护费用。最近几年，如西门子等一些大型控制系统公司开始成立专门的技术服务部门，以增值服务的方式向用户提供远程诊断与维护。

（四）工业软件将成为创新的驱动力

近年来，工业软件市场已呈现出高速增长的趋势。2010 年，全球工业软件市场总量达到 800 亿欧元，根据预测，未来的年增长率将达 8%。软件在工业领域将发挥越来越重要的作用，工业软件与 IT 将更好地融合，传统的工业自动化软件与全生命周期管理软件（如 PLM、PDM、CAX 等）将实现无缝集成。顺应上述潮流，西门子公司在收购了 10 家工业软件公司之后，推出了业内首个采用统一工程设计平台的工业自动化软件，适用于所有的自动化任务。借助于全新的工程技术软件平台，用户能够快速、直观地开发和调试自动化系统，使得编程效率大大提高，从而缩短了工程周期，极大地降低了成本。这种突破性的创新技术通过优化工作流程，不仅能够提高工作效率，而且还能够提高生产率。

（五）工业控制系统功能安全和信息安全受到各方高度重视

近年来，随着各国对安全生产关注程度的持续上升，广泛应用于石油化工等过程工业领域的过程控制系统面临着十分严峻的安全问题。由于石油化工生产过程具有高温、高压、易燃、易爆等特点，为了防止和降低石油化工工厂或装置过程风险，保证人身和财产安全，同时保护环境，国外已全部采用具备功能安全完整性能级（SIL）的安全仪表系统。国外自动化系统公司大多研制和生产安全仪表系统（SIS），这些系统符合 IEC61508 和 IEC61511 功能安全国际标准的要求，其逻辑控制器均通过了国际权威机构（TUV）的认证。

2010 年 6 月，德国专家首次检测到专门攻击西门子公司工业控制系统的"stuxnet"(震网)病毒，其目标主要是伊朗布什尔核电站。该病毒利用Windows系统漏洞，对其进行重新编程而造成破坏，从而导致伊朗核电站推迟一年发电。这个事件给工业自动化系统的信息安全敲响了警钟。实际上，近几年黑客攻击大型工业关键基础设施的事件在逐年增加，攻击工业自动化系统的性质已从单纯的娱乐扩展到了犯罪、恐怖主义，甚至国家赞助的恐怖间谍活动。为了应对工业控制系统面临的信息安全威胁，各国纷纷成立了工业控制系统信息安全研究机构和测试中心，并制定了工业控制系统信息安全标准，强制工业企业贯彻执行。同时，国外从事信息安全的公司正在不断推出工业控制系统信息安全产品和解决方案。

（六）新一代控制系统——智能工厂

进入21世纪以来，信息与通信技术取得了突破性进展。为了将控制技术融入互联网，2006年美国国家基金会（NSF）科学家Helen Gill提出了信息物理融合系统(Cyber-Physical System，简称CPS）的概念，将互联网技术的发展推向了一个新的高度。信息物理融合系统是集成计算、通信与控制于一体的下一代智能系统，是计算进程和物理进程的统一体。CPS 包含了无处不在的环境感知、嵌入式计算、网络通信和网络控制等系统工程，使物理系统具有计算、通信、精确控制、远程协作和自治功能。智能的网络世界与物理世界融合产生的CPS亦称"工业物联网"。

由于CPS信息物理融合系统进入制造和物流的技术集成，以及在工业流程中使用物联网及其服务，从而产生了创新的工厂系统——智能工厂（SmartFactory）。在工业 4.0 时代，每个工厂企业都将建立"数字企业平台"，通过开放接口将虚拟环境与基础架构融为一体，从而构成信息物理融合系统（CPS），生产自动化系统将升级为信息物理融合生产系统(CPPS)。智能工厂系统完全不同于传统的工厂自动化系统。智能工厂采用面向服务的体系架构，对应于传统自动化系统的通信网络系统完全使用工业级物联网技术；对应于控制级采用CPPS信息物理融合生产系统；对应的监控管理级连接到安全可靠和可信的云网络主干网，采用服务互联网提供的服务。

由于工业控制的可靠性要求非常高，所以生产流程控制采用靠近工厂机器设备的CPPS系统。按照Edward A. Lee教授的定义："CPS是计算过程和物理过程的集成系统，利用嵌入式计算机和网络对物理过程进行监测和控制，并通过反馈环节实现计算过程和物理过程的相互影响"。CPPS系统是一种网络型嵌入式系统，它将打破在PC机时代建立的传统自动化系统的体系架构，从而全面实现分布式智能。

智能工厂在战略层面能够创建水平价值网络，在业务流程层面（包括工程）提供跨越整个价值链的端到端集成，同时能够实现垂直集成和网络化制造系统。

三、控制阀

控制阀技术和产品的发展趋向标准化、模块化、智能化、集成化、网络化。未来工业过程控制的迅猛发展对控制阀的要求也将越来越高。

（一）标准化

采用统一的控制阀标准，能使不同厂商生产的控制阀具有互换性和互操作性。整合计算选型程序，采用标准化软件，建立标准化的软件平台，使用标准化的计算机辅助故障识别和专家诊断软件，对不同制造商的控制阀就可进行监测和故障诊断。标准化也可实现控制阀的低成本和可维修性。

（二）模块化

从整个控制阀结构入手，将产品按照功能分成有限多的通用模块和专用模块，这些模块采取相同的规则，以保证能够组合成一个完整的系统，并能够随时加入新的模块以增加系统的功能。模块化设计可以使产品紧凑坚固、部件通用可换，并易于维护检修。

（三）集成化

开发控制阀的高性能能力，彻底摆脱产品仅有单一技术特征，使其在控制流体流量的简单执行功能之上同时具备本机显示、组态、检测、控制、运算、诊断、通信以及安全、绿色等功能和兼容性，实现按需控制。

（四）智能化

利用人工智能技术和计算机技术、嵌入式数字解决方案实现智能化，使控制阀具有自适应、自校准、自诊断等功能。数字式阀门定位器普及应用到控制阀、电动执行机构智能一体化设计和智能的预测性维护是未来的主流方向。

（五）网络化

随着现场总线的广泛应用，过程控制已进入网络化发展时代。控制阀的网络化不仅可以为生产过程检测、维护提供极大方便，并实现过程可控，而且也可以实现有效控制、在线诊断、便捷维护以及协同工作等功能。

四、流量仪表

我国传统流量仪表如差压式、容积式、浮子式和涡轮式等将保持稳定发展，新型流量计如电磁流量计、超声波流量计、质量流量计等将获得较大发展。流量仪表技术整体将朝着小型化方向发展，同时在线校验和故障诊断功能将增强。

（一）向小流量小口径延伸

随着流程工业为提高效率而推向大型规模化生产，流量仪表也在向大流量、大口径拓展。与此同时，精细化工、生物医药工程、半导体制造业的兴起，又推动了流量测量向小流量、小口径延伸。从上世纪 90 年代起，国际上小流量测量有了很大发展。现在新型流量仪表都有了小流量、小口径产品，如：科里奥利质量流量计口径小至 0.25 ～ 1mm，满度流量 3.33g/min；超声流量计口径 1mm，流量范围 5 ～ 100ML/min；涡街流量计口径 6mm，流量范围 300 ～ 2500ML/min。

（二）在线检验和故障诊断功能增强

流量仪表与其他现场仪表一样，除了普遍增加现场总线通信和智能功能外，还将发展在线校验和故障诊断功能，能在仪表运行过程中实现自诊断，预测仪表可能发生的故障。例如：

通过自行检查科里奥利流量计测量管刚性变化，判断仪表是否受流体磨损或腐蚀引起性能变坏；比较测量已知液体密度和被测液体密度，检验仪表系数是否改变，评估仪表是否仍保持容许可用性能，决定继续使用还是离线核准或更换。

电磁流量计定期检查的传统方法是将流量传感器卸下管线，清扫检查然后在流量标准装置上校准。在实践中人们采取通用电气仪表在线测量励磁电流、励磁线圈电阻、信号电路绝缘、电极泄漏、电极污染程度等方法，评估仪表良好程度。上世纪90年代中期市场上出现在线检验电磁流量计专用仪器，规范人工检查方法。上述两种办法用于解决大量应用老仪表的在役检查。

五、物位仪表

物位仪表的技术发展过程是机械→电子→微电子，新发展的产品大多是电子型的，所占份额也不断增加，但基本的机械型物位仪表（磁翻转液位计、玻璃板液位计、浮球液位开关）不会被淘汰。随着自动化程度的提高，对检测仪表可靠性的要求越来越高。电子型仪表通过智能化、自诊断增加可靠性，也可采用冗余的方式，在关键点位配置两台或更多台不同原理的仪表来增强检测的可靠性。由于现场总是需要物位指示的，所以机械类就地指示式物位仪表近期不会被淘汰，但电子类物位仪表的比重会越来越大。

第三节 行业技术研发重点

一、控制系统

（一）工业无线通信网络技术

工业无线通信网络技术作为有线工业通信网路的补充，已经得到广泛认同。我国制定的用于工业过程自动化的无线网络WIA-PA标准已被采纳为IEC国际标准，应进一步加强标准的制定以及产品化和推广应用工作。

（二）工业控制系统功能安全技术

工业设施突发事故比较频繁，研究功能安全技术有着很重要的意义。我国大型石化工程建设项目已经规定必须事先进行功能安全的评估。为此，应该加强功能安全系统高安全性和高可用性设计技术、高覆盖率的自诊断技术、安全以太网络通信技术、智能仪表与最终执行元件的诊断技术、安全仪表系统与DCS系统集成技术，以及信息管理共享技术等的研究，加快开发具有我国自主知识产权的、达到整体安全等级SIL3的控制系统。

（三）工业控制系统信息安全技术

工业控制系统信息安全的潜在威胁主要来自黑客攻击、数据操纵、间谍、病毒、蠕虫和特洛伊木马等，应该加强信息安全技术的研究和相关产品的开发，主要有：工业控制系统纵深防御技术；工业控制系统信息安全评估与认证技术；面向现场设备环境的边界安全专用网关产品；面向DCS分散控制系统的异常监测产品；安全采集RTU远程终端单元产品；工业应用软件漏洞扫描产品等。

（四）超大规模工业控制系统集成与应用技术

随着我国新建石化工厂生产装置规模大型化、千万吨级炼油和百万吨级乙烯一体化，世界级规模生产装置密集程度越来越高，对生产操作、控制、管理、安全、环保及节能要求越来越严格，应重点研发不同生产厂商控制系统之间的无缝集成技术，大型项目自动化设备主承包商（MAC）应具备项目策划、设计、组织、采购、验收等项目管理技术。其集成应用技术包括：工程自控系统的整体设计；现场总线仪表系统的配置；控制室和人－机界面的布置；控制系统域的划分以及域之间的信息协调；事件处理程序；工程实施（采购、进度、设备）管理；工程的分步调试与整体调试；以及工程验收等。

二、控制阀

（一）阀门

首先，进一步提高球形阀的流通能力是今后一段时间技术发展的重点，以期达到节能降耗的目的。第二，开发600℃以上的高温控制阀，虽然耐高温的金属材料可以应用，但是此种材料的耐冲刷能力还没有得到有效的印证，需要作进一步的试验和跟踪。第三，进一步提高产品密封的长期可靠性，力争做到3年连续运行填料可靠密封，解决球阀类产品的硬密封问题以提高其适用范围。最后，提高产品密封等级，减少介质的消耗，取得更好的节能效果。

（二）执行机构

控制阀运行的可靠性一半源于执行机构。执行机构的智能化仍是今后的研究重点，特别是阀门运行监控、环境条件的监控测量等，为系统运行提供可靠的信息，及时处理阀门故障和提前制定产品维修维护作业计划。另外，2000次／小时以上的高调节频率执行机构还是市场稀有产品，随着核电工业的发展，终身润滑免维护的产品应该是一个发展方向。气动执行机构的可靠性、密封圈和薄膜的工作寿命也是需要进一步解决的命题。

（三）智能型阀门定位器

作为气动控制阀智能化的依托，阀门定位器的智能化依然是后期开发的主流。完善控制阀故障诊断报警和运行监控的功能是广大用户的期待。

三、流量仪表

（一）科里奥利质量流量计

国产科里奥利质量流量计整体技术水平与国外产品还有一定差距，85%以上的市场被艾默生、E+H、科隆等品牌垄断，国内企业应加大产品研发力度，提高产品性能，提升智能化水平，增加自动诊断功能，解决零点漂移、流量读数波动、测量不准确、气液两相、挂壁／磨损等问题，增强信号辨识能力和噪声压制能力。

（二）多声道气体超声流量计

多声道气体超声流量计是继气体涡轮流量计之后被气体工业接受的最重要的流量计量器具，美国、荷兰、英国等12个国家政府机构批准将它作为贸易结算法定计量器具。我国早在西气东输工程中就采用了国外公司的40台高精度多声道气体超声流量计，目前干线天然气计量、城市门站和户用天然气计量以及一些专业的应用领域也已采用气体超声流量计。国内虽有上海中核维思公司在该产品的开发方面取得了重大进展并占领了一定市场，但是此类高端流量仪表产品市场需求较大，国内企业应加大研发力度，并不断提高产品水平。

（三）二线制电磁流量计

目前国内自主研发生产的都是四线制电磁流量计，功耗大，很难实现本质安全型防爆，因此不能满足许多化工现场的应用。两线制电磁流量计仅使用一对电缆用于电流输出和供电，不需要专用的电源电缆，也不需要供电单元，所以安装成本显著下降。近几年日本山武开发出多段励磁方式两线制电磁流量计，日本横河2009年开发出双频励磁两线制电磁流量计。

另外由于使用环境限制，电磁流量计的供电方式已经有产品采用电池、太阳能或风能供电。

四、物位仪表

（一）26GHz雷达物位计

目前，该类物位计的国内市场份额大部分仍由国外产品占领，国内企业应在提高产品性能上投入更多的资金和人力，不断扩大市场份额。

（二）电浮筒液位计

目前，在石油、石化等自动化程度较高的行业中所采用的电浮筒液位计仍以进口电子器件组装产品为主，国内企业自主开发的产品用户接受度却不高。因此，进一步研发准确度、可靠性等指标达到甚至超过国外品牌的电子部件而获得用户青睐，应该是我们努力的方向。

（三）导波式（TDR）微波物位计

导波式微波液位计可用于高温、高压对象，没有可动部件，不受密度变化影响，不需现场标定，是电浮筒液位计的良好替代品。虽然国内生产厂家比较多，但都局限于常规应用产品。加强研发，进一步解决高压蒸汽波速补偿等技术问题，扩大品种范围，并不断丰富成功应用的经验，才能使导波式微波物位计更好地发挥作用。

第八章 重点行业应用情况

本章主要介绍乙烯、炼油、LNG、煤化工、核电等行业自动化仪表应用情况，找出国内外产品的差距，分析用户采购产品各因素考虑情况。

第一节 乙烯行业应用情况

一、概述

近年来，随着建材、家电、汽车等工业的快速发展，聚乙烯、苯乙烯、合成橡胶等产品市场需求大幅增长，从而带动了乙烯行业需求增长。综合统计，2013 年我国新增乙烯产能 140 万吨。截至 2013 年 12 月，国内乙烯产能达 1845.5 万吨，较 2012 年增长 6.64%。

整体来看，随着国内乙烯产业规模的不断提升，进口乙烯数量将大幅减少。另外在国内经济不断复苏和下游新建装置投产的拉动下，2014 年国内乙烯市场需求将进一步提升，产业将快速发展，一批甲醇制烯烃（MTO）项目将集中投产，对外依存度将不断下滑。

据不完全统计，2014 年国内 MTO 项目将有 12 套新建装置投产，新增乙烯年产能 368 万吨，将为自动化仪表行业带来新的发展机遇。

二、乙烯行业仪控产品应用情况

（一）DCS、SIS、PLC 控制系统

2013 年乙烯行业的自动化技术仍以稳定的方式发展。据统计，DCS 控制系统以美国霍尼韦尔和日本横河平分市场，国产化的 DCS 控制系统尚未有进入乙烯装置的机会。全国各石化公司乙烯装置 DCS 系统总体运行平衡，但上海赛科石化使用的艾默生 Delta V 现场总线系统的控制底板出现通信故障，致使赛科乙烯两次中断生产造成停车事故，这也是近年来少有的因控制系统故障而导致的大面积停车事故。镇海炼化处于比较潮湿的东海之滨，气候比较湿润，近两年来，该公司使用的霍尼韦尔 PKS 系统多次出现 IO 卡件掉线报警，怀疑是中控室内的空气质量达不到 DCS 应用环境的标准所致，正在规划增设空气净化系统，以改善中控室的空气质量。

SIS 控制系统由美国 Triconex 占 95% 以上的绝对优势，除 HIMA 在镇海炼化百万吨乙烯工程中中标以外，其他乙烯装置全部选用的是 Triconex 的安全控制系统。TriconexSIS 控制系统在各生产企业运行平衡，没有发生因设备自身缺陷导致的停车事故。

在控制系统之间数据的传递设计上，现在用户考虑得最多的信号传送方案是使用光缆传输，改变了铜电缆一对一的信号传输方式，从而节约了大量的电缆成本和输入 / 输出卡件成本，使控制系统的结构得到了进一步的优化。

国内各乙烯企业使用的 PLC 系统以西门子产品占绝大多数。这部分 PLC 有一些是机组生产商提供的，也有一些是在工程项目中选择的，控制规模比较小，以中小型 PLC 为主，运行稳定，使用效果比较理想。

（二）控制阀和电磁阀

对在低温罐区使用的软、硬密封切断阀，

在裂解区 900LB 以上的高温高压阀门、减温减压控制阀等，各公司基于对国内控制阀在制造能力、应用业绩、今后服务能力诸多方面的担忧，在新建工程项目中基本上全部选择了著名的进口产品。但由于进口产品在使用过程中也会出现各种各样的故障，生命周期并没有达到用户的最初期望值而采购成本又很高，所以在这些控制阀的检维修过程中，又会考虑国内的产品。在茂名、扬子、齐鲁等公司有使用业绩的厂家主要有无锡卓尔、南京自控等公司。

进口名牌控制阀在裂解炉高温高压和减温减压装置的应用情况普遍存在问题，主要是控制阀容易内漏、外漏，影响装置的能耗。综合各乙烯生产企业的应用情况分析，普遍认为不容易解决的主要问题是操作频繁、在没有预热的情况下操作动作幅度过大、工艺专业提供的热工参数不准确而导致选型不准等，另外还有管道内容易有杂物而造成阀芯、阀体拉坏等多种问题。

在乙烯装置压力低于 900LB 的普通控制阀的选型上，国产控制阀的应用业绩则非常之多，粗略统计可能占这个领域控制阀的 60%，通常在冷区、热区、炉区、加氢区、压缩区等区段都有比较多的应用业绩。吴忠仪表、无锡工装、上海山武等产品在扬子乙烯、镇海炼化、福建乙烯以及武汉乙烯和其他企业均有比较多的应用。

绝大部分电磁阀都随着控制阀一起配套引进到生产装置，还有一部分是随着大型设备配套引进的。各石化企业所用的电磁阀都是进口的名牌产品，性能稳定，大部分无需维护，为生产装置的稳定运行提供了可靠的保障。进口低功耗电磁阀使用过程中电流很小，防水功能非常好，运行寿命更长，能充分保障生产装置的安全运行。

（三）温度仪表

温度测量中的热电偶、热电阻仪表和现场指示用的双金属温度计国内产品占绝大多数。这些仪表制造工艺成熟，生产企业众多，价格比较便宜，服务质量也好，深受用户欢迎。特别是在裂解炉 CCO 特高温检测工艺中，浙江乐清伦特提供的产品满足了绝大部分用户的需求，解决了高温耐磨热电偶的长周期使用问题。

（四）压力、流量仪表

普通的压力变送器均采用集中招标的方式在进口品牌中选择，价格比较适中，使用效果理想。

流量仪表应用种类比较多，价格比较高。近两年来，中石化启动了质量流量计国产化推进计划，目前控制级质量流量计和非贸易交接型质量流量计基本上实现了采购国产化，只有贸易交接的质量流量计可以选择进口产品。实施这一项国产化计划有力地打击了进口产品的垄断，降低了企业的运行成本，提高了国内企业的制造能力和市场响应能力。目前国内能提供优质质量流量计的企业有西安东风、太原太航科技、上海一诺等公司。

电磁流量计、热式流量计、超声波流量计、涡街流量计以及其他非主流的流量计产品在乙烯企业的使用量虽然不是很大，但都有一些使用场合，且多数均以进口品牌为主。

对于流量仪表中的差压式和压力式测量仪表，中石化都采用统一招标的方式选购，选择的产品全部是霍尼韦尔、横河、艾默生三家进口品牌，中标情况各有千秋。电磁流量计、涡街流量计、超声波流量计、质量流量计、热式流量计等也均选用进口产品。

（五）液位仪表

液位测量技术在原料罐区和成品罐区都有大量的应用，乙烯装置区有大量的浮筒式液位计。现场液位指示的玻璃板、磁翻板液位计、玻璃板液位计绝大部分采用国内产品，只有高温高压汽包上使用的牛眼式液位计和玻璃板液位计选择进口产品。乙烯装置物位测量选择的物位仪表主要有浮筒式液位计、超声波液位计和超声波液位开关、雷达液位计、外测式液位计等。在这些产品中，采用声波振动原理的外测式液位计是西安定华公司提供的国内产品；浮筒式液位计中的电浮筒头大部分采用进口产品，筒体则由国内企业制造，并经国内企业配套集成推向市场，由于价格低、服务好，这种产品在石化企业最受欢迎；替代用于球罐上浮球开关的超声波液位开关由北京凯泰汇龙公司提供，此种产品缓解了老式球罐上无法安装液位报警开关的难题。

（六）无线仪表

随着武汉石化乙烯装置的开工，近二百台霍尼韦尔无线仪表首次在大型乙烯罐区使用成功，标志着无线技术在石化工业关键装置中的应用时代已到来。该装置检测的信号包括流量、温度、压力、液位等多种变量。

（七）在线分析仪表

色谱仪是乙烯装置的主要分析仪器，绝大多数的用户采用了进口产品，基本上是横河、西门子、ABB三家的天下。各乙烯企业都加强了技术攻关和设备管理措施，应用情况大有改观，大部分应用效果比较理想，只有小乙烯企业的效果差一些。

在中石化的推动下，兰州天华院苏州自动化所的国产在线色谱仪在扬子石化和天津石化有少量在进行考核性应用。

在所有的新建工程项目中，用户普遍重视色谱仪的网络建设，以提供维护的方便性和数据上传的便捷性。

其他的在线分析仪表包括所有装置必配的PH计、电导率仪表，还有贵重的COD分析仪、热值仪、粘度计、水分仪等均选用进口产品。

为了实现裂解炉炉水水质中磷酸根的控制，扬子石化早在三年前就开始实施磷酸根在线变频控制，在老区和新区现场各设置了一套磷酸根变频加药自动控制系统，投用以后控制效果比较好，获得了工艺专业的好评，所用产品是赛默飞世尔和哈希各一套。这个系统目前在中石化各企业中仍属于领先水平。

为了摆脱在油品品质变化大的情况下，离线数据模型无法解决实时优化控制的问题，应用近红外分析仪结合APC模型实现了装置的实时优化。目前已经有扬子、镇海、扬巴、赛科、茂名、独山子等乙烯企业成功应用了近红外分析仪。近红外分析仪应用比较好的品牌有布鲁克、ABB、YEW等公司的产品。中外合资的天津中沙石化正在规划引进近红外分析仪，以配合该公司开展APC和RTO投用工作。

质谱仪除了中标天津中沙石化乙烯装置以外，仍然处于等待期。聚光科技的国产Mars在线质谱仪已经在扬子乙二醇装置进行工业化应用考核，这是国产质谱仪在工业领域中的首次应用，为此聚光科技制订了详细的工业化应用方案并将加强在现场的保运服务和数据采集、质量验证工作。

氧化锆仪表在新建工程项目中都首先选择进口产品，正常生产后用户开始选择成本低、服务好的国产产品。国产氧化锆仪表使用周期偏短，一般使用两年就得更换，但由于服务比较好，价格低廉，用户还是比较喜欢使用的。

（八）机组状态监测仪表

虽然国内已经有仿制国外的机组状态监测仪表，但绝大多数用户还是在采用价格昂贵的进口产品，其中缘由应该是，机组状态监测仪表的重要性太高了，没有用户敢于冒风险；另外，机组监测仪表的选择权在机组制造厂商，用户的选择权其实不大。

（九）先进控制（APC）开发情况

从 2002 年开始，扬子石化与华东理工大学合作开发乙烯装置先进控制（APC）系统，至 2013 年底，扬子石化乙烯新区 5 台裂解炉的 APC 和 RTO 全部上线，其控制模型如图 8-1 所示。

图 8-1　裂解炉 APC 模型图

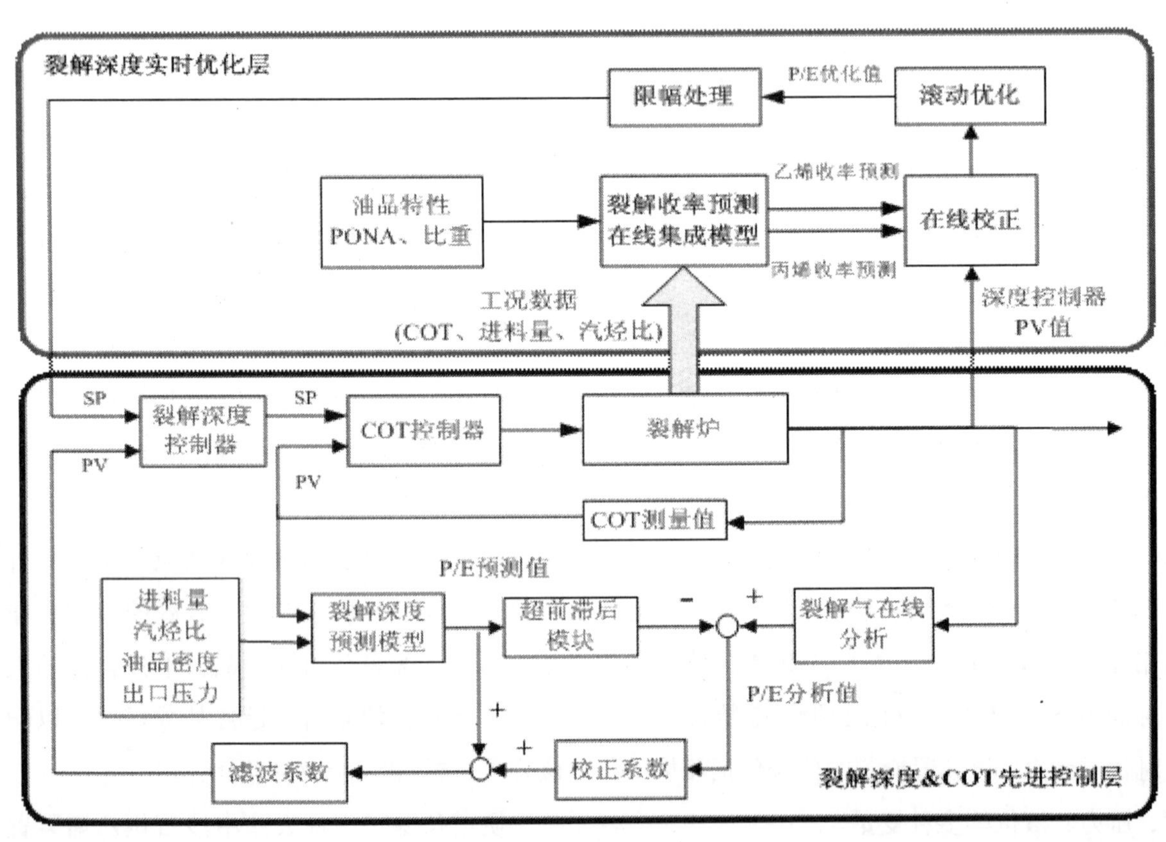

目前，扬子石化在乙烯装置 14 台裂解炉上全部采用了燃料气、COT 温度、裂解深度的先进控制，还在新区 5 台裂解炉上采用了实时优化 RTO 控制。由于扬子 APC 应用的成功，中石化在行业内进行了项目推广工作，其中上海石化、镇海炼化、齐鲁石化、天津石化、广州石化、中石油吉林石化等企业都采用了由华东理工大学开发的 APC 控制。霍尼韦尔在上海赛科、茂名石化开通了裂解炉 APC 先进控制，ASPEN 则在燕山石化和扬子巴士夫开通了裂解炉 APC 先进控制。

扬子石化还在乙烯新区和乙烯老区实施了乙烯精馏塔 APC 和丙烯精馏塔的 APC，降低了精馏塔能耗，提高了产量，增加了运行的平稳性，新的炉群优化和全流程优化项目也正在规划中。这些项目的实施标志着国内乙烯装置APC的研究工作上了一个新台阶。

三、展望

随着国内各科研院所和制造企业市场机制的增强，对开发大型石化项目机械、仪表设备、先进控制装置的热情大为增加，已经形成了一批具有较高竞争力的自动化系统和仪表装置研发的制造企业。在乙烯装置中，虽然有些高端产品国内企业还不能进入，但随着国内自动化仪表企业的发展和技术力量的壮大，优质的国产自动化产品必将获得石油化工企业的认可和青睐。

第二节 炼油行业应用情况（中石化扬子有限公司炼油改扩建工程项目）

一、项目介绍

中石化扬子石化原有一次和二次炼油能力总计800万吨/年，其产品主要用于向乙烯装置和芳烃装置提供优质的石脑油，部分供外销的车用汽油、航空煤油和装置内用的液化气、干气。

新一轮的扩展工程是为了进一步提升扬子石化炼油能力，形成大炼油、大化工的生产局面，进一步优化化工生产的原料结构，适应国内市场用油要求的变化，生产安全环保的Ⅳ汽油以满足市场的需求。扬子炼油改造项目投产以后的总生产能力将达到1400万吨/年。该项目在2012年正式启动，经过两年的建设，将在2014年全面建成投用。

二、全厂控制系统设计

扬子1400万吨/年炼油扩建工程项目以流程化、安全化、信息化为导向设计了一套最新颖、最经济、最符合公司管理要求的工业自动化、信息化系统，项目总体设计由中石化洛阳工程公司负责完成。

过程控制层包括：集散型控制系统（DCS），安全仪表系统（SIS），仪表设备管理系统（AMS），设备包控制系统（PLC），压缩机组控制系统（CCS）等。

整个自动控制系统和信息管理系统分为三层，即生产运行控制层（PCS）、生产运行管理层（MES）和生产经营管理层（ERP）。

生产运行控制层（PCS）主要含生产过程控制的分散控制系统（DCS）、安全仪表系统（SIS）、储运自动化系统（MAS）、压缩机组控制系统（CCS）、火灾及可燃有毒气体监控系统（FGS）、自控设备管理系统（AMS）和先进控制（APC）等部分。其核心是DCS系统。生产运行控制层能实时监控生产过程、油品储运、公用工程、原料进厂、产品出厂、产品质量等全过程，全天候地做到实时监控、调度有据、优化生产。

生产运行管理层（MES）以生产综合指标为指导，利用信息化手段分解生产计划，执行优化的调度方案，对生产过程进行优化操作控制，并将生产运行控制层送上来的数据进行必要的处理，形成公司统一的生产数据平台，为准确决策提供依据。生产运行管理层承担各区域的协调管理、公司的总调度管理和异常情况下对内对外的协调工作。主要包含生产运行管理（生产调度）、生产成本控制、操作管理、收率管理、物料平衡、能耗管理、计量管理、油品移动、调合与发运和质量管理（实验室信息管理系统，LIMS）等模块。

生产经营管理层（ERP）集成企业的关键信息和核心数据，应用ERP理念、方法和技术建立以财务为核心、一体化的经营管理平台，以成本控制为中心实现物流、价值流和信息流三流合一，做到信息透明、资源共享。它包含财务管理、销售管理、物资管理、工厂维护管理、人力资源管理、绩效考核和经营计划等模块。同时，建立门户网站、文档管理、办公自动化和电子商务（EC）等系统，以提高管理效率和水平。

通过集成的工厂控制系统和信息管理系统促进企业现代化，实现高效、平稳、安全生产，做到信息畅通、反应及时、数据准确，使公司高层领导无论何时何地都能对企业的生产状态、经营情况、资金流动、仓储情况、市场信息、人员安排等做到决策有据。

三、选用产品介绍

（一）控制系统

经过集中招标，扬子炼油扩建改造项目各装置DCS控制系统均采用国内最领先的浙江中控股份有限公司生产的ECS700系统。自从2007年浙江中控 ECS100中标武汉石化5套炼油装置并获得成功应用鉴定之后，该公司的DCS市场获得了长足的发展，ECS100和ECS700系统先后在中石化的安庆、长岭、塔河、茂名、石家庄、金陵、扬子等炼油质量升级和炼油一体化建设项目上连续中标；在中石化中天合创、川维等超大型新能源项目上也接连中标。中控的系统还被广泛应用到中石油庆阳石化、广西东油沥青、中海油宁波大榭石化、中海油青岛重质油工程等重大一体化项目中，标志着国产化的DCS控制系统研究、制造、工程应用已经达到了世界先进水平。应用在石化大、中型项目的DCS控制系统还有霍尼韦尔的PKS，日本横河的CS3000。中石油惠州大炼油项目选用的基于MESH网络的FOXBORO控制系统。

各装置用于安全控制的SIS控制系统选用的是美国施耐德集团的Triconex安全控制系统。

CCS机组控制系统是根据沈阳鼓风机公司生产的5台大型离心压缩机集成成套的，共带有4套Triconex的CCS机组控制系统，分别用在高压加氢、联合重整、催化裂化、渣油加氢装置的机组控制系统中。

催化装置的主备风机均由陕鼓设计制造，并随机集成配带有一套Triconex的CCS机组控制系统。

在整个炼油改造项目中，因本着尽可能在SIS中实现程控的理念，所以PLC控制系统数量较少，仅在重整闭锁料斗以及空压机上采用了西门子的PLC控制系统。

（二）控制阀和电磁阀

在各个炼油项目的控制阀选择应用上，通常以压力、温度、功能划定采购的范围，有比较严格要求的控制阀、切断阀通常考虑选择进口产品，其他范围的控制阀采用国内产品。在扬子项目中，300LB、600LB以内的低压控制阀全部采用了国产调节阀和切断阀，国产控制阀的应用比例占到炼油改造项目阀门总数量的70%。国产的控制阀在炼油行业有业绩的公司非常多，主要的品牌有宁夏吴忠、无锡智能、上海大通、上海自仪七厂、浙江三方等。

值得一提的是扬子SZORB装置中选用了国产上海开维喜公司的滑阀和手动耐磨球阀，重整氢提浓装置PSA程控阀和干气回收装置PSA程控阀分别选用了国产的成都华西所和四川天一的阀门。为了确保装置的可靠性和安全性，扬子项目900LB以上的高温高压阀门全部采用原装进口产品，主要有切断阀、角阀、闸阀、减温减压控制阀、高压控制阀等多个品种。这些控制阀按种类分别招标，主要选用的品牌有FISHER、SAMSON、Gasco、KOSO、SCHUF、霍普金森、台湾进典等。

作为控制阀必配的重要附件，阀门定位器通常由用户指定选择。用户比较熟悉和喜爱的阀门定位器有费希尔的DVC系统产品、工装EP系列、山武AVP系列。国内的阀门定位器在稳定性、控制精度、耐用性等质量指标上还有一定的差距，所以通常大型石化应用领域不采用国内的阀门定位器。

作为控制阀应用研究的一种高标准、高可靠性的附件，所有电磁阀均采用ASCO低功耗不锈钢24V DC电磁阀，由业主指定以后与控制阀捆绑采购。国内的合资产品有一些也在主流装置上应用。

（三）温度仪表

在炼油工程项目中，国产化的温度仪表应用非常广泛，达到90%以上，主要供货企业有重庆川仪、上海自仪三厂、乐清伦特、浙江伦特、安徽天康、天津中环仪表等。在扬子项目中除高压加氢、渣油加氢反应器高压柔性热电偶以及重整装置反应器柔性热电偶采用进口产品以外，其余所有测温仪表全部采用国产品牌。特别有突破意义的是所有900LB、1500LB、2500LB的高压热电偶（含套管、法兰式连接高压防漏热电偶）都是采用浙江乐清伦特的产品，其他中低压热电偶全部采用安徽天康的产品，在码头原油罐区和芳烃罐区选用了武汉理工生产的多点分布式温度光栅系统进行测温。

（四）压力仪表

技术含量低的国产压力仪表因性能好、价格低而占领了大型炼油项目的市场，主要供应厂商比较多，有上海自仪四厂、重庆川仪等大型企业，也有江苏泰兴热工仪表、浙江伦特等地方性中小企业。

（五）流量仪表

在扬子炼油改造项目中，对于口径在4寸以下的控制级质量流量计和非贸易交接型的质量流量计全部采用西安东风生产的国产质量流量计。

电磁流量计主要选用了德国科隆和美国ABB产品；超声波流量计主要选用了德国西门子和德国科隆产品；涡街流量计主要选用了美国艾默生和FOXBORO产品。

流量仪表中的差压式测量仪表和压力测量仪表采用统一招标的方式选择了霍尼韦尔和艾默生两家进口品牌。

在常减压、渣油等装置中选用了国产瑞安联大公司的自动冲灌系统。

在高压加氢、渣油加氢和柴油加氢中，所有高压孔板全部选用了温州捷达公司的产品。

火炬气测量仪表选用了美国GE的插入式超声波流量计。

（六）液位仪表

液位仪表产品主要有电浮筒液位计、超声波液位计、雷达液位计、浮球式液位计、钢带式液位计、电容式液位计、磁致伸缩液位计、伺服液位计等多个品种。

电浮筒液位计在炼油行业应用广泛，国内提供的产品主要由丹东通博、上海自仪、上海星申、南京龙聚、启东恒盛等公司集成制造，这些供应商都是以进口电浮筒头与国内制造的筒体进行产品集成的，由于性价比较高，深受用户的青睐。

西安定华生产的外贴式超声波液位计作为无开孔要求的底部安装式液位计，在测量要求高的贮罐、球罐液位测量中可作为双测量显示方式。钢带式液位计属于早期应用的物位仪表，目前已被雷达液位计和磁致伸缩液位计取代。

扬子炼油项目就地液位计全部采用启东恒盛公司的国产产品。远传液位计主要有浮筒式液位计、超声波液位计、雷达液位计等产品，其中高压浮筒式液位计全部选用了德国 ECKART 原装产品；中低压浮筒液位计选用了启东恒盛公司生产的浮筒配原装 FISHER 和 ECKART 浮筒头；雷达液位计选用了德国科隆产品；超声波液位计选用了国产的凯泰汇龙公司产品。在重整装置和 SZORB 装置中的放射源料位计全部选用德国 BETHOLD 的产品。

（七）无线仪表

炼油改造项目的两个罐区选用了美国霍尼韦尔和艾默生的无线产品，从而形成了贮运厂罐区和炼油罐区两个品牌的无线仪表网络。

（八）在线分析仪表

在线分析仪器牵涉到安全环保和精益化生产管理，国内研究的厂商比较多。经过多年的发展，已经有杭州聚光、北京雪迪龙、河北先河环保等上市公司，老牌企业四川仪表总厂、上海自仪、天仪集团、南京分析仪厂等始终走引进－消化－吸收的技术路线，在众多领域已经培育了一批重点产品，起到了国产化的关键作用。特别是有一批高科技民企也在积极开发分析仪器，进军在线分析产品领域，如上海舜宇恒平、湖北通力、上海爱文思等公司开发的在线质谱、在线油品测量等方面的仪器取得了比较大的成果。

扬子炼油项目所用品牌基本上立足于市场上应用成熟的进口品牌仪器和国内技术成熟的软硬件产品，工程全部由国内的成套工程公司集成建设。扬子炼油项目所用的品种包括：色谱仪选用了横河和 ABB 的产品；CEMS 烟气在线监测系统选用了国产的北京雪迪龙公司和国电环保的产品；汽油调和系统选用了国产的富岛科技公司研发的在线调和分析优化系统；汽油调和系统中的近红外仪表选用了德国布鲁克（BRUKER）傅里叶光栅型的近红外光谱仪；汽油调和系统中的总硫分析仪表选用市场上应用效果最好的美国热电（THERMO FISHER）产品；苯毒气在线监测仪表选用了国产的深圳诺安公司产品；重整再生氧分析仪和硫磺回收比值分析仪均选用美国阿美特克公司产品；水中油分析仪选用德国 DECKMA 产品。

（九）油品调合系统

油品调合是炼油厂汽油生产的一道重要工序，它将各种组分油和添加剂按一定的比例调合成各种牌号的成品油供应市场。扬子所用的油品调和软件采用国产的富岛科技产品，在线近红外分析仪选用国内应用比较成熟的德国布鲁克产品。

（十）电信系统

扩音对讲系统全部采用启东恒安公司的国产产品。

工业监控全部采用国产常州裕华的高清数码防爆摄像仪。

中央控制室 CCTV 集中监控系统、DLP 系统采用了国内技术领先的广州威创自主设计和生产的 DLP 大屏幕，由 3×8 共 24 块 67″ 屏幕组成显示单元无缝拼接墙体，其屏幕选用 VTRON

的 XPS 高清树脂屏，配备了 VTRON 最新的 VCL-X3L 投影机芯，采用最新的 LED 绿色光源，光源的寿命高达 60000 小时，采用 VTRON 公司的 Digicom® Ark3200 多屏处理器系统。中央控制室 CCTV 系统结构如图 8-2 所示。

图 8-2　中央控制室 CCTV 系统结构

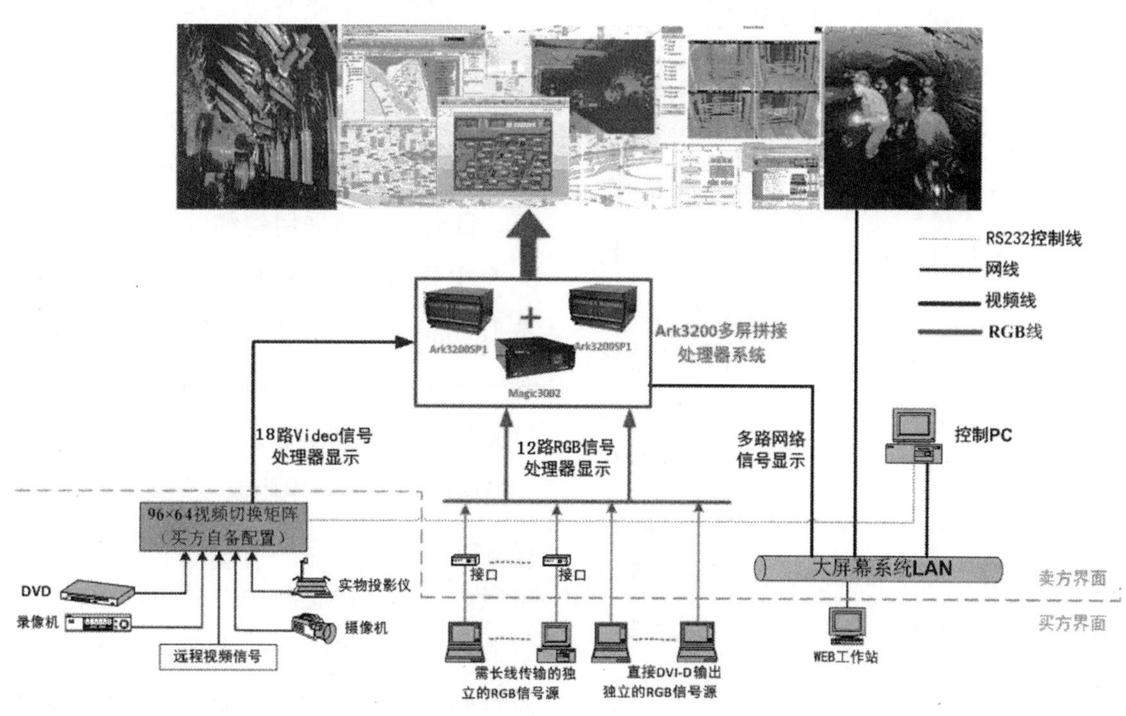

四、总结

炼油项目属于国内发展比较成熟的工程项目，其工艺理论、专利技术研究、项目设计、装备研究和设计都比化工成熟。炼油工程项目仪表国产化率也是最高的，特别是在常减工段基本上全部实现了国产化，在二次深加工工序中的催化、焦化装置则因控制要求比较高，所以选择仪表产品比较谨慎，部分采用了进口品牌的产品。

扬子炼油建设工程是基于老厂的结构和新项目的设计要求进行的一项复杂的大型工程，在建设过程中，根据中石化的管理要求，结合行业标准进行仪表和控制系统的规划、设计、选型、招标工作，既保障了设计施工的进度，也保障了仪表和自动化设备的国产化。

第三节 煤化工行业应用情况

一、概述

在《煤炭工业发展“十二五”规划》中，提出了有序建设现代煤化工升级示范工程，促进煤炭高效清洁利用的发展目标。据统计，截至 2013 年底，已经获“路条”的新型煤化工项目达 16 个，包括 9 个煤制气项目（640 亿 m^3）、5 个煤制烯烃项目（300 万吨）、2 个煤制油项目（580 万吨），其中有 14 个“路条”于 2013 年获得。

煤化工是以煤为原料，经过化学反应生成各种化学品和油品的产业。例如：高温干馏生产焦炭；通过气化生产合成气，进而生产合成氨和甲醇等碳一化工产品；通过直接或间接液化生产汽油、柴油等油品。从技术路径上看，国内主要发展煤制天然气、煤制烯烃、煤制乙二醇、煤制油，从经济性、市场空间等因素，与石油化工比较都有较大的优势。

二、仪控产品应用情况

煤气化装置是现代煤化工企业的核心装置，主要工艺特点是煤在气化炉内与氧气、蒸汽利用高温、高压进行复杂而又剧烈的化学反应，因此，对于气化炉中的所有反应条件都必须严格控制，所有与气化炉相关的设备、仪表、阀门等都必须良好运行，要按设计的要求反映气化炉内外介质的温度、压力、流量、液位、成分，各控制阀门灵活、可靠准确到位，运转设备稳定运行，否则，就有可能引起工艺状况的紊乱，运行设备产生事故，甚至会出现着火、爆炸，使机毁人亡，造成无可挽回的损失。下面以控制要求较高的德士古（Texaco）水煤浆气化装置为例，阐述对控制系统和特殊仪表的要求及其应用。

（一）现场仪表

1、气化炉炉内测温热电偶

气化炉炉内温度是气化炉运行最重要的参数之一，它反映了水煤浆在气化炉内化学反应的状况，影响着碳的转化率、运转状况及气化炉的寿命和安全。经过多年的实践证明，炉内热电偶的护管在大约 6.5MPa、1350℃气化反应操作条件下烧坏或变形，一直是困扰气化炉安全运行的问题，有的企业采用国产的 77%Cr203/23%Al203 材质作为护管，虽有一定改善，但也不尽人意。

2、气化炉表面温度测量仪表

气化炉为压力容器，炉内正常温度在 1350℃左右，异常情况下甚至高达 1500℃，炉砖在高温下会熔蚀，受气体和熔渣的冲刷，耐火砖的减薄甚至脱落或炽热气体通过砖缝侵入会使炉壁的表面温度升高，危及气化炉的安全运行。因为气化炉表面积很大，常规的表面测温元件安装方式不适用于这种场合。

目前，大都采用铠缆式表面热电偶，它由 3 个主要部分组成：核心部分感温段的最外层是 Inconel 600 耐高温、耐腐蚀合金，适合于氧化及还原等高温环境中使用，最高使用温度 1100℃，长期使用温度 800 ～ 950℃；中间填充的热敏材料具有负电阻温度系数特性（ NTC），温度升高时电阻急剧降低；芯线为热电偶的热电极，埋在热敏材料中，并与热敏材料保持良好的电接触。当表面热电偶测温段某点的温度超过感温段其余部分的温度时，该点两热电极之间的热敏材料的电阻就会降低，从而在该点形成一个测量端。如果测温段出现更高的温度点，则在该点又形成新的测量端。以此类推，利用这一原理测出铠缆式表面热电偶安装覆盖区域的最高点温度，达到监测气化炉表面温度的目的。

3、水煤浆流量计

由于水煤浆特殊的物理特性，使其流量测量难度大。它含有 60% 以上极细的煤固体颗粒，再加上辅助的添加剂，动力黏度为 800～1500mPa•s，而且是非牛顿流体，流速很低，磨蚀性很大。经多年装置运行的经验证明，采用电磁流量计测量水煤浆流量是目前唯一可用的。电磁流量计主要部件衬里选用耐磨 PTFE 衬里，双频励磁电极形式，电极和接地环材质选用 316 不锈钢。在选型时，因衬里耐磨问题等，通常选用进口品牌的产品，如德国 KROHNE、日本横河等。

4、黑水和灰水调节阀

黑水和灰水调节阀是煤化工装置必不可少的重要设备之一，长期在进出口压差很大（5MPa 左右）的气、液、固三相流介质中使用。在确保调节特性前提下，无论是材质选择，还是结构设计，都体现出设计者对阀门要求耐腐蚀、抗冲刷、安全可靠工作的构思和措施。独特的流体结构设计、选用特殊工艺、材料配方和气动执行机构，使黑水灰水调节阀的性能更加稳定可靠。调节阀阀体形式选用角阀（锥面），阀体材质可选用 WCB、WC6-12、304、316L、双相钢、特种材料等，阀芯阀座选用硬度较高的碳化钨等材质，阀杆的材质通常选 316 ＋表面喷硬质合金。在恶劣的操作条件下长时间使用，黑水和灰水调节阀阀芯阀座会出现磨损，有待选用更好材质或处理方法。

5、锁渣阀

锁渣阀的使用环境恶劣：与其接触的渣水混合物成分复杂，氯离子浓度高，含有 H2S 和其它酸性物质，并含有大量的固体颗粒；渣水温度较高，容易产生结垢；在泄压时，上游切断阀需承受较高压差；渣水有很强的渗透能力，灰渣很容易随水一起进入阀座后的弹簧内，导致阀门卡塞；阀门的动作频率高。锁渣阀的阀体形式为球阀，应具有耐腐蚀、耐磨、密封好等特点，国内项目引进的主要有芬兰 Neles、德国 Perrin、美国 Argus 和美国 Mogas 等进口品牌。

但是，在实际使用过程中，进口锁渣阀出现了一些故障和问题，如阀杆断裂、阀门卡塞和内漏硬化层剥落等，使阀门无法正常使用，导致锁渣罐系统难以正常运行，气化炉被迫停车。

（二）自动控制系统

1、系统总体网络结构

工业企业网络通常划分为 4 个层次，即 Level 1 到 Level 4。

Level 1　控制网络，一般连接过程控制器及现场相关设备和现场操作站。

Level 2　过程监控网络，一般连接复杂控制平台，操作站以及生产过程有关数据服务器等。

Level 3　过程高级应用网络，一般连接优化控制平台、设备管理、操作管理和操作员培训系统等。

Level 4　工厂信息平台，连接工厂管理有关的设备。

Level 1 和 Level 2 是直接针对工业生产与控制的最重要网络，在 DCS 系统中实现，要求必须是冗余或容错网络，与机组控制系统 CCS、安全仪表系统 SIS、中小型数据采集与监视控制系统 SCADA 等子系统实现集成。Level 3 作为过程高级应用网络，可以冗余或不冗余。Level 4 作为工厂信息网络，不需要冗余。为了保证生产过程的安全，在 Level 3 与 level 4 之间一般要求设置硬件防火墙，避免过程控制系统遭受外部黑客或病毒的入侵。

2、集散控制系统 DCS

需满足各种自动化应用要求，为实现过程控制、数据采集和批量控制等提供一个开放式的控制系统，且满足业界要求的高性能、灵活性、易用性、高可靠性等，包括操作站 / 工程师站、现场操作站、辅助操作台、系统机柜和辅助机柜等设备。各煤化工项目主要选用霍尼韦尔、横河、艾默生等进口品牌。

3、安全仪表系统 SIS

为满足现场的人身保护、环境保护、生产保护和设备保护提供必要的功能，SIS 系统的设计和制造完全遵循 IEC 61508/61511，提供的控制器采用多重化技术结构，满足 SIL3 的安全等级要求，并有权威的第三方认证。系统能实现时序控制、计算、脉冲调幅、积算、数据键入、操作、通信等功能，能诊断和显示全部部件故障，并通过通信接口在 DCS 的操作站上显示。系统先进、可靠，组态方便、灵活，便于工厂扩展，具有开放式的结构，采用经认证的冗余和容错的通信系统。

系统与 DCS 通信接口（RS485 MODBUS）是冗余配置，带自诊断功能，在 DCS 的显示器上能显示系统的状态和诊断数据。

目前，煤化工项目大都选用国外 TRICONEX 的 TRICON、霍尼韦尔的 SM 控制器、德国 HIMA 的 HIQUAD/H51 等。

4、数据采集与监视控制系统 SCADA

这是一种适应性强、分散型、开放的、高性能的控制器，网络性能确保能提供完整的过程自动化方案。基于模块化的设计使系统配置灵活，可配置大、中、小型控制系统来满足不同需要，既适合工厂过程控制，还可用于 SCADA 系统。目前，各个工厂应用最多的是西门子 S7 系列 PLC。

三、国内外产品差距

目前，煤化工特殊现场仪表、控制 / 切断阀、自动化系统的部分产品国内已有生产制造，在一些项目已有应用。但是，与国外同类产品相比大部分还有一定差距。

在特殊现场仪表方面，除了生产和管理模式落后外，主要是某些产品虽然设计研发成果不少，但实用性较差，未能将各种新原理、新概念、新技术、新材料和新工艺等最新科技成果利用、集成好，显现出工程技术能力薄弱，严重影响了融合光机电多元技术仪器仪表水平的提升。

在控制 / 切断阀方面，我国处于中间水平，在大部分高温、高压、高安全、工艺复杂等工况条件下，中高端调节阀与国外产品的差距在 5 ～ 10 年。国产调节阀在质量方面的缺陷主要是寿命短、内漏、执行机构不可靠等，在铸造、金属及非金属材料性能、机械加工、材料的表面处理、阀配用附件等环节都存在差距。而且，控制精度不准、稳定性和安全性也不够。

在自动控制系统方面，我国中小生产企业占 95% 以上，低端产品仍然占主体地位，高端产品仍属“凤毛麟角”；与国外产品相比，新产品、新技术开发能力不足，产品可靠性、稳定性差的问题依然突出。

四、产品技术发展趋势

目前，气化炉关键仪表设备均为进口，价格昂贵，一旦在生产上出了问题，如果靠从国外购买，经济上无法保证，订货周期长，影响正常生产。所以，国内虽已有部分产品面世，但进一步研究仪表装备国产化仍很有必要。

现场仪表设备方面，深圳电利通生产的 CT2C 热点探测器（铠缆式表面热电偶）360° 全面覆盖被测压力容器表面，在包头神华等项目安装使用后能够及时反映出气化炉内部运行状况，从而可根据检测情况迅速做出预警。锁渣阀、黑水和灰水调节阀、高压氧阀等国内已具备生产制造能力，部分产品在国内一些煤化工相关企业已投入使用多年，具有一定的可靠性和稳定性，在某种程度上能够满足要求。

集散控制系统DCS方面，和利时、浙大中控的产品在煤化工行业占有一席之地。特别是浙大中控技术公司凭借ECS-100产品技术优势和综合实力，在兖矿集团鲁南化肥厂对其双结构调整项目的核心装置——多喷嘴对置式水煤浆气化炉的国际招标中胜出，也是在该项目中连续第五次胜出。2014年1月30日，中控技术公司又中标中天合创鄂尔多斯煤炭深加工示范项目集散控制系统（DCS）。

安全仪表系统SIS方面，和利时公司2012年推出了HiaGuard安全仪表系统，获得TüV Rheinland SIL3认证证书，2013年有近百套的销售业绩，在中石化、中石油等都取得了项目的突破。内蒙古宏裕科技股份有限公司3052工程SIS系统也选用该产品（该项目尚未投产）。

因各方面的原因，国产化的道路还很长，这需要业主、设计方和制造方共同努力，突破技术难关，提高产品的质量，为煤化工生产降低成本、装置长周期安全运行保驾护航。

五、典型项目应用案例

（一）项目介绍

神华包头煤制烯烃项目于2006年12月获得国家发展和改革委员会核准，总投资165亿元，是世界首套煤制烯烃工业化生产示范基地。项目建设规模包括180万吨/年煤制甲醇、60万吨/年甲醇制烯烃、30万吨/年聚乙烯、30万吨/年聚丙烯、4套6万立方米/小时空分制氧、3套480吨/小时蒸发量的热电站以及辅助生产设施和公用工程等。核心技术采用国内自主知识产权的甲醇制烯烃技术，其他主要工艺装置均采用世界先进的煤化工/石油化工技术，包括德士古的气化炉技术、GE水煤浆气化技术、德国林德公司低温甲醇洗技术、英国DAVY公司甲醇合成技术、美国DOW公司聚丙烯技术、美国UNIVATION公司聚乙烯技术等。

该项目整个工程由DCS系统实现多个装置的控制，设计、施工可能会分阶段进行，有多个EPC（工程管理承包商）合作完成。基于这个特点，DCS系统整体设计和网络设计需要考虑以下内容：

1、每一套DCS系统以独立装置为单位进行独立设置，任何装置开工，该装置DCS 都能够不依赖任何其它网络设备和DCS系统独立运行；

2、CCR（中央控制室）和FRR（生产单元）之间的控制网络因故障中断或不正常时，FRR中的DCS系统能够独立运行，以保证各装置在正常生产和开、停工过程中互不干扰，减少关联影响；

3、与自控系统相关的通用部分时钟同步，有防病毒方案，与网络连接相关的部件单独实施时互不影响；

4、网络相关设备必须冗余设置，在工程实施时能够切换连接；

5、工程师站能够单独对控制器进行工程组态下装，在设计DCS配置时，生产过程和生产区域相关信号分组放置在相同控制器中，以便组态下装和工程维护仅对相应的控制器操作。

（二）控制系统应用情况

1、DCS系统

本项目采用联合控制室（UCR）和现场机柜室（FRR）结合的配置方式。原则上，生产装置的DCS控制系统的操作站设置在相应的联合控制室，控制站设置在相应的现场机柜室，所有现场仪表信号传到现场机柜室，再从现场机柜室传到联合控制室。从现场机柜室到联合控制室的信号采用双冗余光缆连接，在联合控制室进行全部的控制、监测、报警及报表输出等操作。由于各装置的建设进度不一样，而且由不同的EPC承包商施工，因此每套生产装置的DCS系统都配置成独立的、完整的系统。本项目DCS系统采用了霍尼韦尔公司最新的Experion PKS-C300控制器。

联合控制室及某2套装置DCS系统的结构简图（B装置简略）如图8-3所示。

2、SIS系统配置方案

图8-3　联合控制室DCS系统基本结构

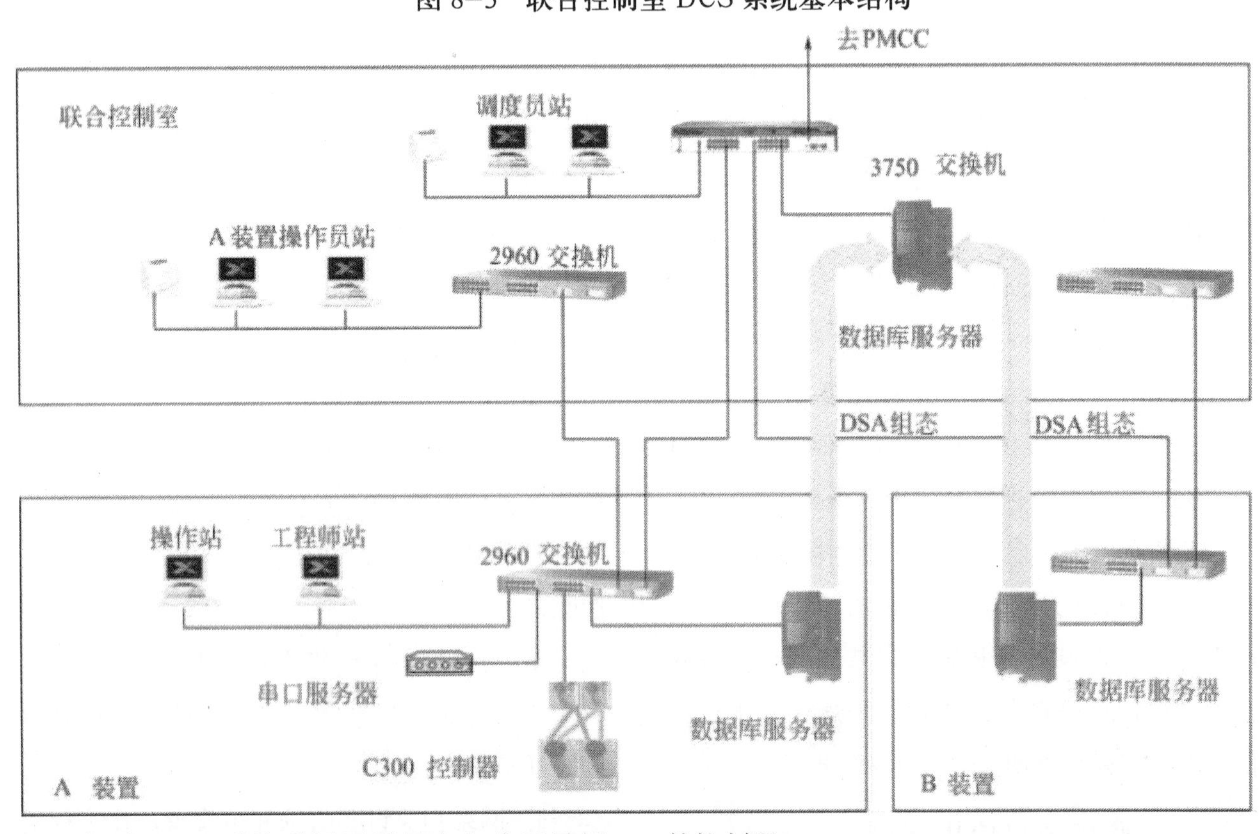

本项目SIS系统采用了霍尼韦尔公司最新的SM控制器。HSMS采用SM-2004D配置：冗余的中央控制器，冗余的I/O，按照DIN19250标准，SM-2004D配置符合TUV AK6级及IEC 61508 SIL3级标准安全认证。这种两套完全平行运行、完全冗余的系统能对单系统容错。

每套生产装置的SIS系统都配置成独立的、完整的系统。对有多个系列的装置（如气化装置有7台气化炉），则要求每个系列配有独立的控制器。

由于本项目采用联合控制室（UCR）和现场机柜室（FRR）结合的配置方式，正常生产时操作员都在联合控制室，因此生产装置SIS系统的辅助操作台设置在相应的联合控制室，而SIS系统控制器则设置在相应的现场机柜室，如图8-4所示。

对于离联合控制室较远的装置，从辅操台到SIS系统的控制器无法用硬接线实现信号的

图 8-4 SIS 系统远程控制图

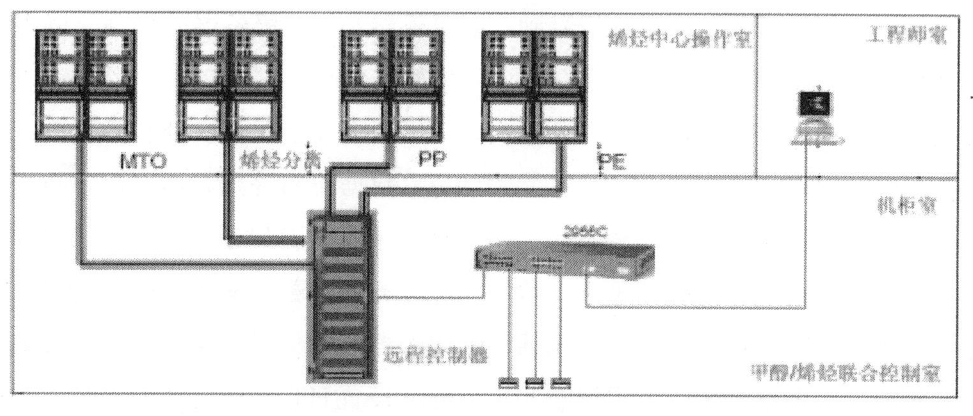

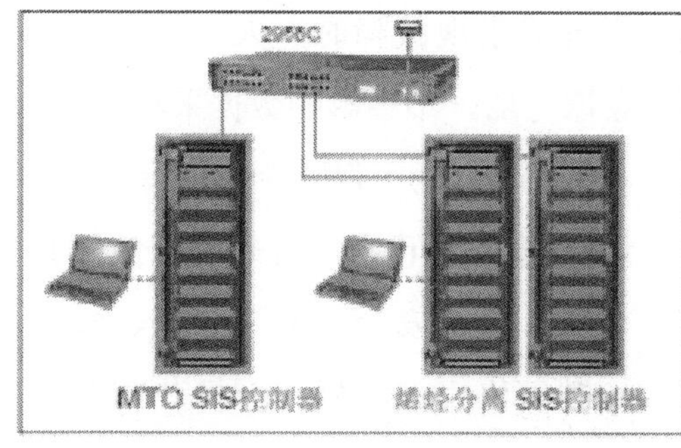

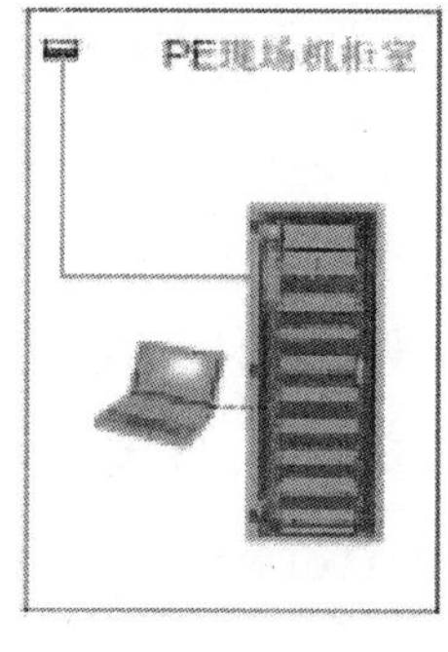

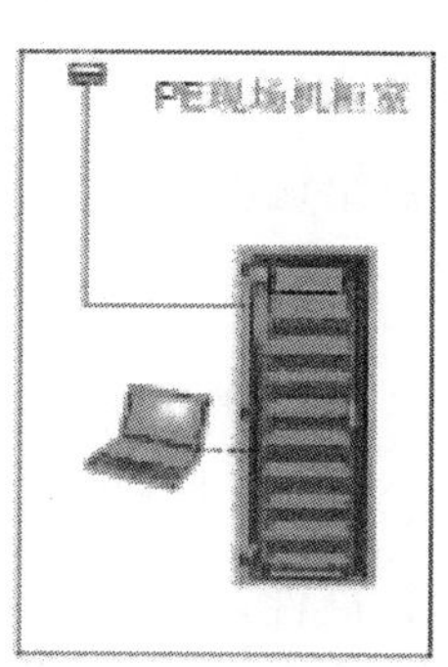

可靠传送，因此在联合控制室设置了 1 台 SIS 远程控制器，辅操台上的信号先通过硬线接到 SIS 远程控制器的输入 / 输出卡件，再在 SIS 远程控制器与装置 SIS 系统控制器间通过 TUV 认证的冗余安全网传送信号。

SIS 系统通过冗余的通信卡，经 FTE 网络与 DCS 系统无缝集成。SIS 系统的操作接口采用 DCS 系统的操作站，操作站的人机界面软件具备 SIS 系统 SOE 采集功能（包含在 DCS 的基本数据库软件中）。

SIS 系统的 HART 信号经过 FTA 时被分离出来，由 HART 信号分离器 MTL4842 进入 MTL4841 模块，再经 RS485 串行通信接口接入 AMS 系统，实现智能设备的统一管理。

3、CCTV 系统配置方案

监控系统可分为前端设备区、监控中心和传输网络等三大部分。

根据全厂控制室的划分情况，整个监控系统包括 4 个完整的子系统以及 PMCC 总体监视部分。

DCS 工作站通过自身携带的双网卡与 CCTV 系统专网的网络交换机连接，并保证两个网络分布在不同的网段。DCS 工作站安装 CCTV 系统监控软件 HIIS 客户端后即可在授权的情况下对前端监控设备进行监控和管理。

4、DLP/LCD 数字显示墙系统

视频信号经过数字压缩变成网络信号后，画面分辨率为 300×200 左右，该信号送至 DLP/LCD 大屏幕系统上显示的尺寸不能过大（不能超过 50 英寸），否则画面清晰度就不理想，因此本项目选择的大屏幕系统单屏为 70 英寸。联合控制室内的所有视频信号在由现场传输到控制室后通过视频分配器分成两路，一路进入控制室的数字硬盘录像机，另一路进入视频切换矩阵，后根据需要输出8路视频信号到大屏幕显示。与此同时，视频矩阵还输出另8路视频信号到PMCC供PMCC的大屏幕显示。PMCC与各联合控制室视频切换矩阵间的相互调用通过视频光端机的RS422接口连接实现。

5、PMCC数据采集、存储、显示系统

建立一个全厂范围内统一的数据平台，从过程控制系统（DCS、PLC）收集和存储，包括过程变量、过程报警、系统报警、工作记录等实时数据和信息至该数据平台，加工成新的信息资源后提供给调度人员。

由于全厂的DCS系统均采用霍尼韦尔公司的产品，其Uniformance PHD核心软件采用成熟技术和成套软件，具有很高的安全性、开放性、先进性和可扩展性，因此选用Uniformance PHD作为实时数据库采集平台。

数据接口采用霍尼韦尔的EPKS服务器，可以利用内部接口与PHD进行通信。其它厂家控制系统或PLC，只有支持OPC通信才可进行数据通信，也可定制开发数据采集和数据交换接口。

数据存储采用缓存服务器—主服务器结构。来自DCS、PLC等控制系统的数据，先传输到EPKS或OPC服务器，缓存服务器负责从EPKS或OPC服务器获取相关数据，主服务器与缓存服务器同步更新，当主服务器与缓存服务器间的网络发生故障时，则数据可先保存在缓存服务器中，待网络恢复后，这部分终端数据可自动上传到主服务器。

6、网络安全与数据安全

经过安全评估与需求分析，网络安全体系包括操作系统级控制、硬件防火墙、防病毒系统、网络访问规则设置等方面。为防止病毒侵入DCS而造成故障，霍尼韦尔支持成熟防火墙技术，严格禁止除数据库主服务器以外的机器对EPKS服务器和OPC服务器的访问，确保底层控制系统的安全性。

数据安全设计主要包括数据采集、数据备份、数据访问等几方面内容。数据安全是整个数据采集、存储系统的关键，因此采用了PHD主服务器加磁盘阵列双机冷备的配置，两台PHD服务器硬件配置完全一样，安装的软件完全一致，设置PHD数据文件到磁盘阵列。当运行的服务器出现故障时，人工切换到另一台PHD冷备服务器，不会影响数据采集。

另外，为了保障企业信息数据的高度安全，还需要从以下几方面采取相应的措施：物理安全、计算机安全、网络安全、安全站。在过程控制网络中，根据不同操作权限必须设置对应的HMI站账号、口令、访问权限等参数。

第四节 LNG行业应用情况

一、概述

天然气作为优质、清洁能源受到世界各国的青睐，在能源供应中的比例迅速增加。液化天然气（LNG，Liquefied Natural Gas）正以每年约12%高速增长，成为全球增长最迅猛的能源行业之一。一些能源消费大国越来越重视LNG的引进，日本、韩国、美国、欧洲都在大规模兴建LNG接收站。中国对LNG产业的发展同样非常重视，据统计，中石油、中石化、中海油三大石油公司目前已建、在建和未来十年内规划建设的国内LNG接收站将近30座，这些项目将最终构成一个沿海LNG接收与输送管网。

LNG接收站接收从外部运来的LNG，将其储存或气化后分配给用户。接收站一般包括LNG

卸船、储存、加压、BOG（Boil Off Gas）处理、气化、天然气计量 / 输送、火炬 / 放空、装 / 卸车等工艺单元，有些接收站还设有热值调整和冷能利用单元。LNG 接收站流程框图和 LNG 接收站控制系统示意图如图 8-5、8-6 所示。

图 8-5 LNG 接收站流程框图

图 8-6 LNG 接收站控制系统示意图

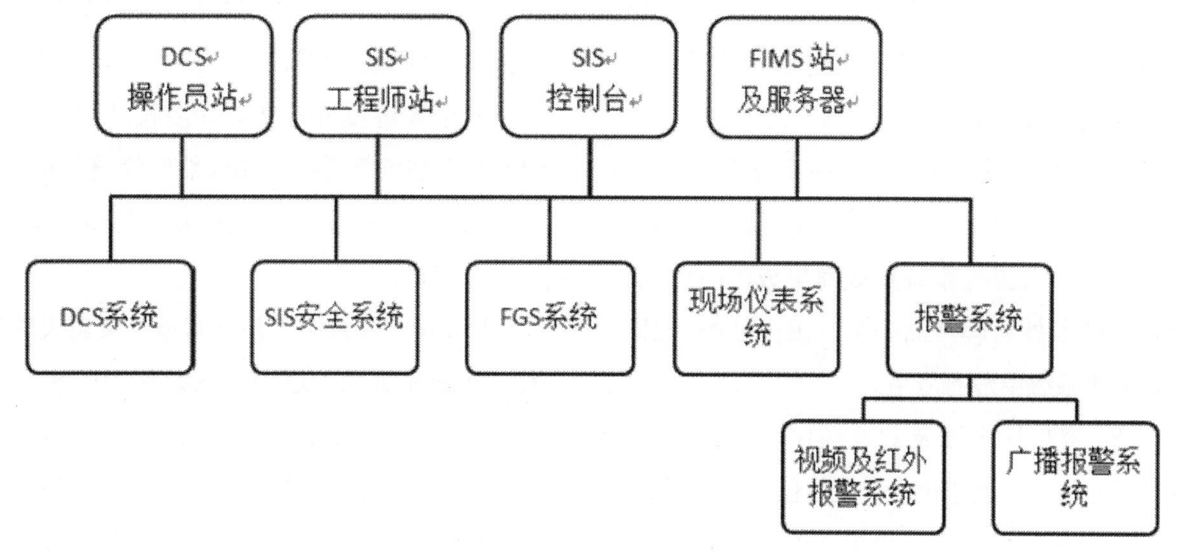

LNG 接收站仪控系统可分解为站内主控制系统 DCS、安全仪表系统 SIS、火气探测系统 FGS、FIMS 仪表设备管理系统、现场仪表系统、视频 CCTV、红外报警系统和广播报警系统。

二、仪控产品应用情况

（一）控制系统

目前，由于 LNG 接收站的整体技术方案设计均由国外公司承担，因此仪控系统集成主要以国外产品为主导。从我国已建成的LNG接收站来看，控制系统基本上全套采用了国外的技术和设备。2004年6月，霍尼韦尔通过EPC承包商French Consortium STTS竞标成为中国广东大鹏液化天然气有限公司设备集成供应商，参与LNG接收站项目的建设，并负责整个配套工程的安装、项目实施与管理，形成完整的解决方案。

我国的第二个LNG大型项目——福建LNG接收站由CB&I公司EPC总承包，采用ABB公司的800xADCS软件和SCADA Vantage软件分别作为LNG接收站终端DCS系统和输气管线SCADA系统的软件平台，接收站的DCS、ESD、FGS系统都统一在800xA系统平台。而上海洋山LNG接收站和上海五号沟LNG接收站也分别采用了横河和霍尼韦尔的控制系统。2013年12月中海油天津LNG项目成功投运，标志着浙江中控生产的国产DCS系统打破了国外在LNG接收站相关领域的技术垄断，填补了国内空白。

（二）现场仪表

LNG接收站建设中，一般由系统集成商一并完成现场仪表的集成供货，由于已建或部分在建项目中均由国外系统集成商集成，因此现场仪表仍以国外品牌产品为主，国内品牌产品在主要工艺系统中没有应用。

LNG接收站中涉及的现场仪表包括温度仪表、压力仪表、流量仪表、液位仪表、控制阀、分析仪表和可燃气体/火焰探测仪等七大类。下面分类说明各类仪表在LNG接收站的应用情况，以及国内外同类产品的水平。

1、温度仪表

LNG接收站管道中多处安装有温度仪表，主要有以Pt100或Pt400铂电阻（有些带一体化本安型温度变送器）和就地温度显示仪表，还有少量双金属温度计。与LNG储罐相关的子系统中有一些专用温度传感器，如测温度分布的多点铂电阻、测平均温度的分布式铂电阻或分布式Cu100铜电阻、测罐底温度及泄漏的多点铂电阻、用于测液位的铂电阻等。

铂电阻大量安装在LNG接收站中液态天然气管道、气态天然气管道、储罐和氮气管道中。其中ESD系统中每点安装3个（选2个，1个备用）铂电阻。目前均使用国外品牌产品，如E+H、艾默生等。国内企业如天津中环、浙江伦特等生产的Pt100铂热电阻能满足要求，但用于储罐底部的产品使用寿命要求20年，有一定难度，需要进行试验验证。与LNG储罐相关的特种温度传感器国内目前没有。

温度变送器需本安防爆，带就地显示，都用国外品牌，如艾默生、福克斯波罗等，通过4～20mA信号传输至中控室。国内企业生产产品目前也能满足要求。

双金属温度计，在LNG接收站中进入储罐的液相天然气管道和气相天然气管道分别安装1台，国内企业杭州春江、常州双环等能满足要求。

2、压力仪表

LNG接收站液态天然气管道、气态天然气管道、储罐和氮气管道中均安装压力仪表，主要是差压/压力变送器、压力表。

压力/差压变送器由引压管引出测压，环境温度要求-50℃～+65℃，引压管安装需要防冻防堵。目前仍使用横河EJA、艾默生等公司产品。国内生产企业如上海威尔泰、上海光华等公司生产的产品已能满足要求，并已在天然气行业中应用。

压力表温度要求-50℃～+65℃、压力范围

0～2500kPa。国内企业如无锡特种压力表厂、北京布莱迪公司的产品已能满足要求，并在天然气加气站中已有应用。

3、流量仪表

LNG接收站中使用到的流量计主要有气体超声流量计、液体超声流量计、质量流量计和孔板流量计。

气体超声流量计用于天然气外输计量，DN200～DN600，多声道，内插式。主要选用艾默生丹尼尔（DANEEL）、德国西克（SICK）、德国RMG、德国埃尔斯特（ELSTER）等公司产品，国内企业上海中核维思仪器仪表有限公司生产的四声道气体超声流量计已应用于天然气城市门站计量，可满足要求。国内与国外产品的差距主要在于软件功能方面，如实时性、自修正、自整定等。

目前LNG站外输天然气主要通过计量撬装系统装置，由计量管路、超声波流量计、温度变送器、压力变送器、自动取样装置、在线气相色谱分析仪、流量积算仪、监控计算机、网络服务器、外输管路及相应阀门仪表组成。计量撬装系统装置中流量计可选用超声流量计或涡轮流量计，10kPa压力下、口径小于DN200、流量低时选用涡轮流量计，压力高、流量大、低温时选用超声流量计。国内生产计量撬装系统装置的企业有天信仪表集团股份有限公司、天津博思特石化有限公司、廊坊瑞华石化有限公司等，其中天津博思特石化有限公司、廊坊瑞华石化有限公司是中石油下属专业生产计量撬装系统装置的企业，天信仪表集团股份有限公司的计量撬装系统已在西气东输城市门站中应用，上海中核维斯仪器仪表有限公司已在研发计量撬装系统装置。

液体超声流量计用于开架式气化器海水加热管道中测量海水流量，DN900左右，多用单声道，选用国外企业艾默生（美国康创品牌）、E+H、科隆和西门子等公司产品。国内生产企业较多，如北京瑞普三元（转换器采用东京计装）、上海迪纳声、深圳建恒、唐山汇中、大连海峰等。现有国内企业生产的产品均能满足要求，直接应用，但在转换器电路、软件温度补偿方面等有一定差距。

质量流量计用于液化天然气槽车装车系统，目前都采用艾默生、E+H等公司产品。国内企业如西安东风、山西太航都有此产品，但不能满足低温要求，并且使用寿命、产品可靠性和稳定性方面还需进一步改进提升。

孔板流量计用于低温LNG的过程控制和海水加热管道中过程控制，目前在国内有很多生产企业都能满足海水管道的要求，并广泛应用，其性能指标也已能满足液化天然气管道低温要求。

4、液位仪表

LNG接收站中使用的液位仪表集中在LNG储罐和其他容器，主要有伺服液位计、雷达液位计和LTD伺服液位、温度、密度计。

伺服式液位计用于LNG储罐计量，精度±1mm，压力-5～29kPa，温度-170℃～+65℃，一般储罐安装2～3套。目前LNG储罐计量级伺服液位计主要是霍尼韦尔（Enraf），E+H、法国Whessoe等公司产品，东京计装公司也有此类产品，并和重庆耐德合资已在国内开始生产。国内的伺服液位计生产企业很少，目前仅有北京均友欣业科技有限公司、辽阳市远东仪表阀门厂生产，但均用于油品储罐计量，精度±1mm，温度-40℃～+70℃，尚不能满足低温要求。

雷达液位计用于LNG储罐液位报警，计量级产品只有霍尼韦尔（Enraf）和艾默生公司生产。由于LNG的介电常数较低，界面上与LNG蒸汽的介电常数变化也小，通常采用带导波管的雷达液位计；非计量级的西门子、E+H、科隆、天津天威（VEGA）等也均有产品。国内目前生产雷达液位计的企业主要有北京古大仪表有限公司、北京捷尔仪表有限公司等，但均用于过程控制，精度 ±5mm，不适用于低温条件。

LNG储罐应用的LTD目前仅有美国Scentific Instruments公司（霍尼韦尔公司的LTD产品也出自该公司）6290型、法国Whessoe公司的1146型两种，国内没有企业生产此类产品。

5、在线分析仪表

LNG接收站中主要在码头和外输计量撬装系统装置中有在线气相色谱分析仪和在线气相取样系统、在线硫化氢／总硫分析仪、水露点分析仪、烃露点分析仪等，另外，还有一些实验室用的分析仪表，如实验室气相色谱分析仪。

在线气相色谱分析仪主要包括取样及样品预处理、气流控制及进样系统、色谱柱、温度控制系统、检测器及电气线路、数据处理及数据通信系统等，主要选用艾默生丹尼尔（Daniel）、ABB、Encel、美国Chandler、美国pl公司等的产品。在线气相色谱分析仪国内企业上海舜宇恒平、上海仪盟电子科技有限公司和聚光科技公司都有生产，技术上已经能满足要求，但缺少在LNG方面的应用。

在线取样系统将码头的液相天然气气化后取样或将外输气相天然气取样后进行实验室分析，目前都采用美国卡麦隆集团公司产品。国内企业上海仪盟电子科技有限公司、南京分析仪器公司有产品，技术上已经能满足要求，缺少在LNG方面的应用业绩。

在线硫化氢／总硫分析仪用于分析卸船后天然气和气化后外输天然气的H2S和总硫量（包括硫醇），并将分析结果传送至上位计算机控制系统，均选用加拿大Envent公司产品。

在线水露点／烃露点分析仪均选用英国Michell公司产品。水露点采用陶瓷湿度传感器，烃露点采用黑斑冷镜传感器。国内聚光科技公司生产此类产品，但缺乏应用业绩。

实验室气相色谱分析仪用于码头和计量撬装系统在线取样样品的实验室检测，选用美国安捷伦公司、日本岛津公司等公司产品，国内上海仪盟电子、上海天美、北京北分瑞利、上海舜宇恒平、北京东西分析等公司的产品可满足要求，但缺乏在LNG方面的应用业绩。

6、可燃气体／火焰探测仪

主要包括对射式可燃气体报警仪／点式可燃气体报警仪和火焰探测仪等，用于火焰探测报警、泄漏气体探测等。

对射式／点式可燃气体报警仪主要选用美国迪创（DETRONICS）公司、德国恩尼克思（Ennix）、霍尼韦尔、梅思安产品。国内企业河南汉威电子公司有对射式／点式可燃气体报警仪产品，但没有在LNG接收站的应用。

火焰探测仪主要选用美国DETRONICS、加拿大Net-Safety公司等的产品。国内深圳特安电子有限公司、上海翼捷工业安防技术有限公司的产品，从技术指标上能满足要求。

7、控制阀

控制阀在LNG站中使用量大，品种多，分布于LNG接收站中LNG（液化天然气）管道、NG（天然气）、海水管道、消防水管道等各类管道中。

中大规模 LNG 接收站配备约 160 台左右控制阀，其中四分之三属于低温阀门，包括低温蝶阀、低温球阀（适用高压）、低温调节阀等，分别有低温、高压、大口径（DN1000）的要求，目前较多选用美国、德国、日本、法国、英国等国外品牌产品。国内阀门企业生产的气动单座调节阀、气动三偏心蝶阀、气动角形单座调节阀、气动 O 形切断球阀、自力式压力调节阀等已经在 LNG 接收站中得到应用；气动低温角形单座调节阀、气动低温 O 形切断球阀、20″以下气动低温单座／套筒调节阀和气动低温三偏心蝶阀等产品技术已经完全达标，但缺乏应用业绩；20″以上气动低温单座／套筒调节阀和气动低温三偏心蝶阀技术上、结构上还需改进，技术上还要提升；带超高压／超低压切断的燃气减压阀目前还处于研发阶段。

三、展望

由于仪控系统在整个 LNG 接收站的投资中所占比重不是很高，但是却对 LNG 接收站日常经济、安全运行起着十分关键的作用。国产仪控系统的主要优势均体现在价格方面，而用户恰恰对成本最不敏感。因此为了推进国产仪控系统在 LNG 接收站的应用，国家相关部门需要对用户制定鼓励措施，国内已经完全满足要求的产品必须公开招标选购，同时从政策和资金上支持国内企业研发生产关键工艺上应用的仪控产品。

第五节 核电行业应用情况

一、概述

福岛核事故发生后，各国对发展核电的选择不一，但如何满足能源需求、应对气候变化和保障能源安全已是目前全世界所面临的共同难题。综合比较而言，发展核电无疑仍是目前解决这一难题的较好方式，核能仍然是许多国家，特别是发展中国家的重要选择。

2013 年世界核电逐渐恢复平稳发展，核电装机容量呈现出平稳上升的趋势。根据国际原子能机构（IAEA）的统计资料显示，截至 2013 年 12 月底，全球共有 435 台核电机组在运行，总装机容量约 3.73 亿千瓦，全球在建核电机组共 72 台，总装机容量约 7626 万千瓦，超过 60% 的机组建在亚洲，其中中国、俄罗斯和印度在建规模分列前三位。

2013 年对我国核电行业来说总体是回暖的一年，在遵循“安全高效发展”的方针下，保持稳步发展的势头。国内核电新的项目陆续开工，新的机组相继投运，核电标杆电价出炉，自主三代技术取得初步成果，关键设备和技术研发获得新进展；在国际市场上，中国核电“走出去”也有了实质性进展。截至 2013 年 12 月 31 日，我国商运核电机组数量增加到 17 台，总装机容量 1477 万千瓦，在建核电机组 31 台。目前，方家山、福清、阳江、防城港、红沿河、三门和台山等在建核电项目均已进入调试或设备安装高峰期。其中：三门 AP1000 核电站 1 号机组已经顺利完成了核岛厂房穹顶吊装，进入“收官”阶段；田湾核电 4 号机组和阳江核电 5、6 号机组共 3 台机组相继新开工建设。

据国际原子能机构（IAEA）不久前发布的一份题为《2050 年能源、电力和核电预测》的报告，到 2030 年全球核电装机容量将继续增长，但其增长速度低于 IAEA 在 2012 年同期的预测结果。这份最新发布的报告对未来直至 2050 年的能源、电力和核电发展趋势进行了高值和低值预测。

在低值情景下，预计核电装机容量将从 2012 年的 373 亿千瓦增长到 2030 年的 435 亿千瓦和 2050 年的 440 亿千瓦；在高值情景下，预计核电装机容量到 2030 年将达 722 亿千瓦，到 2050 年将达到 1113 亿千瓦。预计增长最强劲的是东亚，中国和韩国的核电装机容量在低值情景下预计将从 2012 年底的 83 亿千瓦增长到 2030 年的 147 亿千瓦；在高值情景下，到 2030 年增长到 268 亿千瓦。

二、核电仪控系统综述

核电仪表和控制系统（简称仪控系统）是核电站运行操作与监控的“中枢神经”，控制着核电站近 300 多个系统、近万台 / 套设备，是核电站四大关键设备之一，是确保核电站安全可靠运行的重要装备。机组的安全可靠、经济运行已经在很大程度上取决于仪控系统的性能水平。

（一）核电仪表

核电仪表相比其他关键重大装备，具有数量大、种类多、安装地点分散、供应商众多等特点。通常根据其功能和测量的对象不同，结合仪器仪表的常规分类和核电业者的习惯，核电仪表可以分为温度仪表、压力仪表、流量仪表、液位仪表、机械量仪表、调节阀及执行机构、分析仪表、辐射检测仪表以及其他仪表及装置等九大类（见表 8-1）。虽然目前国内核电站的堆型有 CNP650、M310、ACP1000、CPR1000、AP1000、ACP1000、ACPR1000、EPR 等数种，但是它们所使用的仪表类型是基本相同的，差别主要体现在环境要求和技术指标上。

表 8-1　核电仪表分类所属列表

分类	主要包括
温度仪表	温度变送器（包括热电偶、热电阻等）、温度开关、就地温度计
压力仪表	压力/差压/绝压变送器、压力/差压开关、就地压力计
流量仪表	流量变送器（包括差压式、速度式、质量等）、流量开关、测速计
液位仪表	液位变送器（包括静压式、超声波、导波雷达等）、液位开关
机械量仪表	位移传感器、转速传感器、振动传感器
调节阀及执行机构	阀体、执行机构，以及配套的电磁阀、减压阀、限位开关、定位器、电气接头
分析仪表	湿度传感器、湿度开关、硼及其它浓度计、pH 计、电导率分析仪、氢氧分析仪、磷酸分析仪、硅酸根分析仪，钠离子分析仪
辐射监测仪表	中子探测器、γ辐射探测器、放射性气体探测器、中子剂量监测装置、γ剂量仪、微尘取样/探测器
其他仪表及装置	记录仪、指示仪、声光报警器

核电站的发电成本由电厂建造费、燃料循环费和运行维修费三部分组成。据了解，目前国内主流核电站的燃料费用仅占发电成本的30%不到，而其前期建造成本十分惊人，超过同类火电站的3倍以上，设备购置费就占了建造成本的59%，其中又以核岛投资成本最大，达54%，以下依次是常规岛31%、仪控系统10%和BOP系统5%。截至2013年在建核电站总机组容量已有3270万千瓦，按照目前国内现役核电站每千瓦机组平均造价约1.2万元计算，总建设费用达3924亿元，其中仪控系统购置费用高达392.4亿元，即使按照控制系统与仪表的投入各占一半来计算，核电仪表已有的市场容量也有196.2亿元。

目前，我国核电站核岛内的核安全仪表绝大部分还是进口产品，如ROSEMOUNT1154、315X系列等变送器、美国MASONELAN调节阀、英国ROTORK 1400电动执行机构等。国内为核电供货的仪表制造厂商虽然数量不少，但绝大部分仅供常规岛和公用系统使用，只有上自仪股份、上海光华、261厂、262厂、中船重工719所、开封仪表厂等少数几家具有核安全仪表的设计制造资质和能力，但其产品的可靠性和稳定性仍难以与进口产品相比。考虑到我国积极发展核电的既定国策，仅从国家利益和安全的角度出发，仪控系统的国产化也已是刻不容缓。

综上所述，我国核电仪表控制系统的国产化已是当务之急，《国家能源科技“十二五”规划（2011-2015）》、《国务院关于加快培育和发展战略性新兴产业的决定》（国发[2010]32号）、国家能源局发布的《核电站关键仪表国产化实施方案》（国能综科技[2011]211号）等都明确了对核电仪表控制系统的国产化要求，目前国产化工作依托项目也取得了阶段性的成果。

（二）核电控制系统

在正在建设的第三代核电站中，安全级数字化控制系统法国EPR使用的是西门子公司的TXP和TXS（安全保护）系统，美国AP1000采用的是艾默生公司的OVATION和ABB公司的COMMON Q（AC160），国内尚无厂家和产品能够替代。国内生产制造的数字化仪控系统仅在部分核电站的部分非重要系统里得到应用。图8-7所示为已经投运的田湾核电站（俄罗斯VVER型）主控室，采用TXS+TXP数字化I&C 系统，经过多年运行实践表明能够提升核电站的安全性、可靠性和易操作性。正在建设的台山EPR核电站使用的是西门子公司的 TXP 和 TXS（安全保护）系统；三门AP1000核电站采用的是艾默生公司的OVATION和ABB公司的COMMON Q(AC160)。北京广利核系统工程有限公司安全保护系统的开发虽已完成，但由于软件验证与确认（V&V）技术等原因，产品还没有投入商用。这种依赖进口的局面成为核电产业链中的薄弱环节。

图8-7 田湾核电站主控室

从表8-2中可以看出，国外厂商占据了绝大多数的市场，仅北京广利核已初步具备非安全级系统的供货能力。

AP1000核电厂采用艾默生公司的OVATION

表 8–2　国内部分核电项目数字化仪控系统一览表

核电项目	安全级	非安全级
田湾（AES-91）	Teleperm XS（SIEMENS+AVERA NP）	Teleperm XP（SIEMENS+AVERA NP）
岭澳二期（CPR1000）	Teleperm XS（SIEMENS+AVERA NP）	Teleperm XP（SIEMENS+AVERA NP）
红沿河一期（CPR1000）	MELTAC-Nplus R3（三菱电机）	HOLLIAS MACS6（北京广利核）
广东阳江（CPR1000）	MELTAC-Nplus R3（三菱电机）	HOLLIAS MACS6（北京广利核）
福建宁德（CNP1000）	MELTAC-Nplus R3（三菱电机）	HOLLIAS MACS6（北京广利核）
福建福清（CNP1000）	TRICONEX（INVENSYS/ FOXBORO）	I/A SERIES（INVENSYS/ FOXBORO）
浙江方家（CNP1000）	TRICONEX（INVENSYS/ FOXBORO）	I/A SERIES（INVENSYS/ FOXBORO）
山东海阳（AP1000）	CommonQ（ABB）	Ovation（Emerson）
浙江三门（AP1000）	CommonQ（ABB）	Ovation（Emerson）
广东台山（EPR）	Teleperm XS（SIEMENS+AVERA NP）	Teleperm XP（SIEMENS+AVERA NP）

和 ABB 公司的 COMMON Q（AC160）仪控系统。

CPR1000 核电厂（红沿河核电站）DCS 控制系统由安全级与非安全级组成，其中非安全级采用北京广利核公司的 HOLLiAS MACS6 系统，安全级采用三菱公司的 MELTAC-Nplus R3 系统。MELTAC-NplusR3 系统主要完成与安全相关的功能，如反应堆跳闸逻辑、专设安全设施驱动、事故后监测等；HOLLiAS MACS 系统主要完成机组正常运行时的控制及监测功能。非安全级 DCS 系统包括控制器、通信站、服务器、网关和操作员站。上述设备通过层次化的多种网络（系统网和控制网）互联，并且通过网关与其他系统相连。在红沿河核电站安全级与非安全级通信设计中采用硬连线和网关的混合方式，即非安全级向安全级传输的信号全部采用硬连线的方式；安全级向非安全级传输的用于报警 / 现实的信号采用网关的方式，用于逻辑控制的信号采用硬连线的方式。Level1 非安全级系统网关使用高可靠性工业控制机，通过以太网卡连接到控制网络，通过 UDP 协议与 MIT 安全级系统网关通信。Level1 非安全级系统网关软件运行在 LINUX 操作系统上。

俄罗斯的 VVER（田湾核电站）使用的仪表控制系统主要由西门子公司的 TXP（Operational I&C System） 和 TXS（Safety I&C System）组成，其系统结构图如图 8.8 所示。所有仪控系统的数据通信都是由 SINEC H1 总线和 PROFIBUS 总线系统构成的终端总线、电厂总线和现场总线完成。终端总线用于 Pus（Process Units）、SUSUs（ServeUnits）、OTs（Operating Terminals）之间的通信以及通过网关/网桥与其他仪控系统互相连接，电厂总线用 Pus（Process Units）、AS620（Automatic System）、ES680（Engineer Station） 和 DS670（DiagnosticSystem）之间的通信，并且通过网关与 TXS 系统相连。

TXP 数据通信的主要通信模块为通信处理器 CP 和接口模块 IM。CP 模块安装在 AS620 的设备中，用于和电厂总线相连，完成 AS620 设备和 OSM（optical switchmodule）之间的通信。CP 根据 ISO/OSI 的通信协议自动执行通信任务，缓解 AP 的通信和协议处理负荷。IM 模块用于 FUM 模块与 AP 相连，自动处理 AP 和 FUM 模块之间的全部数据通信，以减轻 AP 的通信任务。OM690 中，OSM 模块用于连接形成虚拟环网。冗余的 PU 在电厂总线上与两个 OSM 相连，而在终端总线上 PU 分别与不同的 OSM 相连。

图 8-8 田湾核电厂 TXP/TXS 系统结构图

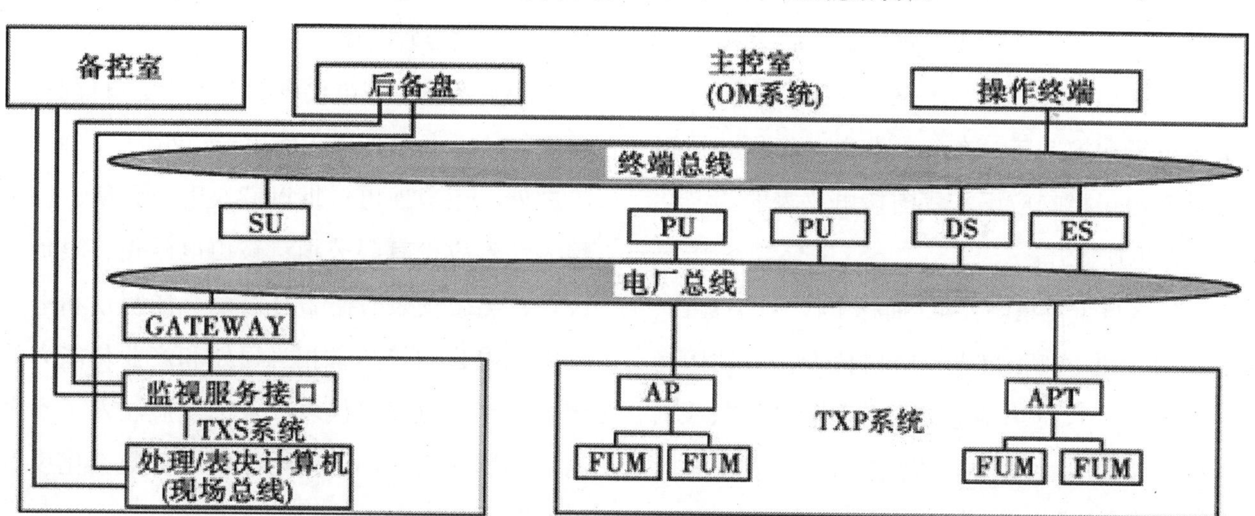

TXS 数据通信主要由 SL21、SCP1 两种通信模块完成。当安全指令在冗余通道中或在冗余通道之间进行传输时，SL21 负责冗余通道之间的处理模块（SVE1）通信，SCP1 用于与工业以太网进行数据传输，同时还可以用于监测和服务器接口计算机（MSI）或 GATEWAY 与其它信息系统的通信。TXS 的数据通信有两种网络结构：①线性的工业以太网为标准的 SINEC H1 结构；②PROFIBUS 总线的 SINEC L2 结构。TXS 通过 GATEWAY 和 MSI 与 TXP 电厂总线连接。MSI 计算机的主要任务是确定 TXS 中用于主控室显示和通过 GATEWAY 传输至 TXP 电厂总线的信号和报警，并确定从实时运行环境传输至 SU 的信号。GATEWAY 计算机作为接口计算机进行相关协议的处理，运行 TXS 的输出程序、TXP 数据格式转换程序和西门子专用的协议处理程序。

三、国产化情况

（一）仪表国产化现状

随着核电中长期发展规划的公布和国家对清洁能源需求的不断提升，核电工程的建设将逐步进入又一个高峰期，必将带动核电仪表市场进入良性发展期。但是相对其他核电重大关键设备，核电仪表的种类多、单品需求量少、开发成本和难度高、生产制造资质管理严格、高端产品国外垄断现象严重；国内制造企业相对而言规模较小、起步晚，专业覆盖面窄，仪表产品的质量，尤其是在辐照条件下的稳定性和可靠性较差，包括资金、技术、管理和人才在内的综合实力与国外公司差距明显。同时，核电仪表研发与试验成本极高，在国外垄断企业的影响下，国内企业即使投入巨资完成开发和鉴定，也很难在开放市场上与有所准备的国外产品相竞争，再加上需求有限，利润虽不低但难以回本，这些情况造成企业承担核电任务的积极性不高，这是我国推进核电仪表国产化最大的制约因素。近几年来，在国家能源局的牵头组织和推动下，在各大业主、工程公司痛定思痛的积极响应下，我国核电仪表的国产化能力在迅速提升。

中国核工业集团公司（简称中核）在方家山、福清项目中，热工仪表和辐射仪表的总体国产化率达到 45%，其中温度类仪表和监测类仪表国产化率较高，达到 70%，专用控制系统和机柜盘柜国产化率达到 95% 以上。

中国广核集团有限公司（简称中广核）最新投入商运的岭澳二期和红沿河一期各由 2 个 CPR1000 百万千瓦机组组成，整体国产化率也有大幅提高。根据目前统计，其岭澳二期仪表国产化率（含机械设备）已达到了 64%，红沿河一期初步估算达到了 75% ～ 80%。

国家核电技术有限公司（简称国核技）AP1000 依托项目的仪控部分（不包括保护系统、控制系统等主仪控系统设备）由美国西屋和国核自仪分别供货，比例大约各占一半，其中西屋采购设备全部进口，国核自仪采购设备约 3/4 进口，初步估算，国产化率约 13%。国产化产品主要包括非核级的大部分压力变送器、压力表、温度变送器、转子流量计、电磁流量计、孔板、部分皮托管、液位和流量视窗、浮子液位计、部分分析仪表、氢氧分析系统、湿度计等。而国家示范项目 CAP1400 仪表供货规划明确：除少数研制难度特别高的热工仪表 / 传感器、辐射监测系统的部分传感器以及核测系统的部分探测器等以外，其余仪控系统基本实现自主化、国产化。目前国核自仪正在组织国内的相关单位进行棒控棒位系统、堆芯仪表系统、堆外核测系统、地震监测系统、非核级测量 / 分析仪表等产品联合研制攻关工作。

除了老牌的核电仪表制造企业上自仪股份、重庆川仪、上海光华、威尔泰、261 厂、262 厂等之外，还涌现出一批以武汉七一九所、合肥精大仪表股份有限公司、鞍山电磁阀有限责任公司、吴忠仪表有限责任公司、江阴众和电力仪表有限公司等具备相当研发和产业化能力的国企民企，给核电仪表产业的发展注入了不少的活力和激情。部分国内核电项目数字化仪表系统情况见表 8-3。

依托上海工业自动化仪表研究院建设的国家能源核电站仪表研发（实验）中心（简称研发中心）运营 3 年多来，主要承担了核电站仪控设备研发试验平台建设项目，在原已具备的试验能力的基础上，采取“提升、新建、联合”技术路线，瞄准 AP1000 等三代核电技术特点和鉴定要求，改造和建成包括仪控设备性能试验、环境试验（气候、机械、化学腐蚀、盐雾、防爆性能）、EMC、热氧老化、LOCA（与上海电缆研究所共建）、辐照（与中国科学院上海应用物理研究所共建）、地震（与苏州电器科学研究院股份有限公司共建）等试验能力，相关技

表 8-3 国内部分核电项目数字化仪控系统一览表

核电项目	仪表国产化率	所属集团公司
福建福清（CNP1000）	45%	中国核工业集团公司
浙江方家山（CNP1000）	45%	中国核工业集团公司
岭澳二期（CPR1000）	64%	中国广核集团有限公司
辽宁红沿河（CPR1000）	75%-80%	中国广核集团有限公司
浙江三门（AP1000）	13%	国家核电技术有限公司

术指标全面满足三代核电技术要求。3 年来已经承担了多项国产化项目鉴定试验任务并提供了大量技术服务；2011 年受美国西屋公司委托承担了三门 AP1000 项目 5 个关键控制盘柜（其中 2 个 1E 级）的 EMC 试验鉴定任务。研发试验平台全部试验能力通过了中国合格评定实验室认可委员会（CNAS）认可，2012 年获得国际认可，是国内领先的同时具备综合性、专业性和独立性的“一站式”研发试验平台。

（二）控制系统国产化现状

目前国内核电 DCS 研发制造的主要有 3 家企业，也正在逐步形成核电站数字化仪控系统的能力。2013 年 4 月 18 日，采用北京广利核系统工程有限公司开发的 HOLLiAS-NDCS 系统的宁德核电站一期 1 号机组正式投入商运，打破了进口 DCS 供应商对我国核电控制领域的行业垄断。国核自仪系统工程有限公司作为大型压水堆重大专项 AP1000 核电站数字化仪控系统技术研究课题的牵头组织单位，目前正在开展国产化的大型压水堆核安全级控制系统设计、集成和验证等技术和设备的研发，推动了三代核电数字化仪控系统技术的引进和国产化的进程。北京中核东方控制系统工程有限公司依托核电项目，在引进先进的安全级设备技术的同时，正在研发具有自主知识产权的 DCS 系统。

核安全设备软件的验证和确认工作一直是核电设备鉴定领域的重大难题和关注点。上海工业自动化仪表研究院（SIPAI）早在 2010 年已经开始软件验证和确认技术的研究和能力建设，目前已形成较为完整的软件测评质量管理体系和技术作业文件，研制开发了专用的软件测评平台，并建立了一支专业的软件认证和确认人才队伍。

2013 年 6 月，受深圳奥特迅电力设备股份有限公司委托，SIPAI 对奥特迅与中广核工程公司联合研发的 1E 级 UPS 系统高频开关直流充电装置中执行监测功能的软件进行 V&V，项目历时 6 个月，严格按照标准完成了软件需求阶段、设计和实现阶段、软件集成和系统确认阶段的全部验证和确认活动。2013 年 12 月 21 日，该产品通过了国家能源局委托中国机械工业联合会组织的技术鉴定。本项目是国内首个核安全设备 C 类软件验证与确认（V&V）项目，标志着 SIPAI 已初步建立了符合国际标准要求的第三方核安全设备软件 V&V 能力，成为环境保护部核与辐射安全中心的主要技术支撑单位之一，填补了国内该领域的空白。目前 SIPAI 已经完成 A、B、C 类软件 V&V 评估的程序建立和部分软件平台测试能力，正在为 ABB 继电器、电气机柜等产品开展软件 V&V 工作。

随着全球信息化和数字化技术的迅猛发展，核电仪表控制系统的数字化是当前核电技术发展的必然趋势。日本福岛核事故发生之后，对核电安全的要求进一步提高，这也给仪控设备行业带来了新的发展机遇，同时也对仪控技术与设备的研究、设计、制造、选型、应用、维护提出了越来越高的要求。因此，加快国内核电数字化仪控系统和设备的设计、研发、制造、集成与 V&V 技术的发展，通过引进、消化吸收和再创新，研制拥有自主知识产权的数字化仪控系统，进一步扶植具有权威性的第三方软件验证机构已经显得十分必要和紧迫。

四、产品技术发展趋势

（一）总体趋势回顾

核电站仪控系统经历了从模拟、模拟加数字、全数字化等 3 个阶段。根据执行安全功能的程度，也可分为非安全级（NC）和安全级（1E）两类，其中非安全级主要完成机组在运行状态下的自动控制和监控操作，安全级主要完成在事故工况下的保护和事故缓解功能。

上世纪 60 年代，核电站仪控系统是完全基于模拟组合仪表和继电器的设计。从 20 世纪 70 年代开始一些国家就开始着手设计开发核电厂数字化仪控系统。

自上世纪 90 年代以来，国内外的一些新建核电机组，如法国的 CHOOZ-B、CIVAUX4 台机组（N4），日本 K6、K7(ABWR)，韩国灵光 5、6 号机组，以及我国田湾 1、2 号机组等均采用了数字化仪控系统，运行情况良好。目前全球范围内能够提供完整的核电站反应堆保护系统以及非安全级系统解决方案的厂家屈指可数，主要有：Areva+Siemens 的 TXS/TXP、三菱电机的 MELTAC、Invensys 的 Triconex/ I/A Series、Rolls-Royce Civil Nuclear 的 SPINLINE3、西屋的 Common Q/Ovation 等。目前全球大多数在役核电站都是 20 年甚至 30 年之前建造的，在仪控系统方面大都是采用模拟或模拟加数字的技术。近几十年，随着计算机、网络通信等技术的不断发展和日益成熟，加之用户对先进控制功能与管理功能需求的提升，大部分核电站都已逐步进入技术升级改造阶段，其中包括对控制系统进行数字化改造，而新建的核电站则均采用了数字化仪控系统。当前，采用全数字化仪控系统已经成为发展趋势，也是先进核电站的一项重要标志。

我国核电站的仪控系统可以分为 3 种主要类型。

一种是所谓的模拟量组合单元仪表为主的仪控系统，如秦山一期核电站主控制系统所使用的 FOXBORO 公司的 SPEC200 组装仪表、大亚湾核电站主控制系统采用的 Baily9020 系统，也包括秦山二期及其扩建工程核岛采用的 SPEC200 组装仪表 +CMOS 电路 +PLC 的仪控系统。这些系统的模拟量仪表采用小规模集成电路和运算放大器，逻辑量仪表则采用常规继电器等硬逻辑电路来控制。对已使用超过 10 年的核电站控制系统进行更新改造是目前我国核电仪控系统领域所面临的一项当务之急。目前，针对秦山一期、大亚湾、秦山二期核电站模拟系统的数字化改造项目正在陆续开展。其中秦山一期核电站的数字化改造项目已由上海核工程研究设计院（728院）于2008年完成投用，取得了不错的经济效益和社会效益。大亚湾两台机组的电站计算机系统和安全显示盘KIT / KPS系统改造项目也已于2009年8月通过了国家鉴定，标志着我国百万千瓦级DCS系统的研发取得了重大突破。

第二种是模拟加数字的仪控系统，在所谓二代半技术的核电站中应用较多，如岭澳一期核电站所采用的法国CEGELEC公司ALSTHOM公司A320系统、秦山二期扩建工程常规岛所采用的美国INVENSYS公司I/ASERIES系统等。这些项目都采用常规模拟仪表加DCS（分布式控制系统）或PLC自动控制系统的方式，结合了冗余技术、网络通信技术、自诊断技术、容错技术、数据库技术等先进技术，提高了系统的可用性。

第三种就是全数字化仪控技术，包括目前所有正在设计或者在建的ACPR1000、ACP1000、AP1000和EPR核电站使用的全数字化仪控技术，它将应用成熟的常规电站DCS系统以改进并移植过来，全面应用在常规岛、BOP以及核岛的部分系统，构成核电站全新数字化仪表控制系统。

与通常概念中模拟信号与数字信号的区别不同，核电所说的模拟与数字技术的基本区分就在于对软件的应用上。模拟仪表和控制系统就是纯粹采用硬件技术和硬逻辑实现保护和控制功能的仪控系统，而全数字化仪控系统就是嵌入了软件功能的仪表与目前主流的采用软逻辑实现功能的控制系统的总称。

鉴于软件所特有的不确定性，以及仪控系统对核电站安全的重要性，长期以来，在软件技术尚不成熟的阶段，核电站仪控系统一直以模拟技术为主。经过长期的实践，人们积累了模拟仪控系统设计、开发、鉴定及运行的经验，但也清楚地认识到了模拟技术所存在的一些固有缺点和问题，例如：只能实现简单的保护算法、系统长期稳定性较差；信息储存、交换和显示能力差，定期试验时间周期短，系统和设备难以实现在线自检，维护成本高；信号精确度低，响应速度慢等。此外随着系统的老化，模拟设备备品备件的缺乏也是核电厂继续运行和维护的重大挑战。

（二）数字化仪控系统简介

第三代压水堆核电站AP1000所采用的是以美国艾默生公司OVATION系统为基础的数字化仪控系统，其系统结构图如图8-9所示。根据该图，整个核电站数字化仪控系统可以分为4个层级。

第一层级为操纵员级（OperatorLevel），主要系统包括运行控制中心系统（OCS）和支持中心（SC）。前者主要由主控制室（MCR），包括大屏幕信息显示系统、操作员控制台、高级反应堆操作员控制台、主 / 辅专用安全停堆盘（PDSP）、辅助控制屏和远程停堆控制室（RSR）组成；后者则包括了技术支持中心（TSC）、运行支持中心（OSC）和应急指挥中心（EOF）。

第二层级为实时数据传输交换层（Real-time Data Distribution Level），主要系统是数据显示和处理系统（DDS），由操纵员站显示的实时 / 历史数据库、执行各种计算和监控的核应用程序软件、信号 / 控制系统 / 设备的在线监测功能、用于运行和维护的电厂计算功能、高速数据网、局域网（LAN）接口、连接安全系统的网关、连接其它系统的接口等组成。

第三层级为过程处理层（ProcessLevel），

图 8–9　Ovation 系统结构图

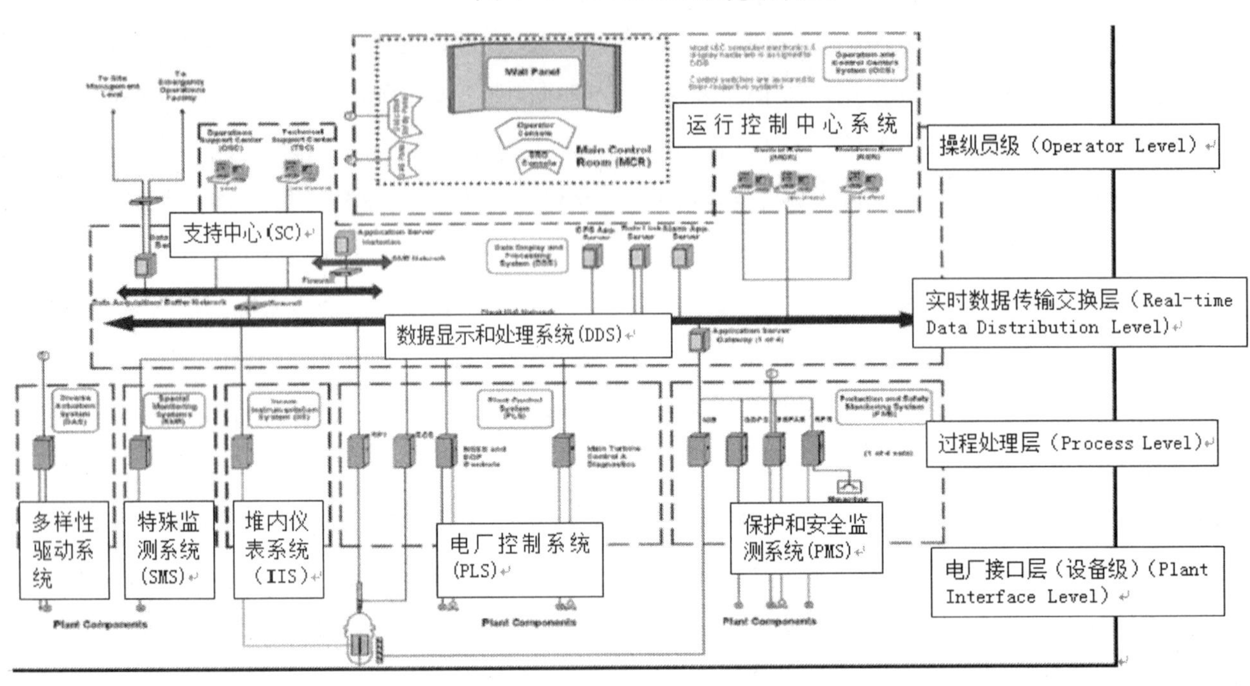

是控制系统最集中的层级，主要包括保护和安全监测系统（PMS）、电厂控制系统（PLS）、多样性驱动系统（DAS）、堆内仪表系统（IIS）、特殊监测系统（SMS）、辐射监测系统（RMS）、地震监测系统（SJS）等系统。其中，PMS 系统由反应堆停堆触发功能、专设安全驱动功能（ESFAS）、堆外核测系统、安全级事故后监测功能（QDPS）等组成。PLS 系统中，核岛及其 BOP 系统的控制由核蒸汽供应系统（NSSS）、反应堆功率控制、稳压器液位 / 压力控制、蒸汽发生器液位控制（Inventory）等组成，常规岛及其 BOP 系统的控制由常规岛热工水力控制、主汽轮机控制与监测系统（TOS）等组成。

DAS 系统具有双重作用：其一为保护系统的多样性后备，DAS 为非安全系统（Non-Safety），在 PMS 发生共模故障的低概率情况下，DAS 提供多样性的保护；其二，采用功能多样性方法，DAS 提供的自动驱动信号不同于 PMS 驱动信号。

IIS 系统的主要功能是：为相关的堆芯分析提供三维中子通量分布；对用于 PMS 的中子探测器进行校正；优化堆芯性能；为 PMS 系统和 DAS 系统提供堆芯出口温度信号。其主要设备为固定堆芯探测器、堆芯出口热电偶以及相关的信号处理和数据处理设备、动监测系统（CBVMVS）、反应堆主泵监测系统（RCPMS）等。

第四层级为电厂接口层（设备级）（Plant Interface Level），主要设备包括现场仪表、执行机构、反应堆停堆断路器及控制电缆。

数字化技术是下一代核电仪控技术的发展趋势，也是针对这一问题的最好解决办法。与模拟控制技术相比，数字化控制技术具有明显的先进性及优势。因此，为了提高核电站运行的安全性、可靠性、可用性以及经济性，国际原子能机构法规及我国核安全法规已经明确规定新一代核电站采用数字化仪控技术。数字化仪控系统已经毫无悬念地成为我国未来核电仪控系统的第一选择。

五、典型项目应用案例

（一）核电站辐射监测系统总体介绍

核电站辐射监测系统（又称 RMS 或者 KRT 系统）是保障核电站反应堆的运行安全和保障核电站工作人员的辐射安全，以及保障核电站周围广大居民辐射安全的重要系统。它通过对核电站各道防护屏障泄漏情况的连续监测，判断工艺设备的运行状况，及早发现事故隐患并发出预警信息，以便及时采取防止措施，提高核电站运行的可靠性；通过实时监测核电站工作人员场所的剂量水平，当超过规定限值时，发出报警信号，防止工作人员的过量照射；通过对核电站排出流的放射性监测，控制放射性物质向环境的排放量，使广大居民所受的剂量不超过国家规定的限值并尽可能低。

每套 CPR1000 KRT 系统通常包括 1 号和 2 号机组监测通道各 45 道、1 号和 2 号机组公用监测通道 14 道，共计 104 个监测通道。

在全部通道中，包含公用移动式监测通道 2 道，每台机组中各包含烟囱排放 3H、14C 取样装置 1 道、安全壳空气中 3H 取样装置 1 道。

每台机组中包含有事故后（PAMS）监测通道各 10 个。

每台机组中包含有 1E 级通道各 16 个，其中包含有 K1 级质量鉴定要求的通道各 2 个、K2 级质量鉴定要求的通道各 2 个、K3 级质量鉴定要求的通道各 12 个。

以上通道的测量信息最终送往 2 台电厂辐射监测系统信息机柜（1/2KRT002AR）中，由信息机柜和 PAMS 通道 LPDU 上的硬接线将监测信息、报警信息和动作信息送往电厂的 DCS 系统。

每套 KRT 系统还有 10 台配电柜，其中：安全级配电柜 4 台，负责为安全级固定式监测通道 LPDU 供电；非安全级配电柜 6 台，负责为非安全级固定式监测通道 LPDU、单机组气体或液体取样回路以及机组间公用监测通道取样回路供电。

最新的 KRT 系统是全数字化 KRT 系统，主体结构由上层结构和下层结构组成，如图 8-10 所示。

上层结构包括 KRT 服务器、工作站、交换机以及与下层结构和电厂 DCS 系统接口的网络设备；下层结构包括探测装置、就地处理和显示单元（LPDU）、连接盒（JB/EJB）以及相应的取样回路和就地电气箱。

KRT 系统中每个监测通道工作流程为：探测信号及相关信息在现场由探测装置采集后送 LPDU 处理为数字量和标准模拟量信息，数字量信息和模拟量信息接入 JB 后通过 RS485 总线传输至上层结构，再由上层结构通过数字化网络送给电厂 DCS。需要时，标准模拟量信息（4 ～ 20mA）和报警开关量信息（无源单刀双掷继电器触点）可由 JB 通过硬接线方式直接送给电厂 DCS；上层结构可通过 RS485 总线将各种控制指令（如取样控制、源检、标定、参数设置等）送给下层结构的 LPDU 执行相关操作；当取样控制较复杂时，设置取样控制电气箱和 PLC 控制箱布置在现场，通过 LPDU 与之进行数据交换完成相应的取样控制功能。

（二）KRT 系统国产化

作为核电站关键的核辐射测量仪表，目前基本被国外核电仪表厂商垄断。核辐射测量仪表的重要系统—厂房辐射监测系统（KRT），其系统及设备主要由法国 MGP 公司供货，特别是其中的关键设备（如 16N 辐射监测仪、事故后

图 8-10　KRT 系统总体结构示意图

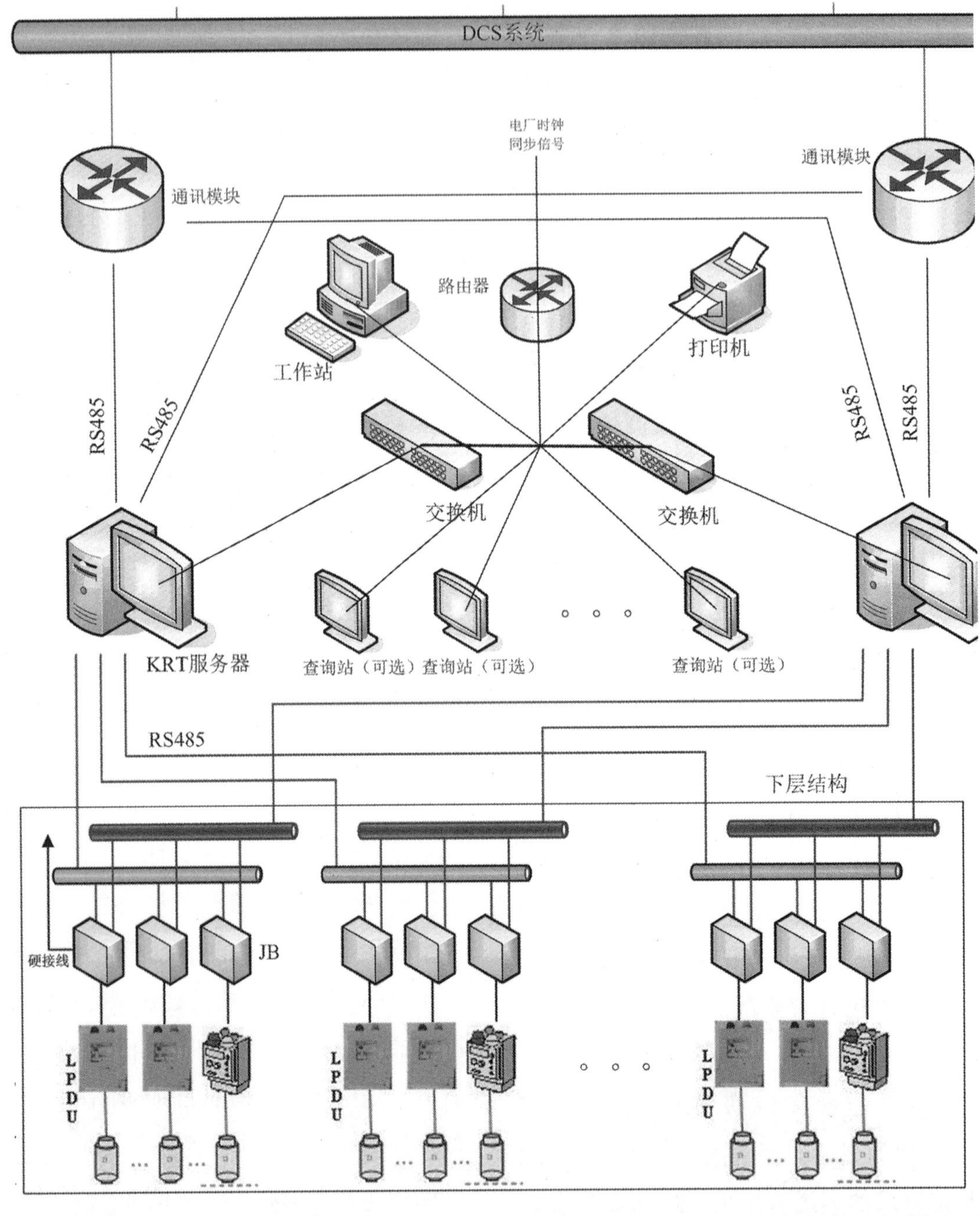

安全壳剂量率监测仪、PIG 监测系统和安全壳卸压排气活度监测仪等）一直被法国 MGP 公司垄断，目前国内厂家只有部分技术门槛较低的产品供货业绩。面对严峻的国产化形势，加强这些关键仪表国产化研制，提升国内厂商的核心竞争力很有必要。

2010 年上半年，国家能源局组织对各核电站业主、工程公司、设计院、研究院所、制造企业开展了核电站仪表和控制系统国产化情况调研，编制了《核电仪控系统国产化推进工作前期调研报告》，指出尽快实现我国核电仪表和控制系统的国产化具有极其重要的战略意义。2011 年 7 月，国家能源局组织编制了《核电站关键仪表国产化实施方案》，提出了一系列方针政策鼓励国内相关单位积极申报核电站关键仪表国产化研制项目。2011 年 2 月，中国船舶重工集团公司第七一九研究所（以下简称719所）与中广核工程有限公司签署了《压水堆核电站电厂辐射监测系统联合研发协议》，以推进 KRT 系统的国产化进程。

719 所创建于 1965 年，是我国唯一的核动力总体研究设计所，曾先后隶属国防部、海军、六机部、中国船舶工业总公司，现隶属于中国船舶重工集团公司。经过 40 多年的发展，该所已经成为一个专业配套齐全、科研力量雄厚、军民结合的总体研究设计所。719 所设有船舶及海洋工程、机械工程、动力工程、电子武备、辐射防护、援潜救生等 40 多个专业，承担了某核动力船舶的总体和大部分系统及特种设备的研究设计与试验、援潜救生和技术保障研究任务，并在核级设备、石油设备、船舶及海洋工程、核辐射测量仪器、电子与仿真、核电工程、空调工程、消防安防工程、电力工程、环保产品及设备等多个高新技术领域进行产品研发与制造，并取得了骄人成绩。719 所一直致力于 KRT 系统的国产化研制：一方面，依托国内顶尖的辐射监测仪表研发团队和丰富的工程经验，迅速对船用辐射监测系统及仪表进行了核电化改造；另一方面，通过与法国 MGP、日本 FUJI 等公司的交流合作，在短期内完成与国际先进技术接轨，提高了自身的研制能力。目前，719 所已形成了完整的 KRT 产品线，2013 年内实现了 KRT 系统 100% 国产化。

第九章 行业视角

本章主要邀请行业专家、企业领导等就当前热点、行业发展、企业管理等方面内容发表自己的看法，为行业企业在产品、管理、战略定位等方面提供借鉴和参考。

四联集团“五大创新”助力腾飞

中国四联仪器仪表集团有限公司党委书记、副董事长 吴朋

中国四联仪器仪表集团有限公司（以下简称“四联集团”或“公司”）1987 年以原四川仪表总厂为核心组建而成，是国家计划单列企业集团、国家技术创新示范企业、重庆市国有重点企业。集团设立之初，主要从事工业自动化仪器仪表的研发、制造和销售。随着“相关多元化”的战略推进，目前，四联集团已发展成为集产业经营与资本经营为一体的投资控股型企业集团，致力于工业自动化仪表等高新技术产业和战略性新兴产业领域的投资发展，旗下拥有全国工业自动化仪表龙头企业重庆川仪自动化股份有限公司、全球优质蓝宝石基地及国内 LED 行业领先企业重庆四联光电科技有限公司等多家企业，产业领域覆盖工业自动化仪表及控制装置、蓝宝石及 LED、城市轨道交通自动化、环保装备、汽车部件及特种装备等五大板块。

由于涉及行业均属高新技术或战略性新兴产业，其典型特点是技术含量高、更新速度快、市场开放、充分竞争，作为国内行业领军者，四联集团及所属企业站在与各大国际巨头短兵相接的行业竞争前沿，要想赢得这场没有硝烟的战争，“创新”，成为企业的立身之本和不二选择。在改革开放的新阶段，公司坚持市场导向、技术为先、创新引领、人才推动的发展战略，大力实施体制、科技、市场、管理、文化等“五大创新工程”，连续十多年保持了年均 20% 的快速增长。

大力深化体制创新

自动化仪器仪表是电力、冶金、石油、化工、核工业的核心装备，是体现国家科技水平和维系国家经济安全的战略性产业。仪器仪表行业的竞争格局正在随着市场国际化的趋势发生深刻的变化，国内企业更多的竞争压力来自于实力强大的国外百年老店。四联集团推动核心企业川仪股份大力深化体制创新，积极谋求优势资源互补。

公司先后与德国西门子、瑞士 ABB、美国霍尼韦尔、日本横河、东芝等国际大公司建立了广泛的合作关系，向国外先进企业学习，通过引进消化吸收再创新和自主创新，缩小与国际先进技术的差距，一举跨越了技术上的“数码鸿沟”。随着企业实力的增强，与各大跨国公司的合作不断深化，从技术引进延伸到产品开发、全球销售、资本合作等领域。川仪股份的智能变送器、智能执行器等产品技术水平、工艺精度达到甚至超过了发达国家标准。与日本横河电机组建的合资企业以优异的业绩在横河海外工厂中独占鳌头，成为横河全球合作的典范。日本东芝对川仪股份返销的智能电磁流量

计给予“超过本土质量水平”的评价，并关闭了日本本土生产线。霍尼韦尔也关闭了美国本土变送器工厂，将生产线全部迁至川仪，指定其为变送器全球唯一供货商。

四联集团一如既往地坚持“传承创新，追求卓越”，通过主动融合国外先进技术和科学管理模式，实施“借船出海”，大力提升自主品牌产品的国际竞争力， 目前“川仪造”已成为响亮的行业民族品牌，被誉为振兴民族仪表工业的脊梁。

强势推进科技创新

四联集团坚持技术为立身之本，公司每年直接研发投入达到销售收入的 3.5%，科技投入超过 5%。近年来，公司还采取引进战略投资者、科技风险投资、发行企业债券等形式筹集资金，确保新产品研发、产业化以及新产业培育的增量投入。

在创新路径选择上，坚持从实际出发、因地制宜、以用为本，采取“以引进消化吸收再创新和集成创新为主，逐步延伸到原始创新”的自主创新策略，同时秉承“以实力求合作”的方针，加强国际技术合作，并广泛开展以产学研合作、产业链合作为主要形式的协同创新，多措并举，取得了突出成效。如川仪股份的高精度压力传感器、电磁流量计、电动执行器等产品都经历了技术引进国产化，并成功成为霍尼韦尔、东芝、ABB 等国际自动化巨头的全球 OEM 产品；高性能压力传感器树立了集成创新的典范，在国内率先攻克传感器芯片、高水平成套工艺技术等难题；新型主控仪表打破西方发达国家对我国长期的核垄断，电加热器进入全球首家第三代核电站；新型流量仪表等已进入到国际合作创新阶段。四联广电蓝宝石及 LED 在完成国际收购后，大尺寸蓝宝石生长技术及其成套设备国产化攻关取得成功，占领了行业技术制高点，赢得新产业发展主动权；高品质 LED 灯珠从 2012 年开始连续三年为央视春晚独家供货；自主开发的基于物联网技术的 LED 智能照明系统，契合智慧城市建设需求，成功实现了迄今国内规模最大的工程应用。

近年来，四联集团及所属企业承担国家“863”计划、国家高新技术产业化项目、国家火炬项目、国际科技合作项目等 42 项，完成重大新产品开发、重大科技攻关项目 145 项，新产品销售收入贡献率保持在 30% 以上，主导产品技术达到国际先进水平。拥有有效专利 558 项，其中，发明专利 66 项。获得软件著作权 29 项。主持、参与国际、国家、行业标准制修订 42 项，其中，国际标准 2 项，获 IEC 批准 1 项。先后获得国家科技进步奖等国家级和省部级科技成果奖励 85 项。四联技术中心在全国国家级企业技术中心综合能力测评中居于同行业前列，荣获全国“五一劳动奖状”。四联集团曾被国务院国资委、科技部、全国总工会授予首批全国“创新型企业”。2012 年 4 月，四联集团工业自动化仪表、蓝宝石及 LED 产品作为我国先进智能制造的代表，在德国汉诺威世界工业博览会中国国家馆展出，受到两国总理、业界专家和全球用户的一致好评。

卓有成效的技术创新有力地支持和保障了企业持续健康发展。川仪股份通过“九五”的模拟仪表数字化、“十五”的数字仪表智能化、“十一五”的智能仪表网络化、“十二五”的高端智能仪表自主化，引领民族仪表工业实现了里程碑式的技术跨越，极大地带动和促进了中国工业自动化装备技术水平的提升，实践着“产业报国、装备强国”的经营宗旨。公司大量新产品进入国家重点项目，在中石油、中石化、中国神华、宝钢、首钢、中铝、中电投、华能国际等所属重点工程建设中成功替代进口，并积极拓展海外市场，在东南亚、中欧等地区建立了多个典型业绩，完成了从“借船出海”到“自我扬帆”的历史性转变。

坚持实施市场创新

四联集团不断促进各大产业发展，积极转变观念，增强服务意识，谋划营销战略，创新营销体系，整合营销资源，川仪股份在全国各大城市设立销售机构的基础上，不断完善营销服务网络。公司在传统区域基础上，结合重点市场、重点行业组建全国六个大区。

在走向世界的进程中，响应世界多极化格局主导下不同区域用户的梯度化需求。凭借四联集团智能现场仪表优良的性价比以及“四联在用户身边、用户在四联心中”的经营服务理念和服务能力，四联集团与国内多家大型对外工程公司携手，积极将工业自动化系统集成和工程总包服务推向世界，先后进入亚、非、拉国家和地区，在其核电、火电、水泥、石化等行业享有良好口碑，并一度引领市场标准。通过多年历练，目前已逐步进入发达国家市场。

依托仪表成套控制系统技术及精密机械加工技术，四联集团正在与世界500强芬梅卡尼卡和轨道交通巨头NABCO合作开发国际一流水平的轨道电牵引自动化、综合监控、低压供电、自动售检票等系统，“川仪造”安全门、屏蔽门产品已经在重庆、上海、南京等地的轻轨项目中获得成功应用，深受好评。

瞄准俄罗斯、日本等国企业在油气储运、回收方面的领先技术，四联集团通过引进、合资，确立了在该领域的国内龙头地位，建设并投入营运的天然气液化调峰项目主要设备国产化率达85%，达到国际领先水平，将极大促进清洁能源的普及应用。运用于我国西部地区的油气田放空天然气回收装置，一举解决了困扰国内多年的能源浪费问题。收购澳大利亚达基公司50%股份，为进军油库集成管理打下了基础。与世界500强新日石合作的世界最先进的油气回收装置在重庆投产，回收率达99%。

积极探索管理创新

管理是企业永恒的主题，是企业发展的基石。四联集团在当今科学技术和经营环境急剧变化的复杂环境之中，紧跟时代步伐，抢抓机遇，大胆创新，不断进行管理创新，充分发掘企业内部潜力，调整内部资源配置，增强市场竞争实力。

面对跨国公司国际化扩张战略，四联集团积极探索管理创新，在核心产业自动化仪表的发展上提出了“对标赶超、替代进口”的应对策略，开展以主导产品为重点的技术对标赶超工作，认真分析产品技术指标、性能指标等方面与世界一流产品技术存在的差距，逐一分解，各个突破。集中力量，精心打造世界级产品，分梯次逐步缩短与世界一流公司的差距，不断丰富产品结构，支撑公司未来可持续发展。为引导追求卓越绩效，提高产品、服务和经营质量，增强竞争优势，导入卓越绩效模式，全面梳理公司企业文化、战略、管理过程、顾客与市场等方面流程，大力加强内控执行力建设，严格按照内控流程开展工作。搭建公共采购平台，挖掘外协加工潜力，推行统一外协加工价格核算体系，加强成本控制，持续不断降本增效，提高了公司产品市场竞争力。借助ERP信息化系统加强存货控制，目前公司存货周转天数维持在世界同行业先进水平。以信息化手段，提高管理决策的正确性和及时性……

四联集团一直在管理经营的道路上不断探索管理创新，成为中国工业自动控制系统装置制造业龙头企业，国家信息产业基地龙头企业，中国机械工业100强企业，中国电子信息100强企业，中国电气工业100强企业，荣获 “中国驰名商标”、“全国守合同重信用企业”、“重庆市市长质量管理奖”等荣誉。连续多年荣获“重庆国企贡献奖”、“重庆工业五十强”等称号，

着力倡导文化创新

企业的成长动力在于创新，创新的核心要素在于人才。四联集团在创新实践中紧紧抓住创新活动最关键、最活跃的因素——人，千方百计做好人才引进、培养和使用工作。公司每年通过多种途径引进各类成熟专业技术人才、本科及以上应届毕业生等200余人，采取多批次选送中青年技术骨干到国内外专业机构深造、与国内知名高校联合举办工业工程硕士班、自主培训等方式大力加强人才培养；积极搭建专业人才职业成长通道，创造性地推行首席专家、首席设计师、首席工程师、技术骨干、技术带头人制度，打造多层次人才体系，夯实核心人才队伍；实行研发项目经理制试点，推动技术与市场的结合，不断建立完善创新评价标准、创新激励机制、成果转化机制等创新政策体系，在公司内部形成全要素参与、全方位支持技术创新的局面，营造科学技术孵化成长沃土。

四联集团的企业精神是“以人为本，物竞天择，传承创新，追求卓越。”要使企业发展壮大，就要靠经营者的文化创新艺术，把合适的人用于合适的岗位上，再给予合适的报酬。四联集团积极推行“赛马机制”，把企业文化建设与人力资源开发、员工培训和职业生涯设计有机结合起来，将职工个人成长融入到企业发展的大环境中，致力于建设既尊重个人首创精神又具备良好合作能力的忠诚于企业的优秀团队，不断培育员工的正确价值观。通过建立公平的激励机制和进行精神层面上的人文关怀，将企业倡导的“事业留人、感情留人和适当的待遇留人”理念最大限度地落到了实处，同时也在不断践行着“产业报国、造福员工、兼善社会”的企业宗旨。

创新是企业的灵魂

“创新是我国产业升级的必由之路和关键举措。中国经济升级，创新是旗帜，是脊梁！”2014年4月28日国务院李克强总理在视察四联集团旗下核心子公司川仪股份公司时指出，并寄语“创新先导、事业发达”，给予四联人极大的肯定和鼓励，让四联人更加坚定了发展民族工业的信心和决心。四联集团将继续坚持以创新驱动发展，并将其内化为一种企业精神，内化为每个员工的自觉意识，传承创新的劲头，激发强大的潜力，在创新中感知世界“在干什么”，把握未来“我们该干什么，我们能干什么”，挺起民族仪表工业的脊梁，竖起绿色智能照明的行业标杆。

面向未来，四联集团将主导产业致力打造成为全球过程自动化仪表前五强，稳居国内龙头地位，建设亚洲最大蓝宝石生产基地，成为

世界先进的优质蓝宝石衬底供应商。

提高经理执行力 打造执行型企业

中环天仪股份有限公司董事长兼总经理 高明璋

回首近年来的企业经营管理历程，不论是在宏观经济环境较好的机遇面前，还是在激烈的市场竞争压力面前，仪器仪表产业始终处于完全竞争市场，企业的成长与衰落完全取决于自身的综合竞争力，而竞争力的形成，基于正确的战略，成于战略的有效执行，没有正确方向的执行力，企业就无法生存和发展，执行力是企业竞争力的核心。回顾公司近年来中环天以公司调整发展的成果和与同行业企业的差距，可以说是“成也萧何败也萧何”，执行力是根本。彼得•德鲁克“管理不在于‘知’，而在于‘行’”一语中的，直击本质。企业不缺战略，缺的是执行。比尔•盖茨曾讲到，“在未来的10年，我们所面临的挑战就是执行力。没有执行力就没有竞争力”。无论个人还是团队或是企业，执行力是决定成败的重要因素。

企业经理要成为企业最佳执行力的带头人。在当今变幻莫测的市场经济环境下，作为企业经理，首先要进行蜕变，要由企业领导者蜕变为实现战略目标的指挥者，由战略的决策者蜕变为战略的执行者，通过蜕变找到自己“最佳执行者”的定位，以最佳执行力实现卓越的领导。就企业执行力而言，我历来主张，战略的实现决定于“事无巨细”，决定于过程细节，决定于各层级的有效执行，然而，经理的执行力是关键，经理执行力最佳，团队执行力则向好、则有效、则强大。

执行力，就是实现目标所展示出的能力。企业经理的最佳执行力主要体现在以下三个方面：

一是，战略决策过程中对于环境的准确判断力和对参与决策者的智慧的融合力，要善于敏感捕捉和把握环境信息，判断企业机会，把握企业短板，制定企业目标，开辟战略路径。但关键在于要从执行的角度、执行的规律来思考和确定战略，这是战略落地可执行的前提，我们“应该将行动纳入决策之中，否则就是纸上谈兵”。

二是，实施战略过程中整合资源的能力，关注企业缺少什么资源固然重要，但关注我们所缺少的资源在哪里就更重要，如何找到并获取这些资源，并通过整合、融合，达到契合企业发展战略的目的，以创造更好的价值和效益，获得可持续发展动力。这是企业经理最佳执行力的核心能力。

三是，绝不妥协地向官僚主义挑战的魄力。在企业中特别是在国有企业中，普遍存在着这样一种现象，只要有一点点指挥权，就不再亲力亲为，坐在办公室里喝茶等结果，只要有一点点权限就在那里耀武扬威的施展权威，自己的事情自己不再去做，不去指导和支撑下属执行，不再现时现地现物地解决问题，却虚无地研究什么所谓“领导力”。领导力有多重境界，高者靠人格魅力无为而治，但需长期修炼，低者是身先士卒现场拼杀，凝聚下属，共同创业。只有选择后者，企业经理才能具有最佳执行力。

打造执行型企业是经理的首要任务。战略及目标一旦确定，企业经理最重要的关注点应该是战略执行，应该是最有效的战略执行。要努力建设企业的执行系统和执行机制，围绕最有生产力的事、最关键的事、最重要的事推动执行。只有企业经理在“一线”推动执行，实现企业战略目标才有保障。

执行型企业的经营管理要素很多，正确的战略无疑是首要的，此外，团队及目标、识人和用人、人力资源及培训、执行文化的建设是比较重要的四个方面。

一是，团队的执行方向。我们要往哪个方向执行，确定的目标做还是不做，谁来做，做错了谁来负责，没有企业决策中的责权利也就不会产生执行力，不完善的企业责权利就好似无法紧紧咬合的齿轮，不经意间将使团队出现难以弥补的障碍，要通过目标下的责权利建立一支团结、务实、高效的执行团队。同时要使各级管理者具有坚决执行的责任感，这种责任不仅仅是对他人的工作负有领导责任，管理者更重要的角色是对企业战略绩效负有责任的人。

二是，形成高效的人才管理能力。要善于识别和使用具有执行力的人，培养执行型人才，特别是那些理解企业战略并能分辨路径和创造结果的人才。同时要对那些低执行力的管理者换人不含糊，果断剔除那些没有激情的人，降职那些对目标没有欲望没有追求没有招法的人，要努力培养和使用足够数量、足以支撑企业战略和目标需求的执行型人才。

三是，做好人力资源结构优化和培训，这是实现企业又好又快发展的重要资源保障。彼得·德鲁克认为，“人力资源是所有经济资源中最未有效使用的资源，提高经济绩效的最大机会在于提高人们工作的效率。企业能否运作归根结底取决于它促使人们尽职尽责、完成工作的能力”。要通过培训，深入挖掘员工队伍中蕴藏着的极大生产力，使广大员工的工作更富有成效，使员工具有更多的成就感，促使他们获得个人成就与满足。

四是，执行文化的建设尤为重要。面对由不同价值取向的人所组成的员工队伍，他们中有基于尊重企业的依靠型员工，他们求得就业生存，也有基于职业诚信的尽责型员工，他们求得业绩和成长，更有基于事业忠诚的奉献型员工，他们求得与企业共命运。作为企业经理，要善于针对不同的职工群体，把自己的价值观、发展自信、企业愿景灌输给企业的每一个人，让每个人的头脑个行动都参与到企业战略事项、发展目标的具体事务中来，制造合力，打造干部职工的强大执行力。

对发展智能制造的几点看法

中国仪器仪表行业协会顾问　董景辰

随着新一代工业变革的来临，“智能制造”已成为制造业内的热门话题。人们对“什么是智能制造”、“中国现在要不要发展智能制造”等问题展开了热烈的讨论。当然，对这样预见性的议题，肯定会有各种不同的观点，“仁者见仁，智者见智”。本文是笔者根据近几年接触的智能制造相关活动和资料，谈谈自己的看法。一己之见，仅供参考。

一、中国现在要不要发展智能制造

在谈智能制造的其他问题之前，首先要确定的是“中国现在是否要发展智能制造”。对这个问题，现在有两种截然相反的观点。　一种观点是中国目前尚不具备发展智能制造的条件。按照德国对工业发展阶段的划分：工业 1.0 是指创造了机器工厂的“蒸汽时代”；工业 2.0 是指进入了分工明确、大批量生产的流水线模式和“电气时代”；工业 3.0 是指应用电子信息技术，进一步提高生产自动化水平的时代；工业 4.0 则是开始应用信息物理融合系统的时代，即智能化时代。德国自称目前处在 3.8 的水平。相比之下，中国绝大部分的企业目前大概只处在 2.5 的水平，有少数企业达到 3.0 左右的水平。要达到 4.0 的水平，不但需要很长的时间，而且需要大量的人才和资金投入。因此，目前在中国提出发展智能制造为时过早，是不现实的。

另一种观点则认为发达国家正在紧锣密鼓地发展智能制造，其成果很快就会在市场竞争中表现出来。例如，西门子公司在成都建设了一个按照智能制造理念设计的数字化工厂。据说，这个工厂已经实现从接受订单到产品发货过程全部无人化。从接到订单到安排生产只需要 1 分钟，从安排生产到出货只需要 24 小时，产品不合格率只有 9ppm，2013 年的劳动生产率达到亿元级的水平。在这样的生产模式下，产品的性能价格比大幅度提升。最近西门子发表一款在中国设计并在中国制造的 Smart 系列产品，其性价比使国内同类产品企业感到喘不过气来。德国还采取大量的措施，积极推广工业 4.0 的技术。例如要求到 2015 年，所有德国的出口装备必须配备远程监控的功能。德国还在多个地区建设智能制造的技术平台，由西门子等多个大公司提供智能制造所需的支撑软件，免费提供给中小企业使用，并提供技术指导，降低创新的成本。对中小企业愿意进行智能制造相关的技术改造，由政府逐年返还改造费用，以激发中小企业向智能制造发展的积极性。在这样的形势下，我们没有时间等待。如果我们现在还不起步发展智能制造，很可能在这一轮的工业变革中再次被抛在后面。所以，我本人是倾向于“现在就应该着手发展智能制造”这种观点的。

二、智能制造的发展战略和内容是“因地制宜”的

什么是“智能制造”？笼统来讲，可以概括为传统制造技术与新型信息技术的深度融合。但是，仔细分析起来，各发达国家都是根据本国经济发展的特点来制订发展智能制造的战略和内涵的，相互之间差异很大。拿德国提出的“工业 4.0”和美国提出的“先进制造合作伙伴计划”作比较，它们从目标到实施内容都很不相同。德国在提出“工业 4.0”时明确表示，德国经济的支柱产业是制造业，特别是装备制造业。目前德国的制造业已经处在世界的顶尖地位，之所以提出“工业 4.0”，是为了在信息技术快速发展的形势下，继续保持其制造业在世界顶尖位置。因此，“工业 4.0”的内容是围绕产品设计、制造、检测、管理、物流、服务等产品全生命周期中各个环节如何充分利用信息技术，达到高质量、低成本以及大规模个性化制造的目的。美国经济发展的强项并不是制造业，而是高科技的原创性研究成果。所以，美国提出的“先进制造合作伙伴计划”的重点是新材料、机器人（不仅仅是工业机器人）和新制造工艺（如 3D 打印、微纳米制造、生物制造等）等高科技的内容。而且明确表示，美国支持的产业必须是美国原创的技术成果。因此，智能制造的内容实际上是因国而异的。如果进一步延伸，还会因产业而异。

三、对中国发展智能制造策略的设想

如上所述，中国发展智能制造也要根据中国的经济发展特点。从智能制造的角度来看，

中国经济发展有下列特点：第一，制造业是中国经济的支柱产业；第二，中国制造业的原创能力不强，原创性技术成果不多；第三，中国有广阔的国内市场，需求强劲；第四，中国企业的自动化、信息化水平参差不齐，差距十分巨大。根据这些特点，我个人认为，中国智能制造发展的方式应采取“重点突出、分步实施、长期坚持、重在应用”的方针。

1、重点突出是指我国发展智能制造的重点应该放在制造业。

2、分步实施是因为中国企业的状况差别太大。我们可以把中国的制造业企业分为三种类型：第一类企业，它们的产品技术水平已经达到国际领先水平，例如高铁、大型输变电装备、工程机械、造船、航天等，产品已经进入国际市场。它们现有的制造过程大多已达到3.0以上的水平。但是真正想保持世界领先，还必须继续提高性能价格比，往智能制造的方向提升。这些企业是我国智能制造发展的第一梯队；第二类企业，它们的产品技术水平达到国内领先水平，其目标是要与国外产品争夺国内的高端市场。例如数控机床、分散型控制系统等。这些企业的制造过程在两化融合方面也已经达到一定水平，对发展智能制造有较高的积极性，是我国发展智能制造的第二梯队；第三类企业是指目前尚不具备条件发展智能制造的企业，可以暂时观望、等待，在市场压力下逐步实施智能制造。

3、必须认识到，我国发展智能制造的过程将是漫长的。智能制造的有些环节可以比较快地提升，例如智能装备等硬件设施可以很快改善。我国大批企业已经装备了各种智能装备，水平与国外企业相当。但是，有些环节是需要长期积累才能提升的。例如在产品从设计到服务全过程中需要的大量支撑工具软件，还有各种器件、部件的可靠性数据库以及加工专家系统等。这些都需要长期工作经验的积累而逐步形成和不断完善。这方面在国内还处于起步阶段，发展过程将是比较漫长的。德国声称从现在的基础上升到4.0还需要10～15年，那么估计我国智能制造至少还需要30年才能够初见成效。所以，无论政府还是企业，都需要有足够的耐心，坚持长期投入。

4、根据前一段推行智能制造的经验，示范应用是十分重要的环节。智能制造不是一个理论问题，而是非常具体的模式创新，没有经验可借鉴，必须在实践中摸索、积累。只有亲身经历了智能制造的实施过程，才能摸清在实行智能制造时会遇到哪些问题，应该如何去解决。有了示范工程，一方面可以积累实行智能制造的经验，为其他企业所借鉴；另一方面，也可以让其他企业亲眼目睹智能工厂的运行状态，了解采用智能制造的理念进行企业运作会带来哪些好处，从而更积极地参与智能制造的发展。正是这个原因，国内大批企业家都踊跃地想到西门子的成都工厂参观学习。所以，我们也应该在一些典型行业建设一批应用示范企业（哪怕现在只达到3.5），这对推动智能制造发展将会产生很大的促进作用。

四、智能制造与仪器仪表行业

自动化是智能制造的重要基础，智能制造的发展必然会拉动自动化产业的快速发展，也就是拉动仪器仪表行业的发展。从应用的角度来分，自动化产品可以分为用于流程制造业自动化与用于离散制造业自动化两类。流程制造业自动化的主干产品是变送器和测量仪表、成分分析仪器、分散型控制系统（DCS）、执行机构和调节阀等。而离散制造业自动化的主干产品是传感器（光电开关、接近开关、力、加速度、视觉等）、可编程控制系统（PLC）、伺服驱动和伺服电机等。两者差别很大。智能制造的主要服务对象是离散制造业，所以，它需要的是离散制造业的自动化产品。

由于“十一五”之前我国的经济建设重点是流程制造业，所以仪器仪表行业也是围绕着满足流程制造业自动化的需求发展的，离散制造业自动化的基础相对薄弱。最明显的标志是离散制造业自动化的主干产品市场基本被国外公司垄断，国产产品的市场占有率只有5%左右。而且，离散制造业自动化产品的制造企业规模小而分散，基本没有建立起自己的品牌，行业目前的状况显然不能满足智能制造发展的需求。因此从现在起，仪器仪表行业必须要尽快进行产品结构的调整，大大加强离散制造业自动化的产业实力。这个任务非常重要，同时也极具挑战性。

五、对中国发展离散制造自动化产业的建议

第一个建议是要避实就虚。在“人强我弱”、实力相差悬殊的情况下，我们不要去强攻国外一流产品已经牢牢占领的“阵地”而与它们进行产品与技术的血拼。我们要积极寻找国外一流产品尚未覆盖、或者目前被二流国外产品占领的应用领域，特别是一些专用性比较强的应用领域，凭借现有的产品与技术为用户量身定制，提供更好的服务。通过这样的市场突破口，逐渐增强国产产品的实力和市场占有率，创建自有品牌，再一步一步向其他应用领域拓展。通俗地说，就是采用“农村包围城市”和“建立农村根据地”的战略。据了解，在机械、食品、纺织等行业有不少这样的市场机会。

第二个建议是把自动化与“两化融合”紧密地结合在一起。由于技术发展的原因，国外的发展道路是制造自动化与管理信息化并行发展，然后再实行结合。今天的技术发展已经完全可以一步到位，可以在自动化产品中“嵌入”信息化管理的功能。例如，可以从网络下载工艺文件并根据工艺文件自动调整设备参数、条形码导引、实时产量统计、检测数据录入和质量管理等，以便用户实施MES或者ERP。基础自动化与“两化融合”的结合，更加贴近用户的需要，更加符合中国国情，可以突出我们本土化的优势，为下一步发展智能制造打下基础。

第三个建议是要尽快建立一个离散自动化的产业组织。现今离散制造业自动化的市场优势已经不是靠单个的产品或者单项技术，而是要把仪器仪表产品、电工产品、软件产品、系统集成技术有机地结合在一起，靠集团军的优势去参与市场竞争。因此必然会打破原来仪器仪表、电工、软件等产业的行业界线，实现跨行业、跨部门的合作。要使这样的合作有效、有序，必须有一个中介组织作为企业间沟通协调的平台。在国外，有西门子这样的巨型综合性企业，通过收购来实现多种技术和产品的协同，形成统一的技术平台。我们没有这样的企业，所以需要通过产业组织来完成这样的功能。

目前，离散制造业自动化产业的局面与上世纪90年代初DCS系统的情况十分相似，国内技术力量弱，产品市场占有率低。但是，经过

将近20年的努力，国产DCS系统已经和国外同类产品平起平坐，占领了超过40%的市场份额。所以，只要我们有坚定的信心，耐心地拼搏15到20年，我国离散自动化产业也一定能够迎来辉煌的时代。

离散自动化如何助力中国制造业升级

和利时科技集团有限公司董事长　贺剑锋

一、我国制造业面临的挑战

改革开放以来，我国的制造业获得了连续30多年的高速发展，然而，近年来面临诸多挑战。就运营效率而言，主要表现在五个方面。

（一）低成本优势逐渐消失

过去的低成本优势主要靠廉价的劳动力、原料和能源等关键资源以及对环境排放的低要求，而并不是因为我们对资源的使用效率高。近年来，人口老龄化加速了劳动力短缺，再加上新一代年青人从事枯燥重复体力劳动的意愿大大降低，从而使劳动力成本大幅度上升。同时，原料和土地价格上升较快，环境排放标准在不断提高。因此，我国制造业的低成本优势在逐渐丧失，一些工厂开始转移到越南等成本更低的粗放发展中国家，甚至回流欧美高效率集约发达国家。

（二）质量要求大大提高

随着短缺经济的彻底结束，客户或消费者对低质量产品的容忍度下降到零，特别是涉及安全的产品，客户宁愿花高价购买信得过的品牌。除了产品设计质量外，就产品制造过程而言，手工环节越多差错越多，一致性、精度越难于控制，有的车间甚至以限制人的活动以保证环境洁净度要求。

（三）柔性化生产要求提高

单品种大批量生产有利于获得成本优势，但无法满足当今客户日益个性化的需求。多品种小批量生产可以满足个性化的需求，但不利于成本控制。如何既满足个性化需要，又获得大规模生产的成本优势？大规模定制（Mass-customization）的生产模式基于标准模块，加上针对每个客户的个性化需求，是规模化生产企业满足个性化需求的主要方式。

（四）缩短交期并保持低库存

随着竞争的加剧，不断缩短的承诺交期成为制胜的重要因素。同时，制造业已经从过去落后的面向库存生产模式（Make-to-stock）转变为面向订单生产模式（Make-to-order），实现大幅度降低库存，甚至零库存运行（Just-in-time）。这些要求，再加上前述的满足客户定制化需求的柔性生产模式，迫使制造企业进行彻底的运营流程再设计，并使用信息技术作为基本工具，打通从客户需求采集、售前支持、销售、设计、计划、财务、采购、生产管理、生产线切换控制、物流到售后服务的所谓从客户需求采集到满足客户需求的“端到端”业务流程。

（五）欧美国家积极筹划制造业再升级的威胁

从全球来看，虽然中国制造业经过30多年的高速发展，但总体还是比较粗放，欧美发达国家依然在引领国际制造业的发展方向，并代表了国际制造业的最高水平。为了在新一轮工业革命中占领先机，在德国工程院、弗劳恩霍夫协会、西门子公司等德国学术界和产业界的建议和推动下，“工业4.0”项目在2013年4月的汉诺威工业博览会上被正式推出。这一研究项目是 2010 年 7 月德国政府《高技术战略 2020》确定的十大未来项目之一，旨在支持工业领域新一代革命性技术的研发与创新。2012 年 2 月，美国国家科学和技术委员会发布《先进制造业国家战略计划》，描述了全球先进制造业的发展趋势及美国制造业面临的挑战，提出了实施美国先进制造业战略的五大目标，明确了参与每个目标实施的主要联邦政府机构。上述动态，实际上反映的是全球工业革命的时代演进步伐：从机械化、电气化，发展到信息化、智能化。可以说，在工业革命的几次大的浪潮中，我国都处于追赶状态，中国制造业要想在国际上立足，必须加快转型升级，奋起直追，只争朝夕。我国政府也很早就洞悉了这一变革趋势：2002 年首次提出了“以信息化带动工业化，以工业化促进信息化”的新型工业化道路的指导思想；经过 5 年的发展和完善，在 2007 年提出“发展现代产业体系，大力推进信息化与工业化融合”的新科学发展的观念，“两化融合”的概念就此形成。

当前，我国的现实情况是，制造业的传统自动化水平与发达国家还有很大差距，而西方发达国家已经把制造业转型的焦点放在信息化和智能化上。我们如何追赶，值得研究。甚至在某些行业实现弯道超越，也不是没有可能，存在后发优势的可能性。我们在面对传统意义上的自动化需求时，按照“两化融合”方针的指引，有效融合传统自动化、信息化、智能化三个方面的发展要求，就有机会在选定的行业做到国际领先。

二、我国制造业升级所面临的问题

改革开放 30 多年来，我国制造业通过引进和自主创新的自动化技术的使用，在很大程度上提升了企业的生产效率和产品质量，并降低了资源消耗和污染排放。但是，制造业在采用自动化技术方面所面临的问题也是明显的。

（一）流程企业和离散制造业的自动化应用水平不平衡

总的来说，流程行业的自动化水平要远高于离散制造业。原因主要有两点：一是工艺特点决定。众所周知，制造业按生产控制工艺分为流程类和离散制造类。流程行业的特征是原料沿管道流动，经过一系列的反应装置，物料在反应装置中依靠能源和化学反应变成目标物质。流程行业发生爆炸和污染环境的风险较高，工厂启停代价高昂，一般 24 小时乘 365 天连续运转，典型企业如化工厂和火力发电厂。而离散制造行业，被加工对象是一件件的零件，最后组装成产品，典型企业如电子产品生产。当然，流程行业的后处理阶段，往往又包含离散制造工艺，比如化肥厂的包装、码垛。流程行业和离散制造业在工艺上的这些本质差别，决定了流程行业很难像离散行业那样靠手工操作控制生产过程。二是我国工业发展优先顺序选择的历史决定。如同一些大国走过的历史一样，必须优先解决各种基础原料和能源的短缺，重化工、火力发电等行业成为国家经济发展的先行产业。基于上述两个原因，我国的流程行业工艺过程基本上都已实现自动化，而离散制造业还存在大量的手工劳动，甚至前几年某些企业还以大量手工组装产品打败先进国家的竞争对手而自豪。对于基础自动化水平薄弱的行业或企业而言，直接谈信息化改造是不切实际的，需要在“两化融合” 方针指导下做好顶层设计，在提升基础自动化水平的阶段提前考虑信息化的要求，然后根据企业自身条件，按“一次设计、分步实施”的步骤，稳扎稳打向前推进自动化和信息化改造。

（二）流程自动化和离散自动化技术和产品的自主化程度差别较大

市场需求的拉动，是自动化企业发展的主要动力。在过去的几十年，特别是最近的20年，我国的自动化企业优先解决流程行业的基础自动化需求，并且经过国家持续的支持，流程工业自动化系统的自主化已经取得了阶段性的成功，DCS、仪表等关键产品大量替代进口，市场份额已经处在前列，比如DCS方面的和利时、浙江中控、国电智深等，仪表方面的川仪、京仪、天仪、上自仪等。但是，以PLC、运动控制、伺服、CNC、机器人等关键产品为代表的离散自动化市场，目前仍大量依赖进口，甚至进口产品处于绝对垄断地位。国内离散自动化市场的这种局面，对我国离散制造业的转型升级形成了很大的制约：一方面，进口系统售价高、服务人工成本高、有时交流沟通成本也很高，而全厂自动化和信息化改造往往需要大量的咨询服务；另一方面，业务流程再造涉及管理水平的同步提升，上马项目的风险很大，效果和投资收益难以预期。如果投资回收期超过5年，基本上客户很少会考虑上马自动化和信息化改造项目，一般希望2-4年收回投资。离散制造业的转型升级，目前多数在自己摸索。

（三）技术和应用之间有鸿沟

对于自动化厂商来说，容易陷入一个误区，认为掌握的技术还不够多，产品还不够丰富，因此就闭门造车地发展新技术新产品。有时又自我感觉良好，无所不能，自我欣赏而不觉，热衷于推销技术而不愿深入了解客户的具体需求和应用。制造业客户这一边，面对一大堆眼花缭乱的自动化和信息化技术，面对自动化厂家的技术推销、概念推销，迷茫而无助。在自动化信息化技术和制造业具体应用之间，存在一条很宽很深的鸿沟，如果在二者之间架起一座桥梁，就极具商业价值和社会价值。

三、离散自动化如何助力中国制造业升级

我们探讨离散自动化在制造业升级中如何有所作为，本质上就是探讨自动化如何为制造业客户创造价值。

从经济效果上来说，就是要帮助客户多赚取利润，要么帮助客户的产品多卖钱，要么帮助客户降低成本省钱。从具体途径来说，自动化和信息化改造对制造业客户的价值创造，要么是帮助提高其产品的性能和质量，要么是帮助其提升效率，甚至做到二者兼得既提升了性能质量又提高了效率。自动化为了做出自己的价值贡献，没有捷径，唯有深入客户，找到客户的痛点和需求，搭建技术和应用的桥梁，量体裁衣，为客户选择合适的技术，提供完整的解决方案，解决客户的现实问题，才能为客户创造价值。

制造业客户行业众多，从事离散自动化业务的企业本身在整个价值链上也处于各种各样的位置。在研究客户、同行和自身的基础上，找准自身在价值链上的定位，明确该定位应向客户提供的核心价值，对自动化企业而言至关重要。

从产品和服务的提供上看，离散自动化可能有以下几种业务模式。

（一）自动化通用部件产品研制和销售

从事控制器（PLC、运动控制器、PAC等）、

伺服驱动器、伺服电机、减速器、机器手、变频器、步进电机、传感器、触摸屏、HMI软件等通用自动化基础部件级产品的研制和销售，走高端则遵循高性能高价格策略，走中低端则坚持够用、可靠、低价的策略。

（二）整机电控方案设计和成套

按机种设计和成套专用电控方案，如电梯、注塑机、绣花机、横机等行业的电控系统提供商。专用电控方案在成本、易用性、整体性能适配方面都要优于用通用自动化部件产品设计集成的系统，由此形成了竞争力。方案一旦成熟，则可以规模化制造和销售。

（三）自动化整机研制和销售

综合机光电与自动化技术，研制和销售自动化整机装备。整机装备作为标准产品规模化生产销售。

（四）生产线自动化系统设计和成套

按照客户生产线的具体布局，针对每一条线设计和成套自动化系统。每个订单按项目管理，项目成为公司的基本经营管理单位，每个项目的利润决定了公司的整体利润。

（五）自动化生产线研制和销售：针对客户的需求，不仅提供整线自动化系统，连同生产线的机械设备主体都由自动化厂商设计、集成、调试，并最终提供给客户，并按照项目为基本经营单元来管理。

（六）全厂自动化信息化系统集成

这是范围最深最广的一种业务模式，从全厂自动化信息化集成的高度，统筹设计、集成各层的自动化和信息系统，完成全厂运营管理、产线自控、设备自控的深度融合与无缝集成，符合真正意义上的“两化融合”的要求。

纵观以上各种业务模式，很难泛泛而谈究竟哪种模式好，我们更应该思考哪种模式最适合自己。找准定位，其实就是做自己擅长的事，并且专注去做好。专而精，精而强，强而大。唯有如此，我国的离散自动化企业才能突破目前不利的市场格局，在国外厂家占据垄断地位的竞争格局中争得一定的位置，同时也为破解我国制造业发展难题、为促进我国国民经济可持续健康发展做出自己的独特贡献。

科技创新是企业持续发展的灵魂

——中控的技术创新之路

中控科技集团董事长 金建祥

创新是企业持续发展的灵魂，任何企业的成功都离不开创新，包括技术创新、管理创新、机制创新等等。而高新技术企业的成功更加离不开技术创新。

作为自动化、信息化行业的高科技企业，中控成立至今，已经走过了20年的创新之路。20年来，中控始终把科技创新当成企业的生命线，在技术创新和技术储备方面处于国内同行前列。1993年，在国内第一个推出1：1热冗余DCS；1996年第一个推出全数字化DCS；2000年第一个规模推广节能减排解决方案；2005年第一个领衔制订国际标准EPA；2007年第一个进入大化工、大化肥装置；2009年第一个进入千万吨大炼油装置；2010年第一个进入中石化大化工装置；2014年，国内首个千万吨级炼油装置的控制系统用上“中国芯”……

近年来，凭着自身的核心技术优势，中控承担并出色完成了多项国家“863”和科技攻关重大研究课题，获得省部级以上科技奖励26项，其中包括国家科技进步二等奖3项、国家技术发明二等奖1项和国家科技进步三等奖1项。“中控”与“SUPCON”已成为中国最知名的自动化品牌之一，SUPCON 集散控制系统是自动化行业首个“中国名牌产品”，“SUPCON”和“中控”商标被认定为“中国驰名商标”。

所有这些成绩的取得，与中控一贯重视技术创新密不可分。

一、原创技术帮助企业快速起步

技术是企业发展的发动机，原创技术更是如此。中控起步之际，正面临着中国自动化行业的寒冬，国外大型自动化厂商如美国的 Honeywell、罗斯蒙特，日本的横河等企业的产品一统国内市场，其产品和服务的价格居高不下；而国内尚未推出具有竞争力的同类产品，自动化公司大多成为国外公司的代理，从事着低附加值的劳动。就在这样的情况下，中控从一开始就走上了一条独立自主的技术开发创新之路。

当时的中控集全部力量于 DCS 的研发，通过不断的摸索和实践，于 1993 年创造性地提出了实现计算机控制系统 1 ∶ 1 热冗余的 7 项准则，并成功地应用于 SUPCON　JX-100　DCS 中，填补了这一领域的国内空白。经技术鉴定，该系统在主要技术性能上均达到了国际先进水平，先后获得浙江省科技进步一等奖和国家科技进步三等奖。中控 DCS 的出现，使自动化领域国货与洋货的价格也从之前的 1 ∶ 3 迅速下降至 1 ∶ 1.2。

自此，中控的 DCS 成功推向市场，并在彻底打破了国外产品在中低端控制系统方面的垄断后，更在关系国家经济命脉的中石化炼油主装置以及核化工、煤化工、大化工等重大项目上不断获得应用，意义深远。目前中控已成为中石化第一大控制系统供应商，同时积极拓展智能水务、智能建筑、智能交通、机器人、新能源、太阳能和节能等领域。

敢为人先，不断创造出新的技术和产品，这是公司生存和发展的重要基础，也是我们的核心竞争力。

二、精品意识实现产品持续进步

创新是企业的灵魂，是发展的原动力。但仅有创新是不够的，还要树立精品意识，在创新的基础上不断进步。在技术领先的同时，我们还必须在产品的持续改进方面精益求精。只有持续改进，普通产品才能变成精品。

在产品开发的过程中，国内的技术人员往往缺乏精品意识，在一项技术和产品的开发刚刚完成并初见成效的时候，他们就认为已经大功告成，于是马上另起炉灶，立即投入另一项全新的开发工作中去，“喜新厌旧”往往是他们的通病。一味地求新求变，这导致了产品开发的不到位，严重妨碍了精品的开发和制造，也妨碍了产品的持续进步。

在技术创新的过程中，我们更要有把创新的产品和技术转化成精品的决心和勇气。在这一方面，培养技术开发人员的精品意识尤为重要。只有技术开发人员树立起精品意识，才有可能开发出精品。

中控的技术开发人员一直非常注重于产品的完善，注重于精品的铸造。如在 DCS 的开发过程中，我们在 1996 年开发出 JX-300　DCS 的基础上，结合市场和用户的需求，不断改进和完善，推出了包括适用于流程工业自动化领域的 JX-300XP、ECS-100、ECS-700 以及适用于工厂自动化领域的 GCS-3、GCS-5 系列控制系统，其中各种软件版本更是层出不穷。在增强产品功能、完善产品设计、美化产品外观等方面，为铸造出精品做出了不懈的努力。

三、以人为本体现技术人员价值

人才是企业不断创新、发展的根本，高素质的人才队伍更是企业最宝贵的财富。在需要高度创新的高新技术企业中，技术人员又是其中最重要的人力资源。技术人员的推陈出新、开拓进取，将为公司的技术创新提供最原始的活力和动力。一个能够不断发展的企业必须保证拥有相当比例的技术开发人员。在中控，各产品研发、技术研发等开发部门始终是最重要的部门之一，开发人员在员工总数中的比例一直保持在四分之一左右。

人对组织的认同归根结底是价值观的认同。对于公司的技术人员，以人为本，充分体现他们的价值，使其挖掘潜质、激活思维，心无旁骛、全身心地投入到技术创新的工作中去，这是至关重要的。

首先，企业必须为每位技术人员提供实实在在的发展机会，为他们提供一个能够充分发挥个人能力与创造力的空间和平台，提供一种“重视人、培养人、发展人”的环境。公司良好的发展势头、优秀的企业文化、宽松的发展环境、人性化的管理制度以及个人清晰的职业规划，都为他们自觉进步和创新提供了原动力，使他们在保持活跃思维的同时又具有极强的凝聚力。他们所创造的技术成果被成功推向市场时，在成就公司的同时，也成就了其个人的价值。

其次，在当前的经济社会中，虽然不主张一味以高薪引进和留住人才，但可观的待遇依然是人才和企业在双向选择中一个不可忽略的因素。企业必须建立一系列有利于技术人员发展而合理的薪酬体系，使他们能够享受良好的生活质量。这不仅通过物质的形式充分肯定了技术人员的努力，同时，也能够更好地激发他们的创新思维。

事业、前途、可观的待遇，这些都充分体现着技术人员的社会价值和经济价值，也是中控吸引人才和留住人才的重要因素。在这样一种环境下，每年都会有一大批优秀的年轻人脱颖而出成为公司的技术骨干，他们是中控技术创新道路上的生力军。从这个意义上讲，中控首先是创造了人，然后创造了技术，进而创造了中国的自动化产业。

四、宽容态度保证持续创新

在技术创新的过程中，任何新技术和新产品都有一个成熟的过程，谁也不能保证、事实上也不可能做到新开发产品的十全十美，没有丝毫问题。这需要我们用宽容的态度来对待新生产品存在的一些问题和缺陷；除了宽容和正视，我们还应想方设法加快新产品成熟的过程和速度。这是我们力所能及的，也是可以做到和实现的。

众所周知，产品开发的目的是为了技术产品化，是为了产品能够为市场所接受，并最终为用户所认可。而新产品只有在使用过程中，所存在的一些问题和缺陷才会一一浮出水面，充分暴露。如何才能使新产品尽快走向市场？这就应该大胆销售。销售人员往往喜欢销售已经成熟并被用户所认可的产品，这有利于销售，也不会给后续工作带来一些不必要的麻烦；但站在公司的角度上，如果一个新产品仅靠开发人员闭门造车，在实验室中去改善，是永远不能真正完善和成熟起来的，创新也就难以为继。这就要求公司制定相应政策鼓励销售人员去大胆销售，在产品使用中不断加以完善，不断进步，使创新活动得以持续下去。

只有尽量减少问题，尽可能缩短完善产品、改正问题的时间，才能提高产品的信誉，增加产品的销量。通过使用新产品，不断地发现问题、解决问题，通过这种良性循环，新产品的弊病就能被一一排除，从而使新产品的各项功能日臻完善，真正成为一个成熟可靠、能经受更多市场考验的精品。

五、结束语

创新意味着变化，而变革总是与风险结伴而来。第一次创新并不难，难的是持续创新。中控能够发展到今天，正是因为在科技创新和体制创新方面没有或者很少走弯路。大胆探索、审慎行动、持续创新，始终是中控的座右铭。

中国自动化集团的中国梦

中国自动化集团董事局主席　宣瑞国

一、中国自动化行业未来十年会面临哪些机遇与挑战？

未来中国自动化行业将是产生巨变的十年。其大的背景源于中国经济经过高速发展后将进入平稳发展期，所有的工业用户拼的是内在的管理、内在的质量、内在的成本，这些客观的优势要求我们自动化用户优化结构、降低成本，从工厂自动化的角度来讲，由于工业化的规模越来越大，对质量和效率的要求越来越高，以及工业化、自动化融合的趋势越来越明显，对自动化产业和产品提出了更高的要求；那么在我们所熟悉的流程工业上，两化融合对自动化产业的提升和要求也是巨大的，现在我们只是实现了控制层面的自动化和智能化，但是要使整个回路变成自动化和智能化还要有大量的投入。当然，除了我们所熟知的工业自动化以外，在其他行业诸如大的交通、大的消费、大的医疗、大的文化方面，都有太多的自动化的需求。在未来十年，机器人的技术、信息化的技术，包括物流的技术等等，都会对自动化产业提出更高的要求，这也是我们高度关注的行业。所以，我们想在未来十年当中，一方面要专注于自己的本业，把本业做好；另一方面，积极地关注和国家经济密切相关的自动化产业。

二、为了助力中国自动化产业的转型，中国自动化集团具体做了哪些准备呢？

在中国自动化集团的三大主业上，这几年集团做了很大的努力，2011 年收购吴忠仪表，收入利润翻了二翻；在去年《控制阀》杂志评选中，中国自动化集团名列第四位，而前十位我们是唯一入围的国内企业，其余都是国外企业。在控制阀国产化领域，我们承接了中石油管线调解阀的国产化项目和中海油深海控制阀国产化项目，受到用户的高度评价。在制造技术领域，我们承接了工信部智能制造和两化融合的项目，成为国内先进制造技术的领先厂家。

在安全控制领域，康吉森自动化是国内最大的安全和关键控制企业，也是市场占有率最大的企业，我们目前在国内的装机量有三千多套系统，承担了国内石油化工绝大部分装置的安全保证任务，以及大型旋转机械安全保证的任务。康吉森作为国内公认的安全控制系统厂商，我们优质的产品和服务赢得了客户的广泛赞誉。在发展国内市场的同时，我们也积极开拓国际市场， 我们的美国公司经过5年发展，已经成功进入美国，欧洲，中东和东南亚市场，成为国际市场的合格竞争厂商。

在吴忠仪表，我们将不断扩大产业规模，提升企业整体产品的档次，在高端控制阀领域要和国外的竞争对手同台技艺。在此我也特别呼吁，希望我们国内的工业用户给我们吴忠仪表这个机会，相信我们的国货，相信我们这个五十年的企业会给你满意的服务。

在安全和关键控制领域，集团积极地投入研发，硬件的国产化， 软件智能化，以及节能减排，优化我们用户的资产管理等方面做出进一步的努力， 给新老用户带来更大的价值。

过去几年，铁路行业的起起伏伏，也是我们自动化行业谈论的热点话题，经过近五年来的实际运行，中国的高铁令人信服地站在了世人的面前，而我们作为高铁的建设者，非常骄傲地提供了中国第二条高速铁路郑西线（郑州－西安）全部联锁信号系统。中国最繁忙的京广铁路北段京石武高铁（北京－石家庄－武汉）的信号系统，事实证明中国人自己能制造出高质量的信号系统，我们高铁的安全是值得信赖的。未来十年，我们国家的铁路依然会高速发展，高速铁路会形成全国网络，特别是中西部地区，会成为我们的骨干交通网络，会给大家带来高质量和环保的出行。中西部的铁路包括货运铁路，都将极大地改善中西部的经济环境，加快中西部经济的发展。围绕这方面的市场需求，我们集团的信号企业也在做几方面的工作，首先，我们原有的系统是以联锁系统为主的，经过了三年的研发，我们的列控中心经过了铁道部的认证，今年在宁启线会全线上车使用，成为合格供应商的行列；另外，我们的车载ATP产品也具备了产品化的性质，正在进行安全性测试。在不久的将来，我们期望集团的信号企业能成为国铁的全系列产品供应商。

在积极发展国铁的同时，我们也在关注城市轨道交通的发展，在过去几年，我们也为重庆地铁3号线、北京地铁15号线以及积极参与了成都地铁1号线、北京地铁7号线等城市地铁的建设，在未来几年，我们也将成为国内轨道交通信号系统的参与者与竞争者。

三、中国自动化集团的中国梦

我们经过20年的创业，是中国经济高速发展的创业者和企业家，我们每个人都有一个中国梦，中国自动化集团怀揣着科技报国、实业报国的梦想，期望在被国外企业垄断的产业上有我们中国企业的一席之地，同时积极进军国际市场。目前在我们的专业领域，已经具备了一定的实力；未来十年将是我们大幅度的自主产品的研发投入，致力于核心技术的研发和制造，是全方位提升中国自动化行业水平的十年，我们希望中国自动化集团和中国自动化行业的同仁一起共同努力，在世界自动化仪表产业，让我们中国也占有一席之地，实现我们所有自动化人的中国梦。

自主创新，与时俱进，基业长青

——为仪器仪表界的中国制造喝彩

开封仪表有限公司董事长 林福成

早在2013年3月中仪协会（重庆）会议上就获悉协会要为仪器仪表行业编制《年鉴》，作为仪器仪表行业中的一员老兵，我感到这是记录国内仪表行业历史和发展现状的一件大事，也是行业的一件幸事，自然是欣喜不已。现在，经过广大编委们的辛勤工作和业内顾问、专家、领导的指导和审核，《年鉴》即将付梓，我期待尽早出版，先睹为快。前段日子，协会来函，要我对行业或企业情况做些介绍，编入《年鉴》中的企业专栏。感谢协会领导对开封仪表的重视和对我本人的信任，然而当我提笔思忖时，却不知从何处下笔。是啊，仪器仪表行业门类众多，近些年来的发展日新月异，且在协会现任领导的指引下，会员组织日益壮大，优良企业比比皆是，整个行业可谓是蓬勃发展，有如观看一场盛大的展会，令人目不暇接。转念想来，协会正在编纂的《年鉴》，作为行业内的主要工具书和大型史册，正是要海纳百川，聚沙成塔，将行业内的企业发展情况汇集起来，方能体现行业发展状况，以供有需求者参考学习。鉴于此，根据我所了解的情况及所在的企业，尽力做一点肤浅的介绍。

就仪器仪表行业中的工业自动化仪表而言，需要且能够测量的工业级参数变量众多。取其大类划分，如热工量测量，则又包括流量与温度、压力、物位等的测量。我所供职的企业——开封仪表有限公司，其前身即为1958年建设的开封仪表厂，自成立至今56年来，始终坚持如一的将流量测量作为研究和发展方向，因此我的职业生涯也与流量仪表密不可分。下面是我所在企业的发展情况：

开封仪表厂是建国后较早成立的国有仪表企业之一，1959年在南京召开全国热工仪表会议后，确定了开仪由综合性转为专业性工厂，专门生产制造流量计、液位计等仪表产品。1963年7月，国务院以“国计薄发字第210号”文，批准并确定开仪应成为流量测量、液位测量的骨干主导厂。自此，开封仪表厂开始了集流量仪表研发、制造、生产、校验于一身的国家大型工业仪表基地的建设历程。

一、产品研发

开仪一贯注重新产品、新技术的研发。建厂初期，在各项条件都比较艰苦的时候，就克服困难，为满足我国的航天、军工等发展需求，研制开发了特种涡轮流量计等一批性能优良、运行稳定的流量仪表。后来又成立了流量仪表研究所、技术处等科研机构，研制出新产品几十项，包括黄岛原油外输计量装置、广东东深供水计量装置等在内的不少产品，填补了国内技术空白，支援了国家重点项目建设。

新产品、新技术的研制离不开科学研究，开仪很早就发现并关注这点。20世纪70年代中期，受发达工业国对电磁流量计的影响，我国对电磁流量计理论的研究也进入了高潮。1975年6月，开仪邀请著名物理学家、北京大学王竹溪教授和赵凯华教授，对电磁流量计权重函数理论进行了严谨的数学解析，并授业讲演，带动了华中工学院、东北工学院、上海交通大学等众多高校积极参与电磁流量计理论的研究，并开发出我国的权重分布磁场电磁流量计产品。

近年来，开仪更加重视进行产、学、研合作共建的联合研发模式，针对项目应用的实际需求和流量计量中的功能短板，选择具备人才、技术优势的高校进行合作。先后与天津大学、西安交通大学、河北工业大学等高校及科研院所联合成立项目课题组，立项研发。同时将流量仪表研究所、技术处合并成立企业技术中心，招揽人才，加大投入，专注研发，并与上述科研机构对接。开发出了多种新功能、新产品。除此之外，开仪还与一些大客户进行技术联合，难题攻关。如与中广核公司联合研发的核电专用金属浮子流量计，取得了国家专利，并满足了核电生产控制的严格要求。现在，这种优势互补、强强联合的方式，已经结出了丰硕的果实，凸显了其强大的竞争力。

新品研发完成后的测试、推广及标准制定工作，开仪同样重视。上个世纪开仪参与制订的产品标准至今仍有部分在行业内使用，如《GB/T 17612-1998 封闭管道中液体流量的测量称重法》、《JB/T9248-1999 电磁流量计》和《JB/T6844-1993 金属管浮子流量计》等。

进入21世纪后，开仪积极参与编制、修订流量仪表产品标准及检定规程，如《JJG 1030-2007 超声流量计检定规程》、《JJG1037-2008 涡轮流量计检定规程》、《JJG 209-2010 体积管检定规程》等，为我国仪器仪表行业的标准建立与完善贡献企业的力量。

二、对外交流与技术引进

开仪在自主研发的同时，也把目光积极的投向海外，紧紧关注流量计量技术国际发展水平，绝不闭门造车。开仪是我国较早地走引进国外先进技术改革之路的企业之一。

从上个世纪80年代，即我国改革开放初期开始，在机械工业部仪器仪表工业局的指导下，开仪与国际上以流量测量产品见长的Kent公司进行了合作洽谈，引进了其电磁流量计专有技术，经过消化吸收，推陈出新，制造出具有同时代国际技术水平的电磁流量计。几乎在同时，经过考察和论证，机械部批复同意开仪引进超声波流量计制造技术，开仪与美国WestingHouse公司洽谈，并引进其超声波流量计制造技术，开始了我国较早的超声波流量计引进、开发、试制和推广。

步入20世纪90年代，开仪归属地方领导，但对外交流并未停止。经过考察和市场调研，开仪引进了日本东京计装株式会社的AM系列金属管浮子流量计，先后派出两批人员赴日研修。这些人员归国后经过大量艰苦细致的后续工作，于1995年在开仪成功投产该产品并投放国内市场。

跨入21世纪，受市场经济形势影响，顺应国家号召，开封仪表厂经过重组，成功改制为开封仪表有限公司。对内强化管理，对外拓展市场，与国际间交流与合作的步伐更加积极稳健，在原有的基础上加大了对外开放的力度。在有合作成功先例及经验的前提下，经过对国内市场面积式流量计的需求和应用现状调研后，与日本东京计装株式会社再次洽谈，合作开发新一代金属管浮子流量计，完善了产品系列，提高了企业竞争力，赢得了市场好评。

2011年开仪迎来了国际知名大型工业集团卡麦隆的来访。卡麦隆集团的高级代表介绍了其在流量测量方面的专长和特色，表示重视与开仪的交流，愿意合作共赢。经过双方互信式的交流和洽谈，终于在2012年签订了关于超声波流量计的合作协议，开启了开仪公司与国际一流大企业成功合作的新篇章。

三、市场开拓

自开封仪表有限公司成立之日起，开仪就通过广泛的调研，将市场需求按地域划分、按行业划分，细分市场。在全国主要工业城市及省会中心设立驻外办事机构，派驻营销及服务人员，密切联系客户，第一时间为客户服务，倾听用户的建议和意见。完善营销网络，做好技术支持。加强对自身销售人员的业务知识培训，提高销售队伍素质。

在冶金、石油炼化、化工、市政给排水等传统行业中，开仪始终如一地坚持遵守“质量第一、服务先行”的信条，切实做到为客户着想，为解决工业流量测量问题的目标而努力。广东东深供水改造工程，这个被列入建国60年百项经典暨精品工程名单的项目，可谓是跨世纪工程。自1964年开始，引东江水至深圳水库，再供给香港同胞，一路上无数个水渠涵洞。开仪人从第一期工程开始就积极的配合筹建方做好全段计量工作，应用自行开发设计的国产化仪表出色的解决了引水计量的诸多问题，直至2004年第四期工程完工，开仪伴随东深供水工程走过了风风雨雨的四十多年，被项目建设指挥部、粤港供水公司及广东省水利厅等单位多次表彰和嘉奖。

中国石油管道建设近年来发展较快，成为国家能源安全保障的重要运输途径。可是与之配套的计量仪表及动态在线检定校准设备却长期依赖于国外进口，如何能让石油客户放心使用国产设备呢？开仪集中力量，调研国内石油管输现场使用情况，跟踪了解国外发展技术。在国外少数企业垄断全球市场之时，自行研制开发出了用于原油计量的高精度流量仪表及动态在线检定校准设备，并推向市场，得到了石油客户的肯定。在中石油2011年举行的长输管线建设计量及检定设备招标现场，面对艾默生、史密斯等国外企业及其产品，唯一的国内竞标单位——开封仪表有限公司，最终以技术方案达到标书各项要求、并比对手低出总价10%的最优性价比一举中标，打破了国外企业在该项目上的垄断，在国家能源行业关键生产、贸易计量环节应用国产化装备的道路上迈出了坚实的步伐。

近年来随着对节能减排等目标的制定和环境治理规划，国家对化石能源的消费比重开始进行严格压减，而核电具有高效、清洁等诸多优势，且依托中核、中广核、国家核电等骨干企业建设了一批与国际接轨的现代核电研发、设计和制造平台，已具备百万千瓦级压水堆核电站自主设计和建造能力。然而，在开仪开始进入核电领域初期，一无业绩，二无资质，且由于我国最初引进国外核电设计制造技术，核电站的配套仪表、控制设备均为原装进口，国内产品无人问津。经过无数次与核电客户的技术交流与沟通，邀请中广核工程公司，中国核电工程有限公司、中核自仪股份有限公司等核电单位来公司进行实地考察和资格评审，终使开仪取得了核电供应商资质。开仪了解到中广核公司有一核电项目急需一种宽量程的控制流量计，当时国内外均无生产，于是开仪向客户表示愿意进行研发，满足市场需求。后来开仪与中广核联合，经过多次试验攻关，研发成功，不仅满足了市场需求，而且获得了产品专利，让可靠、安全、耐用的仪控设备打上了“中国制造”的标签。现在，开仪已是“核电关键仪表国产化领导小组”的成员，和小组内的其他企业一道，为我国核电工业所需仪控设备的国产化进程，贡献着自己的力量。

四、结束语

今年是开仪建厂56年，在国内仪器仪表行业中称得上是一家老企业，可是，如果放在国际上与国外知名仪器仪表企业一比，还是非常年轻的一家企业。开仪要发展，要进取，还有很长的路要走。要想成为国际知名品牌，就要与时俱进，不断开拓；要坚持自主创新，掌握核心技术，方能站在行业前沿。一味跟风模仿，只会出现短暂的繁荣，缺乏后续发展的动力，无法基业长青。

在国家工信部持续号召信息化和工业化深度融合的大背景下，开仪已开展、并正在深入推进企业“两化融合”工作，且已初见成效。开仪将与广大业内企业一起，在中国仪器仪表协会的领导下，高举“中国制造”的大旗，为把我国由制造大国升级为制造强国而努力！

天然气市场及其计量技术前瞻

浙江天信仪表集团总裁 范叔沙

“西气东输”工程开工至今，将近十五个年头。在过去的十五年里，天然气市场几乎从零开始，到目前的年用气量约200亿立方米；天然气计量仪表，也是几乎从零开始，到目前约五十亿的年度市场销量。站在目前这个时间节点上展望未来，我国的天然气市场和天然气计量仪表又将发生哪些变化呢？在此，笔者做出如下预测，供业界同仁参考：

一、天然气是解决雾霾问题、降低二氧化碳排放的最佳选择

近年来，雾霾问题持续困扰我国。据研究分析，无论是煤、还是石油产品的燃烧，其尾气中均含有形成雾霾的细小固体颗粒物。即使是清洁的电力，由于其发电的类型不同，我国很大一部分采用煤来发电的电厂仍将产生雾霾颗粒。而天然气的燃烧产物仅含有二氧化痰和水，不含有任何固体颗粒物。因此，天然气是解决雾霾问题的最为理想的一次能源。

另一方面，与石油和煤炭相比，在获得相同热能的条件下，天然气所排放的二氧化碳最少。随着碳排放权交易的普及、碳排放税的征收，天然气作为是降低二氧化碳排放的一次能源将日益受到重视。

二、天然气占一次能源比例上升，总量平稳增加

全球经济形势持续下行，国内产业升级尚需时日、而人口红利正逐步释放完毕，国内经济承压下行趋势明显。根据国际、国内经验来看，包括天然气在内的一次能源的消费也将随之下滑。但鉴于前文述及的环保的需求，预计天然气需求将平稳或稳步、小幅增长。而天然气的消费，在一次能源消费的比重将快速提升。

三、天然气作为新的储能手段将进入人们的视野

随着光伏发电、风能发电等新能源的推广，如何储存这些时变能源将成为一个突出的问题。根据目前国外最新的研究动态显示，天然气管网将是储存这些时变能源的最好解决方法。目前所采用的方法一般是用多余的电力来电解水，将电解水所得到的氢气，在不超过一定浓度的前提下，加压注入到天然气管道中去。氢气与天然气混合后，热值将被提高，电能得以储存。由于电解水的产物只有氢气和氧气，而掺混入天然气的氢气的燃烧产物只有水，因此，整个过程将是清洁的，不会产生任何环保问题。

四、非常规天然气将大行其道

相对目前常见的天然气而言，包括页岩气、煤层气等非常规天然气将越来越多地得到使用。而美国正逐步成为最大的天然气出口国正是这一趋势的重要标志。美国出口的天然气，正是

页岩气这一非常规天然气。同样，根据测算，目前我国所蕴藏的非常规天然气储量也与常规天然气储量相当。随着开采技术的逐步提升，非常规天然气的用量将逐渐赶上常规天然气的用量。

五、输差控制将成为燃气公司的重中之重

在过去天然气市场快速发展的 15 年里，燃气公司收取的“初装费”是燃气公司的重要的利润来源。随着天然气市场发展进入平稳期，“初装费”将越来越少。

从另一个角度来看，燃气公司是典型的“批发零售型贸易企业”。它从上游批发买入天然气，然后零售给诸如居民、工商等用户。由于其公用事业的属性，买入和卖出的价格受到政府控制。因此，如何降低批发与零售环节之间的损耗，也就是“输差”将成为未来燃气公司的重中之重。

六、能量计量逐步进入

随着多个天然气田投产、进口天然气到港、非常规天然气普及等多种因素，天然气组分将越来越复杂。作为一般最终天然气用户而言，天然气的热值是其最为关心的。而天然气组分的变化，将导致其热值的变化。出于贸易公平的考虑，目前按体积计量进行贸易结算的体系必然向以能量计量过渡。2008 年颁布、2009 年实施的《GB / T 22723-2008 天然气能量的测量》是最好的准备工作。但是，从目前的体积计量向能量计量的转换，将涉及到整个价格体系切换的问题，因此，能量计量的全面铺开尚需时日。进口天然气、进口 LNG 的到来，将推动这一进程。

七、随技术水平不断提升，《计量检定规程》、《国家标准》也将升级换代

由于科学技术的飞速发展，各种新型技术层出不穷。而作为计量检定依据的《计量检定规程》和相关的《国家标准》已经明显跟不上技术的发展。

另一方面，从“西气东输”开始至今，天然气大规模应用的时间才十五年左右，还未积累足够的经验。因此，在《计量检定规程》和《国家标准》上反映出来的是，这些标准规范所体现的技术水平与欧美发达国家相比，仍有很大的差距。

因此，笔者之见，在未来不长的一段时间内，与天然气和计量相关的《计量检定规程》、《国家标准》将会有一轮重大的修订和更新过程，以大幅提高我国的天然气计量仪表的技术水平。

八、随政府“减政放权”，第三方检测将逐步推开

目前来看，按《计量检定规程》对计量器具实施计量检定的机构为计量院，从属于国家技术监督部门。但随着经济生活的日益繁荣，计量器具的检定数量越来越多、专业程度越来越高，而作为国家技术监督部门的投入明显不足。根据国外的长期实践来看，“监检分离”的模式将被引入国内，第三方检测机构将会如同雨后春笋般大量出现，以满足市场的需求。对于计量仪表生产企业而言，这也必将是一次绝佳的投资机会。

九、包括超声流量计在内的无可动部件的新型流量计大量进入市场

传统的机械式天然气计量仪表，随着时间的推移，其计量误差会逐渐加大。另一方面，由于国内天然气管道的现实情况，含有可动部件的机械式流量计极易发生故障，导致供气不连续。有鉴于此，随着电子技术的发展，没有

可动部件的、以超声流量计为代表的新型天然气计量仪表将大量进入市场。同时，由于网络技术、信息技术突飞猛进，新型流量计亦将更加智能化、网络化。

十、随能源价格攀升，天然气价格也将逐步上升，天然气计量仪表技术水平同步上升

作为不可再生的一次能源，石油、煤、天然体的价格将逐步上升，这是历史的必然。尽管目前仍蕴藏着大量的可燃冰等尚未开采的天然气，但由于储量密度低、开采难度高等特点，决定了目前的常规天然气仍将占据主流地位。

由于天然气价格攀升，与之相关的计量设备技术水平也将逐步提高。这些计量设备，至少包括流量计、天然气组分分析仪等。而技术水平的提高，则包含了相关仪表的精度、不确定度、可靠性等多方面。

十一、替换表市场将逐步增大

自第一块天然气计量仪表安装至今将近15年，已接近这些表的使用寿命，替换表市场由此拉开序幕。另一方面，由于前述原因，新装表市场保持平稳。因此，总的来看，替换表市场的所占比重将逐步增大，是未来计量仪表生产厂商必须重视的市场。

十二、随着技术水平的不断提高，更多的国内企业将“走出去”

如前所述，随着相关标准、规范的不断完善、提高，国内天然气计量仪表企业的计量技术、生产技术、生产效率也将不断提高，其产品在国际市场上的竞争力将逐步得到加强，国内天然气计量仪表企业必将走出国门。国门之外，欧美、中东是目前欧美等发达国家天然气计量仪表企业的传统市场，对初出国门的国内企业而言，难度较大。而东南亚、拉美地区，将是国内企业展示其水平的大好舞台。

以上是笔者对未来天然气市场及其计量仪表市场做出的展望，希望能得到业界有识之士的批评与指正。

虹润文化创建与企业变革

福建顺昌虹润精密仪器有限公司董事长 林善平

虹润企业文化创建

不少人觉得企业文化“虚”，看不见、摸不着，似乎与提高企业凝聚力和员工归属感风马牛不相及。而虹润公司通过多年持续不断的创建，企业文化得到员工的理解和认同，形成共识。实现了企业的最高目标和价值观念从思维方式向行为方式的转变，成为员工自觉的行动，企业发展也迈上一个新台阶。那么，什么是虹润公司的企业文化呢？

虹润文化可归纳为“一个精神”和“四大理念”。“一个精神”即“虹润不怕远征难”，和长征时期的“红军不怕远征难”精神是一脉相承的，是红军长征精神与现代高新技术企业文化的完美结合，体现了虹润团队团结协作，锐意进取，勇攀高峰的精神风貌。风雨彩虹，就是这个精神的诠释，即任何目标的实现，任何成果的取得，没有辛勤耕耘和艰苦劳动，没有经过风雨的洗礼，没有经过漫长崎岖道路的跋涉，就不会成长，也不可能发展壮大。在这个精神指导下，把“四大理念”落实到实处。

一、管理理念——凝聚产生力量

我们的企业需要团结协作、步调一致的团队，企业发展需要强大的凝聚力，一盘散沙的企业是无法发展的，自行其事、各行一套也同样无助于公司发展。因此我们公司的管理团队、公司的全体员工在企业发展的路上必须拧成一股绳，劲往一处使。只有这样，企业在发展的路上才能披荆斩棘，勇往直前。我们的管理者既是优秀企业文化的组织者，还必须是践行企业文化的模范先行者，对公司制定的规章和倡导的事项应该积极认真地去遵守去实践。以自己良好的言行带动全公司的员工。在现代文明社会，除了金钱之外还有比金钱更重要的东西，那就是精神。对公司来说全体员工的奋发努力，团结一致，比任何物质的东西都要昂贵。我们开展义务劳动所要提倡的就是要凝聚所有员工的力量。当然作为企业的管理者要以人为本，关爱员工。在这方面公司是毫不吝啬的，改善员工的工作、生活环境，不断提高员工的工资及各种福利待遇，甚至让骨干人员持有公司股份，当员工遇到困难时，公司给予必要的帮助。不仅如此，公司还人尽其才，不断激发企业人才的工作热情，让其才华充分发挥，企业为每位员工提供平等的晋升机会。关键是任何行为都遵循一定的规矩，没有规矩不成方圆。同时，我们还要知人善任。对有责任心、肯钻研、业绩出色的员工不论背景、阅历、亲疏都要培养、使用。

二、质量理念——品质是虹润的生命

“细节决定成败”。企业要生产合格的、高质量的产品，就要关注每一个细节 ，关注从产品设计到产品生产再到销售及售后服务上的每一个环节。只要每个员工要有高度的责任心，有的质量问题是完全可以避免的。有时我们一次现场服务要花五、六天时间，还要走许多路。而这样的一次服务仅仅是因为仪表上的一个虚焊导致。所以每个员工在任何一个环节上都要严把质量关，为提高我们产品的质量尽心尽责。质量是企业的生命，不仅关系公司的生死存亡，也与每一个员工利益攸关。

三、服务理念——客户满意是我们的不断追求

客户满意首先要在产品研发上让客户满意;其次要生产出让客户满意的产品；第三是在所有的服务环节让客户满意。有四个方面的要求。一是服务要好。不管质量如何，我们对客户都要表现出热情、真诚。二是技术要精。这样能挽回很多客户。三是腿要勤。客户一有要求我们就要主动上门服务，做到服务到家。四是态度要好。除了要做到以上“四要”外，员工到现场服务还要表现出认真、严谨的态度。不能摆架子，不耐烦。俗话说拳不打笑脸，态度好也能挽回很多客户。现在公司还有一种现象需要引起注意，一些员工不愿意反馈客户反映的质量问题，而抱怨客户不懂技术或仪表现场环境不佳等等。必须认识到客户反映的任何问题，我们的员工都要及时向公司反馈，及时处理，一方面公司能及时了解我们产品存在的缺陷和客户的要求，另一方面公司能及时为客户排忧解难，让所有虹润客户满意。这样做，不但能巩固我们的客户，还能扩大市场。

四、科技理念——创新铸就生命力

创新是企业不断发展的保证。任何时候，任何企业如果不创新那它的生命力就停止了，所以创新是企业的活力之源。2004 年以前公司对研发重视不够，结果吃了亏，公司在 2005 年后，投入巨大的人力、物力、财力，卧薪尝胆，

研发出五大系列产品。创新是虹润永恒的主题，创新的脚步在虹润永远不会停止。不创新就要落后，就要被无情的市场所淘汰。我们的目标不是要走向世界吗？没有创新的产品，走向世界就是一句空话，“学而获智，智达高远”。这句话的意思就是学习能获得智慧，有了智慧就能实现远大的目标。创新不是凭空想象就能得来的，同样要学习，要坚持不懈地学习，要掌握新知识，了解新技术，剖析新问题，总结新经验，创造新发明。

虹润企业变革

经过全体员工努力，虹润公司取得一定的成绩，产品的知名度、美誉度、市场占有率和公司规模都有较大的提高和扩大。虽然公司有较大的发展，但也存在不少的困难和问题，有的已经成为公司发展的障碍和阻力。能否逆势而上进行改革，克服前进中的困难，逐步对存在的问题进行突破性改革，为虹润未来的发展打下坚实的基础，考验着每一个虹润人。着眼于公司未来生存和发展，公司领导层对近十几年企业过程中逐渐暴露出来的问题进行严肃的反思，剖析查找产生的原因和根源，统一思想，明确要使公司在激烈的市场竞争中占有一席之地就必须与时俱进，就必须不断的变革。

一、企业人才队伍建设

在企业人才队伍建设方面，我们用虹润企业文化打造出一批有凝聚力的企业团队。公司长期坚持 “内培外引”的多层次、多样化的人才队伍建设模式，在外引方面，引进浙大、南航、南大等大学院所一批人才并与上海理工大学合作建立了院士专家工作站，引进院士专家团队，进一步提高科技研发水平和自主创新能力，促进企业综合竞争力整体提升。在内培方面，我们采取以考带学，一年组织员工参加 3-4 次的职业技能考试，促进员工能力提高，提升一线员工素质。在人才提拔方面，我们采取坚决措施，做到能者上，庸者下。发掘培养有能力和有才华的员工，牢记“以人为本，唯才是举”的原则，吸引人才，发现人才，尊重人才，培养人才，造就人才，给员工创造一个学习的平台、成长的平台、创富的平台。充分让员工体会到什么是勤劳创造财富、知识创造财富、才智创造财富。

二、知识产权开发与保护

在知识产权开发与保护方面， 自 2007 年以来我们引进了很多高端优秀的人才，在南京、北京成立了研发中心，我们的研发、中试人员，加班加点，夜以继日，刻苦攻关。他们在在短短几年时间内，开发了数显仪表、无纸记录仪、电工表和转速表、隔离器与安全栅、过程校验仪五大系列产品。新型仪表不断问世，市场销售额直线上升。2014 年北京公司还成立了外贸部门，把品牌推广到海外市场，拓展新的业务。2009 年公司被首批认定为国家高新技术企业，2013 年被国家知识产权局授予国家级知识产权优势企业；被福建省经信委认定为首批两化融合示范企业。公司参与起草或制定了 30 项工业自动化仪表国家标准，拥有 400 多项国家专利及 60 多项软件版权登记。“虹润”商标被国家工商局评为中国驰名商标。公司产品被国家五部委评为“国家重点新产品”，公司产品项目获国家创新基金、国家重点产业振兴等六项国家专项资金项目支持。

三、标准化、信息化、工业化三化

融合建设

公司响应党的十七大 “大力推进信息化与工业化融合”的号召，紧跟时代发展的脉博，致力于标准化、信息化、工业化的融合，成功走出了自己的“三化融合”企业发展改革之路。

1、研发和管理标准化：

在研发方面，严格按照国家标准及 IS09001 质量管理体系程序开发产品，从设计源头上避免了不良设计，在企业管理方面用标准化促进管理创新。

2、企业管理信息化

虹润建立了整机与元器件库信息管理系统，财务与销售信息管理系统，采购与生产信息管理系统。公司利用完善的信息系统来处理以上领域的相关业务，使得企业管理变得更加简单，同时有效的减少出错，提高效率，降低损耗。

3、生产过程管理信息化

公司对生产过程控制进行全面的信息化管理：公司在购进的 ERP 软件的基础上，二次开发了多种生产过程管理系统。在元器件采购上，建立了供应商优选数据库，严格把关，选用质量稳定可靠的品牌器件和商业信誉好的供应商。器件入库严格检测，器件数据信息化、管理自动化，实现了来料批次信息化跟踪管理。重要的线路板从进库就采取条形码扫描管理系统持续跟踪，当生产过程中发生质量瑕疵，条形码系统可以及时报警、反馈、追踪。生产过程管理信息化的实施，使得生产过程控制精细化管理，在不增加人力成本的情况下，生产效率成倍提高。

4、生产装备工业化

为了全面提高生产装备工业化水平，公司购入三台全自动高速贴片机、波峰焊机、全自动 AOI 检测机、激光打标机、真空包装机、数字远程监控系统等生产设备，和深圳某科技企业合作研发了小型机器人自动点焊机，现已形成规模化生产能力。此外公司还设计开发了工装夹具和自动校验系统。以上装备的提升，提高了产品产量和质量，目前公司产品一次焊接合格率达到 99.3%，NHR 系列仪表返修率控制在 0.8%，售后和以前相比明显减少，客户满意率直线上升。

一分耕耘，一分收获。虹润公司将以全新的发展姿态，坚持做强、做精、做优的企业发展理念，向实现“造国际一流产品，让虹润走向世界” 的虹润愿景大步迈进！

第十章 重点企业介绍

参照企业上报的经济情况，按照经济效益处于全行业前列、产品以中高端产品为主、具有较高的管理水平和较强的研发能力等原则，选择以下企业作为2013年行业综合类和子行业重点企业在本章予以介绍(排名不分先后)。

重庆川仪自动化股份有限公司

一、企业概况

重庆川仪自动化股份有限公司（以下简称“川仪股份”）前身是四川仪表总厂，成立于1965年，是原国家部署的三大仪表制造基地之一。目前是国内规模最大、产品门类最全、系统集成能力最强的综合性自动化仪表制造企业，公司主营业务是工业自动控制系统装置及工程成套，具体划分为7个单项产品（智能执行机构、智能变送器、智能调节阀、智能流量仪表、温度仪表、控制设备及装置和分析仪器）和系统集成及总包服务。产品广泛应用于冶金、电力、石化、水泥、核电、城市轨道交通、市政环保等市场领域，经营规模连续十多年居国内行业龙头地位。

川仪股份曾荣获全国首批50家“质量标杆企业”、首批国家级“创新型企业”、“中国工业行业排头兵企业”、“国家信息产业基地龙头企业”、“全国五一劳动奖状”、“中国驰名商标”、“中国电子信息百强企业”、“国家科技进步二等奖”、“重庆市2012年度市长质量管理奖”，自2002年起连续十年获“重庆工业企业50强”、“为神舟六号载人技术航天飞行任务和运载火箭研制配套贡献企业”、“全国机械工业职工技术创新优秀组织单位”、“国家高技能人才培养示范基地”、“守合同重信用企业”、“重庆最佳诚信企业”等荣誉称号。

川仪股份自成立以来，一直致力于工业自动控制系统装置相关技术的研究及相关产品的开发。公司坚持从实际出发、因地制宜、以用为本，采取“以引进消化吸收再创新和集成创新为主，逐步延伸到原始创新”的自主创新策略，同时秉持“以实力求合作”的方针，加强国际技术合作，并广泛开展以产学研合作、产业链合作为主要形式的协同创新，多措并举，取得了突出成效。如高精度压力传感器、电磁流量计、电动执行器等产品都经历了技术引进国产化，并成功成为霍尼韦尔、东芝、ABB等国际自动化巨头的全球OEM产品；高性能压力传感器树立了集成创新的典范，在国内率先攻克传感器芯片、高水平成套工艺技术等难题；新型主控仪表打破西方发达国家对我国长期的核垄断，电加热器进入全球首家第三代核电站；新型流量仪表等已进入到国际合作创新阶段。截至2013年，公司拥有241项专利（其中包括35项发明专利）、19项软件著作权和83项专有技术；在研国家级项目3个、在研省部（直辖市）级项目24个；近3年，公司共完成国家计划项目成果12个、省部（直辖市）级计划项目成果61个。

“川仪”牌产品在客户中具有一定的影响力，行业内对“川仪”牌产品的认可度较高。公司现有适合不同用户或用途的高、中、低技术层次的过程自动化仪表产品。近年来，先后向国内外5000余项系统工程成套项目提供了自动化成套设备。特别是公司现有的电磁流量计、智能执行器、智能分析仪器、智能调节阀、智能变送器等拥有自主知识产权、行销全球的世界级产品，已获得市场与客户的一致认可。川仪股份在多年的市场营销活动中，建立了独具特色和市场竞争优势的营销体系。在全国各主要城市设立了92个营销网点，构建了区域销售和产品销售相结合的营销体系。秉承“川仪在用户身边，用户在川仪心中”的服务理念，建立起完善的技术服务体制，根据行业技术特点和用户需求，为用户提供完善的售前、售中、售后一体化技术服务。

二、企业发展历程

上世纪60年代中期，为响应国家建设“大三线”的号召，3000多名职工，从上海、江苏、辽宁、西安等地内迁到重庆，克服地处偏僻、条件艰苦等重重困难，实现了当年设计、当年搬迁、当年投产、当年见效的伟大壮举，在嘉陵江畔建成了一座初具规模的仪表城。

川仪股份历史悠久。在1965年初，西南仪表公司现场指挥部正式成立，同年，四川热工仪表总厂筹备处成立。1966年7月，花石材料厂正式投产，成为了总厂系统内第一个完成内迁任务，并且第一个投产的工厂。1975年7月，四川热工仪表总厂更名为四川仪表总厂，分厂按投产时间先后顺序，更名为一至十七厂。1978年5月，四川仪表一厂、四厂成为总厂系统第一批授予大庆式企业称号的两个厂。1980年8月，总厂被国务院清产核资、扭亏增盈领导小组办公室列为机械行业重点盈利企业。1981年12月，时任国务院副总理薄一波同志批示：“我认为四川仪表总厂的工作做得很好，很有首创性，给机械工业打开了门路。他们的经验可以推广”。1987年11月，原国家机械委、重庆市政府机委政函[1987]1382号文批复同意成立以四川仪表总厂为主体的中国四联仪器仪表集团公司，归口国家机械委管理。1994年6月，通过全国思想政治工作优秀企业复审重庆川仪股份有限公司连续7年保持“全国思想政治工作优秀企业”的荣誉称号。1999年10月，重庆川仪总厂有限公司成立。2006年8月，重庆川仪总厂有限公司日前经国家批准，成为国家首批“创新型企业试点”单位。2008年4月，川仪总厂进行股份制改造，整体变更为重庆川仪自动化股份有限公司，2009年，川仪股份正式上报IPO申请材料，力争进入资本市场，打造可持续、健康发展的企业。

三、主要产品

川仪股份主营业务是工业自动控制系统装置及工程成套。目前已在智能执行机构、智能变送器、智能调节阀、智能流量仪表、温度仪表、分析仪器等各类产品中具备多项核心技术，同时具有工业自动控制系统集成及工程成套服务能力。公司与国内多所大学、科研院所进行经常性技术交流，开展产、学、研合作，建立联合实验室；并与东芝、西门子、ABB、霍尼韦尔、横河等国际著名的工业自动化仪器仪表公司开展了多种形式的技术合作与交流。

（一） 产品情况概要

7个单项产品和系统集成及总包服务情况见表10-1。

（二）产品主要构成及样图

产品主要构成及样图见表10-2。

表 10-1　公司七大单项产品和系统集成及总包服务一览表

产品名称	经营主体	主要功能	主要用户	产品未来的战略定位
智能执行机构	执行器分公司	接收控制系统的指令，完成对各种直通或旋转类阀门及风门挡板的控制。	冶金、石油、化工、火电、核电、水泥、环保、市政等。	以中高端市场为主
智能变送器	四联测控	对被测介质的压力、差压进行检测和信号传输。	冶金、石油、化工、火电、核电、建材、轻工、食品与环保等。	以国内外中高端市场为主
智能调节阀	川仪调节阀	接收控制系统的指令，实现对管道中介质流量的精确控制及信号反馈。	冶金、石油、化工、电力、核电、轻工、环保等。	以国内外中高端市场为主
智能流量仪表	流量仪表分公司	对被测介质的流量进行精确检测及信号传输。	冶金、石油、化工、环保、水利、市政、轻纺、矿山、药业、造纸、食品、酿造等。	以国内外中高端市场为主
温度仪表	川仪十七厂	对被测介质的温度进行精确检测及信号传输。	冶金、石油、化工、火电、核电、环保、轻工、市政、军工等。	以中高端市场为主
控制设备及装置	电气成套分公司、上海宝川	通过控制元件与控制室仪表的集成，完成对温度、压力、流量、物位以及电机等的检测和控制。	冶金、石油、化工、火电、核电、环保、银行、医院、楼宇等。	以中高端市场为主
分析仪器	川仪分析仪器	对被测介质的化学特性、组成成份及含量进行在线或离线检测及分析。	冶金、石油、化工、火电、核电环保、建材、轻工、药业、军工、科研领域等。	以国内外中高端市场为主
系统集成及总包服务	川仪工程、上海上川	主要为客户生产流程的自动化控制、优化控制和信息化系统集成提供整体解决方案及技术支持和服务。	冶金、石油、化工、火电、核电、建材、环保、轻工、轨道交通、节能减排等。	以国内外大中型工程的自动化设备系统集成及总包为主

表 10–2 公司七大主要产品的构成及样图一览表

产品名称	主要构成	样图
智能执行机构	电机、位置传感器、传动装置、控制单元、控制软件	
智能变送器	传感器组件、主控电路板、控制软件、壳体、容室	
智能调节阀	阀体组件、气动执行机构、智能阀门定位器、控制软件	
智能流量仪表	传感器、控制软件、转换器	
温度仪表	测温组件、保护套管、接线组件、控制单元	

注：系统集成及总包服务主要为用户企业生产流程的自动化控制、优化控制和信息化系统集成提供整体解决方案、设备及技术服务，故无样图。

四、2013 年重大合同项目

2013 年，公司市场结构调整及新兴市场拓展成效显著：2012 年，轨道交通安全门 / 屏蔽门合同承接大幅增长；成功中标“国内最大规模单套天然气液化接收装置”唐山接收站 LNG“五合一”项目，获得中石油等大型央企充分认可；PDS 变送器成功向石油化工、电力等行业转型，首次进入中国神华煤制油项目，销售同比较大增长；调节阀与齐鲁石化分公司新签合同过千万，全年在山东地区销售合同较好；电动执行机构在石化行业取得突破，与广西石化一次签订 130 台订单，并与中石油管道公司签订战略协议；涡街流量计销售收入同比增长 50%；宝川开发的脱硝装置产品在海螺的订货额表现良好；生物转盘市场开拓初战告捷。

五、发展规划

经过多年的发展，川仪股份现已成为工业自动控制系统装置制造业国内综合实力排名第一的企业，在技术、市场、人才等方面具备一定的先发优势，拥有比较雄厚的技术基础，产品门类齐全，销售服务网络完善，系统集成及总包服务能力在国内同行业中处于领先地位。

公司在未来发展中将坚持高技术、专业化的经营道路，以市场开发为龙头、以技术创新为动力、以科学管理为基础、以人才队伍为支撑、以文化导向为保障，不断做强做大工业自动控制系统装置及工程成套等核心业务。在深耕优势领域，巩固、提升现有主导产品市场地位的同时，进一步延伸、丰富产品线，大力加强系统集成及总包服务能力，持续保持公司在行业内的领先地位。

坚持市场导向、技术主导的发展之路，在继续做强做大自动化仪器仪表传统核心产业的同时，积极拓展节能环保、城市轨道交通自动化等战略性新兴产业，推动国际化经营，努力实现高位跃升。保持经济规模行业最大，技术水平国内领先，经营管理规范高效，公司文化独特优秀，打造3～4项世界级产品，建成体制完备、运转高效、管理科学、效益良好的上市公司。

进一步完善治理结构，优化资源配置，形成主营业务突出、资本纽带清晰、管理层次精简的扁平化组织结构，充分发挥整体效能，提升核心竞争能力。

（一）完善治理结构

按照现代产权制度要求完善法人治理结构，进一步规范股东大会、董事会、监事会和经营层运行机制，构建责权利协调统一的高效制衡的决策、监督和执行系统，为公司持续发展夯实制度基础。加强董事会、董事会专门委员会、独立董事等制度建设，提高决策的科学性和开放性。切实发挥监事会效能，履行监督职责，维护股东权益。健全以经营管理绩效、资产运行质量、投资回报率等为重点的经营者考核评价体系，规范治理行为，加强科学管理，防范经营风险，不断提升企业效益和股东价值。

（二） 推进自主创新

自动化技术的本质就是创新。公司将通过募投项目和自有资金投资项目的实施，促进主导产品技术升级和工艺改进，丰富产品功能及品种规格，加快产能扩张，巩固并扩大在制造水平、技术档次、品种系列、产销规模等4个方面的领先优势，打造3～4个世界级产品。

在市场的引领下，以关键、共性技术研究和应用技术开发为核心，不断增强技术对公司发展的推动力。按照“基础研究与应用研究相衔接、科研开发与产业化相统筹、产品更新与市场需求相结合”的原则，大力推进以企业为主体、产、学、研相结合的技术创新体系建设，形成国内一流的嵌入式软件协同开发测试、智能仪表现场总线开发测试、智能仪表整机性能综合测试分析、高性能检测传感器设计测试等4个“设计开发与测试平台”。加快在新产品设计技术、工程应用技术两个层面的创新步伐，积极承担国家高科技研究项目、高新技术产业化项目及行业科研任务，重点发展智能现场仪表、智能化流程分析仪器、实验室分析仪器、PAS控制系统、网络化在线气体/水质监测分析成套系统、高/低压电力控制柜及电气监控系统、城市轨道交通电气自动化等13个系列产品，在中高档自动化仪表核心技术和产业化上取得新的突破。大幅提高自主开发系统产品的技术水平和综合性能，增强系统产品市场竞争力和软件工程化能力。

（三） 优化营销模式

加强营销战略策划，大力实施核心用户市场战略和品牌营销战略。加大“川仪”品牌的市场推广力度，积极调整和优化市场结构、用户结构，与重点用户广泛建立战略合作伙伴关系，全方位满足战略用户在产品、质量、交货、服务等方面的个性化需求。大力发展工程总包、系统集成业务，不断提高大型成套工程项目的自配率。加大核电、节能减排、市政环保、城市轨道交通、农业、军工、科研、商业、医疗等国家重点发展领域的市场开拓力度，扩大市场份额。

进一步整合资源、优化布局，加强营销渠道的建设与管理，在完善区域销售和产品销售相结合的销售模式基础上，探索建立更加适应市场和公司发展要求的集约、高效的营销工作体系，提高整体营销能力。充分利用社会资源，有选择地发展特许授权经销商、代理商，作为直销的有益补充，提高营销网点覆盖率，到2015年建成100个营销网点，按照“大区加渠道”模式，优化市场布局。

依托遍布全国的工程营销网络，以优质产品和专业化增值服务制胜市场。建立高效的售后服务、自动化工程维护服务体系，快速响应用户需求，提高客户满意度和品牌忠诚度。完善客户信用等级管理，实施全程信用管理，规避经营风险，提高经营质量。在与横河、霍尼韦尔、东芝、西门子、ABB等各大跨国公司的广泛合作中，不断加强学习和积累，借力发展国际市场，奠定国际化经营基础。

（四）人力资源开发

牢固树立人才资源是第一资源的观念和人力资本观念，建立市场化、规范化的人力资源管理体系和激励约束机制，加快人才结构调整，优化人力资源配置，形成与公司发展战略相适应的“哑铃型”人力资源结构和人才储备。

以高层次人才培养为重点，建立多层次、宽领域的人才引进和培养机制，通过内部集中培训、工作辅导、在岗培养，以及外派交流学习或攻读硕士、博士学位等，加强各级经营骨干能力建设。通过多种手段引进各类急需人才，不断充实技术、营销、管理、生产等4大核心人才队伍，形成梯次配备的人才结构。大力加强员工职业技能培训，全面提高员工队伍整体素质，在稳定骨干制造人员的基础上，充分利用外部劳动力市场调节补充制造人员队伍。

继续推行首席专家、首席设计师、首席工程师、技术带头人、技术骨干制度，健全以能力和业绩为重点的人才绩效评估体系，综合运用考核评估结果，建立人才激励约束的长效机制。通过优化人才甄选、引进、培养、使用、评价、激励等制度，吸引人才，用好人才，为企业持续发展提供坚实的人才保证。

（五）强化科学管理

按照《企业内部控制基本规范》的要求加强内控制度建设，以提升整体效益为目标，推动管理创新，促进增长模式、运营机制以及资源配置和利用方式的转变，不断增强基于资源整合和价值创新的企业软实力。

继续坚持“速度、质量、效益”并重的经营管理理念，大力建设资源节约型企业。遵循效益驱动、总体规划、分步实施、重点突破的原则，全面推进ERP信息系统和综合管理信息系统建设，实现业务流程规范化、管理信息化。深入开展全过程成本管理，在产品的设计、制造、销售各环节实施目标成本控制，消除不增值作业，提高生产过程控制能力和质量成本控制能力。加强供应链管理，促进供应商、制造商、分销商和服务提供商等供应链各环节企业的紧密合作，充分挖掘“第三利润源泉”，为客户创造更多附加价值。

按照资源配置优化、预算调控灵敏、资产

营运高效、财务风险可控、企业价值显著提升的要求，完善以战略目标利润为导向的全面预算管理，大力整合内部资源，促进营运资本与业务规模科学配比、风险与收益合理组合，形成投入产出比高、符合资源节约要求的精细管理模式。强化资金集中流动，充分发挥资金积聚效应，保障重大项目建设、研究开发支出、工艺技术改造、经营规模扩大的资金需求，提高企业运作效率和经营业绩，推动战略目标的实现。

（六）构建特色文化

大力弘扬“以人为本、物竞天择、传承创新、追求卓越”的川仪精神，着力构筑与市场经济要求和公司发展目标相适应的文化体系，推动实现有效管理和公司的可持续发展。

树立终生学习理念，努力创建学习型企业，把企业文化建设与人力资源开发、员工个人成长和职业生涯设计有机结合起来，造就忠诚于公司文化的管理者队伍、专业人才队伍、员工队伍，不断增强企业凝聚力，提升企业和谐度，形成高效率的环境和企业与员工和谐共进的局面。

上海自动化仪表股份有限公司

一、企业概况

上海自动化仪表股份有限公司是一家以自动化仪表与控制系统产品设计制造、工程服务以及系统总承为主要业务的大中型企业，其历史可以追溯到1925年，拥有众多优秀企业和国家级企业技术中心，并投资控股、参股10多家企业。公司现为同时发行A、B股的上市公司，大股东为上海电气（集团）总公司。

公司作为中国自动化产业发展的典型代表，已成为中国工业自动化领域同时具有系统、仪表和执行器，结构最优、系统成套综合制造能力最强的制造集成企业，长期为火电、核电、轨道交通、环保、石化、化工、冶金、水泥等业务领域提供自动化系统控制和解决方案，培养、造就了一批工艺设计、系统集成、仪表成套、工程服务、技术培训等方面的专业人才。

公司坚持以科学管理求持续改进、以“上仪”品牌使顾客满意、以市场需求促进科技创新，并以一流的技术、一流的产品、一流的服务搏击市场，奉献用户。

二、企业发展历程

（一）中国仪表工业从这里起步

上海自动化仪表股份有限公司下属大华仪表厂成立于1925年，为中国第一家仪表厂。

制作成中国第一只2吋M型直流电表，还相继生产电钟、收发报机、惠斯登电桥等产品及维修进口仪表。

（二）公私合营，形成上海仪表工业体系

上世纪50年代，通过公私合营改造小而散的私营仪表企业，形成以大华仪表厂、和平热工仪表厂、综合仪表厂等为骨干的上海仪表整机生产企业和一批以零部件、工艺加工为特色的配套协作企业，构成完整的上海仪表工业体系。

上海仪表工业作为中国仪表工业的排头兵，还曾为各地新建的仪表企业培训管理、业务干部。

（三）以自力更生精神，开创具有自主知识产权的电子式仪表

从上世纪60年代初开始，上海仪表企业派出技术精英参加全国新一代国产仪表的统一设计，开始生产DDZ-Ⅰ型电动单元组合仪表、QDZ气动仪表、DDZ-Ⅱ型电子单元组合仪表、X系列电子式自动平衡记录仪系列产品等。

60年代中期，为支援内地仪表工业的发展，上海仪表企业派出精兵强将，携带好产品、好设备，支援内地建设。

（四）引入计算机控制技术

70年代，上海仪表企业开发成功升级换代的DDZ-Ⅲ型电动单元组合仪表和组件组装卡式仪表，并引入计算机控制技术，产品有JS-10计算机、PDP-11计算机等，为纺机等设备计算机群控开创了新纪元。

（五）引进国际先进仪表生产制造技术及控制系统技术

80年代，上海仪表企业在上海市政府的支持下，系列化引进一批仪表产品全套生产制造技术及工艺装备。

90年代引进美国分散控制系统（DCS）技术。

（六）成立专业化的上海自动化仪表公司

1986年，根据经济体制改革的需要，原行政性公司上海仪器仪表工业公司撤消，企业性集团上海自动化仪表公司宣告成立。

（七）与国际著名仪表厂商建立合资企业

90年代前后，上海自动化仪表公司与一批国际著名企业成立合资企业：

日本横河株式会社；日本千野株式会社；德国siemens公司（西门子）；意大利camozzi公司（康茂胜）；日本埃斯凯公司；上海横河电机公司等。

（八）评为国家级企业技术中心

1997年，公司技术中心成立， 1998年评为国家级企业技术中心。

（九）2006年归属上海电气集团

（十）近年来成立的合资企业

2008年与国家核电技术有限公司合资成立国核自仪系统工程有限公司。

2011年与上海电气集团和法国泰雷兹集团三方共同合资成立了上海自仪泰雷兹交通自动化系统有限公司。

2013年与英国IMI集团合资成立了上海自仪希希埃阀门有限公司。

三、主要产品

（一）系统

在引进国外先进技术基础上，通过自主创新而形成的自主知识产权系统已经成功在火电、核电、化工、环保和轨道交通等多种工业领域应用。

1、SUPMAX 800控制系统

用于中小型过程控制，包括火电、核电、化工等应用领域，带现场总线通信诸多品种。

2、2000控制系统

用于大中型过程控制，包括火电、核电常规岛等领域，带现场总线通信诸多品种。

3、火电专用系统装置

包括DEH、SCS系统等。

4、核电专用系统装置

包括辐射监控系统（RMS）、多样性系统（DAS）、顺序记录控制系统（SOE）、堆芯欠冷监测系统、乏燃料池水位和温度监测系统等。

5、环保专用系统装置

包括水处理系统装置等诸多品种。

6、其它系统

市政UPS系统、城市轨道交通车载及轨旁

运控安全计算机等。

（二）检测仪表

1、压力／差压变送器

在引进国外先进技术基础上，通过自主创新形成具有自主知识产权、系列完整、规格齐全等特点的具有智能型、高精度、隔离式、螺纹安装式、远传法兰、带现场总线通信（Profibus、HART、FF、EPA）、核电站用非核级和核级等诸多品种，具有向AP1000核电机组供货的能力。

2、温度传感器和温度仪表

在引进国外先进技术基础上，通过自主创新形成具有自主知识产权、系列完整、规格齐全等特点的接触式温度仪表（热电阻、热电偶）和非接触式温度仪表；温度变送器（包括智能型、带现场总线Profibus、HART、FF、EPA）；防爆、超低温、化工耐腐蚀等温度仪表；核电站用核级、非核级温度仪表；核级铠装热电偶组件及热电偶贯穿件等诸多品种，具有向AP1000核电机组和高温气冷堆核电机组供货的能力。

3、压力仪表

在引进国外先进技术基础上，通过自主创新形成具有自主知识产权、系列完整、规格齐全等特点的高压、精密、微差压计及压力／温度开关、活塞式压力计；核电站用非核级、核级压力开关等诸多品种。

4、物位仪表

在引进国外先进技术基础上，通过自主创新形成具有自主知识产权、系列完整、规格齐全等特点、带现场总线（Profibus、HART、FF、EPA）的电容、超声波、雷达、重锤、磁翻板、浮球、射频导纳、磁致伸缩等物位（液位）计及变送器以及核电站用非核级、核级液位计等诸多品种。

5、流量仪表

通过自主创新形成具有自主知识产权的电磁流量计、超声波流量计、核级TM系列流量计、1E级给水孔板流量计等诸多品种。

6、记录数显仪表

通过自主创新形成具有自主知识产权、系列完整、规格齐全等特点的有纸记录仪、智能有纸记录仪、无纸记录仪、数字调节显示仪等诸多品种。

（三）执行器

1、电动执行机构

在引进国外先进技术基础上，通过自主创新形成具有自主知识产权、系列完整、规格齐全等特点的智能型电动执行机构、带现场总线（Profibus、HART、FF、EPA）电动执行机构、船用电动执行机构、核电站用非核级和核级电动执行机构等诸多品种。

2、调节阀

在引进国外先进技术基础上，通过自主创新形成具有自主知识产权、系列完整、规格齐全等特点的高温高压合火电超超临界高端调节阀、大推力长行程气动执行机构、大口径套筒调节阀、煤浆调节阀、船用调节阀、核电站用非核级及核级调节阀等诸多品种。公司生产单位是国家指定实施超超临界火电机组阀门国产化的制造单位，并已提供了国产化高端阀门。

3、阀门定位器

通过自主创新和不断技术升级，具有智能型和带现场总线（Profibus、HART、FF、EPA）各种品种。

（四）机电自动化装置及其它

主要有：电除尘自动控制装置；钠硫电池管理系统；真空泵自动控制装置；压缩机控制

装置；纺机控制装置；消防车集中监视系统；烫印模切机电控装置；高压电机吹扫正压自动控制装置；控制盘台柜；核级端子箱、就地箱及核电站用控制盘台柜等。

（五）产业服务

公司顺应自动化产业发展的国际潮流，加快实现仪表的数字化、智能化和小型化的进程，特别注重现场总线技术和功能安全技术在系统与仪表中的实现，不断提高产品的技术与质量档次，发展特种品种与特种规格。

主要对象是工业过程（包括连续与间断）的自动化装备，重点是火电和核电的自动化仪控系统。火电的重点是1000MW超（超）临界火电机组的应用，核电的重点是AP1000技术的引进与吸收创新。

1、火电

至今已经承接：200多套大小DCS系统；280多套火电站仪表集成项目，其中1000MW机组11套；几十套上海电气EPC或BTG项目I&C业务。

2、核电

已取得所有既有核电产品的设计、制造许可证，是国内所有商业堆及出口商业堆的合格供应商。

至今已承接十几万台核电仪表和近百套各类核电系统装置，分别提供给秦山一期、二期、三期核电站和大亚湾核电站、岭澳核电站、田湾核电站、巴基斯坦恰希玛核电站、以及清华大学高温气冷堆、快堆、先进堆、NP军堆等试验堆工程项目。

已经成功研发并提供核岛堆芯温度测量系统和反应堆压力容器液位测量系统等。

国家发改委指定公司承担第三代核电AP1000技术引进消化吸收工作。

与国家核电技术公司合资成立国核自仪系统工程有限公司，经营范围主要承担核电工程的仪控系统应用服务。

3、轨道交通

上海电气（集团）总公司、上海自动化仪表股份有限公司和法国泰雷兹集团共同投资组建上海自仪泰雷兹交通自动化系统有限公司（TST），提供包括信号系统和监控系统在内的轨道交通机电集成解决方案。

四、2013年重大项目

（一）AP1000测量仪表和执行机构研制

作为科技部国家科技重大专项子课题，主要研究AP1000核电站设备鉴定技术，建立相应的试验台架设备，研制开发1E级压力变送器、液位变送器、1E级小惰性铂电阻温度仪表及总线仪表和总线执行机构等产品，在技术上接近或达到国外同类产品的先进水平，为国家AP1000技术核电站提供自主化产品。

（二）大型核电仪控系统关键设备的研制

作为上海市科委科研计划项目，主要研究开发大型先进压水堆核电站全数字化仪控系统，内容包括电站控制系统和顺序事件系统。该课题于2013年11月通过上海市科委组织的验收，研究成果申请专利4项，软件著作权1项。

课题通过核心关键技术的攻关和新产品开发，取得了重要成果，完成了具有自主知识产权的核电站数字化控制系统SIMAX系统和核电SOE系统工程样机的研究开发，并且核电站数字化控制系统SIMAX系统（即为SUPMAX2000大型分散控制系统）现已应用于贵州盘江电厂30万机组，核电SOE系统已形成销售能力。

公司成功研制开发的数字化核电控制系统技术，同样可以应用在火电、化工、环保、轨道交通等工业领域，从而进一步增加该项目带来的预期收益。

（三）基于CMC的工业自动化仪器仪表的研制与应用

作为科技部“863”计划课题，主要研究和开发基于CMC芯片的智能仪表开发平台、智能变送器、智能电动执行机构、仪控集成技术，完成基于CMC芯片的新一代智能仪表在流程工业领域的行业示范应用，大力推广CMC产品在工业自动化领域的应用，提高我国在仪器仪表领域的自主创新能力，全面提升各行业的信息化水平，扩大国产仪器仪表的市场占有率。

五、发展规划

1、不断提升自主知识产权控制系统水平，进一步拓宽超临界、超超临界火电机组市场。

2、通过I & C总承的方式，配合EPC项目，提供仪控产品配套和工程服务，并参与电气集团海外项目扩展。

3、进一步推动现场总线技术的应用，加快改造自动化仪表的小型化、智能化进程，提供新一代国内先进水平的测控仪表。

4、进一步完善现有核电在建项目中的仪表和控制系统供货，建立核电产品目录，加强自主产品配套和推广。

5、在开发完成大型先进压水堆核电全数字化仪控系统的基础上，进一步确保核电保护系统及其专用系统装置的供货能力，实现AP1000控制系统的国产化与应用，填补国内空白，成为国内最主要的核电仪控技术和配套产品供货商。

中环天仪股份有限公司简介
（天津仪表集团有限公司）

一、发展历程

天津仪表集团起源于上世纪50年代，是国家计划经济时期布局的自动化仪表制造基地。改革开放以来，天津仪表产业经历了90年代经济滑坡的困难阶段，走过了本世纪初期调整复苏的艰难时期。2003年通过对天津仪表集团有效资产进行剥离重组，组建了中环天仪股份有限公司，走上了快速发展的道路，先后进行5次增资扩股，于2008年12月进行股份制改革，成为集8家法人股东和经营骨干个人股东为一体的产权清晰的国有控股的股份有限公司。

二、企业概况

中环天仪股份有限公司坐落于天津滨海高新技术产业开发区，占地面积83779平方米，注册资本1.62亿元，净资产逾8亿元，是国家仪器仪表产业重点发展的骨干企业和高新技术企业，产品门类齐全，是行业内综合性仪器仪表生产基地之一，是中国仪器仪表行业协会副理事长单位、自动化仪表分会理事长单位，是国家技术创新示范企业，拥有国家级企业技术中心、院士专家工作站和博士后工作站。公司拥有国内领先的大口径流量仪表校验装置、控制阀试验装置。

公司始终将产品结构调整作为发展的基本战略，形成了自动化控制系统、自动化仪表和环境气象仪器三大类产品，产品涉及压力仪表、温度仪表、流量仪表、物位仪表、控制阀、执行器、环境气象仪器和环保仪表等门类，在业界享有较高的知名度。公司坚持自主研发与技术引进相结合，坚持产学研合作，产品系列更加完整，技术性能更加先进，产品全部实现智能化，仪表的精度、寿命和可靠性也大为提高。

控制阀和电动执行机构在引进国外先进技术的基础上，通过消化吸收再创新实现完全自主知识产权，居于国内先进水平。在气象仪器方面，公司是国内同时制造地面仪器、高空探空仪及地面数据处理系统、环境气象仪器检定设备、传感器、移动气象监测系统等五大类产品的唯一企业，自动气象站、气象传感器产品市场占有国内市场较大的份额。流量、压力、物位、温度等仪表也都与西门子、东芝等公司进行技术合作，实现了产品的更新换代。控制系统业务主要突出“专”，在特定行业极具特色，灯光监控、渗透泵激光打孔、管道防腐等领域享有较高声誉。完成了包括国家、部省（市）科技攻关、重点项目在内的科研及工程项目700余项，其中近90项分别获得国家级新产品奖、省部级科学技术进步奖和科技成果奖。公司在坚持现有三大门类产品的基础上，向光伏产业拓展，已经在汇流箱、光伏气象站等产品上实现突破。

三、主要产品

（一）控制阀类产品

公司目前有五大类控制阀产品。

1、高性能调节阀系列产品

借鉴全球第一大控制阀品牌美国Fisher公司产品技术，性能优良，已出口美国。产品技术指标泄漏量及可靠性达到国内领先水平，拥有多项专利技术。

2、高防腐、耐磨隔膜阀系列产品

该系列产品是引进英国桑达斯公司气动控制类隔膜阀技术，通过多年的消化吸收，达到了国内领先水平。

3、高温、高压、耐腐球阀系列产品

该系列产品是上世纪90年代引进日本工装株式会社技术，已形成规模化生产，技术成熟稳定。

4、智能阀门定位器系列产品

该系列产品是21世纪初与德国西门子公司合作生产的集现场总线技术、智能技术、计算机技术和机械技术于一体的控制阀控制附件，配套于控制阀有很强的性价比优势。

5、经济型蝶阀系列产品

这是自主研发的系列产品，广泛适用于工业流体过程控制系统中非关键性场合，性价比高，可满足多种自动化控制要求。

公司近年来还陆续开发了高压控制阀（HP）系列、单座控制阀（GZ）系列、笼式控制阀（GT）系列、高温控制阀（GD）系列和应用于蒸汽、空分等高速气态流体运行时噪声较高苛刻工况的GTQ、GDQ系列控制阀、先导控制阀（GP）系列、波纹管控制阀（GZ-W/GT-W/GD-W）系列、金属密封球阀系列、高压控制阀（HP）2500磅级系列、高压2500磅级金属密封球阀系列、固定球双向密封球阀系列、偏心V型球阀系列等产品。进一步丰富了产品门类，增强了市场竞争力。

（二）电动执行机构

公司子公司天津自动化仪表七厂是原国家机械部重点企业，专业生产电动执行机构。1989年底在国内率先从法国引进了伯纳德公司先进执行机构生产技术，成为国内首家引进国外执行机构先进技术的企业。经过多年消化、吸收以及自主创新成果转化，产品在不断改进，成为国内执行器行业的主干企业。近年来，结合多年的经验，借鉴同类产品的优点，自主研发了智能变频型电动执行机构。该产品应用变频技术，采用功能强大的CPU微处理器及IGBT大功率电子器件组成变频控制电路，采用高效节能的开关磁阻电机作为驱动元件，配以高效率的减速器，使执行机构在一定范围内可以设定运行速度和力矩。电动机采用高效节能的开关磁阻电动机，使产品变速范围宽，实现软启动、软关闭，不仅节能，还大大减少普通单、三相伺服电机对电网电源的冲击，软关闭也可十分有效地减少泵组、管道产生水锤现象和对机械的冲击并克服机械惯性，减少惰走，大大提高调节精度，精度可达0.5%。智能变频型电动执行机构是智能控制技术、变频技术、总线通信技术的成功结合，在技术原理的先进性与科学性、功能的多样性与通用性、控制的高精度与稳定性、运行的灵活性与可靠性以及系统的数字化、智能化、网络化等方面，达到了国内先进水平，某些技术指标超过了国际著名品牌的同类型产品。

四、发展规划

公司将继续致力于提高现有产品的高精度、高可靠性，开发一批高品质、高附加值产品以替代进口产品。气象产品向海洋仪器、环境仪器方向拓展；加快研制新一代逆变器，向新能源领域进行产业链延伸。

浙江中控技术股份有限公司

一、企业概况

浙江中控技术股份有限公司是中国领先的流程工业领域自动化技术、产品和解决方案的提供商，主要从事石化、化工、冶金、电力等流程工业自动化软硬件产品的开发、生产、销售及技术服务。其主导产品集散控制系统（DCS），是流程工业自动化控制的关键装备，为流程工业的安全、稳定、高效运行提供了有力的保障。

公司目前已形成了自动化控制系统、综合自动化软件、自动化仪表等三大系列几十种产品，是国内工业自动化领域产品最为丰富的生产企业之一，可为工业企业提供从控制方案设计、系统集成、硬件制造、软件配置、现场调试、开车投运，直到售后服务的“自动化整体解决方案”，帮助用户实现生产过程的自动化控制和智能化管理，从而增加产能、降低消耗、提高产品质量及生产效率，保障生产安全、稳定、可靠运行。自主知识产权的产品覆盖除西藏外的省市自治区，且已进入台湾市场。产品国内市场占有率居全国同行业首位，并已成功打入国际市场。

最近几年，中控的自动化控制系统及其现场监控、控制、诊断和管理软件在国内的大型石油、化工、电力、冶金等国民经济命脉产业领域取得了大规模的应用，已经有7000余家用户的近万套系统在各行各业中得到应用。中控是国内首个将DCS产品应用到“4580大型化肥装置”、“千万吨炼油联合装置”等化工、石化大型装置的企业，其高端控制系统在装备数字化、智能化的性能、管理功能等指标上已基本达到了国外企业主流产品的水平，并形成服务于高端用户的工程实施能力和服务能力，具备在大型、关键的项目及装置中与ABB、西门子、横河、霍尼韦尔等国际一流企业同台竞争的能力，成为了少数能与跨国公司竞争的自主品牌工业自动化企业，打破了跨国公司长期垄断的局面，为国家的战略安全做出了重要的贡献。

二、发展历程

中控成立于1993年，经过20年艰苦创业，从无到有，不断壮大，依托于浙江大学技术和人才的优势，同时凭借自身雄厚的科研实力、广泛的科技交流和超前的科技产业意识，走出了一条产、学、研相结合的成功创新道路，多年来一直保持着快速稳健的发展，现已成为国内工业自动化行业技术领先的自主创新型企业。

上世纪90年代创业之初，作为国内第一批自动化控制系统提供商，考虑到国内客户对国产DCS的信任度尚不够，公司将第一代的自主创新DCS定位在中小规模，面向具有很大市场潜力的中小企业，以及大企业的中小装置及老装置的改造项目。由于准确的市场定位、先进的技术和严格的质量保证体系，公司自主研发的DCS迅速被用户所认可，销售量和市场份额也迅速增长。

从2006年开始，公司提出了“中小为本、进军高端”的战略目标，积极打造面向高端客户的技术基础和产品线，并逐步形成服务于高端用户的工程实施能力和服务能力，在一批大型、关键的项目及装置中与ABB、西门子、横河、霍尼韦尔等国际一流企业同台竞争，并成功胜出，成为了少数能与跨国公司竞争的自主品牌工业自动化企业。

2008年底到2009年初，国际经济危机席卷全球，中控在此次经济危机中受影响也很大，尤其表现在传统的中小规模市场中。随着中控“进军高端”战略目标的逐步推进，2008～2009年公司在高端领域市场形成全面突破：2008年11月，兖矿鲁南化肥厂30万吨/年合成氨、52万吨/年尿素（简称“3052”）大化肥装置首台国产化控制系统项目成功通过验收，专家组认为这是国内具有自主知识产权的DCS系统首次成功应用于大化肥装置的全流程生产过程监控，取得了国产DCS控制系统在大化肥连续生产装置应用上的突破，其自动化控制的国产化是大型煤基化工行业自动控制系统完全国产化的重要标志之一。

2009年4月，以中石化股份武汉分公司油品质量升级炼油改造工程为依托的“大型石化装置分布式控制系统国产化应用攻关”项目通过了鉴定验收，专家组一致认为，该项目是国产控制系统在大型石化联合装置的第一个成功应用成果，技术上达到国际先进水平。

2009年7月，江苏灵谷化工4580（45万吨合成氨/80万吨尿素）大化肥项目全线投运成功，标志着国产控制系统的成熟度、可靠性和先进性完全具备替代国外同类进口产品的能力。

中控不仅仅重视高端智能装备研发，更加重视其产业化和示范应用。2009年，中控成功中标中国石化长岭分公司800万吨炼油联合装置项目。长岭项目作为列入国家石化振兴规划的千万吨级炼油项目，是中控乃至国内自控界具有里程碑意义的战略项目。该联合装置包括800万吨/年常减压装置、280万吨/年催化裂化装置、50万吨/年气体分馏装置和产品精制装置、170万吨/年渣油加氢处理装置、5万标米3/时制氢装置、240万吨/年汽柴油加氢装置、120万吨/年催化汽油吸附脱硫装置、6万吨/年硫磺回收和生产灌区等装置，采用一个CCR实现集中控制。通过该项目实施，中控已完全具备了面向千万吨级炼油装置等大型石化装置的自动化成套控制系统的设计、施工和服务能力，并在石化重大工程的工程管理、实施规范、联调投运及相关控制优化方案等应用经验上跨上了一个新的台阶，为百万吨级 PTA 和百万吨级乙烯等更为复杂的大型石油化工装置的自动控制系统国产化打下了坚实基础。

2010 年，在高端智能装备的技术与产品研发上，公司瞄准国际高端自动化控制系统产品性能，成功研发了面向重大工程的高可靠性大规模联合控制系统等一批具有国际水准的产品。其中大规模联合控制系统单个控制域最大规模达到了 65,000 I/O 点，实现多人在线组态，满足流程工业大型联合装置的控制要求。

目前，中控的高端智能控制系统已经应用于中国石化茂名分公司 1000 万吨炼油联合装置、安庆分公司 800 万吨炼油与杨子石化千万吨级炼油装置、45 万吨合成氨与 80 万吨尿素大化肥等一批千万吨级炼油、大型化肥关键装置上，逐步将国产化示范工程应用辐射到电力、冶金、建材等国民经济的其他行业，打破了国外公司在我国流程工业领域对重大工程关键技术装备高端自动控制系统的垄断，改变了大型高端自动控制系统依靠国外、低端控制系统选用国内的市场格局，为形成以高性能、高可靠性、高适用性为特征，数字化、智能化、网络化、集成化为标志的重大项目自动化成套控制系统产业打下坚实的基础，以保证我国重大工程具备自主实施和运行的能力，提升我国自动化产业的自主创新能力。

三、主要产品

中控是国内工业自动化产品最为丰富的企业之一，产品覆盖综合自动化整体解决方案主要业务流程，向客户提供基于自有 DCS 系统、实时数据库平台之上的“InPlant 工厂自动化整体解决方案”，为用户提供从底层到上层的工厂自动化全面解决方案，主要产品包括自动化控制系统（DCS）、综合自动化成套软件、现场仪表等自动化产品。

InPlant（Intelligent Plant）工厂自动化整体解决方案是中控针对流程工业企业“能耗高、成本高、污染高、劳动生产率低、资源利用率低”等问题提出的一整套自动化软硬件产品体系和方法体系。在不进行工艺改造的前提下，InPlant 利用各种先进的工业自动化仪表、控制系统、综合自动化软件等产品，通过信息集成、过程优化及资源优化，实现企业物料流、信息流、资金流的集成和优化运行，达到人、组织、管理、经营和技术 3 要素的集成，从而提高企业的生产效率、产品质量与产量，并达到节约生产成本、降低能源消耗、减少污染物排放的目的，提高企业的经济效益和综合竞争能力。

InPlant 工厂自动化整体解决方案包括自动化仪表、自动化控制系统和综合自动化软件等产品，其体系架构如下图所示。

四、2013 年重大项目

2013 年，中控成功争取到了中天合创能源有限责任公司鄂尔多斯煤炭深加工示范项目，建设大型煤制烯烃项目的大规模 DCS 控制系统及成套装备示范工程。该项目的实施和首台套应用突破将有利于推动应用于大型煤化工重大工程中控制系统成套装备的国产化，提升大型基础原料生产、能源综合利用等新工艺的技术装备国产化率，保证我国基础产业和能源的战略安全。

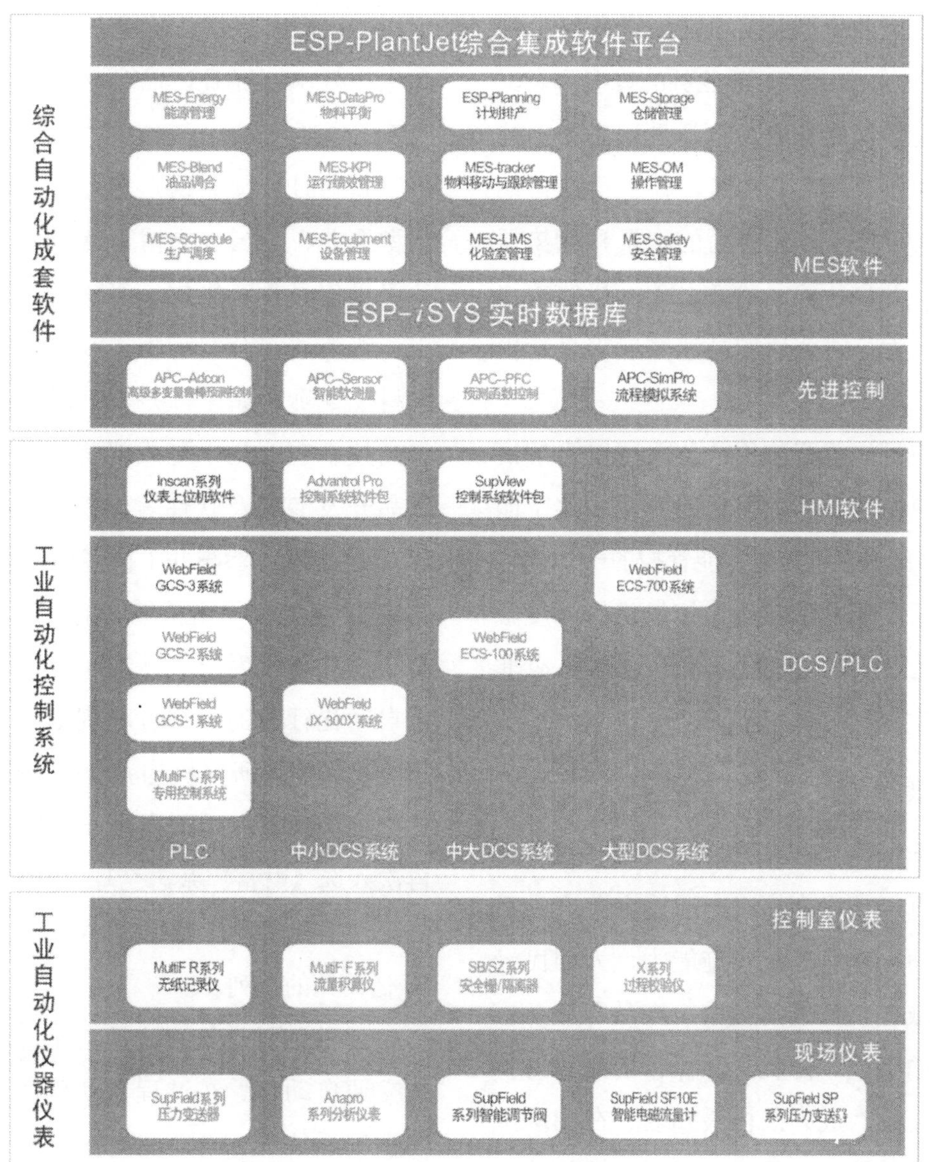

在 SCADA 业务领域，中控取得了首个大型完整的数字化油田项目——新疆油田 SCADA 项目，并中标中石化原油商业储备基地工程等项目。中控的解决方案得到了中石化等大型企业的认可和好评，使中控产品进入广阔的油田、油库和长输管线市场获得了良好的开端。

2013 年，中控的千万吨级炼油项目在中石化相继投运，成果在中石化长岭、茂名、安庆、扬子等数个千万吨级炼油项目，以及中石化川维 30 万吨 / 年醋酸乙烯、中石化北海、塔河等炼油一体化项目上得到示范应用，取得了良好的经济效益和社会效益，得到了中石化和相关领域专家的充分认可。

2013 年，中控实施的亚洲首个中海油天津浮式 LNG（220 万吨 / 年）接收站顺利投运，山东泰安 60 万吨 / 年天然气液化 DCS 国产化项目通过了国家能源局委托的出厂评审。

2013 年，中控取得了超大型 MAC 项目合同——中国化工集团一下属企业的智能管控一体化 MAC 合同，成为首个针对化工产业联合生产智能管控一体化的大型MAC项目。该项目也是公司“管控一体化咨询+MAC”业务的典型代表，开创了顾问式营销的先河，它几乎涵盖了中控在流程工业的所有产品和服务，使公司在自动化、信息化、管控一体化方面的积累和优势得到充分发挥，开创了第一个InPlant整体解决方案典范，也为公司今后的高速发展带来新模式、新途径。

通过该项目的示范应用，公司可以将解决方案推广应用于全国的大型化工企业和化工园区的联合生产装置中，实现智能管控的一体化，促进传统化工产业的工业化和信息化的深度融合，实现制造过程的智能化和绿色化，具有非常重要的战略意义。

五、发展规划

公司将继续坚持以自动化技术、软件技术、网络技术和电气技术为核心，通过完善产品系列及增强自动化项目工程实施能力，为国民经济的各个领域提供先进的技术、产品和服务，为工业企业的节能、降耗、环保、增效和可持续发展作出贡献，成为国内最知名、在国际上有影响力、具备核心产品和工程服务提供能力的综合自动化整体解决方案供应商。

北京和利时系统工程有限公司

一、企业概况

北京和利时系统工程有限公司（以下简称“和利时”）是以自动化控制系统及信息系统软件开发、制造、服务、集成为主业的高新技术企业，是中国领先的自动化与信息技术解决方案供应商。和利时以“用自动化改进人们的工作、生活和环境”为宗旨，致力于为客户提高生产效率、提升产品品质、保障生产安全和改善工作环境。

和利时是国家认定企业技术中心、国家创新型企业、全国优秀博士后科研工作站，具有计算机信息系统集成一级资质、工程设计与施工一级资质。公司承担了863计划等国家级重大科技专项20余个，获得国家发改委颁发的“国家高技术产业化十年成就奖”。公司拥有自主产品开发专利及软件著作权200逾项，其中发明专利46项，参与并主持多项国家标准的制订，其中2011年公司主持编写的轨道交通行业标准有3项发布成为国家标准，公司已经成长为我国自动化行业的引领者和规则制定者。公司被国际权威市场研究机构ARC列入全球50强自动化产品供应商，是国内唯一入选企业；2013年再次入选《财富》杂志全球“100家增长最快的公司”排行榜，排名第88位，公司市值已迈进10亿美元的行列。

公司主要业务领域是工业自动化控制和轨道交通自动化。在过程自动化领域，公司的工业控制系统DCS成功应用在包括百万千瓦超超临界大型火电站、千万吨级炼油装置、百万千瓦核电站仪控系统等重大工程和关键技术装备中，在火力发电、石油化工、精细化工、冶金建材、食品饮料等行业累计应用超过15,000套。在工厂自动化领域，公司自主研发的PLC及MC系列运动控制器通过了CE、UL认证，产品已经广泛应用于地铁、矿井、油田、水处理、机器装备控制行业。在轨道交通自动化领域，公司研制的信号系统及系列产品获得了国际安全认证，350公里高速铁路列车安全控制系统、大型城市轨道交通监控系统等高端产品在市场上得到广泛应用。

二、企业发展历程

1993 年 3 月，电子部六所华胜自动化事业部成立，开始模拟独立法人运行，这是北京和利时系统工程有限公司的前身。1996 年 9 月，北京市和利时自动化工程有限责任公司在北京市新技术产业开发实验区注册，注册资本 1500 万元，公司由孵化阶段进入了腾飞阶段，销售额和利润实现了快速增长。1999 年 2 月，和利时公司引入风险投资并改制为股份有限公司，注册资本 10000 万元。2007 年，和利时公司实施集团化、产品化、国际化战略，成为一个拥有多个业务单元（事业部、子公司）的企业集团。2008 年，公司成功在美国纳斯达克上市，成为国内自动化领域的首家海外上市公司，说明公司得到了资本市场的全面认可。2010 年，公司亦庄基地一期建设完成后入驻，和利时集团成立，公司进入高速、稳定、持续发展时期。

经过近 20 年的稳健发展，“和利时”已成为自动化领域的国际知名品牌，业务也从当初单一的小型分布式控制系统（DCS）发展到覆盖工业过程控制系统、工厂自动化系统、企业信息化系统、轨道交通（包括铁路和城市地铁）控制系统等多个领域，取得了良好的市场业绩。公司员工队伍也由最初 42 名科技人员发展到 3500 人的队伍，层次有了质的提高，公司拥有近 800 人组成的开发队伍，可以每年开发出多个新产品；同时还拥有一批行业专家，为和利时提供专业化的指导。公司的资产规模从原来的不足 100 万元发展到今天的近 20 亿元。业务规模从当初的年销售 300 万元发展到现在超过 20 亿元。

三、主要产品和行业地位

（一）工业自动化控制和信息管理领域

在工业自动化控制和信息管理领域，和利时公司充分发挥“领军企业”作用，产品广泛应用于核电、火电、热电、石油、化工、轻工、建材、冶金、制药等领域，更以“产业报国”的使命感和责任感为动力，推动自动化行业发展，拉动了仪器仪表产业的进步，成为集研究开发、工程实施、系统集成、行业培训于一体的综合性基地。

在产品平台基础上，和利时公司总结不同领域的自动化控制和信息管理需求，通过不断的创新与突破，提出专业化的解决方案，并始终坚持真诚地为用户着想的理念，使自动化相关产品及解决方案得到了广泛应用，成功地将公司自主技术和自有知识产权转化为生产力，为用户提升了竞争力的同时，也加速了我国制造装备产业的信息化改造进程，填补了国内重大工程项目国产化空白。

截止至 2013 年 12 月，公司拥有成功的工程业绩现场 15000 多项。典型业绩如下：

● 巴基斯坦恰希玛核电站一期 300MW 计算机监控系统

● 巴基斯坦恰希玛核电站二期 300MW 计算机监控系统

● 秦山核电一期 300MW 核电站计算机监控系统

● 秦山核电二期 2×600MW 核电站计算机监控系统

● 中国原子能科学研究院中国实验快堆过程检测系统的数字化安全检测装置（核安全级）

● 岭澳核电二期工程数字化仪控系统分包

合同

● 辽宁红沿河核电站1000MW核电机组DCS项目

● 福建宁德核电站1000MW核电机组DCS项目

● 广东防城港核电站1000MW核电机组DCS项目

● 广东阳江核电站1000MW核电机组DCS项目

● 广东台山电厂1000MW超超临界火电机组DCS系统

● 中国大唐集团安徽虎山2×660MW超超临界现场总线控制系统

● 中国大唐集团湖南攸县2×630MW超临界燃煤发电机组DCS系统

● 陕西锦界电厂4×600MW火电机组DCS系统

● 贵州黔北电厂2×300MW火电机组DCS系统

● 河南天冠300万吨燃料乙醇装置DCS/MES系统

● 山东天宏新能源公司150万吨炼油重大化工联合装置DCS

● 德国BASF（巴斯夫）BPI（聚异氰酸酯）项目

● 广东梅州塔牌集团5000T/D干法水泥熟料生产线DCS系统

● 神华宁夏宁东矸石电厂2台300MW循环流化床发电机组DCS控制系统

● 河南中原大化集团公司60万吨/年复合肥装置DCS系统

● 山西天脊集团晋城化工股份公司30万吨/年大颗粒尿素装置DCS系统

● 高安红狮水泥有限公司5000T/D水泥生产线DCS系统

● 广东梅州塔牌集团5000T/D干法水泥熟料生产线DCS系统

● 渤海化工集团天津碱厂80万吨/年联碱项目DCS系统

● 青海碱业有限公司120万吨/年纯碱项目二期DCS系统

● 新疆广汇1000万吨/年煤干馏装置DCS系统项目

● 贵州黔桂天能焦化循环扩建项目

● 宁夏天元锰业年产30万吨电解金属锰项目

● 光大焦化90万吨和60万吨焦炉自动加热系统项目

● 河北冀衡集团能源管理系统项目

（二）核电领域

和利时公司凭借雄厚的技术实力、优异的服务能力，获得了市场准入资格，并连续10多年为我国秦山一期、二期和广东大亚湾、岭澳等核电站建设提供计算机系统成套设备近80项。和利时公司是我国最早进入并持续不断地为我国核电站建设提供计算机系统成套设备的公司，其应用范围已涉及到核岛和常规岛的数据采集、安全监视、过程控制和其它辅助功能，所有这些项目都是在与国外知名自动化公司的激烈竞争中得到的。

公司继1997年承担我国第一个出口核电站——巴基斯坦恰希玛核电站300MW核电机组的计算机监控系统的任务以来，又相继中标了巴基斯坦恰希玛核电站二期工程计算机控制系统项目、秦山二期两台600MW核电机组的核电站计算机监控和常规岛控制系统项目、岭澳核电站二期工程数字化仪控系统国内分包合同以及辽宁红沿河、宁德、阳江 100 万千瓦机组核电站项目等项目，打破了国外公司对国内核电站控制系统的垄断，填补了我国自主知识产权的核电控制系统的空白。

2010 年，荣获国家首份 1E 级仪控《民用核安全电气设备设计 / 制造许可证》。

2011 年，承担了国家科技重大专项“自主知识产权的核电站数字化仪控系统平台研制”课题。

2011 年间，又承担了防城港 4×1000MW 核电站项目中目前世界上最为先进的百万千瓦 CPR1000 的数字化仪控系统任务，实现了该领域国产化技术的重点突破。

（三）城市轨道交通领域

和利时公司自主设计的大型城市轨道交通综合监控自动化系统达到了国际先进水平，在城市轨道自动化领域承担的项目数量及完成数量居国内同行首位，并确立了在国内轨道交通综合监控系统领域中制定技术标准、工程实施及验收标准的主导地位。

相继在北京地铁 13# 线、北京地铁 10# 线、北京地铁奥运支线、北京地铁亦庄线、深圳地铁、广州地铁 3# 线、广州地铁 4# 线、广州地铁 5# 线、武汉地铁、大连快轨、天津快轨等项目上的应用，标志着我国城市轨道交通设备国产化能力的极大提高，打破了国外产品在我国城市轨道交通综合监控自动化系统中的垄断局面。

其中，北京地铁 10 号线（含奥运支线）大型城市轨道交通综合监控自动化系统和乘客信息系统项目，为 2008 年北京奥运会的成功举办作出了贡献。该项目为和利时公司赢得了“参与奥运、服务奥运贡献单位”的称号。2010 年，国内首批自主城铁信号系统项目—北京地铁昌平线信号系统一期工程项目正式试运行，标志着和利时的城市轨道交通业务又迈上了一个崭新的台阶。

2011 年底，和利时公司成功中标北京地铁 14 号线综合监控系统项目。本项目不仅有超过亿元的合同金额，还打破了国外产品的垄断、实现了国产 PLC（和利时公司 LK PLC）在地铁环境控制系统“零”的突破。

2012 年初，和利时与香港铁路有限公司（MTR Corporation Ltd.，简称“港铁公司”）签署了广深港综合监控系统（香港段）项目合同。此合同的签约，标志着国内自主知识产权的综合监控系统首次成功开拓香港地区市场，这对和利时自主研发的大型国产综合监控软件平台 MACS-SCADA 3.0 进一步开拓国际市场具有深远的里程碑意义，并为形成新的海外市场竞争格局奠定了良好的基础。

（四）数字化轨道交通信号系统领域

和利时公司成功完成了系统的调度集中与监督系统（ATS）、车站计算机联锁系统（CIS）、车站列控中心、数字轨道电路系统、车载自动列车防护系统（ATP）、点式信息传输系统等 6 大部分的研发任务。截至目前，和利时销售 200 ～ 250 公里 / 小时动车组列控车载设备 250 列、300 ～ 350 公里 / 小时动车组列控车载设备 100 列的订单，市场地位优势明显。LEU 设备与列控中心项目共同实施，目前销售数量近 700 套，成功运用于京石武、京沪线、京哈线、沪昆线、广深线等多条干线；

2010 年，和利时公司 CTCS-3 级列控系统成功应用于 350KM/h 高速铁路郑西客运专线，广深港 CTCS-3 级列控系统项目也在顺利执行中。

2011 年 6 月，在热那亚公司总部，BTM-hs 应答器传输系统顺利通过意大利 RINA Services S.p.A 实验室 Subset-085 标准符合性测试。

2011 年，LEU-H 型列控系统地面电子单元、BTM-hs 型应答器传输系统、HVC1000 型安全平台、LKD2-hs 型列控中心通过安全完整性等级 SIL4 级认证，签订盘营线、武咸线 CTCS-2 级列控地面设备供货合同，广深港线（广深段）CTCS-3 级列控系统顺利开通。

2012 年，和利时公司和香港铁路有限公司正式签署广深港高速铁路（香港段）地面、车载信号系统合同，合同额 4.9 亿港币（约 3.97 亿人民币）。该项目是和利时在轨道交通信号领域第一次以信号系统集成商的身份参与高速铁路信号系统的建设，成功将自主研发的高速铁路信号系统应用于香港高速铁路。该项目的签订，标志着和利时高速铁路信号系统业务上升到一个新的高度，具有突破性和里程碑式的意义，为我们进一步开拓国际市场奠定了坚实的基础。

（五）公司国际化成效

和利时公司在树立国有品牌、振兴民族工业以及国外市场开拓方面做了很大的努力；2009 年在新加坡成立了和利时（亚太）公司；2011 年成功收购新加坡 Concord 公司，并将其转化为和利时的全资子公司；2013 年又全资收购新加坡 BOND 公司，进一步扩展了海外市场。目前利时公司产品已远销海外十几个国家，如巴基斯坦恰希玛核电站、意大利CISCO电信公司、德国 Berger Lahr GmbH & Co. KG 和 Schmitt Aufzoge Gmbh 公司、缅甸石油天然气液化装置、哈萨克斯坦油气处理装置、印度尼西亚热电机组、印度铅冶炼、叙利亚 2×300MW 机组、乍得炼油、越南 DEH 等项目，和利时公司有幸成为世界 500 强的德国 BASF（巴斯夫）公司的全球四大 DCS 系统主供货商之一，其他三家分别为爱默森、西门子和 ABB。这标志着和利时公司的工业自动化产品已被国际大客户认可，质量已可同国际著名公司的产品质量相媲美，取得了很好的经济效益和国际影响力。

四、2013 年重大项目

（一）公司“两化融合”项目实施

目标是搭建全新的以 ERP 为核心的统一信息管理平台，流程高效、便捷，数据集中、统一、准确、可靠、共享，借鉴行业经验，打造专业的内部实施团队，使信息化和工业化达到深度融合。

（二）大规模 PLC 产品研制及生产

项目完成后技术与功能指标达到当前 Siemens、Rockwell、Honeywell 等国际主流高端 PLC 产品水平，符合工业控制系统的相关国际或国家标准，能够替代进口产品。

（三）可编程控制器制造数字化车间建设

本项目将作为制造企业智能工厂集成解决方案的示范应用，以和利时自主研发的 MES、SCADA 和 PLC/MC 系列产品为核心，形成国内制造业智能工厂集成解决方案，提高中国制造业的国际竞争力，实现转型升级。和利时将成为国内智能化车间解决方案的提供商。

五、发展规划

20 年来，和利时积累了良好的企业信誉、扎实的技术功底、丰富的工程经验、深厚的行业知识和各个领域精英人才，公司将秉承“进取节制、包容诚信、忧患谦虚”的指导思想，通过努力早日实现国际著名的自控化公司梦。

上海新华控制技术（集团）有限公司

一、企业概况

上海新华控制技术（集团）有限公司是一家致力于自动化与信息化的高新技术企业。其前身—中华电液控制技术开发中心，成立于1985年，从事火力发电设备控制系统的研发与生产。上世纪90年代初，先后研制并成功投运国产首台套火电厂数据采集系统（简称“DAS”）、大型汽轮机组数字式电液调节系统（简称“DEH”）和大型火电机组分散式数字控制系统（简称“DCS”），创建了中国最大最具有实力的火电厂DEH和DCS研发、生产和工程基地，是中国火电厂自动控制领域的领跑者。

经过近30年的不懈努力，新华集团已经成为为电力、轨道交通、环保、市政工程、水泥、石化、冶金、造纸等行业提供自动化控制系统设计、制造、整合、优化等相关产品的高科技企业，截至到目前，新华集团的自动化控制系统已经在各个行业拥有了3800多套的工程应用业绩。

新华集团专业从事控制系统设计、软硬件开发、硬件制造和控制系统总成套，为用户提供各种规模的自动控制成套设备和自动化控制系统，提供优化软件、管控一体化软件，为多个行业提供全面的自动控制、信息化解决方案。公司以环保、节能、安全的设计理念，研发新产品与新技术，重点发展大型生产过程和连续生产过程综合自动控制、先进工业控制技术、轨道交通自动控制，帮助用户以更经济的代价获得更满意的优质产品和服务。

新华集团拥有专业知识扎实、长期从事计算机控制系统设计、硬件与软件开发、工程技术服务的专业技术人才队伍，其中近20%的员工拥有博士、硕士学历或高级职称，80%以上员工具有大专及以上学历；新华集团在上海闵行紫竹科学园区拥有研发、生产和工程基地，建筑面积47767平方米。新华集团拥有两家制造厂（生产DEH、DCS卡件的新华电子和生产DEH中EH部套的新华液压），确保了新华集团自动控制系统硬件品质和长期可靠的供应。

新华集团注重严格的科学管理及全面的质量控制，是同行业中最早通过ISO9001:2000质量管理认证和国际认证的企业之一。

自1994年以来，新华集团连续被评为“上海市高新技术企业”；1995年被国家科委评为“全国民营科技企业一百强”；1996年至2007年每年列入“上海市民营科技百强企业”；2001年起被评为“上海市软件企业”；1997年起被评为“上海市信誉咨询企业”，“上海市纳税信誉企业A级企业”；2001～2013年连续被评为“上海信用等级AAA级企业”；2001年获“中国民营科技企业创新奖”；2002年起被评为“上海市明星软件企业”；2003～2006年连续被评为“中国软件产业最大规模前100家企业”、2003～2012年连续被国家四部委认定为“国家规划布局内重点软件企业”；2013、2014年被评为“上海市规划布局内重点软件企业”；“新华控制”控制系统产品2006年、2009年被评为“上海市名牌产品”；2009年轨道交通综合监控系统XISCS-100获“上海市自主创新产品”；2010年XISCS-100被评为“上海市重点新产品”；

XDC800被评为“2010年国家重点新产品”。“新华控制”自2011年起被评为“上海市著名商标”。

二、主要产品

（一）数字化电厂一体化解决方案产品

包括：电厂主控分散控制系统（DCS）；电厂辅助系统分散控制系统（BOP-DCS）；汽轮机数字式电液控制系统（DEH）；数字式电液控制系统（MEH）；紧急停机系统（ETS)；液压控制系统（EH)；厂级监控信息系统（SIS)；管理信息系统（MIS)；仿真系统；优化系统等。电厂的应用业绩超过2800多套，出口到全球十多个国家，总装机容量超过90000MW。

（二）轨道交通综合监控系统产品

包括：轨道交通电力监控系统；轨道交通电能质量管理系统等。该产品已在上海投运的14条线得到应用。

其他行业综合监控系统(包含DCS控制系统、仪表系统、监控系统、电气系统等）如：化工行业监控系统；冶金行业监控系统；造纸行业监控系统；建材行业监控系统；环保行业监控系统等也已经拥有近千套应用业绩。

三、2013年重点项目

（一）伊拉克萨拉哈丁2X630MW燃油气电站工程项目

该工程是由中国机械设备工程股份有限公司（CMEC）进行工程建设总承包的较大的电站工程，也是我国首次出口600MW级燃油炉电站项目。本期工程装设2台630MW燃混油（重油与原油混合）及天然气发电机组，锅炉为亚临界参数汽包炉，汽轮机为亚临界、单轴、一次中间再热、三缸四排汽。

2013年11月，经过伊拉克电力部高级代表团、总包方中国机械设备工程股份有限公司（CMEC）、西北电力设计院共同考察和技术交流后，最终确认上海新华控制技术（集团）有限公司为伊拉克萨拉哈丁 2×660MW燃油气电站工程全厂自动控制系统供货商，新华集团为该电站提供包括厂级监控系统（SIS）、主厂房分散控制系统(DCS)、汽轮机电液控制系统(DEH)、全厂辅助车间分散控制系统（BOP-DCS）等过程控制、信息管理一体化的解决方案，也是国内600MW级燃油炉一体化控制系统首次出口。

（二）上海吴泾第二发电有限责任公司#2机组（600MW）整体改造项目

该项目改造前分散控制系统（DCS）、数字电液调节系统(DEH)及汽机危急跳闸系统(ETS)、汽机旁路控制系统（BPC）、锅炉吹灰程控系统、发电机自同期及6KV自同期系统分别采用不同品牌的国外产品。

新华集团采用自主研发生产的XDC800对上述不同的系统进行了整体改造，替换掉原来备件昂贵、维护成本高的进口系统，将各子系统整合为软硬件一体化的系统，实现一体化控制，同时又保留了原来的控制策略，提高了自动化投入率和运行的经济性。

四、发展规划

新华集团始终瞄准各领域的发展方向，不断通过自主研发进行产品的升级换代及新产品的推出。目前，新华集团正在进行核电站、燃气轮机等重点领域、重大装备的自动化控制系统的研发，为相关领域国产化水平的提高不断奉献着自己的力量。

北京康吉森自动化设备技术有限责任公司

一、企业概况

伴随中国自动化技术的飞跃式发展，康吉森自动化励精图治十余载，起步就以世界顶尖的自控设备与技术致力于安全及关键控制系统领域。如今，康吉森自动化已涉足石油、化工、铁路、冶金等诸多国家发展战略的重要领域，成为具有国际先进技术与管理水准，融合研发、生产、销售、工程服务和售后服务于一体的高新技术企业，专业、专注、精益求精，国际化的经营理念让康吉森视野开阔，不满足于国内领先者的地位，打造国际化、最具幸福指数的企业，为强盛中国担负起社会责任。

全网络服务体系、高效快速回应为康吉森自动化奠定了坚实的运营服务体系，遍布全国重要用户城市的办事机构及在美国、新加坡、日本、荷兰等设立的分公司，确保能最短时间响应和解决用户遇到的问题；康吉森自动化投入巨资构建的产品及零部件仓储，为高效快速地服务用户提供了坚实的售后保障。时至今日，康吉森自动化在国内外各行业已投运近3000套具有国际先进水平的冗余容错式安全及关键控制系统，并与国内外知名主机企业、科研院所、行业协会建立了广泛的合作，现已成为中国最大的安全和机组关键控制系统专业供应商和过程安全方案解决商，成为石油化工、煤化工、天然气管线、冶金、电力、铁路等行业首选的安全和关键控制系统供货商之一。

公司总部位于北京，目前拥有员工400余人，其中市场销售人员140人左右。为了更好地为中国广大用户服务，公司在北京总部以外设立了北京、上海、广州、沈阳、济南、郑州、呼和浩特、成都、南京、西安、武汉、乌鲁木齐等12个办事处，以便最近距离地与用户建立直接的联系。

二、主要产品

公司的主要产品有：机组专家控制系统(iMEC)、安全仪表系统(SIS)、安全操作管理系统(iSOM)、火灾及气体检测保护系统(FGS)、透平发电机组控制系统(DEH)；装置及机组操作员培训系统(OTS)。

公司在TMR产品应用上有许多独特的技术，有多项软件荣获国家著作权：催化四机组控制系统软件、化肥压缩机组控制系统软件、加氢裂化循环氢压缩机组控制系统软件、连续重整装置及其机组控制系统软件、燃气轮机过程控制系统软件、富气压缩机过程控制系统软件、双抽发电机组控制系统软件、火灾和气体报警及控制系统软件、乙烯装置二元制冷压缩机控制系统软件、乙烯装置裂解气压缩机控制系统软件、乙烯装置丙烯制冷压缩机控制系统软件、硫磺回收机组控制系统软件、煤气化SIS控制系统软件、煤气化生产甲醇过程控制系统软件、锅炉燃烧安全管理控制系统软件、空分装置空压机机组控制系统软件、DMTO装置反应气压缩机控制系统软件、乙烯装置脱丙烷压缩机控制系统软件、GE合成气压缩机控制系统软件、硝酸四合一压缩机控制系统软件、单抽汽轮发电机组DEH控制系统软件、轴流空气压缩机控制系统软件、合成氨装置天然气压缩机控制系统软件；合成氨装置CO2离心压缩机控制系统软件、PTA装置连锁控制系统软件、芳烃吸附分离装置模拟移动床控制系统（MCS）软件、低密度聚乙烯装置Univation工艺产品下料系统顺序控制系统软件、化工火炬气回收装置凯勒特工艺顺序控制系统软件、气电联产装置中壳牌渣油气化炉顺序控制系统软件、MTP装置连锁控制系统软件、己内酰胺连锁控制系统软件。

经过公司多年研发，目前已开发并成功应用的硬件产品有：伺服控制器、电子超速保护器、TS1000机组控制系统、TS4000系列底板式安全栅、CONSEN系列安全栅底板、TRI-SEN CM-01系列振动位移变速器。

三、发展历程

1999年6月　完成开发第一套ITCC 系统项目。

2001年度　首套催化三机组改造ITCC应用在中石化沧州项目。

2002年度　与Invensys Singapore结为业务伙伴的合作关系。

康吉森为扬子巴斯夫提供全厂安全系统（SIS）和火气保护系统（FGS），这是中国第一家全厂使用安全系统的石化工程。

2003年度　首套燃汽轮机ITCC控制系统获得成功。

2003年6月　首套煤化工甲醇空压机应用陕西渭河煤化工项目。

参与Shell Nanhai B.V.及中海石油化工投资公司的中外合营企业在中国南海的石化工程项目。

获得中国石油化工集团颁发的“科技进步奖三等奖”，表彰其为“连续重整催化剂

再生控制与连锁系统”的科学技术进步做出重大贡献。

2004年度　喜获首套煤制油应用控制系统，神华集团液化煤项目第一期合约。

与日本MHI及德国MANTURBO等公司创建业务关系。

2005年度　海南炼油使用第一套由国内自行设计的全厂范围内的安全系统和机组控制系统，即ITCC和SIS系统。

2005年11月获得由“北京中安质环认证中心”（ZAZH）颁发的关于“铁路、石化及其他加工行业的ESD、ITCC、DEH及FGS”的ISO9001：2000认证。

2006年1月　获得“北京市科学技术委员会”颁发的“高新技术企业批准证书”。

获得“公安部消防产品合格评定中心”关于“FGS型火灾报警控制器”“中国国家强制性产品认证证书”。

完成分包自Invensys Singapore 的Qataran QGAS第二炼油、沙特YANBU、炼油及乙烯厂ESD、FGS 的开发项目。

2006年6月　在新加坡成立CONSEN Singapore。

2006年7月　赢得石化合资项目——福建炼油公司的全厂SIS、FGS、ITCC项目。

2007年1月　通过“北京中关村企业信用促进会”审核，符合瞪羚二星级条件。

2007年7月　公司在香港主板上市，上市后成为中国自动化集团。

2007年12月　在美国休斯顿成立Inovex Corporation。

2009年5月　被纳入为摩根士丹利资本国际中国指数成分股（环球小型股指数）。

2009年6月　《IT经理世界》内地（含香港）科技企业百强榜第十六位。

2009年9月　被美国著名财经杂志《福布斯》选为“亚太中小企业200强”。

2009 年 12 月在日本成立 Inovex Japan。

2010 年 4 月 中国自动化产业世纪行（CAIE2010）荣获“2009 中国自动化领域十大年度企业”、集团董事局主席宣瑞国荣获“2009 中国自动化领域年度人物”重要奖项。

中石化仪征化纤 PTA 改造项目，首套 iMEC 系统成功投放市场。

2011 年 4 月 中国自动化产业世纪行（CAIE2011）荣获“2010 年度中国自动化领域十大年度企业”、

“2010 年度十大年度最具影响力工程项目”、“2010 年度十大年度最具竞争力创新产品”奖项成为国家标准《石油化工安全仪表系统设计规范》主要参编单位。

2011 年 6 月 成为全国化工《信号报警、联锁和安全仪表系统设计规定》参编单位。

2012 年 1 月 荣获“2011 年海淀园先进基层党组织”称号。

2012 年 4 月 荣获“2012 中国自动化产业”最具影响力工程项目奖。

2012 年 5 月 荣获“中国石油和化工自动化行业科学技术奖进步一等奖”。

2012 年 11 月 2012 中国自动化服务品牌峰会暨中国自动化服务品牌评选活动荣获“系统集成服务优秀品牌”、“自动化服务优秀案例”两项重要奖项。

2013 年 3 月 荣获北京质量协会颁发的第三届“北京知名品牌”荣誉称号，集团董事局主席宣瑞国荣获“北京杰出质量人奖”。

2013 年 5 月 在中国仪器仪表行业协会秘书处成立了安全及关键控制工作委员会。

2013 年 10 月荣获 2013 中国自动化服务优秀品牌评选“工程服务能力品牌奖”和“售后服务能力品牌奖”两大奖项。

吴忠仪表有限责任公司

一、企业概况

吴忠仪表有限责任公司是我国流程工业自动化控制中控制阀行业的龙头企业。

公司始建于 1959 年，1965 年在国家“三线”建设时期，由上海搬迁宁夏吴忠开始生产控制阀，吴忠仪表分别于 1980 年、2002 年两次全面引进日本、德国控制阀制造技术，通过引进技术再创新，使常规控制阀技术达到国际同等水平，并于 1999 年被国家科技部认定为国家高新技术企业，企业技术中心被认定为国家级企业技术中心。到目前共有 23 项高科技新产品被国家科技部、原国家经贸委评为“国家级重点新产品”，拥有 6 项发明专利和 33 项实用新型专利。同时，培养造就了一批经验丰富的工程技术人员和能工巧匠，自主创新能力很强，在创新中保持公司强劲的发展势头，是国家振兴装备制造业的骨干企业。

公司的产品研发、制造能力、检测手段、服务体系、营销渠道灯具有很强的竞争力，服务于（石油、天然气、煤、盐碱）化工、冶金、电站、油气储运、轻工、船舶、水系统等流程工业自动控制，为我国 1000 万吨 / 年炼油、80 万吨 / 年乙烯、1000 万吨 / 年炼钢、60 万 KW 火电、100 万 KW 核电以及西气东输等重大装备发挥了民族工业的重要作用，是国家发改委振兴装备制造业的骨干企业，其产品品种覆盖率为 85%，市场占有率达 30%，是中国仪器仪表行业协会副理事长单位，中国执行器行业协会理事长单位。公司通过了 ISO 9001 质量管理体系、

ISO 14001环境管理体系、OHSAS18000职业健康安全管理体系以及美国石油学会API产品认证、欧洲PED产品认证、挪威船级社DNV认证和中国欧盟承压设备指令条例认证等。

为了抓住国家大力振兴装备制造业的有利时机，快速提升自动化仪表产业，企业抢抓机遇，积极扩展市场，为全新的公司创造了一片新天地，吴忠仪表有限责任公司作为中国工业自动化的骨干企业，正以一流的技术、一流的管理、一流的服务在国家重大项目以及振兴装备制造业等方面发挥着重要作用。

二、发展历程

吴忠仪表有限责任公司前身为吴忠仪表厂，1997年整体改制为集团公司，1998年进行股份制改造并于同年在深圳证券交易所上市，更名为吴忠仪表股份有限公司。2006年，公司实施完成了资产重组和股权分置改革工作，宁夏发电集团有限责任公司成为吴忠仪表的第一大股东，成立宁夏银星能源股份有限公司。2010年公司进行股权转让，与中国自动化集团有限公司成立吴忠仪表有限责任公司。至此，吴忠仪表有限责任公司成为中国自动化集团有限公司旗下的全资子公司。

三、主要产品

吴忠仪表有限责任公司（原吴忠仪表股份有限公司）是目前我国规模最大的自动调节阀研发、生产基地，是国家重点高新技术企业，建有“国家级企业技术中心”、“博士后科研工作站”和“宁夏回族自治区自动化仪表院士工作站”，是中国机械工业企业核心竞争力百强企业之一。

公司的企业规模、技术力量、产品品种覆盖率和综合实力均居国内同行业龙头地位，曾先后成功引进日本山武霍尼韦尔公司和德国ARCR公司模块化调节阀先进技术，公司的产品技术水平目前已达到国际先进水平。公司现已有24项新产品获《国家重点新产品奖》，在宁夏自治区企业中居第一位。

主导调节阀产品有ECOTROL智能模块化系列调节阀、CV3000系列调节阀、G系列球阀、高性能WB300蝶阀、船舶用阀等，并生产气动、电动执行机构及定位器、电磁阀等30余种附件、7000多个品种规格的产品。公司目前每年生产制造各种阀门40000多台，主要应用于（石油、天然气、煤、盐、碱）化工、冶金、电站、油气储运、轻工、船舶、水系统等流程工业自动控制。

公司研发并实现产业化的项目《ECOTROL模块化智能调节阀》，获宁夏回族自治区2005年度科学技术进步一等奖。在宁夏自治区的历史上是第一个获得科技进步一等奖的机械产品项目。

公司自2001年被国家知识产权局确定为“全国企业专利工作重点试点企业”以来，结合知识产权和企业技术中心的创新工作，不断在各方面完善知识产权工作机制，尤其是实施“企业专利战略”，现已有39项专利，其中发明专利6项，在宁夏国有大中型企业中专利拥有量排名第一。公司还是宁夏唯一的由国家知识产权局颁发的“专利工作先进集体”。

公司建立了以企业技术中心为主要模式的技术创新体系，跟踪世界科学技术的最新发展方向，构筑高水平的企业技术创新平台。企业的技术创新能力很强，每年都有一批产品研发成功并陆续投放市场，形成庞大的高技术产品群。生产套筒阀、笼式阀、低噪声阀、角阀、电动阀、凸轮挠曲阀、蝶阀、球阀、三通阀、防腐阀、电站用阀、全塑阀、衬塑阀、特殊合金阀、全电子式电动执行机械及定位器等76个系列、7000多种品种规格的产品。主导产品多次荣获省部级以上奖励，担当着引领国内调节阀行业技术创新排头兵的角色。

在我国众多行业的工业自动化系统中，公司的产品被广泛应用，并出口世界十多个国家和地区。多年来公司以优质的产品、一流的服务在国内外广大用户中享有盛誉，被评为中国机械工业名牌产品。

公司多年来实行严格的科学管理，已通过ISO9001国际质量体系认证、ISO14001环境管理体系认证、国家技术监督局ISO10012-1完善计量检测体系认证、中华人民共和国特种设备制造许可证（压力管道）、美国石油协会API产品认证、挪威船级社DNV认证和中国船级社CCS认证，2004年6月又通过PED认证。

目前，企业已建立了一整套完备的研发、设计、制造、检测、营销体系，为振兴我国调节阀行业和推动地方经济发展作出了重要贡献。企业具备实施年产3000台煤气化特种控制阀产业化项目的实力和条件。

公司主营业务工业自动化仪表及其附件，76个系列、38种附件、7000多个品种规格，其中不少新开发的产品已达到国内领先水平或国际同类产品水平。

工业自动化仪表产品主要有：Ecotrol模块式智能调节阀；旋转类调节阀（凸轮挠曲阀、蝶阀、球阀）；三通阀、防腐阀、电站用阀、全塑阀、衬塑阀、特殊阀、电动执行机构及定位器。

吴忠仪表企业技术中心成立于1996年，经过不断建设与完善，2000年1月被原国家经贸委、财政部、国家税务总局、海关总署等4部委确认为《国家级企业技术中心》。

吴忠仪表企业技术中心组建了一系列专业研究室，建立了泵阀中试基地、铸造中试基地、附件及自控产品中试基地，聘请了一批中科院院士、博导、博士、硕士等高科技人才，与清华大学等大专院校和科研院所建立了广泛的联系与合作，实行产学研联合攻关，共同开发高科技产品并共同开拓市场，大大缩短了新产品的研发周期，使新产品的研发更加贴近市场。聘请公司内外有关专家、学者组成专家委员会，负责对技术中心研究开发新上项目方面的重大问题进行咨询和评估。

吴忠仪表一贯坚持走自主创新的科技发展道路，信息化在吴忠仪表发展过程中发挥着重要作用，从20世纪80年代的MIS系统到90年代的CIMS系统，再到目前开发实施并上线运行的“甩帐表”、“甩图板”项目——WRP（吴忠仪表企业资源计划）系统，25年的信息化历程，是见证信息技术发展的25年，更是信息化建设摸索、磨合、创新、实践的25年。

吴忠仪表在信息化建设的实践中，结合调节阀行业单件小批量、订单式、定制式生产模式的特点和自身的管理需求，以业务、流程、信息源的融合为切入点，不断的开发和引进新的信息化软件，借助信息化实现管理创新，优化企业架构，将企业的信息化融入到公司生产、经营、管理。随着公司信息化应用的不断深入，企业明确地认识到唯有将信息化技术融入企业，通过推行“两化融合”，以信息化带动工业化、以工业化促进信息化，才能促使企业提升自主研发能力和管理创新，打造自主品牌，向制造服务化方向发展，迈向价值链的高端。

四、2013 年重大项目

（一）高参数智能控制阀开发与产业化

此项目主要研发温度 350 ～ 630℃，压力 CL2500、压差 10Mpa 工况下控制阀。已完成 3 个系列 14 个规格范围的产品，通过了省级科技成果鉴定，并实现了多批次的订货推广。预期随着国家对高端控制阀国产化替代的开展，将具有广阔的市场。

（二）煤化工用阀的研究与开发

煤化工气化炉关键用阀的研究，包括 DN300-DN450 气化炉锁渣阀、粉煤输送调节阀、黑水角阀、偏心灰水控制阀、耐磨球阀等，主要解决气固两相流、液固两相流工况下阀的耐磨性及耐冲刷性，产品实现了 5 类产品的开发，通过了省级科技成果鉴定，取得实用新型专利 6 项。

（三）制约煤化工长周期运行的关键控制阀核心工艺合作研究

这是科技部国际合作项目，研究控制阀内件表面硬化工艺，通过 HVOF 超音速喷涂、等离子喷焊，激光熔敷、火焰熔敷等技术使零件表面硬度达到 HRC70 以上，可以克服强颗粒冲刷。通过了科技部项目验收。项目具有很好的推广应用价值。

（四）水下阀门及执行机构加工工艺技术与样机研制

国家重大专项子课题，目前已完成样机制作，正在进行性能测试及可靠性测试，完成了水下 1500 米球阀、闸阀、及其执行器的研发，取得一项实用新型专利，申报 3 项。此项目的完成将填补我国水下作业高端控制阀的空白，并将在水下作业市场中得到广泛应用。

（五）满足重大装备高压氧气控制阀关键技术合作开发

项目主要研究化工装置空分及气化装置高压氧气控制阀制造技术，主要参数为 DN200 以上，压力 CL600\CL900，采用 INCONEL 合金阀体、阀内件，及多层波纹管密封结构。高压氧气控制阀多倍国外市场占领，我公司已完成四个规格的样机试制，并在一定范围内的工业试验中。

五、未来发展规划

（一）企业发展目标

通过 3 ～ 5 年的时间把吴忠仪表打造成为年销售收入超过 20 亿元，在国内有一定品牌影响力和市场认可度的优秀企业。

（二）团队建设

一方面吸收并培养适合企业发展的高素质人才，另一方面通过培训提升老员工的专业技能，重点解决影响企业快速发展的关键岗位高层次人才，充分利用自治区“引进高层次人才”的相关政策，吸引多名优秀人才充实到技术、销售和管理等部门，进一步推动制造业系统“两化”融合，以信息化全面提升企业运行效率，加强综合竞争实力。

（三）文化建设

公司企业文化建设的总体思路：主攻精神文化，规范制度文化，推进行为文化，提升物质文化。

主攻精神文化，主要是通过挖掘和凝练公司 50 多年来发展的精神内涵，形成全体员工共同遵守的具有吴仪特色的企业价值观和企业理念，塑造企业“灵魂”。规范制度文化，主要是加大制度文化建设力度，围绕企业文化建设建立健全各项制度，使企业文化建设标准化、规范化。推进行为文化，主要依据“6S”行为管理标准抓好员工的行为养成规范，建立完善《员工行为规范》，并抓好推进落实，提炼和倡导求真务实的作风。提升物质文化，主要是制定《物质文化建设标准分册》（CI 手册），做好环境刷新和视觉识别系统开发工作，运用物质形象建设手段营造企业整体文化氛围，提升企业整体形象。

以“科技为先，服务为本，勤备求知，适者生存；以人为本，团结合作”为核心价值观，乘势而上，加大市场宣传力度，提高国内市场的影响力，打造世界知名品牌，走向国际市场。

天信仪表集团有限公司

一、企业概况

天信仪表集团有限公司是中国燃气计量行业的龙头企业。1995 年进入燃气计量领域以来，凭借灵活的经营机制和持续的自主创新，取得了快速的发展。目前，集团构筑了以燃气计量仪表、工业计量仪表、燃气调压设备、自动化控制系统、软件产品开发、电动机保护装置为支柱，集房产开发、矿业开发、金融投资和汽车销售为一体的多元化经营格局，并建立了 4 个制造基地、2 个综合研发中心和 5 个控股子公司，已发展成为初具规模的企业集团。企业被授予“国家级高新技术企业”、“浙江省资信、纳税、‘重合同守信用’AAA 级企业”、“浙江省绿色企业”、“温州市活力和谐企业”、“苍南县工业模范企业”、“温州市安全生产标准化达标企业”等荣誉称号。

集团在北京、上海、四川等地建立了 48 个销售子公司（办事处）和售后服务中心，构筑了辐射全国快速灵活的销售网络，为产品的安装、调试和使用提供全面的技术支持和 24 小时全天候快捷服务，并实施了 ERP 管理系统和售后服务信息系统，实现了用户需求的快速反应和市场信息快速处理。公司产品已销售全国各省市自治区，并出口到印尼、孟加拉和中亚等地，在国内天然气计量产品中居全国首位。

二、发展历程

（一）起步积累阶段（1995 年～ 1998 年）

1995 年，11 位股东创建了苍南县三维仪表有限公司（天信仪表集团的前身）。凭着仅有的 50 万资本、20 多位员工、单一产品旋进旋涡流量计，面临着自动化仪表向全数字化发展的空前科技挑战，天信人立足科技创新，依靠自我发展、自我完善，初步完成了原始积累，为企业的发展奠定了基础。

（二）规模扩张阶段（1998 年～ 2002 年）

为了增强企业实力，1998 年，合并了同行业企业苍南县三维仪表有限公司与苍南华宇仪表有限公司，成立了浙江天信仪表有限公司。同时增资扩股，并购了国有苍南仪表三厂，全资创建了上海天信能源设备有限公司和苍南天信软件开发有限公司，使企业的规模得到进一步扩张，实现了企业的快速发展。

（三）提升跨越阶段（2002 年～ 2007 年）

为了尽快实现“创国际品牌，树百年天信”之目标，天信积极拓展与国际同行的合作与交流。2002 年，与在业界拥有良好口碑，同时也是被世界能源工业所公认了百年之久的国际著名仪表制造企业——美国德莱赛公司携手，合作生产罗茨流量计。随之，天信又与另一家全球燃气设备知名制造商组成紧密的战略合作伙伴，从引进该公司的产品开始，逐步引进其先进技术和生产管理经验，实现了强强联手、优势互补、互利共赢。天信与国际知名企业的联盟，不仅为天信成为百年品牌提供了技术保障，更为天信的国际化征程提供了宽广的舞台。

（四）多元经营阶段（2007年～至今）

至2007年底，天信先后成立了“浙江天信电气有限公司”、“上海天信仪表有限公司”、“苍南联信小额贷款股份有限公司”、“温州天信置业有限公司”和“苍南天信软件开发有限公司”等控股子公司，其支柱产业已涉及燃气计量仪表、工业计量仪表、燃气调压设备、自动化控制系统、软件产品开发、电动机保护装置、房地产开发和金融投资。2008年3月，经国家工商行政管理局核准注册，企业晋升为全国无区域企业集团，全面进入多元化经营。

三、主要产品

集团现有气体涡轮流量计、智能旋进流量计、CPU卡工业气体流量计、气体腰轮流量计等12大系列产品，还有与国外公司合作生产的气体罗茨流量计、气体超声流量计、调压器等。产品整体技术处于国际先进水平，并列入“国家重点新产品项目”、“国家火炬计划项目”和“国家创新基金项目”。产品广泛应用于城市天然气、石油、石化、轻工、冶金、电力、煤炭等行业，也是2010年上海世博会国内燃气计量设备的指定供应商。

四、发展规划

集团本着“拓展市场空间，促进技术升级，实施国际联盟；做精做强主业，协调发展多元”的发展战略，制定了10年中长期发展规划，至2020年，实现国际化战略，走技术引进及合资合作相结合的道路，与实力雄厚的国外同行业企业合作，把单纯的竞争关系变成竞合关系，以合作促进技术升级，全面提升产品和企业运营的竞争力，使天信仪表成为国际上有竞争力的品牌。

集团谨奉“为用户提供天然气应用整体解决方案”的营销理念，始终坚持以用户利益为己任的制造和服务原则，打造满足用户动态需求的运营管理体系，一如既往地为用户不断创新，努力实现天信品牌的国际化。

浙江苍南仪表厂

一、企业概况

浙江苍南仪表厂是中国气体流量计量仪表行业和核电流量测量领域的龙头企业。目前，企业建立了2个制造基地、4个综合研发中心、1个控股子公司、3个分厂和40多个销售办事处，已发展成为一个集流量计量仪表、燃气调压设备、自动化成套系统和软件产品等研发、生产、销售、服务于一体且具有一定规模的综合性企业。企业被授予全国“双爱双评”先进企业、全国模范劳动关系和谐企业、高新技术企业、AAA银行资信企业、AAA纳税信用等级企业、AAA重信用守合同企业、浙江省绿色企业、温州市百佳工业企业、温州市质量立市功勋企业、温州市中小企业三十强等荣誉称号。

企业总部坐落在浙江省苍南县灵溪工业园区，注册资本5189万元，总资产4.72亿元，总面积占地4万平方米，建筑面积2.7万平方米，目前拥有员工400多人。企业拥有多条仪表装配生产线、数控加工中心（日本、美国引进）、阳极氧化生产线（欧洲引进）等各种先进生产设备200多台套，拥有0.25级全自动音速喷嘴法气体流量标准装置（1～7000m³/h）、0.25级标准表法流量标准装置(荷兰进口、NMI溯源)、0.1级高精度钟罩式流量标准装置（1000L）、智能流量仪表综合调试系统、高低温交变湿热试验装置、三坐标测量仪、动平衡测量仪、卡尺类和表类量具标准装置、一般压力表标准装置、微分类量具标准装置等各种先进计量检测设备和电磁兼容测试室等，已建成集研发、生产、销售、服务于一体的流量仪表基地。现年生产能力可达工商业用流量计5万台（套）。

企业拥有省级高新技术研究开发中心和浙江省企业技术中心，全面负责产品的研发工作。中心现有机械、电子、流量、工艺、软件开发、计算机等各类专职研发人员65人，其中高级工程师5人，工程师18人，本科以上43人。另外，企业还长年聘请数位在流量仪表行业、自动化控制行业等有较高声望的专家担任技术顾问，协助解决重大技术难题和制定研发规划。企业全面发挥研发中心的作用，加强对外合作和技术引进，不断增强自主创新能力，已同欧洲先进的流量仪表研发单位、巴西GASCAT公司、中国核二院、浙江大学、中国计量学院等国内外知名企业、科研机构以及大专院校建立长期的合作关系，引进国际最先进的流量仪表设计、生产技术，采用产学研等技术合作方式，整合优势资源为企业所用，大大提高了自身的应变能力。

企业拥有一支高素质的职工队伍，企业领导有较强的创新意识，大力推行体制创新，吸收国内外先进管理经验，建立了较完善的管理制度。如推行了用工制度、分配制度和营销体制改革，制定了绩效考核制度、“6S”管理制度，建立了ISO9001质量管理体系、ISO14001环境体系、ISO10012测量管理系统、人力资源管理体系、技术创新体系、PDM产品生命周期管理系统、用友财务管理系统、ERP资源计划管理系统和OA办公自动化管理系统，促进了企业向现代化、制度化、标准化、信息化发展。

二、企业发展历程

企业创办于1975年，原属校办集体企业，1998年改为股份制，现有注册资金5189万元，在流量计量领域有着悠久的历史。改制后通过引进、消化吸收国际先进技术和自主创新，实现了跨越式的发展。2013年销售额达3.5亿元，居同行前列。

三、主要产品

企业现有气体罗茨流量计、气体涡轮流量计、旋进漩涡流量计、CPU卡气体流量计、（IC卡）家用燃气表、热量表、（核级）节流装置、城市燃气调压（计量）装置、气体过滤器、燃气数据远传采集和监控系统等十几大系列产品，其中3项产品达到国际先进水平，其余产品整体技术处于国内领先水平。产品广泛应用于城市天然气、石油、化工、核电、供热、电力等行业，并畅销国内国际市场。主要用户有中国燃气、港华燃气、华润燃气、新奥燃气、昆仑燃气、中石油、中石化、中核、中广核等。

企业产品有1项列入国家级科技型中小企业技术创新项目、5项列入国家级火炬计划项目、4项认定为国家重点新产品、1项认定为浙江省重点装备制造业重点首台（套）产品、1项认定为浙江省名牌产品、10多项列入浙江省省级新产品，取得3项发明专利、30多项实用新型专利和9项计算机软件著作权，并参与了GB/T 18940-2003/ISO9951：1993《封闭管道中气体流量的测量涡轮流量计》、GB 27791-2011《城镇燃气调压箱》、GB/T 28848-2012《智能气体流量计》、JG/T 162-2009《住宅远传抄表系统》、CJ/T 334-2010《集成电路（IC）卡燃气流量计》等5项国家或行业标准的起草或修订。

四、2013年重大项目

（一）CNiM-TM气体涡轮流量计

该产品具有优良的低压和高压计量性能，适用于城镇燃气流量的精确测量，拥有一体化整流器和可拆卸机芯2项专利技术。产品已通过荷兰NMi实验室认证，综合性能处于国际先进水平，可替代进口产品。

（二）核级喷射器

该产品主要应用于核电EAS系统喷淋水注入30%浓度的NaOH以调节其PH值，是安全壳喷淋系统的重要组成部分。当反应堆发生LOCA事故或者主蒸汽管道破裂事故时，安全壳喷淋系统投入运行。该项目通过水力软件分析，优化了产品结构型式，提高了产品稳定性；接受室、混合室采用一体化文丘里管的结构形式，提高了产品的安全性；采用入口、吸入口可拆卸式喷嘴结构，便于现场更换、调试与维护；采用抗震力学计算分析的方法通过设备的抗震鉴定，满足抗震1F级要求；产品结构合理，符合RCC-M规范要求。该项目的成功开发，将替代以前的进口产品，而且价格比同类的国外产品低，有利于核电行业等国产化水平的提高。

（三）LWQG型高压气体涡轮流量计

该项目来源于中国石油的油气管道关键设备国产化重大科技专项（2012E-2802），主要为填补目前国内高压12MPa气体涡轮流量计的产品技术空白，以解决在今后西气东输三线工程中高压天然气贸易计量的国产化产品的供应和使用问题。研发工作从产品整体结构强度、密封性、计量性能的设计与制造工艺方面上进行了技术创新，使用该型产品能在12MPa高压工况条件下实现长期安全、可靠的准确计量等。

该项目的合作单位有中国石油天然气股份有限公司，目前产品已完成研发，逐步投入现场进行试用。

（四）IC卡燃气流量计

该产品是一体式IC卡燃气流量计，具有功能齐全、操作简单、流量计量精度高、量程比宽、可靠性好、模块化和智能化程度高、安装维护方便及维修成本低等特点，实现了“先交费，后用气”的功能，又保证流量传输无误差，解决了长久以来困扰燃气公司的收费难问题，也解决了分体式IC卡燃气流量计存在的计量难、防窃难、维护难等问题。

五、发展规划

“坚持以科学发展观为指导，以‘深化改革、加快创新、改革开放、强化管理’为基本方针，统筹协调，全面发展。以股权改革为抓手，推进体制改革，建立科学发展和可持续发展的新体制机制。加强对外引进与合作，促进技术创新，着力调整产品结构，切实提升产品的竞争力。创新生产管理模式，实现现代科学生产。积极探索营销体制改革，努力建立立足国内、面向世界的销售管理新模式。加快企业文化和人才队伍建设，全面增强企业的生产力，努力把企业建设成为一个面向世界的可持续发展的高新技术企业。”

加快转变经营方式，实施股权改革，建立新的体制机制，将成立以浙江东星能源设备科技有限责任公司、浙江东星仪表科技有限责任公司、浙江省精密铸造有限责任公司、浙江省东星软件开发有限责任公司、东星新能科技有限责任公司等为子公司的东星仪表集团公司，分别经营研发生产工业自动化仪表、核电及配套产品、家用燃气表、压铸件配套产品、软件产品等。

继续加快科技创新，提高对外引进、合作和消化吸收再创新与自主创新能力，优化“产、学、研”相结合的创新路子，加速产品结构调整，将以欧洲公司为平台，促进欧洲先进技术的整体引进和市场的拓展。将在印尼等东南亚地区设立销售中心，建立新的营销模式。

继续深化各项改革，全面解放和发展生产力。完善生产管理模式改革，科学组合生产组织，优化各种生产要素，合理制定生产作业流程，全面加强生产过程控制，提高生产效率和保证产品质量，实现科学的、有计划的规模生产，实现粗放型生产向集约型生产转变。完善营销体制改革，努力建立立足国内、面向世界的营销新模式。进一步转变市场营销体制，创建营销管理新模式，提升企业对市场的开拓和控管能力。加快和加强营销骨干队伍建设，培育一支符合企业发展需求的、具有新观念新思维的营销人才队伍。

扎实推进资源节约和环境保护，积极做好增收节支和节能降耗工作。加强资源节约和管理，全面推行绿色生产，提高资源保护能力，加大增收节支、节能降耗和环境保护力度。

继续加强企业文化和人才建设，加强人才培养，形成一支适应企业发展的人才队伍，特别是建立一个科学技术、现代管理、各类服务等人员相结合的群体。要、大力加强企业文化建设，推动文化改革、发展，实现新跨越，满足职工群众不断增长的精神文化需求，以企业的文化力推进企业的可持续发展。

努力把企业建成生产专业化、产品智能化、管理精细化、创新自主化、经营集约化、运作品牌化、年均销售收入增长率在15%左右的、国内一流的、开放型的、和谐的苍南仪表集团公司。

上海威尔泰工业自动化股份有限公司

一、企业概况

上海威尔泰工业自动化股份有限公司成立于1992年10月，由上海威尔泰仪表有限公司改制而成，注册资本为14344.8332万元，主要从事压力、流量、温度等计量仪表的研发、生产和销售，以及自动化工程服务。2006年8月2日在深交所上市（002058）。

近年来，威尔泰依靠技术创新和市场开发，已逐渐发展成为颇具规模的自动化控制系统集成商和工业自动化仪表生产供应商。公司2004年成立的威尔泰流量实验室，是世界一流并经CNAS认可的国家级检测中心。

“WELLTECH”商标和（）图形商标，由上海威尔泰仪表有限公司注册于1996年5月7日，并于2011年获得上海市著名商标称号。公司还于2005年7月委托上海专利商标事务所进行马德里注册的申请，已获得新加坡、意大利、法国、德国、荷兰、比利时、卢森堡的核准。

威尔泰产品广泛应用于中国电力、石化、冶金、造纸、水务、水泥建材、制药、食品酿造、精细化工等各行各业，先后获得船用产品、电力部、中石化、中石油、中石化仪征化纤、吉林化工、秦山核电等各行业的认可证书。与国际国内一大批大、中型自动化产品厂商、设计院和业主建立了长期良好的商务或技术合作关系，这将会起到提升公司的技术实力和品牌知名度的作用。我公司 2013 年全年销售收入近 1.6 亿元，实现利税总额近 2300 万元，在全国同行业中产销量名列前茅。

二、企业发展历程

经过 20 多年的不懈努力，公司自主研制的以微处理器为核心的差压 / 压力变送器，具有精度高、稳定性好、高中低档齐全等优势，敏感元件采用微硅复合结构，抗震性能优越。公司生产的拥有自主品牌的压力产品主要包括 WT3000、WT3000N 核级安全级压力 / 差压变送器，以及研发成功并填补国内空白的高精度压力 / 差压变送器 WT3600。

通过转让获得德国 Fischer & Porter 公司先进的电磁流量计技术后，经过不断研发创新，威尔泰目前的电磁流量计产品主要包括 XE/XEM、WT4300E 电磁流量计和 WT4200 电磁式水表等，并已成为能生产和标定 DN3 ～ DN3800mm 电磁流量计的企业，这标志着威尔泰的电磁流量计生产制造能力已经达到国际同类产品的先进水平。公司在 2009 年引进国外先进技术推出的 WT4500 系列涡街流量计，具有结构简单可靠、运行稳定、抗震性能强等特点，又为用户提供了一款具有竞争力的产品。

威尔泰公司的温度产品包括 WR 热电偶 /WZ 热电阻等，主要采用国外先进的铠装感温元件及温度变送器模块生产，具有测温精确、结构合理、质量稳定、拆卸方便等优点，广泛应用于各种工业环境的测量。

从 2010 年起，公司在原有产品的基础上完善产品生产链，引进国外先进技术，正式向市场推出气动、电动控制阀，满足新老客户对威尔泰公司产品更广泛的选择。

自 1992 年成立以来，威尔泰一直恪守“诚信敬业、务实创新”的企业精神，不断加强完善企业管理及研发创新，获得了多项荣誉和奖项：1998 年起连续多年被认定为“上海市高新技术企业”；1998 年通过 ISO9002、2002 年通过 ISO9001 质量管理体系认证，2001 年通过 ISO14001 环境管理体系认证；公司产品先后获得多项“国家重点新产品”、“上海市专利新产品”、“中国国际工业博览会铜奖”、“上海市科技进步三等奖”、“上海市自主创新产品”等奖项和荣誉；公司自主设计开发的 Hart、Profibus-DP 以及 Profibus-PA 等 4 个现场总线类产品顺利通过了国际机构的认证和注册。公司还拥有通过 CNAS 认可的国家级流量监测中心。

随着公司的不断发展壮大，威尔泰公司在国内的影响力也日益扩大。目前，公司是中国仪器仪表行业协会常务理事单位、中国仪器仪表行业协会自动化仪表分会副理事长单位、中国仪器仪表行业协会流量仪表专业协会理事长单位、上海市仪器仪表行业协会副理事长单位，上海市自动化学会理事单位、中国仪器仪表学会理事单位等。

三、主要产品

（一）压力变送器

威尔泰同时具备压力变送器两条主流技术路线：金属电容和硅压阻的完整生产线，通过整合不同技术路线的优势，形成了具有自主知识产权的完整的压力变送器产品系列，主要包括WT3000智能差压/压力变送器、WT3600智能差压/压力变送器、WT2000智能差压/压力变送器等，可满足不同行业和层次的用户需求。

WT3600智能差压/压力变送器是科技部“十一五”863课题“高精度压力/差压变送器”的研发产品，也是国家发改委重大装备自主化专项产品。WT3600智能差压/压力变送器采用先进的微硅固态复合传感器技术，具备高精度、高稳定性、高可靠性特点，精度达±0.05%，最大量程比达100:1，长期漂移为±0.10%URL/3年，静压可高达40MPa，同时提供丰富的应用选项。国家发改委项目技术验收专家组的鉴定结论为：“产品具有自主知识产权，各项技术指标达到国外同类产品的同等水平，属国际先进水平。该产品是国内第一个全部采用自主核心技术实现压力、差压、绝压全量程范围的高精度智能压力变送器”，产品填补了国内自主研发高精度智能压力变送器的空白，能够满足冶金、电力、石化等高端应用领域的需求。

WT2000智能差压/压力变送器是在成熟的WT1151智能压力变送器基础上发展而成，历经10余年，累积投放市场超过30万台（估计），广受市场好评。

WT3000智能差压/压力变送器为WT2000智能压力变送器的升级版，整合了威尔泰20余年金属电容式传感器研制技术和先进的微硅固态复合传感器技术，充分发挥了两种技术路线的优势，精度达±0.075%，长期漂移为±0.10%URL/年，静压可达32MPa，并提供丰富的应用选项。

（二）**电磁流量计**

威尔泰是唯一能生产和标定DN3～DN3800电磁流量计的企业。产品主要包括XE/XEM、WT4300E电磁流量计、WT4200电磁式水表等，广泛应用于石油化工、冶金、食品、造纸、制药、酿造、卷烟、矿业、给排水等行业。

XE及WT4300E系列电磁流量计是公司引进和消化吸收德国Fischer & Porter 公司先进的电磁流量计后，经过不断研发创新以及优化后的产品，口径范围为DN3～DN1000。XEM系列电磁流量计则是在XE系列的基础上进一步创新针对不同应用场合分别优化设计的高性能产品，最大口径达DN3800。威尔泰电磁流量计具有以下特点：励磁电流自动补偿；电容法空管检测技术；导电橡胶接地和接地电极可选；可插拔专用存储芯片，采用EEPROM技术保证转换器的互换性，无需重新输入参数，精度可达0.3%；根据被测液体种类和工作温度，有硬橡胶、氯丁橡胶、硅氟橡胶、聚氨酯橡胶、PTFE、F46、PFA等多种衬里供选择；多种电源供电可选，可切换脉冲输出，支持多种电流输出模式；HART、RS485（ASCII，Modbus）、ProfibusDP、ProfibusPA可选。另外，威尔泰还生产专门用于石油勘探、地质或油田系统的高压电磁流量计和专门用于纸浆测量的纸浆型电磁流量计。威尔泰致力于解决电磁流量计应用中面临的难题，为用户提供切实可行的流量测量解决方案。

WT4200系列电磁式水表是在电池供电电磁流量计的基础上按照国家水表规范进行技术改进后的新产品，实现了更宽的量程比。电磁式水表无需外接电源，具有无线操表功能，IP68防护等级可长期浸水，计量精度高，防雷等级高，可广泛用于替代普通电磁流量计和机械式水表，需求增长迅速，口径为DN25-DN1200，其特点有：专利密封结构，三腔相互隔离，复检和插SIM卡无需破坏水表腔体和抄表腔体密封，抄表腔体电池耗尽时，水表腔体电池从备用状态转为工作状态，不影响计量；抄表腔体可整体更换，自动载入所有参数，免设置转入工作状态；可选外部供电；选485通信；可选外部高增益天线；可选防晒罩；可选上位机监控系统。

WT4600系列高端电磁流量计采用变频正弦波励磁、9万倍噪声衰减DSP滤波器、PCT国际专利磁场反馈等先进技术，在德士古气化炉高压煤浆流量测量方面取得突破，无异常输出波动，杜绝了因煤浆输出波动的停车事故；反应灵敏，煤浆流量脉动波形可作为高压煤浆泵的“心电图”，结合差压检测可以在线测量煤浆的粘度、浓度，功能、性能业内唯一。WT4600系列高端电磁流量计还终结了电磁流量计从原理上不适合测量磁导率可变流体的历史，应用于铁矿浆时，不但流量测量精度不受磁铁矿浓度影响，而且可以测量出铁磁性物质的浓度和质量流量，结合密度计还可以测量出干矿量、甚至干矿的品位，对于实现铁矿选矿自动化、信息化，特别是物料平衡管理信息自动采集，意义重大。

四、2013年重大项目

公司完成智能型多回转电动执行机构的样机研发，实现了开关型和调节型两种型号的开发、测试和小批量生产，即将全面推入市场。

五、发展规划

基于2013年公司内外部环境分析及公司自身业务判断，确立公司未来发展规划。

（一）战略目标

通过持续发展，创立企业品牌；做精做强现有产品，以专业化精神发展自身产业；全力以赴加大新产品的研发，确保市场份额；加强管理，理顺关系，建立符合现代企业管理制度的管理体系。全员努力，为将上海威尔泰打造成为令人骄傲的民族企业而奋斗。

（二）企业精神

公司的企业精神是“诚信敬业务实创新”。诚信是威尔泰立业之基石，是市场经济对企业的基本要求，一贯被定义为企业的立身之本、发展之基、信誉之源。做人要诚，做事要信，与人为善，言必行，行必果。此点集中体现在公司高标准的职业道德和商业道德上。公司矢志加强诚信建设、提升业务质量，为市场经济做好服务。牢固树立诚信可靠、负责任的企业形象。务实是公司员工们的基本工作态度。以自强不息、百折不挠的精神向前迈进，共同发扬实事求是、正直严谨的良好作风。凡事戒骄戒躁，谦虚仁厚，脚踏实地。同时不断进行观念创新，服务创新、管理创新、技术创新。努力把威尔泰建设成为主业突出、拥有更多自主知识产权的民族品牌。

（三）经营方针

以人才为根本，以市场为导向，以诚信为基础，以服务为宗旨，以质量为保证，以全球为目标。

上海工业自动化仪表研究院

一、企业概况

上海工业自动化仪表研究院（以下简称仪表院），原名上海工业自动化仪表研究所，始建于1956年，是原机械工业部部属研究院所，我国工业自动化仪表的技术归口单位，国家自动化仪表标准体系的创立者之一。1999年，转制为科技型企业，归属于上海市经委。2004年，转由上海市国有资产监督管理委员会管理。2009年，更名为上海工业自动化仪表研究院。

仪表院是专业从事工业自动化仪表产品的研究、开发、生产、测试服务和推广应用，专门从事各类工业自动化控制系统的设计、成套、制造、编程、调试及投运的综合性科研院所，是为广大工业用户提供专业化技术服务的高科技企业。50多年来，始终致力于温度、流量、机械量、物位、显示仪表、执行器及分散型控制系统等工业自动化仪表产品和系统的研究开发和应用，逐步确立了在相关自动化仪表产品技术研究、质量检测和标准化管理的行业领导地位。

工业过程自动化国家工程研究中心、国家能源核电站仪表研发（实验）中心、国家工业自动化仪表产品质量监督检验中心、上海智能仪表与控制系统工程技术研究中心等均设在仪表院。仪表院还是中国仪器仪表行业协会自动化仪表分会、中国自动化学会仪表与装置专业委员会、中国仪器仪表学会过程检测控制仪表分会、中国仪器仪表学会可靠性工程分会等协会、学会挂靠单位。

仪表院从1999年起连续被认定为“上海市高新技术企业”，2007年被授予“上海市知识产权示范企业”，2008年被授予“上海市高新技术标准化示范单位”、“上海市品牌企业”、“上海市著名商标”，2010年被授予“上海市创新型企业”。从2006年起通过ISO9001质量管理体系的认证。

全院现有职工334人，其中专业技术人员占70%，教授级高级工程师14人，高级工程师70人，工程师73人，享受政府特殊津贴的高级专家4人。

二、重要事件

- 2010年经国家能源局批准建设“国家能源核电站仪表研发（实验）中心”
- 2011年经上海市科委批准建设“上海智能仪表与控制系统工程技术研究中心”

三、市场拓展

（一）大型散货码头工程控制一体化应用

以装卸能力可达5000万吨/年的散货码头为对象，通过“管控一体化”等技术，实现码头生产作业自动化、运营管理数字化，最终实现高生产效率、高管理水平、高系统安全、低能耗成本、低设备故障的散货码头生产营运系统，推动煤炭、铁矿石等散货码头的转型升级。该项目已落实市场业务拓展，将为我院系统集成业务发展开辟新的途径。

（二）工业控制系统信息安全检查

自仪院在工业领域功能安全技术及安全仪表研究上积累了丰富的经验，开展的“大型石化控制系统信息安全加固项目”、“核电厂安全重要仪表软件验证和确认技术研究与应用”等项目，为其形成自主的工业控制系统信息安全检查支撑体系奠定了市场基础。项目将先从石化领域进行开拓，并逐步向核电、轨道交通、电梯等领域辐射。

四、技术创新

（一）特种机器人研制

目前研制的特种智能化装备“井下牵引机

器人”，是石油勘探水平井测井工作中输送测井仪器的一项极为重要的工具，通过对国外同类产品的技术消化－吸收－创新，攻克井下抗高温高压、受力推进位移渐变、大功率驱动及传动结构等技术难点，研制出不低于国外同类型产品性能的防爆型牵引机器人雏形。

（二）智能制造数字化车间

以锅炉制造企业焊接车间为主要研究对象，集成研发设计数字化、制造装备智能化、生产过程自动化、经营管理信息化、流通服务网络化等功能，通过对现有工艺过程流程再造、加工设备智能化改造和生产运营流程数字化管控，实现对焊接制造全过程的实时监控和可追溯管理，建立现代化焊接车间的示范工程，并向大型化工反应装置、换热装置、海水淡化装置、核电站装置等制造过程辐射。

五、发展规划

重点聚焦国家发展战略和现代服务业，在智能制造、节能环保、核电仪控、高端产品、高端检测、电力能源、信息安全、航空航天等领域形成具有自主知识产权的可复制的专有设备（装置）产品以及面向工业自动化领域的整体解决方案。在未来 10 年内发展成为“中国工业自动化领域高端服务和解决方案的优秀供应商，成为中国工业自动化技术提升和产业发展的重要推动者”。

第十一章 潜力企业介绍

参照企业上报的经济数据，按照企业领导凝聚力强、经济效益属行业中上水平、产品技术行业领先、较强的研发能力等原则，选择以下企业作为2013年行业综合类和子行业潜力企业在本章予以介绍。（排名不分先后）

北京国电智深控制技术有限公司

一、企业概况

国电智深公司自成立以来，累计签订合同额29.9亿元，实现销售收入22.8亿元、合同到款24.8亿元、利润总额1.2亿元。

2013年，国电智深公司实现销售收入24112万元，比2012年增长1.7%；新签合同额26011万元，比2012年减少0.05%；利润总额1886万元，比2012年增长56%；EVA 1728万元，比2012年增长30.1%。

自公司成立以来，累计执行工程项目1660项。目前正在执行项目177项，其中火电基建项目12项（1000MW基建项目2项，600MW基建项目2项，300MW基建项目8项），水电项目1项、化工项目6项、核电项目2项、脱硫脱硝项目53项、煤矿项目1项以及优化、改造项目39项。

二、企业发展历程

北京国电智深控制技术有限公司（以下简称：国电智深公司）是2002年5月21日由国电电力股份有限公司和中国电力科学研究院共同投资，在北京龙源电力技术工程有限公司和北京电研智深控制技术有限公司基础上重组成立的，注册资本为5390万元。现股东方为国电科技环保集团股份有限公司和国网电力科学研究院。

国电智深公司及其前身坚持走消化吸收与自主研发相结合的道路，共经历了探索试验、规模研发及自主创新等3个发展阶段，先后自主开发出7代14种DCS及相关产品。通过采用国外主流DCS产品为数百台套发电机组提供工程技术服务，学习消化吸收国外先进技术，成功研发出自主产权自动化控制系统，可为大型火电、水电、化工、煤化工、太阳能发电、地热发电等多领域提供控制系统和自动化解决方案。

三、主营业务

多年来，国电智深公司先后在各工业自动化领域推广应用超过1500台套相关产品和工程服务，其中包括自主产权自动化控制系统1219台套、国际主流DCS产品250台套和SIS、仿真机及其它相关产品86台套。累计涉及火电装机容量约2.03亿千瓦，其中采用自主产权自动化控制系统1.45亿千瓦，市场份额达到21%以上。在国电集团的大力支持下，截至2014年第一季度，国电智深公司共为集团内92个电厂232台机组提供DCS控制系统及工程服务，涉及火电装机容量约8534.6万千瓦，占集团火电总装机容量的76.9%，其中209台机组使用自主产权DCS系统，涉及火电装机容量约7232.6万千瓦，占集团火电总装机容量的65.2%。

四、2013年重大项目

（一）重点科技项目执行情况

1、2013年5月20日，国家新技术示范项目“国电谏壁电厂100万千瓦超超临界机组自动化控制系统”通过国家能源局组织的验收会。专家验收意见认为：该项目自主研发的1000MW超超临界机组自动化控制系统设计思想先进、功能齐全、可靠性高、控制品质优良；整体达到国际先进水平，部分创新点居国际领先水平；示范工程取得的成果表明，该系统具备了推广应用的条件。

2、获得国家科技支撑计划“高效率低排放的超600℃百万千瓦等级超超临界机组关键技术研究与工程应用”（泰州电厂2×1000MW超超临界二次再热机组）子课题“二次再热机组控制及仿真技术研究和二次再热机组自动化成套控制系统应用”，完成1000MW二次再热超超临界机组机理性模型的开发工作，全激励仿真平台和1:1DCS测试系统完成搭建，1000MW超超临界机组共性逻辑和画面组态与调试工作全部完成。

3、公司承担的863项目“含风光储的分布式发电接入配电网研究及示范工程建设”子课题“含风光储的分布式发电电站自动化在线测控技术与数据支撑平台研究”进展顺利。

4、公司承担的国家发改委、财政部、工信部联合组织的智能制造装备研发创新项目“大化肥成套装备智能控制系统”进展顺利。目前控制系统卡件已通过G3防腐测试，满足IEC标准要求。

5、2013年9月12日，北京市科委阶梯计划项目“百万千瓦超超临界机组自动化成套控制系统机柜电源的优化设计及μDO卡件检验等工装夹具的研发”顺利通过北京市科委组织的验收。

（二）重点工程项目实施情况

世界首台600MW超临界循环流化床机组工程——国家示范工程四川白马600MW超临界循环流化床（CFB）机组、国内首个300MW机组大规模应用自主知识产权现场总线技术工程——广东肇庆300MW机组DCS项目#1和#2机组、国内首台660MW辅机单列超超临界机组工程——国电建投内蒙古能源有限公司布连电厂2×660MW超超临界燃煤空冷机组煤电一体化DCS项目#1和#2机组、国电库车电厂二期扩建工程2×330MW机组#4机组、国电哈尔滨热电厂2×350MW超临界#1机组、大唐呼图壁一期工程2X300MW机组#2机组、国电中国石化宁夏能源化工一期工程2×330MW机组#1和#2机组、沈海热电无人值守供热站控制系统项目以及国电都匀电厂脱硫项目完成168试运，国电宜兴催化剂项目正式投运。

国电汉川1000MW超超临界机组工程项目#2机组、国电九江660MW超超临界机组工程项目#2机处于停滞状态；国电克拉玛依热电、国电北塘电厂、元宝山煤矿选煤厂控制系统正在现场调试；山西国锦电厂300MW循环流化床机组已完成FAT。

（三）国际项目情况

1、印度都利2×600MW亚临界机组工程服务项目2011年底已经完成FAT，目前正在等待现场通知进行现场调试工作。

2、中基安哥拉罗安达电厂项目目前现场调试工作基本完成，正在等待燃机系统具备条件后开始进行整体启动试运。

3、印度马都卡电厂4×150MW机组DEH控制系统项目（硬件供货）目前#3、#4机组正在进行现场调试，项目进展顺利。

五、发展规划

国电智深公司在国家政策的大力支持下和上级单位的正确领导下走过了12年的发展历程。目前，国电科技环保集团股份有限公司实现对国电智深公司控股，这一举措将会使国电智深在专业领域中得到更多、更大、更广泛的支持。这也正是国电智深转变发展方式、启动“二次创业”的最佳时期。

面对新的机遇，国电智深公司客观深刻地剖析现阶段发展的内外部形势，理清思路，明确目标，对未来发展前景更加充满信心。实践证明，只要始终坚持科学发展，持续推动战略创新，不断优化功能定位、调整发展目标、转变发展方式，我们就能够抓住机遇，实现又好又快发展。

（一）继续发挥核心技术优势，打造核心竞争力

国电智深公司将以国务院加快培育和发展战略性新兴产业为指导，在国电集团公司和科环集团的领导下，继续以自动化控制技术为核心，扩大产品系列在水电、风电、太阳能发电、化工、煤化工、煤矿、城市热网等领域的推广应用；充分发挥现有技术优势，继续做精、做强、做广火电业务；积极开展功能安全控制系统和核安全控制系统的研发，全力进军核电领域；建立和完善自有生产基地，扩大生产能力和生产规模；针对不同应用领域的需求积极开发小型化、装置化、功能化、系列化产品；深入开展创新型企业建设，逐步发展成为综合自动化领域技术全面、能力一流的国际领军企业。

（二）积极寻求自动化信息化业务的产业集群发展方式

国电集团公司于2006年就提出节能、环保、新能源、自动化信息化业务的产业集群发展方式。其中“自动化信息化集群”计划通过将集团内部自动化、信息化业务进行整合，使国电集团公司自动化、信息化业务能够形成整体解决方案的能力，为国电集团提供更大范围的服务，起到更强的支撑作用。该方案的实施将全面结合国产DCS系统、现场总线、SIS和MIS，实现从现场一次设备到全厂的自动化、数字化、信息化功能，统一电厂信息化管理模式，实现国家“十二五”规划要求的数字化电站目标，进而提升国电集团公司级信息化平台、实现国电集团公司企业资源管理系统。更大程度地利用DCS这一技术先进、发展成熟、应用领域广泛、功能覆盖全面的自主知识产权技术和产品，推进自动化信息化产业集群发展方案的实施，从而有力提升公司产品的竞争优势和盈利能力，扩大产业规模。

科环集团通过实施“信息化自动化集群”计划，整合上下游产业和横向业务，形成重大工程领域自动化信息化整体解决方案，为国电集团公司提供自动化、信息化产品和技术，从基建、改造、升级及产品整个生命周期提供更全面的技术服务和支撑，为科环集团上市后在自动化和信息化技术、产品、规模等方面提供新的科技亮点和新的经济增长点。

（三）寻求组建事业部、分公司、子公司的发展模式

积极寻求组建事业部、分公司、子公司的发展模式，以收购相似小企业等方式扩大横向

业务范围。重新定位上海分公司业务，为公司进一步推进事业部及分、子公司的组建积累经验。

中航工业太原太航科技有限公司

一、企业概况

太原太航科技有限公司隶属于中国航空工业集团公司，位于山西省太原市，总资产 7.4 亿元，在职员工 2500 余人。2013 年公司实现销售收入约 7.3 亿元，利润接近 2000 万元。

太航科技公司是中国仪器仪表行业协会的理事单位、山西省计量协会副理事长单位、中国衡器协会常务理事单位、国家 863 项目“过程测控流量传感器及系统”牵头单位。公司在压力测试仪表、流量仪表方面均获得山西省著名商标，并于 2012 年获得“山西省五一劳动奖状”。

公司具有弹性敏感元件技术、传感器技术、仪器仪表及显示技术等科研开发能力，在传感器的建模与仿真、弹性材料稳定性处理及成型工艺技术、压力传感器设计及应用技术、流量传感器设计等方面具有专利和核心技术优势，在嵌入式计算机应用技术、仪器仪表设计、图形显示驱动技术等方面具有较强的开发应用能力。

二、发展历程

中航工业太原太航科技有限公司。2010 年 12 月 7 日组并成立。太原太航流量工程有限公司是其全资子公司。

太原太航流量工程有限公司重组前是太原航空仪表有限公司质量流量计研究所。上世纪 80 年代末，该所研制出第一台国产科氏力质量流量计，为民族品牌在我国的发展迈出了坚实的一步，为科氏力质量流量计在流量计量中的应用奠定了基石。太原太航流量工程有限公司成立至今共取得 16 项国家专利，十一五期间国家“863 计划”的科氏力质量流量计研究发展项目落户该公司，该项目瞄准国际最前沿技术展开。项目的完成提升了同该领域国际大公司的竞争实力。

2009 年应国家标准局的邀请，流量工程公司参加了科氏力质量流量计的国家标准的制定。经过优化后的生产线，产能达到年生产 5000 台。在产能提升的同时，我们始终坚持“航空产品的品质、军工产品的验收标准”，为用户提供优质的产品；在坚定推行中航工业总公司 6S 管理的同时，流量工程公司制定了“生产、科研、经营、市场、销售、服务、人才建设”七位一体的管理体系；在转变经营思路的同时，把员工的人生观融入于企业的价值观，使企业的核心价值观同员工的理想产生了共鸣。

进入 21 世纪，流量工程公司的产品市场占有率稳步提升，产品广泛应用于石油石化、化工、电力、食品、医药等各个领域，并销售中东、俄罗斯、澳洲等海外市场。目前，流量工程公司取得了中石化框架采购协议供应商、中石油一级资源网供应商、中海油一级供应商、中国石化工程公司（SEI）一级供应商等资质，是中国计量测试学会流量计量专业委员会委员。十二五期间，公司将建成自己的科研、制造基地。届时将完成规模化、产业化的转变。

三、主要产品

（一）计量测控产业

公司依托先进的航空产品生产设备、完善的工艺流程、可靠的军工质量保证体系以及国内一流的测试实验设备，推进军用技术向民用技术转化，陆续率先开发有自主知识产权的、能够达到世界先进水平的电子称重装置、流体计量检测装置、弹性敏感基础元件和压力测试产品等各类仪器和测试设备，多项产品荣获了国家新产品奖并拥有专利技术，广泛用于航空、航天、船舶、兵器、核工业、气象、石油、化工、冶金、电力、邮政、商业及城市公用事业等行业。

（二）流量仪表系列产品（太原太航流量工程有限公司）

太原太航流量工程有限公司利用科里奥利等原理技术，开发有LZL系列质量流量计、THZC定量装车系统等产品，广泛应用于石油石化、化工、电力、食品、医药等多个领域。

（三）电子衡器系列产品（太原太航电子科技有限公司）

太原太航电子科技有限公司是国内衡器主要生产厂家，利用传感器设计与制造、ARM系统开发平台及网络技术，研发和生产电子计价秤、条形码电子秤、多功能邮政信函秤、电子收银秤、电子台秤、工业衡器等系列产品，广泛应用于邮政、超市、专卖店、连锁便利店、食品溯源和能源化工等领域。

（四）压力测试系列产品（太原市太航压力测试科技有限公司）

太原市太航压力测试科技有限公司生产的大气压力计量、航空地面测试和气、液体压力计量等系列产品利用振筒压力传感器、自动控制等技术，开发有XDY振筒气压仪、BHY、BQY活塞压力计、ADTS、QCTS大气数据测试仪等产品，广泛应用于航空、航天、计量、石油、石化、电力等行业。

（五）流体控制阀系列产品（太原太航德克森流体控制技术有限公司）

太原太航德克森流体控制技术有限公司的流体控制阀系列产品采用顶部导向及模块化设计技术、阶梯硬限位结构技术，开发了DB30000系列调节阀、切断球阀、蝶阀、气动活塞式执行机构等产品，广泛应用于石油、化工、钢铁、电力、热力、水处理等行业。

四、发展规划

（一）指导思想

以科学发展观为统领，坚持把加快市场化改革、专业化整合、资本化运作、国际化开拓、产业化发展放在突出位置。强化科技和管理创新，紧密关注微电子技术、纳米技术、激光技术、生物工程技术、新能源技术在压力传感器、弹性敏感元件、汽车部件相关产品和电子称重、流量计量、压力测控等方面的应用，以及无线网络技术、总线技术在系统、集成上的应用。提升现有业务，大力实施品牌战略，全面提升公司整体素质，培育自主发展能力和发展后劲；在发展过程中，坚持有所为有所不为的策略，提升业务规模，推进公司业务快速成长。

（二）发展原则

以公司持续发展为目的，以自身优势为基础，形成以核心技术为基础的科研、生产、服务实体，突出验证试验、市场和技术、特色研究以及推广应用在产品、服务全过程中的重要地位。

无锡智能自控工程股份有限公司

一、企业概况

无锡智能自控工程股份有限公司成立于2001年，位于无锡国家高新技术开发区，占地面积约4.5万平方米，现有员工320多人，专业生产各类气动、电动控制阀，并承接控制装置与控制系统的集成等业务，产品被广泛应用于石油、化工、钢铁、冶金、建材、轻工、电力、环保、能源、食品等行业，同时还出口印度、泰国、澳大利亚、印尼、俄罗斯等国。

公司为国家火炬计划重点高新技术企业、江苏省高新技术企业、江苏省民营科技企业、江苏省首批创新型企业、江苏省知识产权管理贯标企业、江苏省两化融合示范企业。公司建有博士后科研工作站、江苏省调节阀工程技术中心、无锡市智能化仪表执行器高技术研究重点实验室。是中石化一级资源市场成员。公司在控制阀领域拥有87项国家专利，各项经济指标、人均产值及管理水平，在全国自动化仪表行业执行器领域名列最前列。

公司的经营特点为：坚持走国产化的发展道路，瞄准高端的产品与市场，勇于创新，近年来研发出了一系列高新技术产品，打破了国外产品在行业的垄断地位，成为行业国产化的标杆，始终站在行业国产化的高端。

公司的管理特点：应用现代化企业的管理理念组织运行管理，公司在实行ERP、CRM等管理的基础上，正在推行的MES生产管理体系实现了生产运行的完全无纸化、信息化动态管理模式，使生产计划、人员调度、产品设计到图纸发放与管理、工艺设计到工序管理、设备状态与管理、品质管理、物料移动管理等，完全实现现代化的动态信息管理，大大提升了公司的管理水平与效率，开创了行业的先例。

二、发展历程

2001年以来，公司从小到大、从弱到强实现了跨越式发展，公司职工人数由成立之初的10余人发展到目前的320多人，销售收入由100多万元增至近3亿元，产品种类和自主创新能力不断增强。

三、主要产品

公司主要产品有P系列球形单座调节阀、M系列套筒调节阀、W系列蝶阀、R系列球阀、Y系列自力式调节阀、F系列防腐阀、J系列角形阀、Z系列物料阀、T系列三通调节阀、QL系列直行程气动执行机构与QR系列气动角行程执行机构等。另外，公司还为用户设计和制造各类特殊控制阀，如低温阀、保温夹套阀、熔体物料角阀、深冷角阀等；还生产特殊材质阀门，如哈氏B、哈氏C、各类Ti、双向钢、锆材等。

（一）P系列顶部导向型单座阀

顶部导向型结构，良好的动态稳定性；S型低流阻型阀腔流道，减少压损及型腔死区；硬质合金材质，重载型衬套，减小高温变型，阀杆、阀芯横销防脱设计，防止阀芯脱落，螺纹式、压套式阀座结构可选；适应不同介质工况，多种流速控制型阀内件适应不同气蚀及闪蒸工况，低泄漏环保型填料确保100万次全行程寿命；阀体一次装夹加工工艺，保证关键尺寸形位公差，可选部分堆焊、全堆焊、表面氮化及表面喷涂工艺以适应不同工况耐冲刷需求。

（二）M系列套筒调节阀

笼式导向、压力平衡型结构，适用于大流量、高压差工况；S 型低流阻型阀腔流道，减少压损及型腔死区；PTFE、R-PTFE、金属平衡密封环，满足最高温度高于 650℃；阀杆、阀芯横销防脱设计，防止阀芯脱落；平衡密封型、双座型、先导型内件适用于绝大多数工况；多孔、轴流串级、迷宫式流速控制型阀内件适应不同气蚀及闪蒸工况；低泄漏环保型填料确保 100 万次全行程动作仍符合 ISO1584 及 TA-LUFT 标准规定；阀体一次装夹加工工艺，保证关键尺寸形位公差；可选部分堆焊、全堆焊、表面氮化及表面喷涂工艺以适应不同工况耐冲刷需求。

（三）R 系列侧装式控制球阀

采用浮动球（4 " 以下）或固定球结构（5 " 及以上）；传动轴顶部安装，与球采用花键联接，轴向定位好；阀座防火设计，符合 API 607 及 6FA 防火标准；阀座组件采用弹性补偿式支撑环结构，密封性能更可靠；弹性补偿元件采用 INCONEL X750，耐腐蚀耐高温，刚度好；球体可按调节特性曲线设计，配合执行器实现调节功能；低泄漏环保型填料确保 100 万次全行程寿命；传动轴采用 2205 或 NI50 材质，提高抗扭强度 30% 以上；阀球表面镀硬铬、氮化及喷涂硬质合金工艺以适应不同工况冲刷需求。

（四）W 系列三偏心密封蝶阀

采用三偏心斜锥面密封结构，刚性密封，利用高精度加工设备通过机加工方法加工出阀体及密封环的斜锥面，依靠锥面之间的紧密贴合实现密封；一体式阀座密封面堆焊司太莱合金，阀座密封环采用金属夹层式或实心金属环（密封面堆焊）；阀体启闭全过程无摩擦，消除摩擦扭矩，极大提高了密封面寿命；三重偏心利用凸轮挠曲原理，将执行机构扭矩传递至密封面实现密封比压，更适合高压切断工况；密封环采用浮动结构，可实现自动定位，确保密封面紧密贴合。阀轴定位结构简单、可靠、定位精度高，尤其适用于高压、高温工况条件下的各种气体、液体介质的调节及切断。600LB、900LB 的大口径蝶阀产品已广泛应用于国内多家煤化工装置项目。

（五）Z 系列特殊角阀

Z 系列特殊角阀是主要针对各种聚合反应生产过程而设计并生产的高度个性化产品，由于温度、压力、腐蚀、结晶、粘度等多因素的影响，导致阀门的口径、压力等级、连接形式、材质选择、保温结构、执行机构配置、调节精度等需求均存在较大差异。该系列产品主要包括罐底开关及调节角阀、柱塞阀、波纹管密封型调节角阀、Y 型直通调节阀、三通及多通换向阀、取样阀等 6 大品种，阀体无死区及温度均衡设计、阀杆防冲刷结构、阀体流道镜面加工技术、金属密封面硬化处理工艺等技术的运用，保证了阀门的性能及可靠性。多年优良的产品使用业绩积累了丰富的经验，产品尤其适用于 PTA\PX\PET\PP\PC 等生产过程。

五、未来发展规划

公司将筹建“无锡智能科技中心”，将由流体与仿真研发中心、流量与试验研发中心、材料与应用研发中心、智能化控制研发中心、产品孵化与应用中心等 5 部分构成。另外，公司正在建设“特种阀门制造基地”：一是生产开关阀、特殊材料阀等特种阀门，二是作为公司精密铸造基地。

开封仪表有限公司

开封仪表有限公司（以下简称公司）位于中国历史文化名城、七朝古都河南省开封市，是研制、生产流量仪表和流量测量装置及液位仪表的专业公司。2012 年被工信部授予“工业流量仪表产品质量控制和技术评价实验室”。

公司始建于 1958 年，其前身是国家大型骨干企业开封仪表厂。公司占地 18 万平方米，现有职工 700 人，获取各类技术职称的专业技术人员 442 人，占职工总数的 60%，其中，工程技术人员 239 人，教授级高级工程师 2 人，高级工程师 56 人，工程师 93 人，工程技术人员占全厂职工总数的三分之一。公司设有技术中心，负责产品和成套流量计量装置的开发和设计，该中心 2011 年被评为省级企业技术中心。公司先后通过了 ISO9001:2008 质量体系，ISO14001：2004 环境管理体系和 ISO18001：2007 职业健康安全体系的认证，企业的管理水平得到了很大的提高和保证。

公司拥有各种加工设备 670 台，其中大型精密设备 57 台，进口设备 29 台，具有加工各种复杂零件的能力。建有较完善的电子仪表装配车间，配备微电子工艺设备和整机调试装置。计量检测仪器共有 3600 多台（件）。精密加工、钣焊、有色金属铸造、喷漆、电镀等工艺门类齐全。建有大、中、小型水流量、气体流量、油流量等实流标准装置，还建有包括高低温、湿热、冲击与振动、电磁干扰等环境实验室，以及热工量、质量、电气量、几何量等计量标准器具，为新产品开发和仪表检定测试提供了充分的条件。

经过 50 多年的发展，公司现已是国家大型骨干企业，先后被认定为“国家一级计量先进企业”、“河南省高新技术企业”，“河南重点培育企业”等荣誉称号，是中国仪器仪表协会常务理事和中国仪器仪表学会理事单位，中国城镇供水排水协会会员和常务理事，中国石油和化工自动化应用协会会员。目前，综合实力居全国流量仪表生产企业前列。

建厂 50 多年来，公司研制生产了四大系列 90 多个品种 4000 多个规格的工业自动化仪表。主要产品有：E-mag 系列电磁流量计、AM 系列金属管浮子流量计、腰轮流量计、双转子流量计、刮板流量计、涡轮流量计、椭圆齿轮流量计、旋进旋涡流量计、涡街流量计、蒸汽流量计、文丘里管等节流装置、流量报警开关、雷达液位计、体积管式流量检定装置、水流量计量检定装置等。

其中，E-mag 系列电磁流量计被认定为中国机械工业名牌产品；连续四届荣获中国城镇供水排水协会推荐产品；自行开发研制的涡轮流量计和腰轮流量计分获部优产品称号和河南省重大科技成果一等奖、高新技术产品金奖，原机械工业部节能产品称号。LJG 系列体积管式流量检定装置是参照美国 API 标准自行开发研制而成的产品，是河南省优质产品，获优秀新产品一等奖。

公司自行设计制造的大型水流量标准装置，获国家科技进步三等奖。是我国法定计量检定机构国家水大流量计量站的核心标准设备，也是目前世界上较大的恒水头溢流水塔稳压法水流量标准装置，是我国大口径流量计量的标准装置。这套水流量标准装置为我国大口径水流量的量值统一以及为我国的三峡水利工程，南水北调水利工程以及向香港供水的东深水利工程的流量计量工作，都发挥出了无可替代的作用。

近三年来，公司支持自主创新和产业产品结构调整专项资金项目：“核电行业智能型流量仪表项目”，2012年第二批支持工业企业发展资金项目：“水煤浆智能化流量仪表项目”等，在河南省发改委、省科技厅、省工信厅、省财政厅获批立项。具有双球互检装置的双向体积管、移动式双向体积管流量检定装置、高量程比金属管浮子流量计、核电用微小口径高压电磁流量计、无衬里型电磁流量传感器等十几项科技成果均通过河南省科技成果鉴定，2014年公司被河南省工信厅和财政厅评为河南省科技创新示范企业。

公司立足中原，销售网络辐射全国。在全国主要大中城市有一支专业知识丰富、素质过硬的销售队伍，长年奋战在祖国各地的建设一线上。保障有力的售后服务力量，在产品销往全国的同时，提供可靠的技术支持，作到让用户满意，后顾无忧。

半个世纪来，公司为我国的石油、化工、石化、冶金、轻工、城镇供水排水市政建设、航空航天等行业的国家重点工程项目提供了先进、可靠的计量仪表和流量成套计量装置。

早在1983年，开仪就独立设计制造了我国第一套原油外输计量装置——黄岛原油码头原油计量装置，它由五台螺旋腰轮流量计和一套体积管式流量检定装置组成，输油能力达6000m³/h，系统精确度达到0.35%；1998年，开仪又负责完成了黄岛原油码头二期工程，输油能力达到了20000m³/h，是国内自行设计制造的最大原油计量装置，创造了大口径腰轮流量计的全国纪录并保持至今。

公司的腰轮、刮板和双转子流量计广泛应用于中国石油的大庆油田、辽河油田、长庆油田、吐哈油田，中国石化的胜利油田、中原油田、河南油田、江汉油田，以及它们下属的东北、内蒙、山西、河北、河南、山东等各省石油公司；而我公司生产的LJG系列体积管式流量检定装置已占据国内90%的市场，成为中国石油管道分公司、中国石化管道储运公司等大型国企的优秀供应商，为中国制造竖立了优良的品牌。中国石油物资总公司的中缅油气管道中国段、锦郑线、长呼线、兰成线、呼包鄂线，中国石油管道公司抚锦线等国家重点工程采用了我公司DN250～DN500的体积管30多台套，为我国西油东运，北油南运的国家油气管网建设贡献了一份自己的力量。

从1964年开始的东深供水一期，到2004年第四期扩建工程结束，公司向该工程提供了大量大口径文丘里管和电磁流量计，为我国“从广东经由深圳向香港特区供水”特大工程作出了贡献。2005年东深四期工程荣获了中国最高奖——“中国建筑工程鲁班奖”、“詹天佑奖”以及“建国60周年百项经典暨精品工程”，公司因此荣获了“机电设备供货优秀单位”的殊荣。作为中国城镇供水排水协会的会员和常务理事，公司一直致力于为自来水行业贡献优质产品，向天津自来水集团提供高精度、低流速电磁流量计500多台套，大力支持和协助天津自来水集团作好供水分区计量工作，大大降低了城市管网漏失，提高了经济效益，扩大了社会效益。在北京、天津、上海、广州、深圳、郑州等大中城市的自来水公司、水厂和引水工程、污水处理厂中都有开封仪表有限公司流量计的身影；淄博、济南、三门峡、石嘴山等市的引黄供水工程，天津引滦入津工程、南水北调工程、宁夏大型灌排泵站工程（引黄灌溉）中都大量使用了我公司的电磁流量计产品。其中宁夏大型灌排泵站更新改造工程自2010年至今，选用了我公司 DN500 ～ DN1600 大口径电磁流量计 20 多套。公司产品还远销亚洲和非洲一些国家，用于当地的供水项目。

在冶金行业和有色金属冶炼行业，我公司产品也得到了大量广泛应用。2004 年被武汉钢铁集团评为“优秀备件分供方”。2006 年成功中标，开始参与首都钢铁集团东迁项目。国内的鞍山钢铁、太原不锈钢、唐山钢铁、攀枝花钢铁、新疆八一钢铁、安阳钢铁、邯郸钢铁、宣化钢铁、马鞍山钢铁、涟源钢铁、酒泉钢铁、莱芜钢铁、济南钢铁、昆明钢铁等均选用了我公司生产的流量计几百台至上千台，应用于连铸、高炉、烧结及水处理等关键生产场合。

近年来，化工行业蓬勃发展，方兴未艾，我公司抓住有利时机，利用自身优势，与广大化工企业展开合作，先后为蒲城清洁能源煤制烯烃项目、陕化集团煤制甲醇项目、青海盐湖百万吨钾肥项目、金属镁一体化项目、宝丰集团煤化工项目等提供了大量优质、可靠的流量仪表。榆林能化、神华宁煤、安徽淮化、江苏索普、新能凤凰、宁波万华聚氨酯、东明石化等公司也选用了我公司上百台流量计。国内大型的煤化工企业——山东兖矿国际焦化、国泰化工、国宏化工和山东鲁南化肥厂等，普遍选用我公司生产的电磁流量计，计量水煤浆等复杂介质。

进入新世纪，核电行业迈入规模化发展阶段。我公司流量仪表以其先进的技术和可靠的质量获得了广大核电企业的认可，先后为岭澳一期、岭澳二期、红沿河核电、宁德核电、阳江核电、防城港核电、福清核电、方家山核电、台山核电、三门核电、海阳核电、海南昌江核电等项目提供了大量先进可靠的流量仪表。

建厂 50 多年来，开仪秉承“以人为本，服务社会”的管理思想，奉行“培养一流员工，创建一流企业，制造一流产品，实施一流服务”的宗旨，倡导全体员工诚信做人，勤奋做事，求学上进，竖立质量第一，客户至上的服务理念，竭诚为广大用户提供先进，可靠的流量仪表产品和服务。

公司自 2003 年企业改制完成后，实行现代化管理，在领导班子的带领下，公司整体经营和效益稳步上升。同时，加快资本运作思路，积极扩大对外合作，实现多元化技术与高新技术相结合的创新战略，积极与大专院校、设计院等科研机构紧密联合，形成合力，先后与西安交大、天津大学、华控集团、河北工业大学等进行技术合作，逐渐向资本合作方面过渡，最大限度增强公司的市场竞争力，使公司健康、良性、快速发展。

从建厂至今，公司经历了从计划经济到市场经济的转变，由最初的“按计划生产仪表交付国家调配供应”到现今的“以客户需求为导向、研发制造流量仪表产品满足市场之需”。面对变化不定的市场，面对源源不断的激烈竞争，公司始终专注于流量仪表产品的研发、制造和生产，视产品质量为公司存在的基石，科技研发为公司发展的动力，专业服务为公司壮大的先决条件。

回顾历史，展望未来，公司将继承和发扬开封仪表厂在国内仪表行业发展中的事业和精神，以国产化高、精、尖流量仪表为己任，坚定不移的站在民族工业的大旗下，立足国内，开拓海外，为成为国际知名流量仪表制造商而努力奋斗！

浙江力诺流体控制科技股份有限公司

一、企业概况

浙江力诺流体控制科技股份有限公司是一家致力于流体自动化控制设备的研发、设计、生产、销售为一体的国家高新技术企业，前身为浙江力诺阀门有限公司，成立于2003年1月，坐落于浙江省瑞安市。

十多年来浙江力诺始终秉承“诚信、积极、创新、共赢”的价值观理念，以让工业流体控制更稳定、更精准，提高工业自动化水平作为企业使命，始终专注于工业流体自动化控制设备的研发和制造，为能源、石化、冶金、化工、造纸、环保、生化、医药等行业客户提供优质产品和一流的服务，并提供整体解决方案，在现代化工厂的自动控制系统中发挥了关键作用。公司始终专注实业发展，经过多年的努力，稳健成长，2013年的销售收入为2.82亿元，产品销量为60000多台。

二、企业发展历程

2003年瑞安市力诺控制设备有限公司注册成立，在塘下镇上马工业区900㎡租用厂房中开始起步，当年销售额突破2300万。

2004年公司搬迁到1700㎡的塘下镇新华工业区新工厂，正式变更为浙江力诺阀门有限公司，当年销售额3600万。

2005年公司发展逐步扩大，搬迁到3300㎡的塘下镇里北垟新工厂，当年销售额突破5000万元。

2006年公司年销售额达7000万，正式确立了纸浆造纸行业的领军地位。

2007年公司调整产品市场战略，开拓走向国际市场，当年销售额突破1亿元，首次进入瑞安工业50强行列，位居48强。同时开始筹建力诺潘岱芦浦新厂区。

2008年公司搬迁到占地20000平方米的潘岱芦浦新厂区，并成立铸造车间。引进外部知名管理咨询团队，梳理管理流程，推动市场转型发展，开发新的行业市场。

2009年公司从粗放式经营调整到精细化管理方式，引进ERP信息化管理模式，建立人员梯队培养机制，全面提升公司产品品质、工艺技术、管理水平，在金融危机下，全面开拓国际造纸阀门市场。

2010年公司在瑞安高新技术（阁巷）园区近3万平方米的现代化工厂正式获批；荣获国家高新技术企业称号。当年销售额翻倍增长，突破1.8亿元。

2011年公司被认定为“省级高新技术企业研发开发中心”称号；公司正式启动上市程序，当年销售额突破2.3亿，成为全国自动控制阀行业中第3位。

2012年公司引进国内知名创投机构成为战略投资股东，完成公司法人治理结构调整，顺利完成股份制改革，更名为浙江力诺流体控制科技股份有限公司，当年销售额突破2.7亿元，荣获瑞安市50强工业企业第16名，工业企业综合评价第3名，温州阀门行业纳税第一名，获得浙江名牌产品。

2013年荣获瑞安市50强工业企业第9名，瑞安市缴纳税费工业企业第8名，瑞安市亩产论英雄综合评价第3名，并通过浙江省著名商标认证。当年公司在造纸行业销售额首次占总比下降到50%以内，成功实现市场转型，产品应用领域更加广泛。

2014年公司阁巷新厂区竣工投产，奠定力诺品牌建设和经营管理的新平台。

三、企业主要产品

（一）控制调节阀

V型调节球阀、调节蝶阀、单作用调节阀、三通调节阀等。

（二）切断阀

浮动式球阀、固定式球阀、V型球阀、蝶阀、刀闸阀、矿浆阀、锅盖阀、放料阀等。

（三）气动执行器

包括单作用和双作用。

四、2013年重大项目

2013年新研发的气动双气缸执行器、高温整体式保温夹套球阀、支撑板固体球阀、迷宫式低噪音套筒调节阀、气动薄膜执行机构、气动软密封固体颗粒放料阀、双向多层次硬密封蝶阀通过省级新产品鉴定。

主导产品超强度耐磨气动刀闸阀、固定整体式O型金属硬密封球阀、气动V型多功能调节刀闸阀被列为国家火炬计划项目。

完成了800多万技改资金的投入，提高了企业的生产能力、检测能力和质量保证能力。

五、发展规划

面对更大的市场机遇和挑战，公司主动进行转型升级。

（一）扩建新厂

公司在瑞安高新技术产业园区扩建近3万平方米的新厂区已乔迁完毕投入使用。本次升级将推动公司企业形象、加工能力、装备能力、现场管理等各方面的大幅度提升，为公司品牌建设和经营业绩的新跨越奠定了坚实基础

（二）完成股份制改革

公司引进知名创投机构成为战略投资股东，完成法人治理结构调整，顺利完成股份制改革，为公司实现上市战略跨出决定性的一步。

（三）提高市场竞争力

实现管理信息化、数据化和生产装备智能化的方向发展，提高产品的市场竞争能力，实现从产品输出到服务输出到整体解决方案的输出。

（四）提高品牌知名度

商业模式向外延式发展，兼并、收购行业内知名品牌进行重组，扩大销售网络，扩展企业规模，提高品牌知名度。

（五）筹备上市

公司计划于2014年7月在全国股权交易系统（新三板）挂牌，2015年第一季度申报IPO。

力量源于承诺！浙江力诺将始终秉承“诚信、积极、创新、共赢”的价值观理念去经营企业和谐有序发展，为实现成为中国流体自动化控制行业领军品牌和国际流体自动化控制知名品牌这一远景目标而不懈努力！

浙江三方控制阀股份有限公司

一、企业概况

浙江三方控制阀股份有限公司始建于1982年，系浙江三方集团有限公司核心企业，坐落于风景秀丽的富春江畔，距离杭州仅30公里，距上海200公里，交通十分便捷。

公司占地面积7万多平方米，注册资金为7800万元，员工400余人， 年销售收入2.7亿元人民币，具备年产各类控制阀超过两万台/

套的生产能力。公司拥有车、刨、磨、铣、焊接等加工设备180台套，并配有加工中心3台、进口数控车床16台，以及材料物理性能试验、光谱分析、理化及X射线、磁粉、超声波探伤仪、三维坐标仪、造影仪等各种检测设备，对零部件及阀门的流量特性、流通能力、泄漏量、耐压强度、气密性、阀门的回差、死区、精度误差等一系列项目进行测试，检测手段完善。2009年公司被浙江省科技厅、省发改委命名为高新技术企业。公司拥有一流设计、制造、管理队伍，研发中心专业从事调节阀设计、开发工作，为中国一流的具有产品开发能力和自主知识产权的控制阀制造企业，现拥有各类专利技术10余项，为国家重大装备国产化作出了重要贡献。

通过30年的不断努力，公司建立了严格的产品生产质量保证体系，并通过了ISO9001(2000版）国际质量体系认证。在中国经济日益发展的今天， 公司更加重视可持续发展和关心职工的健康安全,2012年分别通过了ISO14001:2004环境管理体系认证和GB/T28001-2011职业健康安全管理体系认证。三方拥有国家技术监督局颁发的管道压力元件（A类）生产许可证，是中石化、中石油、中海油总公司三大石油集团和国内五大发电集团的一级资源市场成员。公司拥有国家环保总局及国家核安全局颁发的核电控制阀的设计及制造许可证，先后为秦山核电、岭澳核电、大亚湾核电、连云港核电的建设配套产品，产品在国内航空航天、石油化工、医药、钢铁、食品酿造、制盐、工业水处理等各个领域都有广泛应用。优质的产品、诚信的服务，赢得了客户的广泛赞誉，公司连续十年被评为AAA级资信企业，2011被浙江省工商局授予浙江省著名商标证书。2008、2009、2010连续三年荣膺中国控制阀制造业销售排行榜前三强。2011年起，公司完成股份制改造并进入上市辅导期，为符合证监机构信息披露的相关要求，未参加相关排行。

公司生产的各类系列控制阀采用国际上新型结构和先进技术，其体积、重量、性能、可靠性等都达到国内领先地位，各项性能指标均达到或超过国家标准。近年来，随着我国改革开放步伐的加快，公司积极参与海外市场的竞争，产品出口到德国、葡萄牙、印尼、印度、缅甸、越南及巴基斯坦等国家。

2011年，公司建立完善了ERP系统，将信息技术与工业化管理集于一身，合理调配企业资源，对于改善企业业务流程、提高企业核心竞争力具有显著作用。随着公司的不断发展，已先后在上海、北京、成都、南京、西安、广州、济南、乌鲁木齐、厦门等大中城市开设办事处或客户技术服务中心，为客户提供强有力的技术支持及运行维护消缺等服务。

用户满意是公司永恒的追求，希望通过公司全体员工的真诚和努力与国内外客户的全面合作去创造我们共同的价值。

二、企业发展历程

浙江三方控制阀股份有限公司经过33年的发展，已经成为中国控制阀领域的领先生产制造商，产品被广泛应用于石油，化工，火电，核电，医药，冶炼，空分等各个行业，年产控制阀达14000台。

1981年1月，富阳自动化仪表厂成立

1993年1月，杭州富阳三方实业公司成立

1996年4月，浙江三方集团有限公司成立

1997 年 3 月，富阳自动化仪表厂变更为浙江三方集团有限公司富阳自动化仪表厂，成为浙江三方集团分支机构

1997 年 8 月，三方集团投资成立了富阳合金钢铸造厂

1998 年 5 月，调节阀产品通过 IS09002 国际质量标准体系认证

2001 年 3 月，调节阀产品通过 IS09001 国际质量标准体系认证

2003 年 9 月，获得国家质量 监督检验检疫总局颁发的压力管道元件生产许可证

2005 年 6 月，三方集团搬迁至金桥工业园区建立新厂区

2006 年 2 月，获得国家环保总局，国家核安全局颁发的中国人民共和国民用核承压设备设计及制造资格许可证。

2007 年 4 月，浙江三方集团被当选为中国核能行业协会理事会会员单位。

2008 年 9 月，完成股份制改造，改制为浙江三方控制阀股份有限公司

2011 年 11 月，浙江三方控制阀股份有限公司当选中仪协自动化仪表分会执行器工作委员常务理事单位。

2012 年 2 月，浙江三方控制阀股份有限公司进入企业上市筹备阶段。

直行程调节阀	P 系列单座调节阀 M 系列套筒调节阀 G 系列笼式单座调节阀 N 系列双座调节阀 S 系列角形调节阀 Q/X 系列三通调节阀 QC 系列平衡型三通调节阀 ZXPE 系列气动薄膜直通小口径单座调节阀	D 系列单座调节阀 ZSQ 系列切断阀 PF 系列衬氟塑单座调节阀 L 系列单座铝角阀 LY 系列单座预启式铝角阀 MY 系列先导式笼式单座调节阀 GF 系列先导式笼式单座调节阀 5210 系列短柱迷宫蒸汽疏水阀 5230 系列多级旋转调节阀
角行程调节阀	O 型软密封球阀 O 型硬密封球阀 V 型偏心球阀 V 型软密封球阀 O 型衬氟球阀 夹套 V 型偏心球阀 三通软密封球阀 上装式偏心球阀	低温 O 型浮动球阀 VEB 系列双偏心蝶阀 VTB 系列三偏心蝶阀 CW 系列低负载蝶阀 XD 系列单偏心衬胶蝶阀 WX 系列衬胶蝶阀 WF 系列衬氟蝶阀
自力式调节阀	ZZY 型系列自力式压力调节阀 ZZYP-II 型指挥器操作型自力式压力调节阀 ZZV(C)型自力式微（差）压调节阀 ZZW 型自力式温度调节阀 ZZCN 型自力式差压调节阀	ZZDQ 型氮封装置 ZZFW 型防爆阻火型呼吸阀 ZZFX 型防爆阻火型呼吸阀 ZZJP 型气体精密型减压阀 ZZNYN 型内反馈自力式双座压力调节阀
定位器	SF6000 系列电气阀门定位器	

2013 年 12 月，浙江三方控制阀股份有限公司实现销售额 2.8 亿。

三、主要产品

公司主要生产产品如下表所示。

四、2013 年重大项目

公司生产的调节阀进入全球首座 AP1000 核电机组——三门核电 AP1000 项目，为其最先进的 100 万千瓦级压水堆技术机组提供核级调节阀共 87 台，包括气动单座调节阀，气动套筒调节阀、气动笼式调节阀和气动截止阀等。

另外，公司生产的产品还中标海阳核电 AP1000 项目，规划容量为 6 台 1000MWe 级核电机组。一期工程建设两台 AP1000 机组，公司为其供应 87 台核级调节阀，包括气动单座调节阀、气动单座切断阀、气动套筒调节阀、气动套筒切断阀、气动笼式调节阀。

重庆市伟岸测器制造股份有限公司

一、企业概况

重庆市伟岸测器制造股份有限公司主营业务为仪器仪表的研发、生产和销售，并从事自动化系统集成业务，产品涵盖压力变送器和热量表两大系列，以及热计量配套用温控仪表。

公司于 1992 年设立之初以热电厂自动化仪表集成业务为发展起点，主要采用国外产品，针对客户需求提供仪器仪表产品的集成服务。随着集成业务的顺利开展，公司有能力开始涉足传感器技术领域，并于 1998 年成功推出以电容压力传感器技术为核心的小型化压力变送器。此后，公司通过持续不断的研发投入，先后推出带有数字化功能、符合军用标准等智能化、高性能压力变送器，并凭借优异性能，在工业、城市管理、能源管理、军事等领域得到广泛应用。

2008 年，公司凭借传感器技术领域的长期技术及知识积累，成功设计并制造出流量传感器，并于 2010 年正式推出以流量传感器技术为核心的超声波热量表。此后，伴随我国供热计量市场的逐步成熟和客户需求的多样化发展，以热量表产品为中心的集成业务需求也随之增加，为此，公司也相应增加了热计量配套用温控仪表产品。

目前，公司以传感器技术为依托，不仅通过新产品的开发进一步丰富了公司产品线，还以集成业务实现了公司产业链的纵向延伸，并致力成为行业知名仪器仪表供应商及自动化整体解决方案提供商。

二、主要产品介绍

（一）压力变送器

公司压力变送器的具体品种极为丰富，广泛应用于工业（化工、电力、水泥、制药、造纸等）、能源管理（“数字化油田”）、城市管理（供热管网）等领域，按照所采用压力传感器类型不同，可划分为电容压力变送器和硅压力变送器，测量范围分别覆盖 0 ～ 60Pa ～ 40MPa 和 0 ～ 1KPa ～ 40MPa，最高测量精度均可高达 0.075%。

（二）热量表

公司生产的热量表均为超声波热量表，按照具体应用场合可划分为户用表和楼栋表，产品规格涵盖 DN15 － DN250，符合 2 级精度标准。

三、2013 年重大项目

2013 年 8 月 26 日，重庆市伟岸测器制造股份有限公司（承包人、主办方）与山东省显通安装有限公司（从办方）签署联合体协议书，以公司为投标人参与乌鲁木齐市热力总公司发包的“乌鲁木齐市热力总公司2013年既有建筑供热计量（供热系统温控节能）改造项目第四标段”项目投标。2013年9月30日，乌鲁木齐市热力总公司接受投标，三方共同签订了《乌鲁木齐市热力总公司2013年既有建筑供热计量（供热系统温控节能）改造项目第四标段合同》，公司作为承包人承接上述项目，签约合同金额8,029.96万元，合同最终总价以工程造价竣工决算为准。

2013年8月26日，重庆市伟岸测器制造股份有限公司（承包人、主办方）与山东省显通安装有限公司（从办方）签署联合体协议书，以公司为投标人参与乌鲁木齐市热力总公司发包的“乌鲁木齐市热力总公司2013年既有建筑供热计量（供热系统温控节能）改造项目第二标段”项目投标。2013年10月22日，乌鲁木齐市热力总公司接受投标，三方共同签订了《乌鲁木齐市热力总公司2013年既有建筑供热计量（供热系统温控节能）改造项目第二标段合同》，公司作为承包人承接上述项目，签约合同金额7,816.88万元，合同最终总价以工程造价竣工决算为准。

四、发展规划

公司将继续以压力变送器、热量表两大系列产品为主攻方向，凭借在传感器技术领域里的核心竞争优势，通过持续不断的技术创新，不断强化和巩固在所属行业中的市场地位。同时，充分利用公司研发优势，适时扩充产品线，进一步优化产品结构，提升系统集成能力，提高公司综合竞争力。

上海一诺仪表有限公司

一、企业概况

上海一诺仪表有限公司是具有现代企业机制的股份制公司，是流量仪表、系统控制仪表的专业生产公司。

公司是“上海市高新技术企业”、“上海市科技小巨人企业”、“守信用重合同AAA企业”，是上海市计量协会“流量专业委员会”副主任单位。公司产品都是中石油物资供应商准入产品，是中石化入围成员，有中国船级认证和BV船舶国际认证，有建筑智能化工程专业承包三级资质。公司厂区占地48000平方米，厂房36000平方米，现有员工308名，其中公司聘用高级工程师18名、工程师50名，具有大专学历以上的人员占员工总数的55%以上。公司拥有12项发明专利和38项实用新型专利。

公司2013年实现生产总值2.85亿元、销售收入1.5亿元，为国家上缴税金2400万元。公司产品主要销往中石油、中石化、中海油、中化工、船舶等国家大型能源行业，在中石油、中石化仪表的份额均占较多的位置。

公司拥有先进的加工中心、数控设备、机加工设备及检测设备共有80多套，油气水的检定设备齐全精准。核心部件均由加工中心完成，产品出厂检验均由计算机控制的标定设备自动完成。ISO9001质量管理体系认证保证了企业管理的规范，公司所有产品出厂均达到100%合格。

二、主要产品

“一诺”品牌的质优产品有：LSZ型双转子流量计（荣获国家重点新产品）；GLZ型高压

流量自控仪（荣获国家重点新产品）；LSZQ 型气体双转子流量计（荣获国家重点新产品）；LZYN 型质量流量计；LZK 型流量自动控制装置（荣获上海市重点新产品）。

另外，公司还生产的创新技术产品三相计量装置。目前在各油田试用效果良好，已申报申报上海市科技成果转化项目。

公司均根据石油石化现场应用情况研发产品和改造产品，满足了石油开采、输送和炼化对仪表的要求，在抗干扰、抗杂质、耐粘度、高精度方面大为提高。客户对这种根据油田、炼化实际情况而研发的产品表示非常满意，并得到了高度的认可。

三、发展思路

公司在“一切为了职工的利益、投资者的利益、用户的利益、民族的利益”的最高准则指导下，本着“千金一诺的质量，一诺千金的服务”的经营理念，按着“先进性和垄断性的技术是企业发展的动力”技术理念的要求，坚决执行“制度上约束人，程序上规范人，行动上支持人，关系上信任人”的企业管理理念，调动全体员工的工作热情，采用先进的技术，先进的设备，先进的管理模式，研发和制造高端高附加值的产品，沿着公司的指导思想《坚定不移高举振兴民族工业大旗，毫不动摇走科技创新型企业道路，集中精力服务能源环保行业市场，开拓进取实现一诺制造事业壮举》而努力拼搏，奋勇前进。

西安东风机电有限公司

一、企业概况

西安东风机电有限公司创立于 1989 年，现有员工 200 余人，是一家专业从事科里奥利质量流量计及其集成产品的研发、生产、销售和技术服务的高新技术企业，其产品已广泛应用于石油、石化、化工、制药、食品、建材、电力、新能源等领域，并成为中石油、中石化等大型企业集团国产质量流量计产品的主要供应商。

20 多年来，公司重视客户需求和自主创新，先后研制出 C、N、P、G 系列科里奥利质量流量计和 CMS 油气分离计量系统、BCS 批量控制系统等系列产品，已申请各类专利、软件著作权 30 余项，其中发明专利 10 余项，并多次获得国家级、省市级科技计划资金支持。

为了提高产品性能、扩大应用领域，公司长期与西北工业大学、华中科技大学、西安石油大学、国营东风仪表厂等院校、生产厂合作，在产品设计、制造工艺等方面取得突破。目前，产品技术已处于国内领先、国际先进水平，市场份额处于国产品领先地位，特别在替代进口产品方面取得了较大成绩。

用户满意是企业不懈的追求。公司一贯重视产品质量，于 2003 年通过 ISO9001 质量管理体系认证，建立了完善的质量管理体系。尤其在技术服务方面，努力做到售前售后服务及时、周到，确保用户无后顾之忧。

倡导“诚信、敬业、团结、创新”的企业文化，不断规范企业内部管理，为各类人才搭建发展平台。为实现企业可持续发展，公司产业化生产基地将于 2015 年正式投产，届时产能将大幅提升。公司将继续努力，进一步保持国内工业计量领域的领先优势。

二、企业发展历程

西安东风机电的发展历程，是一群科技工

作者实现理想、产业报国的奋斗过程，也是一个民营企业自强不息，从作坊到规模化发展的蜕变过程。

（一）产品研发阶段

得助于西北工业大学、西安高新区、南阳油田、中国船舶总公司、中国石油天然气总公司、20所、504厂、7107厂、西安仪表厂等单位的帮助，历时11年，克服异常艰难的研发条件，最终推出产品。

1986年，公司创始人之一——任思聪教授受当时驻日大使付浩的启发，为解决原油出口的计量问题，在国内首先提出根据科氏力原理研制质量流量计的想法，得到了石油天然气总公司科技司计量处有关领导的肯定和支持。1989年9月应邀参加在华北石油管理局勘察设计院组织的美国产品在油田使用可行性论证项目评审会，见到了美国科氏质量流量计的早期产品。油田开始希望能研制出自己的类似仪表。

到1991年10月，研制小组成功研制出了第一台原理样机，并在克拉玛依油研所通过验收；到1992年5月，改进了的工程样机开始在大港油田做运行测试，取得良好的效果。在1993年11月1日的《ZLJ50质量流量计使用总结》中写道：“本质量流量计基本能满足井下工具试验站的试验要求”。

为了更好地促进质量流量计的研究，研究所决定进入西安高新区，1993年1月，集资51万元成立“西安东风机电有限公司”，转以商业化的运作模式继续研发工作，期间，研发经费短缺、工作条件艰苦，创业者们为得到详实数据基本是长年守在大港油田样机的运行现场，至1996年，样机现场考核运行成功。

另外，1992年石油天然气总公司把原来试验过的一台美国样机提供给公司做参考，对改进产品起到了积极作用。

（二）创业阶段

产品形成，企业进入创业阶段：完成产品系列化进程；完成产品市场营销体系的搭建；完成公司组织机构及管理体系的搭建，初步呈现了一个专业的质量流量计研发及生产企业的雏形。

1997年，企业重新增资注册；ZLJ型质量流量计设计定型，并取得防爆认证；同年取得陕西省计量器具生产许可证，ZLJ型质量流量计正式进入市场。

2001年，ZLJ型质量流量计系列化设计基本完成，大小8种不同口径，测量范围达到300t/h～360t/h。

2000年，销售收入突破400万元。同年，进行再次增资，注册资金达到201.55万元，建成2条0.05%级检定装置并将专职员工数量扩充至40人。初步形成小批量生产能力。

1999年获得高新技术企业认定证书，2001年获得西安高新技术产业开发区科技企业认定证书。

2001年，推广全面质量管理，2003年，取得ISO9001:2000质量体系认证证书。

2006年，销售收入达到2000万元；产品核心技术获得发明专利，0.1级精度流量计研发项目得到中小企业创新基金、西安市重大科技创新项目支持；企业人力资源规模也发展到60人，产品实现小批量生产。

（三）快速发展阶段

企业基本成熟，进入快速发展阶段：产品技术实现国内领先；生产工艺成熟；企业及企业产品得到市场广泛认可；改进信号检测与处理，进一步缩短同进口同类产品的技术差距；尽快完成成熟产品的批量化生产；提高企业及企业产品的竞争优势。

2007年，传感器改进项目主要部分结束，采用DSP数字信号处理技术的变送器试验成功，为企业进一步提高产品技术等级奠定了基础。BCS批量控制系统在乌鲁木齐石化交付使用。

2008年，企业再次增资，注册资金达到1650万元，员工总数达到90人。0.1精度流量计研发项目完成，开始在用户处进行现场测试。CMS油气分离系统在中石油长庆油田交付使用；G系列0.5级精度流量计研制完成。

2009年，销售突破3000万，企业通过高新技术企业重新认定，企业在经济危机中继续发展，基于小波降噪技术的数字式科氏质量流量计开始研制，产品销量持续稳定。CMS油气分离系统则以中石油长庆油田为中心迅速旺销。

2010年，公司与中国石油化工股份有限公司物资装备部签订了质量流量计框架采购协议；DPT系列数字变送器（0.1级准确度，主要应用于石油、石化领域的计量交接和气体计量场合）和口径为DN150的ZLJC600型传感器研制成功并投入市场；公司质量流量计产业化项目在西安市和西安高新区资金的支持下正式启动。

2011年，公司销售突破7000万，公司注册资本新增至2229万，公司申请的“西安高新草堂科技产业园20亩征地项目”获得政府批准。公司市场运营策略调整，开始着力海外市场的开拓工作，实现质量流量计产品外贸“0”的突破。

2012年，公司以高新区瞪羚谷和草堂科技产业园6500 ㎡场地作为新的行政办公及生产场地；陆续采购了大型弯管机、真空钎焊炉、自动环焊机、数控车床、数控铣床、抛丸机等设备，使企业生产能力大幅提升。质量流量计及其集成配套产品产能达到1500套/年。产品主商标“ ”分获西安市和陕西省著名商标荣誉。

2013年，公司引入管理咨询，应发展需要进行公司组织架构调整和人力资源整合。“高精度流量传感器研发及产业化项目”被列入2013年国家产业振兴和技改项目。

2014年，公司质量流量计规模化生产基地将奠基开工，该项目占地20亩，其中建筑总面积12009.3 ㎡，包括机械加工（CMS）车间，测试生产大楼，项目建成后企业质量流量计产品产能将达到6300套/年。企业主商标“ ”分获西安市和陕西省著名商标荣誉。

三、主要产品

（一）C\N\P\G系列科里奥利质量流量计

基本误差：C系列：0.2级（液体）；N系列：0.15级（液体）；P系列：0.1级（液体）；±0.35%（气体）；G系列：0.5级（液体）

（二）CMS系列油气分离计量系统

基本误差：液相测量误差≤ ±3%；含水率相对误差≤ ±3%；气相测量误差≤ ±10%。适用范围：液相测量范围0～7200t/d （选配）；气相测量范围0～3.6×104 Nm³/d （选配）；含水率1～100%；气油比＜300Nm³/t；介质温度5～80℃；介质动力粘度0～1000MPa.S；工作压力4.0MPa。

（三）BCS系列批量计量控制系统

基本误差：精度≤ ±0.1%；重复性≤ ±0.05%；通信端口Modbus RTU/Profibus；防爆等级Exd Ⅱ BT6；防护等级IP54。

四、2013年重大项目

随着公司的发展，企业承担了越来越多的国家及地区的科技发展项目，其中较为重大的有4项。

（一）高精度流量传感器研发及产业化项目

此项目为2013年国家产业振兴和技改项目，将推动国产质量流量计在石油、石化等领域的应用，提高我国工业自动化控制及检测设备制造水平。

（1）基于科里奥利效应的气体质量流量较高精度测量技术研究

此项目为陕西省工业攻关计划项目，提高产品在气体计量领域的应用效果，打破进口产品在该领域及计量交接等高精度计量领域的垄断。

（2）ADT全数字转换器研发

此项目为陕西省重点新产品，主要是开发项目数据处理单元（转换器），使其能与Micromotion公司的核心处理器实现通讯，实际上能实现替代2700的常规功能。

（3）质量流量计研发及产业化。

这是市工业发展专项。发挥企业产品技术及工艺优势，推动产品产业化发展，为地方的测量技术进步、经济发展及社会就业做出贡献。

五、发展规划

西安东风机电有限公司的企业愿景是“成为中国工业流量计量领域的领导品牌”，继而最终发展成为全球质量流量计的领导品牌之一，并依此确立未来三年的发展规划。

（一）扩建生产基地

公司目前经营场所已不能适应快速发展的要求，需加快在西安高新区草堂科技产业园购地20亩进行研发生产基地建设，计划2014年上半年开工，2015年竣工，达产后可实现6300套/年的产能，形成3～5亿的销售规模，这将成为公司全新的起点。

（二）谋求新发展

随着我国能源基础设施的大规模发展、节能减排的形势需要、流量计产品的更新换代以及在新行业的推广应用，这些强力的驱动因素将促进我国质量流量计市场高速增长。公司将借此市场契机实现企业新的飞跃。

公司将不断加大研发经费和人力的投入，进一步开发出适应市场需要的、技术先进的计量和控制产品。加强与高校院所产学研合作，联合攻克技术难关，继续深入对质量流量计及其他新产品的创新开发，进一步提高产品的可靠性和稳定性，在扩大产品口径的同时，提高其精度。技术上努力赶超国际先进水平，进一步确立在中国工业计量领域的领先优势，保持企业长期持续发展。

（三）建立企业研发中心

加强公司研发中心建设，搭建以产品研发部、制造技术部等为支撑的企业研发中心组织框架，建立具有创新能力的研发平台。

（四）健全研发团队

培养一批创新性人才。注重技术骨干和技术带头人的培养和引进，使技术研发人员总数增加80%，其中研发骨干增长100%，形成人才梯队配备合理、专业齐全的研发团队。

（五）筹备上市

由于具备技术壁垒和工艺壁垒，市场竞争优势明显，一直以来公司都是投资机构青睐的对象。随着新厂区的建成投产，公司将借助资本市场的力量实现跨越发展，尽早实现企业股改，并完成上市。

（六）提高管理水平

不断规范企业内部管理，吸引高素质管理人才。目前已聘请西安山水智慧企业管理咨询机构对公司的管理情况进行全面咨询、诊断，提出全方位管理整改意见，提升公司管理水平，以规范化、标准化为准则，以可靠的产品质量、严谨的管理制度为基础，着眼于未来，力求早日同步于世界先进管理企业之列。

福建顺昌虹润精密仪器有限公司

一、企业概况

福建顺昌虹润精密仪器有限公司创建于1995年，现有员工300多人，其中大专以上学历的科技人员180人。公司拥有设在顺昌、北京、上海、广州、重庆等地的5个公司和两个研发中心，顺昌虹润公司为生产基地，具有年产各类仪表30多万台的规模。公司通过ISO9001国际质量管理体系认证，产品通过欧盟CE认证。客户涵盖了中国空空导弹研究院、中国空间技术研究院、中科院高能物理所、军事医学科学院、兵器工业部58所、美国微软亚洲研究院、德国克虏伯公司、清华大学、大亚湾核电站、大庆油田、首钢、一汽等，产品应用于神州飞船、嫦娥探月工程、核电等领域，并已出口东南亚及中东地区。

公司与清华、浙大、上理工等院校建立了研发平台，先后在北京、南京成立了研发中心，并与中国仪器仪表协会理事长、中国工程院院士庄松林团队在虹润设立院士专家工作站。具备独立设计、中试各类智能仪表的实力。公司是全国工业过程测量和控制标准化技术委员会委员，主持或参与起草26项数字仪表国家标准，是中国显示控制仪表专业委员会副理事长单位，是福建省2009年首批认定的23家国家高新技术企业之一，2014年被国家知识产权局授予首批国家级知识产权优势企业，拥有400多项国家专利及60多项软件版权登记。“虹润”商标被国家工商局认定为“中国驰名商标”。公司产品被国家五部委评为“国家重点新产品”，获得国家火炬计划项目、国家重点新产品项目等6项国家重点项目资金支持。

二、主要产品

公司花6年时间倾心研发了数显仪表、无纸记录仪、电力仪表与转速表、隔离器与安全栅、过程校验仪等5大系列产品，以超低单价实现欧美产品的品质，具有优美的外观设计、灵巧的工艺结构、全自动贴片生产和超强抗电磁干扰、超长工作时间、超低温漂、精密的测量与控制、全面的软件功能等特点，已成为显示控制仪表行业的主流产品。

三、2013年重大项目

2013年虹润公司完成了国家火炬计划产业化示范项目“新型智能交流电工表产业化”。该项目总投资5000万元，新建厂房10000平方米，建设2条全自动化智能仪表生产线。项目建成后将年增产具有高稳定性、高可靠性、高精度及抗干扰性、节能环保的新型智能交流电工表5万台。通过实施国家重点科技专项，虹润公司产品重大关键技术取得不断突破，技术水平和市场竞争力不断提升，推进了产品结构调整，培育了一批科技人才和重点新产品。同时，依靠实施国家重点科技专项，最大限度地集中了科技资源，针对重点领域的关键技术问题不断开展攻关，达到了重点突破、带动全局发展的良好效果。

四、发展规划

（一）发扬企业文化，加强人才队伍建设

将中国传统文化应用到虹润现代企业文化中去，创建了“虹润不怕远征难”的企业文化精神和四大理念。用虹润企业文化打造一支有凝聚力的企业团队，为虹润未来发展培养一批优秀的队伍，培养一批事业坚强的接班人。

（二）完善三化融合

继续完善标准化、工业化和信息化的三化融合工作。把三化融合作为企业升级转型的关键，提高制造过程信息化水平，培育发展新兴产业，同时激发企业的内在动力。

（三）坚持科技自主创新

建立科技发展长期规划，创自主知识产权品牌，开发自主专利产品，保障企业在同领域中居于技术领先地位，保证在激烈的市场竞争中处于不败之地。

（四）提高产品质量、走向世界

严把产品质量关，做中国的一流产品，乃至世界一流产品。把产品做强做精做好，做到世界一流，实现虹润“造国际一流的产品，让虹润走向世界”的愿景。

厦门宇电自动化科技有限公司

一、企业概况

厦门宇电自动化科技有限公司是专业从事二次仪表及智能分布式控制系统研发与生产的高新技术企业。公司总部坐落于福建厦门火炬高新区，拥有自行建设的现代化厂房，绿树环绕，并配备节能变频中央空调。公司拥有全自动高速贴片机、无铅双波峰焊机、红外回流焊机等先进生产设备，以及电磁兼容、精密基准信号源、温湿度环境等测试设备，具有生产高质量、高精度、高可靠性及低温漂的工业自动化仪表系列产品的能力。

公司专注于AI 系列二次仪表及AIDCS 智能分布式控制系统（Artificial Intelligence Distributed Control System）的产品开发和研究，在工业自动化领域拥有超过20 年经验。公司在全球领先推出AI 人工智能调节算法、仪表模块化和平台化结构、节能环保低温漂“发烧级”元件设计、380VAC 电源防护等技术，有力地推动了自动化行业的发展。AIDCS 智能分布式控制系统采用AI 系列二次仪表，利用RS485 或CAN 作为通信总线，结合工控机和组态软件组成，具备集中管理、危险分散、系统开放、性价比高等优点，深受中小企业青睐，目前累计成功运用的项目已达上万个，成为客户的超值选择。

公司产品广泛应用于化工、热电、石化、制药、冶金、机械、电炉、热处理、食品、造纸、塑胶、包装等领域。二次仪表的年销售量已突破50 万台，产品远销北美、欧洲、大洋州、印度、中东、东南亚和香港等多个国家和地区，并获得客户好评。宇电已成为国内最大的二次仪表及智能分布式控制系统的供应商之一。

二、发展历程

1991 年厦门宇光电子研究所成立，推出国内首台高精度程序型温控仪

1994 年推出具有世界先进水平的AI 人工智

能调节算法

1996年推出开放式模块化结构仪表，实现仪表生产批量化

1998年正式更名为厦门宇电自动化科技有限公司

2006年现代化的宇电科技大厦建成并投入使用

2012年产品年销量突破50万台，销售额超过1亿

三、主要产品

（一）AI系列高精度智能温控器

AI 系列高性能人工智能温度控制器/调节器是精确稳定、功能强大、环保节能的人工智能温度控制器/调节器。产品按10年以上寿命设计，5年免费保修，适用于节能环保及控制精度要求高的用户。除具备常规显示控制仪表的所有功能外，仪表还可以直接实现三相三线移向触发输出（AI-733/719 型）及位置比例输出控制阀门电机正/反转、组成串级或比例调节复杂系统等丰富功能。

（二）AI系列分体式无纸记录仪

宇电分体式无纸记录仪由彩色触摸屏和AI系列二次仪表组成，二者使用光电隔离的RS485通信接口连接，二次仪表和彩色触摸屏之间工作相互不受影响，符合“操作集中，危险分散”的工控产品设计要求。

（三）AIDCS智能分布式控制系统

宇电AIDCS 智能分布式控制系统采用宇电智能二次仪表作为下位机，利用RS485 通信总线，结合计算机及组态软件组成智能分布式控制系统。该系统以危险分散、布线简单、可靠性好等优点深受大量中小企业青睐，自1997 年推出以来，在各行业中累计成功运用的项目已超过1 万个。

四、2013年重大项目

推出AP-6系列 PLC可编程控制器。

推出AI-3270W真彩人机界面触摸屏Web版。

2013年5月对生产车间进行整体重新装修，并添置了PCB三防漆自动涂覆设备。

五、发展规划

在过去的22年中，宇电自动化开发了多项全球首创技术，也通过了多种体系认证。现在是宇电自动化创新和突破的第三个十年，将在传承原有先进技术的基础上进行不断创新，为客户提供高品质的技术产品及完善的销售服务，成为高端节能环保温控技术的领航者。

第十二章 两化融合

第一节 两化融合评估

新一代信息技术对经济增长起到巨大的推进作用。当前，全球信息化发展日新月异，信息技术创新内涵愈加丰富，技术、网络、应用、服务深度融合，不断创造出新的产业形态和商业模式，以及崭新的消费和投资需求，催生新的经济增长点。党的十七大提出“大力推进信息化与工业化融合”，十八大明确要求“推动信息化和工业化深度融合”。党中央、国务院高度重视信息化和工业化融合在我国现代化建设中的战略地位，并将其作为中国特色新型工业化道路的重要内容和促进工业由大变强的战略路径。

两化融合既符合中国国情，又具有中国特色，各工业行业进行了广泛的探索和实践。有效地推进两化融合成为一项具有挑战性又富含创造性的工作，需要顶层设计和规划，不断转变观念，摸清发展现状、找准科学路径，创新推进模式。评估工作是推进两化融合的有力抓手。2009 年至 2011 年，工业和信息化部信息化推进司牵头组织，会同相关司局，以工业和信息化部电子科学技术情报研究所（以下简称电子一所）为总承担单位，联合相关行业协会，以行业为范畴、企业为对象开展了两化融合评估的研究探索，制定了一套总分结合的两化融合评估体系，并在钢铁、冶金矿山、化肥、纯碱、电解铝、水泥、重型机械、机床、轿车、商用车、造船、造纸、家电、棉纺织、服装、肉制品加工、乳制品等 17 个重点行业，试点开展了行业企业两化融合发展水平评估工作，形成了各行业两化融合发展报告和重点行业企业两化融合评估总报告。评估工作成果得到了政府主管部门、业内专家、行业和企业的广泛认可，在摸清两化融合总体现状和发展规律、统一两化融合认识、引导发展方向、激发企业内生需求等方面产生了重大作用，评估工作也因此成为工业和信息化部推进两化融合的重点工作。

2012 年，工信部加大了行业评估工作的试点力度，在民爆、钢铁（集团）、石油石化、合成树脂、有色金属加工及制品、玻璃、通用机械、工程机械、汽车零部件、轨道交通、仪器仪表、皮革、纺织（中小企业）、饮料、化学制药、包装、电子、通信等 18 个重点行业开展两化融合评估工作。

中国仪器仪表行业协会承担了仪器仪表行业企业两化融合评估工作，在工信部信息化推进司的统筹协调下，按照《工业企业“信息化和工业化融合”评估规范（试行）》（工信部公告〔2011〕39 号），形成了中国自动化仪表行业的评估指标体系和评估方法，并开展了实际测评，经过详细的数据调查和深入分析，撰写了本评估报告。评估工作从 2012 年 6 月开始，一直到 2013 年 5 月，历时一年。主要工作包括成立评估工作组织机构，讨论确定评估指标体系，筛选参与评估的企业，网上评估问卷审查，开展实际测评，并对 43 家企业（名单见附件）2011 年数据进行调查和深入分析，样本数据处理，评估报告起草，以及评估报告讨论定稿等。

样本企业在涵盖国内主要区域的基础上，侧重行业企业较多的区域；既有国有企业、集体企业、私营企业，又有港澳台资企业、外资企业；既有规模较大企业又有小微企业；既体现了自动化仪表行业的特点，又具有较强的代表性。基本反映了目前自动化仪表行业企业两化融合的发展水平。

报告认为，自动化仪表行业企业两化融合有一定基础，部分企业走在行业两化融合的前列；少数企业开展了业务单元的信息化综合集成，实现了企业各个业务单元的信息融合。总体而言，我国自动化仪表行业企业两化融合水平处于单项应用阶段。

报告较客观地描述了自动化仪表行业的两化融合发展现状和水平。梳理出促进本行业两化融合发展的关键点，即“企业要加强基础建设，实现生产管理规范化，推进生产过程信息化，建立现代管理模式”。挖掘出了包括吴忠仪表公司、北京和利时、浙江中控、重庆川仪、上海辰竹等一批标杆企业及其典型经验，提炼了自动化仪表行业两化融合的最佳实践，供行业相关主管部门和企业参考。

2013 年 10 月 12 日，工信部在其组织召开的“两化深度融合专项行动计划重点工作推进大会”上，对包括《中国自动化仪表行业企业信息化和工业化融合发展水平评估报告》在内的 18 份报告予以发布。

第二节 组织企业开展传统行业整体提升试点工作

一、试点项目前期工作

在年初工信部组织召开的 2012 年两化融合评估工作总结大会上，工信部信息化司徐司长在发言中透露，将在 2013 年开展“两化深度融合助传统企业整体提升试点”工作。得知这一消息后，协会领导决定积极争取试点。于是，协会根据工信部的要求，起草并上报了“两化深度融合整体提升试点方案”。试点方案选定了三个有代表性的企业，围绕以现代生产管理模式为核心的生产过程信息化进行攻关，并提出了协会参与试点工作的三种模式。工信部对协会提交的试点方案极为重视，委派信息化推进司领导，在协会领导陪同下对试点企业进行了调研。调研结束后，根据工信部领导要求，协会起草并提交了调研报告，并根据调研情况对试点方案进行了完善。在调研的基础上确定了重庆川仪、吴忠仪表、上海辰竹等为试点示范企业。这些试点示范企业的信息化工作已经开展了多年，达到综合集成的水平，并正在开展企业信息化最难解决的生产过程信息化。

2013 年 5 月 6 日，工信部发出通知，开展信息化和工业化深度融合创新推进专项行动。专项行动正式将仪器仪表行业和棉纺织行业作为重点行业开展两化深度融合帮助传统企业整体提升试点。6 月 24 日，工信部发出通知，组织开展 2013 年信息化和工业化深度融合专项资金项目申报，并明确要求“传统产业改造升级项目”由国家级行业协会申报，其它项目由符合条件的企事业单位申报。

二、试点项目申报和批复

根据《工业和信息化部办公厅关于组织开展 2013 年信息化和工业化深度融合专项资金项目申报工作的通知》（工信厅函【2013】444 号）文件精神，中仪协组织三个试点示范企业进行了项目申报。三个示范企业在 2012 年申报两化深度融合专项资金项目材料的基础上，再次对项目材料进行了完善。在此基础上，中仪协按照要求申报了“仪器仪表行业企业生产过程信息化示范及推广应用”试点项目。项目主要内容包括三个示范企业的生产过程信息化攻关、同步进行交流培训和推广应用、编写培训教材等。经过多次反复修改，最终于7月31日报送工信部；2013年11月8日，工信部以信【2013】448号文批复了2013年信息化和工业化深度融合专项资金使用计划，四个方向共57个项目，共计7400万元，其中，“仪器仪表行业企业生产过程信息化示范及推广应用”项目由中国仪器仪表行业协会承担，项目资金为300万元。

三、试点项目启动

按照本项目的实施进度计划，在工信部信息化司的指导下，中仪协于10月25日在宁夏吴忠仪表公司组织召开了试点项目启动大会。包括工信部、中机联、电子情报一所、试点示范企业、试点参与企业以及IT服务商等单位的70余名代表参加了启动大会。

启动大会介绍了试点项目的背景、内容和实施措施；公布了试点项目的领导小组、专家组和项目办公室成员；协会同试点示范企业签订了项目资金协议，明确了各自的责任和义务；组织企业参观了吴忠仪表公司两化融合特别是生产过程信息化成果；组织企业对以试点示范企业为组长单位的交流互助小组如何开展下一步工作，进行了交流和讨论。

四、组织交流互助活动

（一）第三组交流活动

2013年11月29～30日，试点项目办公室联合上海辰竹公司组织开展了第三小组的首次交流活动。20家企业的近50名代表参加。

上海辰竹仪表有限公司总经理王竹平，以及该公司信息管理部经理陆文虎，分别做了“辰竹仪表两化融合探索和思考”和“生产精益管理和过程质量控制信息管理系统的探索”专题报告。随后，代表参观了上海辰竹的生产现场。

本次活动还邀请上海威尔泰工业自动化股份有限公司生产制造总监杨方、南京优倍电气有限公司总经理董健、厦门安东电子有限公司总经理肖国专就本公司信息化管理介绍了经验和体会。其中，南京优倍电气公司的生产过程信息化走在了前列，并且该公司在在调试和打标等工序采用了机器人，成为行业亮点。

（二）第二小组交流活动

2013年12月13～14日，项目办公室联合吴忠仪表公司在吴忠组织开展了“仪器仪表行业企业生产过程信息化示范及推广应用项目”试点项目第三交流互助小组首次交流活动。来自重庆川仪、无锡智能、长沙开元等12个企业的22名代表参加了本次交流活动。

本次活动由吴忠仪表公司副总经理高强、副总工程师陶铮、车间副主任徐常玺等分别做专题报告，并组织代表参观了吴忠仪表公司的生产现场。

（三）交流活动达成多项交流形式的共识

在交流环节，代表们针对企业自身在信息化工作中遇到的问题积极发言提问，示范企业均认真给予回答。讨论达成了多项交流互助的形式：建立交流互助小组QQ群，随时交流生产过程信息化攻关时碰到的问题；参与企业同示范企业共同建设“在制品管理系统”工业云，作为交流互助的另一种抓手；针对信息化基础差的企业开展基础培训，针对信息化水平同示范企业接近的参与企业开展小范围交流；组织示范企业到参与企业开展有针对性的现场咨询工作等。

（四）征集并确定试点参与企业及其项目

根据试点项目的计划和启动大会精神，试点示范企业要带动 15 ～ 20 个试点参与企业，共同推进企业生产过程信息化。为此，项目办公室起草并印发了征集试点参与企业及其项目的通知。行业企业积极参与申报，共征集了近30个企业的项目，经项目办公室认真审查、筛选，初步确定了 22 个企业为首批试点参与企业（名单见附件），并已报工信部备案。

第三节 撰写仪器仪表行业两化深度融合五年行动计划专题研究报告。

5 月 30 日，工信部决定开展信息化和工业化深度融合专题研究工作，提出以“信息化带动工业化、工业化促进信息化，坚持走中国特色新型工业化道路，推动信息化和工业化深度融合”为主题，立足当前，着眼今后五年，分析两化深度融合发展形势，研究明确下一步工作思路、工作重点、工作切入点和有效抓手，形成有针对性和操作性的信息化和工业化深度融合五年行动计划。仪器仪表协会成为课题承担单位之一。

接到任务后，协会组织力量按照要求起草了仪器仪表行业两化深度融合五年行动计划专题研究，并反复推敲和修改，按计划于 6 月 28 日完成上报。

课题主要内容是：全力抓好自动化仪表行业两化深度融合整体提升试点；开展电工仪器仪表和供应用仪表行业两化融合评估，在此基础上实施两化深度融合整体提升试点。目标是培育 10 个标杆企业（实现生产经营全过程信息化），培育 50 个骨干企业，全面开展两化深度融合整体提升工作。

附　录

2013 年自动化仪表行业大事记

1 月

2013 年初，和利时自主研发的中国第一套拥有独立自主知识产权的 SIL3 级安全仪表系统 HiaGuard 诞生，且经过第三方权威认证机构 TUV 莱茵的 SIL3 认证，技术达到行业前沿水平。安全仪表系统作为保障企业安全生产的重大装备，对于国家安全具有深远意义。在国际形势瞬息万变的今天，重大装备过分依赖国外厂家将有可能产生非常不利的后果。一旦由于国际局势突变影响到系统的进口或零部件、备品备件的进口，将严重影响我国国民经济的正常运行，直接影响到我国支柱产业的战略安全。该产品于 2013 年签订近 60 套 SIS 合同。

1 月 8 日，国家科学技术奖励大会正式公布了 2012 年度获奖项目。由浙江大学、上海电气集团股份有限公司、杭州优稳自动化系统有限公司、杭州哲达科技股份有限公司孙优贤、王文海、杨春节、刘兴高、黄建民、卢建刚、贾廷纲、沈新荣、徐正国、吴平、嵇月强、张益南、闫正兵、周伟、吴铁军等人共同主持的“高端控制装备及系统的设计开发平台研究与应用”项目获 2013 年度国家科学技术进步一等奖；吴忠仪表有限责任公司马玉山、高强、常占东、李虎生、郭伟、周永兴、岳玲、刘少波、石月娟、王学朋等人主持的“高端控制阀关键技术自主创新和产业化项目”获 2013 年度国家科学技术进步二等奖；蔡新霞（中国科学院电子学研究所）、崔大付（中国科学院电子学研究所）、赖平安（中华人民共和国北京出入境检验检疫局）、刘春秀（中国科学院电子学研究所）、何伟（北京怡成生物电子技术有限公司）、蔡浩原（中国科学院电子学研究所）共同主持的“基于生物敏感膜的便携式传感器关键技术及应用”；樊尚春（北京航空航天大学）、郑德智（北京航空航天大学）、王帅（北京航空航天大学）、秦杰（太原航空仪表有限公司）、邢维巍（北京航空航天大学），郭占社（北京航空航天大学）共同主持的“高性能谐振式传感器关键技术及其应用”获国家技术发明二等奖。

2 月

2 月 8 日，国家质检总局、国家标准委联合在其官网发布了标准创新贡献奖。由中国科学院沈阳自动化研究所、浙江中控研究院有限公司、机械工业仪器仪表综合技术经济研究所、北京科技大学、重庆邮电大学、沈阳中科博微自动化技术有限公司等单位联合承担的“IEC 62601:2011 用于过程自动化的 WIA 通信网络与通信规范”获得一等奖；机械工业仪器仪表综合技术经济研究所梅恪获得“优秀青年奖”奖称号。

2 月 18 日，工信部、科技部、财政部、国家标准委联合发布了“加快推进传感器及智能化仪器仪表产业发展行动计划”。总体目标（2013-2025 年）是：传感器及智能化仪器仪表产业整体水平跨入世界先进行列，产业形态实现由“生产型制造”向“服务型制造”的转变，涉及国防和重点产业安全、重大工程所需的传感器及智能化仪器仪表实现自主制造和自主可控，高端产品和服务市场占有率提高到50%以上。主要通过技术创新工程、产品升级工程、产业和企业转型升级工程、产业化应用工程四大行动来实现总体目标。

2月22日，国家发改委公布了《战略性新兴产业指导目录》，内含多项传感器、智能化仪器仪表及控制系统。

2月27日，工业和信息化部发布《关于开展工业强基专项行动的通知》（工信部规〔2013〕70号），正式启动实施“工业强基专项行动”，要求按照《2013年工业强基专项行动实施方案》（以下简称《实施方案》）组织开展相关工作，提升关键基础材料、核心基础零部件（元器件）、先进基础工艺和产业技术基础（以下简称“四基”）发展水平。

3月

3月6日，和利时科技集团全资收购新加坡BOND公司。以此为契机，和利时将加大对国际业务的各项投入，增加海外业务的产出比重，逐步实现国际化发展的战略。

3月28日，中国仪器仪表行业协会六届四次理事（扩大）会议在西安召开。本届理事会理事单位及行业骨干企业代表200余人参加了会议。

4月

4月，国家能源局下发《关于依托煤炭深加工示范项目开展技术装备自主化工作的通知》，明确提出已列入国家煤炭深加工规划的项目，均为国家能源科技示范项目，必须承担装备自主化的示范任务。

4月12日，我国提出的IEC国际标准NP提案电动控制阀安全要求经IEC/TC65的25个成员国的投票，获得通过，正式立项。电动控制阀安全要求IEC国际标准NP提案的立项，是我国在自动化产品电气安全国际标准化领域继IEC61010-2-201控制设备安全要求取得突破之后，获得的又一个重大成果，影响深远。它标志着我国工业自动化产品安全技术已经处于国际领先地位，该国际标准的制定将有利于提高我国自动化产品的质量和国际竞争力，保障人员健康和安全，保护环境，保证可持续发展战略的实施。

4月12日国内首台采用HOLLiAS-N核电站DCS系统的百万千瓦核电站机组运行考核试验顺利完成。HOLLiAS-N核电站DCS系统是和利时公司针对百万千瓦级核电站而定制开发的高端DCS系统，是核电非安全级DCS产品。

4月14日，由我国自主研发的四川白马600MW超临界循环流化床示范机组通过168小时满负荷试运行，国电智深控制技术有限公司研制的分散控制系统作为该机组协调控制系统，填补了对世界容量最大循环流化床机组优化控制的技术空白。

4月18日，由中国自动化学会主办，中国仪器仪表行业协会、中国计算机行业协会、全国机械安全标准化技术委员会、全国工业过程测量和控制标准化技术委员会协办的2013中国自动化产业年会暨第八届中国自动化产业世纪行（CAIAC2013）活动在北京举行。

5月

5月6日，工信部发出通知，开展信息化和

工业化深度融合创新推进专项行动。专项行动正式将仪器仪表行业作为重点行业开展两化深度融合帮助传统企业整体提升试点。

5月22～23日，第十二届“工业自动化与标准化”研讨会在北京中国职工之家饭店隆重召开。此次研讨会的主题是“再论测控系统Security & Safety‘度’及实现”，这是继2012年研讨主体范围的进一步探讨。

5月23～24日，中国仪器仪表行业协会秘书处安全及关键控制工作委员会成立大会暨2013年康森康吉自动化用户大会在青岛举行，中仪协专职副理事长李跃光、秘书长闫增序及工作委员会成员单位代表，部分行业专家、用户代表共240余人参加会议。

5月31日，中共中央政治局常委、全国人大常委会委员长张德江在广州禾信分析仪器有限公司考察，勉励企业青年员工学有所用，业有所成。

6月

6月7日，863计划“核电行业重大工程自动化成套控制系统”子课题“核电站非核安全级控制系统研制”顺利通过国家科技部组织的验收。

6月25日，深圳万讯自控股份有限公司与广州森纳士仪器有限公司的原股东 XYBER HILL LIMITED签订的《股权转让协议》正式生效，公司以现金方式收购XYBER HILLLIMITED持有的广州 森纳士100%股权，交易金额为3,200万元（不含税）。

7月

7月初，中国石化四川维尼纶厂30万t/a醋酸乙烯项目DCS国产化应用攻关项目、北海炼化有限责任公司炼化全厂控制系统一体化国产化攻关项目DCS通过专家鉴定。

7月26日，由中华人民共和国科学技术部高技术中心组织，在北京市永兴花园饭店召开了针对“十一五”863计划先进制造技术领域重点项目题验收会，由和利时牵头承担的“核电行业重大工程自动化成套控制系统”项目圆满完成，顺利通过总验收。

8月

8月27～30日，由中国仪器仪表学会主办的“第24届中国国际测量控制与仪器仪表展览会Miconex2013”于在北京中国国际展览中心举行。本届展览会云集了20个国家和地区的500余家中外公司，近万个品种仪器仪表新型产品集中展出，展示了当今国际测量控制与仪器仪表的最新技术。中国自动化集团、京仪集团、自仪股份、川仪集团、天仪集团、西仪集团、Siemens、Phoenix、Krohne、Beckhoff、 上海自动化院、天康、太航科技、普析通用、雪迪龙等众多中外知名企业都在展会上推出最新产品。

8月28日，由中国仪器仪表学会、中国仪器仪表行业协会组织编撰的《中国仪表和自动化产业发展60年史料·飞鸿踏雪泥·第一辑》正式出版发行。

9月

9月5日，“网络化混合控制系统——大容量油气集输与管网过程的分布式控制系统（G3/G5）”科技成果通过鉴定。该网络化混合控制系统由中控技术公司研发完成。

9月11日，有“数字化工厂”之称的西门子工业自动化产品成都生产研发基地正式投产。它是全球最先进的电子工厂之一，也是全球电子电气巨头西门子在德国之外建立的首家“数字化企业”，实现了从产品设计到制造过程的高度数字化。

9月18日，工信部和财政部联合印发《关于下达2013年工业转型升级强基工程资金的通知》（财建[2013]523号），共安排项目24项，总投资45亿元，下达专项资金5亿元。其中，吴忠仪表有限责任公司高端控制阀工程化项目？；江苏神通阀门股份有限公司申报的液化石油气用超低温阀门项目，总投资8280万元，产品主要应用于LNG接收站、LNG船舶、LNG罐车等领域，工况温度可达-162.8℃，适用温度从-101℃至-196℃不等。

9月25日，中国仪器仪表学会第八次全国代表大会在京召开。李天初院士当选第八届中国仪器仪表学会理事长，朱险峰博士当选为秘书长。

10月

10月12日，工信部在其组织召开的“两化深度融合专项行动计划重点工作推进大会”上，对包括《中国自动化仪表行业企业信息化和工业化融合发展水平评估报告》在内的18份报告予以发布。

10月15日，由上海自动化仪表股份有限公司与英国IMI Overseas Investments Ltd共同投资组建的上海自仪希希埃阀门有限公司在崇明揭牌。合资公司主要从事关键核电调节阀加工、设计和生产，为目标市场提供关键核电调节阀，成就自仪股份打造国内核电调节阀业务领先企业的目标。自仪希希埃合资公司未来的产品是采用严酷工况控制阀领先技术的迷宫阀，用迷宫阀解决以前由高流速所引发的问题，在阀门整个行程中有效控制系统压力和流速。填补上海电气乃至国家在核电调节阀这个关键领域的空白。

10月17～19日，中国仪器仪表行业协会自动化仪表分会年度工作会议在鞍山召开。来自自动化仪表行业的企业、科研院所等会员单位相关负责人150余名代表参加了本次会议。

10月25日，在工信部信息化司的指导下，中仪协于10月25日在宁夏吴忠组织召开了试点项目启动大会。包括工信部、中机联、电子情报一所、试点示范企业、试点参与企业以及IT服务商等单位的70余名代表参加了启动大会。

11月

11月1～4日，中共中央政治局常委、国务院副总理张高丽赴上海、浙江调研，了解经济运行、城乡建设、环境保护、民生保障等情况。调研期间，实地考察了阿里巴巴集团、聚光科技公司、上海浦东国际集装箱码头公司、畅联国际物流公司等企业，了解企业经营状况，在杭州考察了聚光科技公司。

11月4日，习近平总书记赴长沙考察，先后考察了威胜集团和中南大学国家重金属污染防治工程技术研究中心。在威胜集团，智能电能表、电动汽车交流充电桩、有源电力滤波器等企业的自主创新产品给总书记留下深刻印象。企业负责人告诉总书记，每年将6%的销售收入投入研发，产品不仅替代进口而且出口国外。习近平希望企业继续加强研发，不断创新。

11月4日，由中国仪器仪表行业协会作为

指导单位，《机电商报》及旗下《今日自动化》专刊主办的“2013 中国自动化服务品牌峰会暨 2013 中国自动化服务品牌评选颁奖典礼”在上海举行。

11 月 6 日，中国机械工业科学技术奖颁奖大会公布了获奖项目。浙江大学、江苏智邦精工科技有限公司承担的“面向微制造过程的跨尺度、多参数测量技术及设备”获得技术发明一等奖；海迪吉特控制系统有限公司、上海新华控制技术（集团）有限公司、华东理工大学承担的“火电厂单元机组自启停优化控制系统”获得三等奖；上海辰竹仪表有限公司承担的“GS8500-EX 系列隔离式安全栅”，获得科技进步二等奖；沈阳仪表科学研究院有限公司承担的“高性能硅电容压力传感器”获得科技进步三等奖。

11 月 8 日，工信部正式下达了 2013 年信息化和工业化深度融合专项资金使用计划，由中国仪器仪表行业协会申报的“仪器仪表行业企业生产过程信息化示范及推广应用”项目获得批准。项目选大、中、小三个典型企业作为试点，每个试点企业同时带动大约 5 个企业随同推进，用两年左右时间在一批企业取得成果，总结经验、编写教材，在全行业推广。

11 月 21 日，北京和利时系统工程有限公司推出了第五代 DCS 控制系统，开发了基于生命周期的安全和可靠性的设计模式，攻克了多重冗余容错、实时多任务控制管理机制、自主网络协议等关键技术，获得了 8 项发明专利和 1 项软件著作权；控制系统在在台山电厂和青岛石油化工等典型行业得到成功应用，通过了发改委组织的高技术产业化示范工程项目通过验收。

11 月 28 日，中国机械工业联合会会刊——《中国机电工业》杂志主办的“2013 装备中国创新企业年会暨装备中国创新先锋榜颁奖盛典”在北京举行。仪器仪表行业，北京和利时集团公司、天信仪表集团公司、浙江苍南仪表公司、深圳汇川技术公司等公司上榜。

11 月，国家发改委签发《关于 2013 年智能制造装备发展项目实施方案的复函》（发改办高技［2013］2519 号）文件，正式批复了智能制造装备发展项目。仪器仪表行业共 5 个项目，即：和利时科技集团公司的“国产化智能控制系统和安全仪表系统一体化集成技术在传统产业改造升级，大型煤化工生产中的产业化应用”；北京广利核公司的“百万千瓦级压水堆核电站非安全级数字化控制系统的研发与应用”；中控科技集团公司的“化工产业联合生产智能化管控一体化综合系统”；中科院沈阳自动化所的“面向新型铜冶炼工艺过程的智能成套测控系统研发与示范应用”；吴忠仪表有限责任公司的“关键控制阀在煤化工等工程项目智能测控系统中的应用”。

12 月

12 月 2 ～ 4 日，第五届全国工业过程测量控制和自动化标准化技术委员会（SAC/TC124）第一次全体会议在上海召开，约 400 名委员和专家参加了本次会议。国家标准化管理委员会、国家科技部高新司、工业与信息化部、国家质量监督检验检疫总局、国家安全生产监督管理总局、中国机械工业联合会等相关部门的领导出席了会议。

国家标准化管理委员会工业二部杨扬高工宣读了标委办综合［2013］163 号文《国家标准

委办公室关于全国工业过程控制和自动化标准化技术委员会及其8个分技术委员会换届及组成方案的批复》。第五届SAC/TC124的主任委员为中国科学院沈阳自动化研究所于海斌所长，副主任委员为中国机械工业联合会薛一平常务副会长、机械工业仪器仪表综合技术经济研究所欧阳劲松所长、上海工业自动化仪表研究院徐建平副院长和中国石化工程建设有限公司林融副总工程师，秘书长为机械工业仪器仪表综合技术经济研究所王春喜博士。

12月10日，采用浙江中控技术股份有限公司控制系统的中海油天津浮式LNG接收终端项目一期成功投运。

2013年，吴忠仪表有限责任公司煤化工关键控制阀核心工艺及制造技术已经通过科技部国际合作司组织的专家验收。该项目的成功实施为提高国内大型煤化工重大装备的技术水平和国产化率，减少国内煤化工行业对国外产品的依赖提供了重要的科技支撑。项目在引进国外先进的热喷涂、流体数值模拟和涂层等技术的基础上，利用改进的调节阀流体冲蚀分析软件，分析了煤化工高温、高压差、含固体颗粒工况介质对阀门冲蚀的影响因素，提出了煤化工用阀耐冲蚀结构设计方法；开发出满足煤化工用阀要求的喷涂材料以及喷涂、堆焊等涂层工艺；成功研制出满足煤化工工况要求、具有自主知识产权的耐冲蚀结构的黑水控制阀、灰水调节阀、煤粉输送压力控制阀等系列产品，产品使用寿命由900小时左右提高到8000小时以上，在抗冲刷、抗耐磨等性能上均优于进口阀，可完全替代进口。项目组申请发明专利7项、实用新型专利6项。此前，煤化工用关键控制阀使用的进口阀门价格昂贵、使用寿命短且频繁停车，维修成本也十分高昂。在国家国际科技合作专项计划支持下，吴忠仪表有限责任公司与加拿大多伦多大学先进涂层技术中心、北京航空航天大学、西安交通大学和西安理工大学进行产学研合作并最终取得突破。

2013年度国家火炬计划立项项目

（自动化仪表相关项目）

项目编号	项目名称	承担单位
2013GH710101	雷达精密测距与多点温度测量系统	河北珠峰仪器仪表设备有限公司
2013GH040147	工业在线水分检测仪系列产品	丹东东方测控技术有限公司
2013GH040167	特种WRe等专用温度传感器开发及产业化	沈阳东大传感技术有限公司
2013GH030210	金属正温度系数热敏电加热器	上海华族实业有限公司
2013GH040219	WKS矢量型变频调速器	威尔凯电气（上海）有限公司
2013GH010244	汽车MEMS胎压系统传感器	江苏奥力威传感高科股份有限公司
2013GH040447	超（超）临界发电机组配套电动执行机构	扬州电力设备修造厂
2013GH040752	自动零点自诊断电磁流量计产业化	浙江迪元仪表有限公司
2013GH040825	基于在线负荷预测的热电节能调度系统	杭州盘古自动化系统有限公司
2013GH040828	精小型电动阀门执行器	浙江澳翔自控科技有限公司
2013GH040836	CNiM-RM气体智能罗茨流量计	浙江苍南仪表厂
2013GH040866	聚合釜底阀BH74ZY-20P	精工阀门有限公司
2013GH040867	低功耗微型电磁阀	浙江永景科技有限公司
2013GH040868	气动高温耐磨球阀产业化项目	浙江中德自控阀门有限公司
2013GH040869	高精度平衡式节流截止阀	浙江凯瑞特阀业有限公司
2013GH040870	气动无卡阻穿透式闸板阀	浙江力诺阀门有限公司
2013GH040871	在线取样双控旋塞阀	浙东高中压阀门有限公司
2013GH040873	燃汽轮机燃料气速比阀	江南阀门有限公司
2013GH050906	基于物联网的太阳能热水工程监测和控制系统	浙江比华丽电子科技有限公司
2013GH040972	圆锥滚子装配检测生产线	宁波江宸自动化装备有限公司
2013GH040984	先导式电磁隔膜阀	宁波华成阀门有限公司
2013GH061458	YX-AQMS环境空气质量自动监测系统	宇星科技发展（深圳）有限公司
2013GH041575	微型大扭矩智能电动伺服器的产业化	西安韦德沃德航空科技有限公司

2013年度国家重点新产品计划立项项目

（自动化仪表相关项目）

项目编号	项目名称	承担单位
2013GRA00005	索德电气无刷双馈控制系统（轴带机）	北京索德电气工业有限公司
2013GRA00019	无线传感网甲烷与温度集成传感节点 NK-M	北京鑫诺金电子科技发展有限公司
2013GRA00022	基于高速总线的网络化自动测试系统	北京康拓科技有限公司
2013GRA30002	矿用本安型开盖传感器 GBK-K	山西全安新技术开发有限公司
2013GRB21002	四平行柔性铰链精密微位移电感传感器	哈尔滨泰海电子有限责任公司
2013GRC00049	多孔调整型平衡差压式流体计量装置—A+K 平衡流量计	上海科洋科技发展有限公司
2013GRC00058	浮标式水质自动监测系统 MB3A-S2D	上海摩威环境科技有限公司
2013GRC30025	CEMS1000 烟气连续监测系统	安徽皖仪科技股份有限公司
2013GRC30033	HSN-3000 厂站综合自动化系统	合肥三立自动化工程有限公司
2013GRC41009	手套式传感器及 EMT 电磁检测系统	爱德森（厦门）电子有限公司
2013GRC41013	宽频加速度传感器 CAYD051V	厦门乃尔电子有限公司
2013GRC60061	YWG-127 矿用隔爆型光纤测温仪	山东能源电器股份有限公司
2013GRC62028	智能电子皂膜流量计	青岛恒远科技发展有限公司
2013GRF00019	LBF 流量比例分配负荷传感多路阀	四川长江液压件有限责任公司
2013GRG10008	XDER80 型高温高压倒吊桶先导超大排量蒸汽疏水阀	甘肃红峰机械有限责任公司
2013GRG30002	APTS 煤化工用温压调节装置	吴忠仪表有限责任公司
2013GR604004	HD-4WR 型数字式比例阀	北京华德液压工业集团有限责任公司

仪器仪表行业上市公司名单

（截至 2013 年 12 月 31 日）

序号	股票代码	股票名称	公司名称	上市地点	上市时间
1	300177	中海达	广州中海达卫星导航技术股份有限公司	创业板	2011.02.15
2	300007	汉威电子	河南汉威电子股份有限公司	创业板	2009.10.30
3	300114	中航电测	中航电测仪器股份有限公司	创业板	2010.08.27
4	300137	先河环保	河北先河环保科技股份有限公司	创业板	2010.11.05
5	300165	天瑞仪器	江苏天瑞仪器股份有限公司	创业板	2011.01.25
6	300203	聚光科技	聚光科技（杭州）股份有限公司	创业板	2011.04.15
7	300338	开元仪器	长沙开元仪器股份有限公司	创业板	2012.07.26
8	**300066**	**三川股份**	**江西三川水表股份有限公司**	**创业板**	**2010.03.10**
9	**300259**	**新天科技**	**河南新天科技股份有限公司**	**创业板**	**2011.08.31**
10	300286	安科瑞	上海安科瑞电气股份有限公司	创业板	2012.01.13
11	300012	华测检测	深圳市华测检测技术股份有限公司	创业板	2009.10.30
12	300354	东华测试	江苏东华测试技术股份有限公司	创业板	2012.09.20
13	300306	远方光电	杭州远方光电信息股份有限公司	创业板	2012.03.29
14	300309	吉艾科技	吉艾科技(北京)股份公司	创业板	2012.04.10
15	300318	博晖创新	北京博晖创新光电技术股份有限公司	创业板	2012.05.23
16	300206	理帮仪器	深圳市理邦精密仪器股份有限公司	创业板	2011.04.21
17	**300084**	**海默科技**	**兰州海默科技股份有限公司**	**创业板**	**2010.05.20**
18	300099	尤洛卡	尤洛卡矿业安全工程股份有限公司	创业板	2010.08.16
19	**300112**	**万讯自控**	**深圳万讯自控股份有限公司**	**创业板**	**2010.08.27**
20	**300124**	**汇川技术**	**深圳市汇川技术股份有限公司**	**创业板**	**2010.09.28**
21	300152	燃控科技	徐州燃控科技股份有限公司	创业板	2010.10.29
22	**002438**	**江苏神通**	**江苏神通阀门股份有限公司**	**创业板**	**2010.06.23**
23	600485	中创信测	北京中创信测科技股份有限公司	上海	2003.08.07
24	601567	三星电气	宁波三星电气股份有限公司	上海	2011.06.15
25	601222	林洋电子	江苏林洋电子股份有限公司	上海	2011.08.08
26	600071	凤凰光学	凤凰光学股份有限公司	上海	1997.05.28
27	**600560**	**金自天正**	**北京金自天正智能控制股份有限公司**	**上海**	**2002.09.19**
28	600055	万东医疗	华润万东医疗装备股份有限公司	上海	1997.05.19
29	**600848**	**自仪股份**	**上海自动化仪表股份有限公司**	**上海**	**1994.03.24**
30	**600845**	**宝信软件**	**上海宝信软件股份有限公司**	**上海**	**1994.03.11**
31	**600268**	**国电南自**	**国电南京自动化股份有限公司**	**上海**	**1999.11.18**
32	002338	奥普光电	长春奥普光电技术股份有限公司	深圳	2010.01.15
33	002383	合众思壮	北京合众思壮科技股份有限公司	深圳	2010.04.02
34	002189	利达光电	利达光电股份有限公司	深圳	2007.12.03
35	002658	雪地龙	北京雪迪龙科技股份有限公司	深圳	2012.03.09
36	000607	华智控股	浙江华智控股股份有限公司	深圳	1996.08.30

37	002121	科陆电子	深圳市科陆电子科技股份有限公司	深圳	2007.03.06
38	002356	浩宁达	深圳浩宁达仪表股份有限公司	深圳	2010.02.09
39	000676	思达高科	河南思达高科技股份有限公司	深圳	1996.12.24
40	002175	广陆数测	桂林广陆数字测控股份有限公司	深圳	2007.10.12
41	002698	博实股份	哈尔滨博实自动化股份有限公司	深圳	2012.09.11
42	000901	航天科技	航天科技控股集团股份有限公司	深圳	1994.04.01
43	000710	天兴仪表	成都天兴仪表股份有限公司	深圳	1997.04.22
44	000980	金马股份	黄山金马股份有限公司	深圳	2000.06.16
45	002278	神开股份	上海神开石油化工装备股份有限公司	深圳	2009.08.11
46	002178	延华智能	上海延华智能科技(集团)股份有限公司	深圳	2007.11.01
47	**002184**	**海得控制**	**上海海得控制系统股份有限公司**	**深圳**	**2007.11.16**
48	**002401**	**交技发展**	**中海网络科技股份有限公司**	**深圳**	**2010.05.06**
49	002214	大立科技	浙江大立科技股份有限公司	深圳	2008.02.18
50	002432	九安医疗	天津九安医疗电子股份有限公司	深圳	2010.06.10
51	002414	高德红外	武汉高德红外股份有限公司	深圳	2010.07.16
52	002022	科华生物	上海科华生物工程股份有限公司	深圳	2004.07.21
53	002223	鱼跃医疗	江苏鱼跃医疗设备股份有限公司	深圳	2008.04.18
54	000026	飞亚达	飞亚达（集团）股份有限公司	深圳	1993.06.03
55	**002058**	**威尔泰**	**上海威尔泰工业自动化股份有限公司**	**深圳**	**2006.08.02**
56	**002380**	**科远股份**	**南京科远自动化集团股份有限公司**	**深圳**	**2010.03.31**
57	002322	理工监测	宁波理工监测科技股份有限公司	深圳	2009.12.18
58	000682	东方电子	东方电子股份有限公司	深圳	1997.01.21
59	002690	美亚光电	合肥美亚光电技术股份有限公司	深圳	2012.07.31
60	**000777**	**中核科技**	**中核苏阀科技实业股份有限公司**	**深圳**	**1997.07.10**
61	01298	天美控股	天美(控股)有限公司	香港	2011.12.21
62	03393	威胜集团	威胜集团控股有限公司	香港	2005.12.19
63	02382	舜宇光学科技	舜宇光学科技(集团)有限公司	香港	2007.06.15
64	**00569**	**中国自动化**	**中国自动化集团有限公司**	**香港**	**2007.07.29**
65	**00591**	**中国高精密**	**中国高精密自动化集团有限公司**	**香港**	**2009.11.13**
66	T43	天美控股	天美(控股)有限公司	新加坡	2004.07.12
67	MR	深圳迈瑞	深圳迈瑞生物医疗电子股份有限公司	纳斯达克	2006.09.26
68	**HOLI**	**和利时自动化**	**北京和利时自动化驱动技术有限公司**	**纳斯达克**	**2008.08.08**

（备注：粗体字为自动化仪表企业）

2013年智能制造装备发展专项仪器仪表项目

2013年，工信部等四部委继续组织实施了智能制造装备发展专项，其中仪器仪表行业获批项目如下：

（1）和利时：国产化智能控制系统和安全仪表系统一体化集成技术在传统产业改造升级，大型煤化工生产中的产业化应用；

（2）广利核：百万千瓦级压水堆核电站非安全级数字化控制系统的研发与应用；

（3）中控：化工产业联合生产智能化管控一体化综合系统；

（4）中科院沈阳自动化所：面向新型铜冶炼工艺过程的智能成套测控系统研发与示范应用；

（5）吴忠仪表：关键控制阀在煤化工等工程项目智能测控系统中的应用。

2013年工业自动化仪表行业主要经济指标

	企业单位数	本月亏损企业单位数	同比	本月累计亏损额	同比	应收账款	同比	存货	同比	产成品	同比	流动资产合计
	（个）	（个）	(%)	（千元）	(%)	（千元）	(%)	（千元）	(%)	（千元）	(%)	（千元）
按小行业分列												
工业自动控制系统装置制造	1060	111	42.31	651856	-6.24	56840446	15.66	41084873	8.53	9356366	11.69	171140876
按企业规模分列												
大型	33	1	-66.67	66429	-76.21	19661021	14.33	14459699	7.25	3458980	7.39	56994892
中型	163	10	100.00	206147	152.87	14903775	15.56	13766175	10.62	2926959	18.64	56847973
小型	864	100	42.86	379280	13.40	22275650	16.92	12858999	7.82	2970427	10.47	57298011
按企业经济类型分列												
国有及国有控股企业	86	15	650.00	208077	12226.84	16780159	15.22	9132317	5.17	1189217	14.23	41927470
民营企业	756	56	27.27	164723	-15.46	27190947	16.67	22104696	9.33	6246355	13.05	86314696
三资企业	182	37	23.33	274870	-44.65	11395038	11.25	9041928	10.18	1664145	2.92	39402909
其他	36	3	50.00	4186	97.73	1474302	42.77	805932	7.91	256649	32.49	3495801
按地区分类												
北京市	63	6	0.00	32580	56.12	5084300	20.73	4654600	10.12	350075	10.89	16306086
天津市	37	12	200.00	34623	27.15	1165889	28.23	531758	-8.87	144002	-24.07	3467563
河北省	17	2	100.00	4481	112.17	1066723	60.37	287756	41.43	84647	-11.07	1735651
山西省	10	2	0.00	1491	0.00	1041314	27.14	551821	-38.48	62941	137.71	4686735
内蒙古自治区	2	0	-100.00	0	-100.00	12646	-45.29	3187	-64.64	1128	-71.25	21053
辽宁省	60	10	400.00	48055	1227.12	1777895	10.66	1523741	15.19	176671	37.66	5706710
吉林省	5	0	0.00	0	0.00	72615	-6.20	24419	51.53	8548	33.31	257803
黑龙江省	6	1	0.00	305	-79.50	207664	104.16	112394	226.15	20943	941.42	377360
上海市	62	14	27.27	98249	-47.72	3461592	0.28	2611777	5.65	643223	3.22	11446325
江苏省	357	33	22.22	203764	-40.95	24892053	16.16	20168461	10.14	4783053	15.58	76347852
浙江省	133	10	100.00	28699	-34.78	5488820	23.12	4392173	15.06	1191552	14.59	16542722
安徽省	29	3	50.00	593	111.03	543603	3.56	283225	-38.04	56735	-10.03	1573951
福建省	10	0	0.00	0	0.00	162718	43.42	102555	8.13	41574	9.04	465819
江西省	9	0	0.00	0	0.00	146130	52.31	73898	49.49	32553	75.29	400866
山东省	64	3	-25.00	15749	-43.95	2370579	20.55	1162789	31.24	325476	16.42	7698633
河南省	27	1	-50.00	154	-86.83	1489472	10.50	633896	-1.55	275126	70.63	3179565
湖北省	23	3	50.00	11392	116.00	694697	6.60	491661	5.66	145943	-0.17	1822927
湖南省	31	1	0.00	9851	0.00	511315	1.55	225786	0.10	75414	-17.38	1501872
广东省	55	4	-33.33	13517	-12.00	2925774	4.71	1638968	0.89	455559	-18.69	8642349

2013年工业自动化仪表行业主要经济指标

	企业单位数	本月亏损企业单位数	同比	本月累计亏损额	同比	应收账款	同比	存货	同比	产成品	同比	流动资产合计
广西壮族自治区	2	0	0.00	0	0.00	64342	-0.43	13756	7.20	9465	332.59	107916
海南省	1	0	0.00	0	0.00	20673	26.42	0	-100.00	0	0.00	156602
重庆市	22	0	-100.00	0	-100.00	1811420	12.83	765920	5.34	325081	1.54	4343726
四川省	19	3	50.00	128836	2552.04	1182981	11.88	599588	19.32	104492	14.52	2920589
贵州省	3	0	0.00	0	0.00	330765	19.62	24436	-24.93	312	-18.96	469481
云南省	1	0	0.00	0	0.00	47514	-26.16	9191	529.52	1927	31.99	70965
陕西省	8	3	200.00	19517	2551.77	218398	-4.86	169389	-22.40	24879	-23.43	736717
甘肃省	1	0	0.00	0	0.00	13753	13.84	1805	21.96	0	0.00	36530
青海省												
宁夏回族自治区	2	0	0.00	0	0.00	34801	91.73	25923	71.11	15047	710.29	116508
新疆维吾尔自治区	1	0	0.00	0	0.00	0	-100.00	0	-100.00	0	0.00	0

2013年工业自动化仪表行业主要经济指标

	同比	资产总计	同比	负债总计	同比	主营业务收入	同比	主营业务成本	同比	营业费用	同比
	（%）	（千元）	（%）	（千元）	（%）	（千元）	（%）	（千元）	（%）	（千元）	（%）
按小行业分列											
工业自动控制系统装置制造	12.38	252213882	13.33	125027649	12.38	303209536	16.61	246524453	17.24	9963433	11.88
按企业规模分列											
大型	7.21	86852037	8.59	44457760	6.78	87625125	30.10	72198022	31.47	2693831	10.59
中型	17.20	82203833	17.24	39428819	19.46	94378258	9.57	74360919	9.94	3528447	12.58
小型	13.21	83158012	14.78	41141070	12.38	121206153	13.77	99965512	13.95	3741155	12.16
按企业经济类型分列											
国有及国有控股企业	8.32	54608717	9.40	30923795	10.90	43082061	13.46	35152883	13.98	1493955	12.82
民营企业	12.47	139643137	14.56	67191403	11.67	199649972	19.30	164350007	20.43	5685208	11.12
三资企业	15.97	53169828	12.92	24612959	13.88	53478665	9.99	41522670	8.54	2610025	13.36
其他	22.40	4792200	31.39	2299492	45.35	6998838	15.38	5498893	16.66	174245	7.07
按地区分类											
北京市	14.31	20433327	14.63	11975600	11.09	14535080	3.10	11423926	2.82	704205	9.53
天津市	11.95	4297043	9.51	2363038	15.71	5431654	5.57	4333635	9.76	278127	18.84
河北省	49.93	2126933	43.52	1307813	84.10	1990972	7.50	1584251	7.57	76369	3.85
山西省	6.65	6137273	10.30	3033411	8.86	3788495	1.00	2798792	0.23	103090	0.61
内蒙古自治区	-36.65	24970	-45.31	16559	-44.43	438743	40.97	435968	42.50	830	730.00
辽宁省	19.55	9082288	16.09	4076564	20.58	7827423	8.90	6187319	8.51	254050	10.50
吉林省	18.46	405037	12.04	151527	11.34	655099	32.17	542147	51.95	17851	-15.68
黑龙江省	16.85	417342	14.34	308095	7.25	363055	6.23	308739	4.06	6563	4.69
上海市	16.83	14037923	13.32	7550727	18.35	13422517	4.67	10258788	2.26	653470	3.72
江苏省	12.46	123234010	13.14	61203947	9.73	174235888	21.57	145494023	22.19	4245930	11.47
浙江省	19.24	22650394	17.24	9655202	21.02	17155872	14.20	12350706	13.24	989110	12.38
安徽省	1.49	2062861	3.89	909512	26.74	2818151	19.31	2230091	19.46	95232	18.37
福建省	41.69	578935	39.76	221435	84.82	1016233	47.67	816147	59.47	31924	-0.59
江西省	60.72	1125497	84.35	708267	112.49	2569639	31.56	2211385	29.78	50899	46.77
山东省	12.59	11546318	12.59	4649276	14.75	20827542	10.83	17444103	11.32	602410	9.88
河南省	4.81	4353953	12.69	2170660	9.02	5079342	12.45	3740232	11.96	142422	14.99
湖北省	10.45	2215698	12.45	1388408	12.16	2427413	16.13	1975142	17.41	79062	-2.94
湖南省	6.76	2519883	8.95	599969	-7.65	5959731	5.00	4501578	-0.22	280376	10.97
广东省	-6.09	13022185	4.50	5924747	0.21	11326578	16.19	9000644	18.55	598104	21.35

2013年工业自动化仪表行业主要经济指标

	同比	资产总计	同比	负债总计	同比	主营业务收入	同比	主营业务成本	同比	营业费用	同比
广西壮族自治区	13.40	170346	20.96	95955	33.73	418666	6.02	317461	14.25	11127	4.93
海南省	74.64	165286	81.36	49320	106.50	137399	49.36	30102	68.13	66584	83.22
重庆市	8.60	5833360	11.33	3560767	17.15	5706842	2.43	4277740	0.37	448672	3.15
四川省	10.39	3524940	7.65	1873263	7.50	2926174	19.74	2649319	40.93	88889	36.84
贵州省	8.40	545323	16.57	238735	4.30	306243	3.82	165420	6.33	20244	3.69
云南省	-6.13	71999	-6.17	44930	-16.70	66942	24.92	47906	31.22	1851	44.05
陕西省	8.43	1277355	20.64	813353	35.47	1546685	97.11	1229961	98.50	103578	112.61
甘肃省	-33.69	118560	12.36	73595	17.91	30421	19.83	17316	17.37	2985	41.27
青海省											
宁夏回族自治区	56.72	234843	66.71	62974	-5.00	200737	64.56	151612	75.58	9479	25.93
新疆维吾尔自治区	-100.00	0	-100.00	0	-100.00	0	-100.00	0	-100.00	0	-100.00

2013年工业自动化仪表行业主要经济指标

	主营业务税金	同比	管理费用	同比	财务费用	同比	利息支出	同比	利润总额	同比	应交增值税	同比
	（千元）	（%）	（千元）	（%）	（千元）	（%）	（千元）	（%）	（千元）	（%）	（千元）	（%）
按小行业分列												
工业自动控制系统装置制造	1717410	14.57	17217307	9.76	2004679	10.71	2155421	12.84	27609455	22.22	10917451	22.93
按企业规模分列												
大型	355231	26.13	4235272	6.77	827442	14.85	917539	13.86	7630623	38.60	2894693	43.18
中型	644535	5.05	5726448	9.99	397484	-1.11	537725	5.01	10839281	17.18	3741703	12.81
小型	717644	18.85	7255587	11.39	779753	13.29	700157	18.21	9139551	16.65	4281055	20.86
按企业经济类型分列												
国有及国有控股企业	212997	-4.40	2973558	3.67	282306	23.30	312322	21.05	3513505	9.51	1814416	7.94
民营企业	1225797	18.81	9851610	13.15	1593635	11.56	1573708	11.25	17860971	24.01	7403688	29.02
三资企业	227925	13.11	3986611	6.34	90811	-26.00	234829	14.45	5521746	27.66	1506871	17.02
其他	50691	17.90	405528	11.82	37927	24.47	34562	6.59	713233	9.10	192476	10.63
按地区分类												
北京市	75888	-0.47	1180932	4.88	22672	-65.88	89727	3.20	1671177	26.30	499539	-3.39
天津市	28520	-40.43	394998	1.45	7896	121.11	1747	-52.69	465593	-7.29	194588	25.19
河北省	12614	2.06	126215	21.41	11213	11.38	12137	37.36	181979	-14.32	120990	28.33
山西省	17625	27.81	273420	-2.33	-2581	-117.18	5443	-75.96	438902	2.33	69614	10.30
内蒙古自治区	174	-50.29	1625	-55.21	54	-72.31	0	-100.00	1499	-8.49	115	-34.66
辽宁省	62642	76.99	562225	18.76	92182	87.58	68650	29.57	639808	2.46	204924	-7.77
吉林省	3427	-61.88	49800	9.41	-1440	43.86	366	181.54	43313	-34.22	19869	-6.63
黑龙江省	1565	-7.62	30840	4.54	1895	-33.65	40	185.71	12714	109.63	9628	84.94
上海市	32470	-10.56	1403062	4.34	101727	57.39	68776	-8.06	1167513	42.64	279763	2.35
江苏省	975260	19.44	7380269	11.27	1201991	9.19	1248393	11.54	15451292	28.82	6720429	31.15
浙江省	108630	16.66	1863272	7.52	111868	0.48	190063	22.41	1942119	9.62	661696	-0.37
安徽省	13257	19.60	163027	13.93	9665	-14.96	7258	-12.46	267068	6.60	61329	15.42
福建省	6055	65.39	57804	9.14	5391	112.58	3280	11.41	103389	12.37	28687	191.03
江西省	5798	31.53	65066	43.64	9765	38.37	9639	60.46	218340	39.60	44573	36.51
山东省	107788	-7.72	648374	13.07	116449	27.99	139500	16.50	1902671	10.24	628922	11.56
河南省	38988	12.83	391133	27.31	40373	19.83	30576	-4.34	744035	90.21	245983	68.66
湖北省	18817	29.76	194773	16.67	35751	-5.84	49345	617.95	117378	13.13	68163	75.47
湖南省	67699	24.00	357245	15.99	104075	36.69	76110	67.33	377768	-5.65	269537	19.00
广东省	62715	15.02	1026614	8.73	55414	27.80	62652	-20.08	991573	17.93	293844	10.70

2013年工业自动化仪表行业主要经济指标

	主营业务税金	同比	管理费用	同比	财务费用	同比	利息支出	同比	利润总额	同比	应交增值税	同比
广西壮族自治区	998	-24.22	73463	12.48	1007	-24.17	970	-11.90	14611	-60.89	9035	-25.44
海南省	2638	9.73	21849	13.42	-1374	-82.23	0	0.00	21822	25.13	15990	112.69
重庆市	38412	0.11	433704	4.60	53260	-26.80	71531	-1.16	558477	33.60	259913	7.08
四川省	16950	131.65	257447	-10.39	18277	360.84	9607	519.41	123655	-55.69	118396	67.01
贵州省	3529	-4.88	56874	-3.69	2681	13.65	1997	9.91	59667	-4.92	32610	46.02
云南省	264	-34.98	8369	-0.43	595	218.18	701	132.89	9308	13.98	2713	-26.64
陕西省	13616	91.48	148375	45.28	2478	53.91	3414	-18.15	57758	42.15	46645	88.76
甘肃省	464	15.42	8500	19.00	1132	136.33	1213	116.22	2001	-16.49	3573	17.73
青海省												
宁夏回族自治区	607	1.17	38032	124.66	2263	-45.47	2286	-43.40	24025	76.24	6383	-53.87
新疆维吾尔自治区	0	-100.00	0	-100.00	0	100.00	0	0.00	0	-100.00	0	-100.00

2013年工业自动化仪表主要商品进出口统计

商品代码	商品名称	计量单位	进口				出口			
			本月止数量	同比(%)	本月止金额（万美元）	同比(%)	本月止数量	同比(%)	本月止金额（万美元）	同比(%)
	全国				4021780.54	3.35			2361511.68	7.56
	工业自动控制系统及装置				738659.77	0.26			412791.69	10.76
84714991	系统形式的分散型工业过程控制设备	台	4455	17.45	27533.46	-25.19	4312	23.13	17317.26	32.76
84811000	减压阀	套	35762295	21.75	38615.96	11.39	40465397	15.06	19393.71	12.32
90261000	测量、检验液体流量或液位的仪器及装置	个	6691680	77.98	51066.04	6.11	17725335	18.45	25836.62	11.32
90262010	压力/差压变送器	个	10712624	51.09	25712.97	20.43	44143615	9.82	25935.6	12.27
90262090	其他测量、检验压力的仪器及装置	个	71191640	98.23	56601.65	26.19	138556209	17.12	29705.81	23.94
90268000	其他检测液体或气体变化量的仪器及装置	个	7247997	44.87	29858.83	20.25	5827818	-48.25	10147.1	0.33
90268010	测量气体流量的仪器及装置	个	5181381	0.00	20072.96	0.00	1006762	0.00	4846.04	0.00
90268090	未列名测量或检验液体或气体变化量的仪器及装置	个	2066616	0.00	9785.87	0.00	4821056	0.00	5301.06	0.00
90269000	检测液体或气体变化量仪器及装置的零、附件	千克	3107330	2.02	49238.43	3.69	13174185	6.35	45464.55	-2.54
90328100	液压或气压自动调节或控制仪器及装置	台	975496	-19.64	14057.64	8.12	16135531	-0.79	12026.11	0.87
90328911	列车自动防护系统（ATP）车载设备	台	460	-31.65	467.54	-88.16	9664	352.65	1047.39	70669.59
90328912	列车自动运行系统（ATO）车载设备	台	328	18.41	127.69	-84.63				
90328919	其他		356	-46.79	1457.57	10.94	1560	129.07	93.85	204.91
90328990	其他		44232297	-1.08	376679.57	1.54	80713933	2.80	163259.74	12.49
90329000	自动调节或控制仪器及装置的零件及附件	千克	9296715	-5.46	67242.42	-24.08	24121090	10.18	62563.95	7.45

加快推进传感器及智能化仪器仪表产业发展行动计划

为贯彻落实《“十二五”国家战略性新兴产业发展规划》和《工业转型升级规划（2011～2015年）》，增强传感器及智能化仪器仪表产业的创新能力和国际竞争力，推动产业创新、持续、协调发展，特制定本行动计划。行动计划的实施期为2013～2025年。

一、战略意义

传感器及智能化仪器仪表产业是国民经济的基础性、战略性产业，是信息化和工业化深度融合的源头，对促进工业转型升级、发展战略性新兴产业、推动现代国防建设、保障和提高人民生活水平发挥着重要作用。在国防设施、重大工程和重要工业装备中，传感器、智能化仪器仪表及其所构成的测控系统是必不可少的基础技术和装备核心，直接影响国防安全、经济安全和社会安全。

发达工业国家都把传感器及智能化仪器仪表技术列为国家发展战略。目前产业发展呈现两大趋势：一是创新驱动发展，随着传感技术、数字技术、互联网技术和现场总线技术的快速发展，采用新材料、新机理、新技术的传感器与仪器仪表实现了高灵敏度、高适应性、高可靠性，并向嵌入式、微型化、模块化、智能化、集成化、网络化方向发展；二是企业形态呈集团化垄断和精细化分工的有机结合，一方面大公司通过兼并重组，逐步形成垄断地位，既占据高端市场又加速向中低端市场扩张，掌控技术标准和专利，引领产业发展方向；另一方面小企业则向“小（中）而精、精而专、专而强”方向发展，技术和产品专一，独占细分市场，服务面向世界。

我国传感器及智能化仪器仪表产业经过多年发展，取得一批重要科技成果，初步形成了比较完整的产业体系和技术创新体系。2011年仪器仪表行业实现工业总产值6152亿元，进口各类仪器仪表产品362亿美元，国内仪器仪表市场规模已经超过7000亿元。但产业整体水平与国外先进水平相比差距较大，关键共性技术缺乏，产学研用结合不紧密，企业创新能力不足，致使产业化和市场推广应用问题未能得到很好的解决。

未来5-15年，是我国传感器及智能化仪器仪表产业快速发展的关键时期。充分利用业已形成的较为完备的技术体系、制造体系和配套供应体系，转变产业发展思路和观念，推动从硬件加软件的“生产型制造”向应用服务加提供系统整体解决方案的“服务型制造”发展的产业形态变革，实现我国传感器及智能化仪器仪表产业创新、持续、协调发展。

二、产业发展的原则、总体思路、目标及任务

（一）原则

以市场需求为牵引、以实现产业化为目标、以产品创新为主线、以共性技术研发和公共服务平台建设为支撑，推动产业形态从“生产型制造”向“服务型制造”的转变。

（二）总体思路

加强各部门间的沟通协调，统筹规划传感器及智能化仪器仪表产业发展，注重与国家科技重大专项和重大工程的衔接；整合现有资源，突出重点，通过政策和资金支持，推动产学研用的协同创新；充分发挥企业的主体地位和作用，按照产业链和创新链进行整体部署，着力提升提供解决方案的能力，实现传感器及仪器仪表的微小型化、数字智能化、模块化和网络化，提升产品价值链；推动行业结构调整，以重点产业园区为依托，形成龙头企业与“小（中）而精、精而专、专而强”中小企业相结合的产业发展模式；加强标准、检测、公共服务平台建设，发挥标准对产业的支撑作用；积极创造良好的市场环境，鼓励支持采用国产传感器及智能化仪器仪表。用 15 年左右的时间，实现产业形态的转变和创新能力的大幅提升，基本满足重点产业领域和国防建设的需要。

（三）目标

1. 总体目标（2013 ～ 2025 年）

传感器及智能化仪器仪表产业整体水平跨入世界先进行列，产业形态实现由“生产型制造”向“服务型制造”的转变，涉及国防和重点产业安全、重大工程所需的传感器及智能化仪器仪表实现自主制造和自主可控，高端产品和服务市场占有率提高到 50% 以上。

2. 近期目标（2013 ～ 2015 年）

以工业转型升级、发展战略性新兴产业、保障和提高人民生活质量为重点，着重于全产业链的系统推进；解决行业主干产品智能化、网络化、可靠性、安全性等关键问题；完成一批高精度仪表和新型传感器的自主设计、开发及产业化；重点满足战略性新兴产业、工业物联网、环保和食品安全、文物保护和传承等领域需求；建立行业共性技术服务平台，为行业自主创新及可持续发展提供支撑。行业整体发展水平得到显著提升。

三、主要行动

为发展战略性新兴产业、推动传统产业转型升级、促进文化强国和生态文明建设，根据传感器及智能化仪器仪表技术发展趋势和产业存在的主要问题，实施技术创新、产品升级、产业和企业转型升级、产业化应用四大工程。面向重点行业和领域应用，大幅提升主干产品可靠性和稳定性，开发急需的高端产品，建设公共服务平台，研究前沿技术并实现产业化，通过产业形态和产业结构转型升级，提升企业创新能力和产业整体创新能力，实现本计划的各项目标。年度行动计划、支持的重点领域和方向以指南和实施方案等形式发布。

（一）技术创新工程

鼓励和支持测量、控制、智能化等前沿、共性技术研究，新一代传感器及智能化仪器仪表研发及应用验证，开展标准、检测、可靠性等行业支撑技术工作，建设公共技术服务平台。

1、重点支持基础共性技术和关键核心技术，包括新型敏感材料、器件及传感器设计和制造技术，传感器测量和数据处理技术，智能传感器系统及无线传感网络技术，嵌入式软件，功能安全和信息安全、系统集成技术等。

2、围绕传感器及智能化仪器仪表的高性能、高可靠、长寿命技术，低成本、低功耗、微型化技术，信息处理、融合、传输技术，能效管理技术等核心技术，建设具有自主知识产权的标准和专利池。

3、根据传感器和智能化仪器仪表市场需求，自主研发一批高性能、高可靠性、高安全、低功耗、低成本的传感器及智能化仪器仪表中高端新产品，重点开发一批典型行业和领域测控系统解决方案，提供设备运行维护、自动化能效评估优化、远程监测诊断等服务。

3、完善传感器及智能化仪器仪表标准体系，加速关键技术标准的研制，实质性参与国际标准化活动，加强测试检测技术、信息数据共享、技术转让交易、人才培训等行业基础和共性技术工作。加强重点实验室、工程中心、技术中心的能力建设，提升服务能力，促进开放共享，打造开放的共性技术服务及综合信息服务平台网络体系。

（二）产品升级工程

在技术创新工程基础上，鼓励和支持传感器和智能化仪器仪表设计、制造、校验等产业化技术和专用装备开发，降低制造成本，提高产品的可靠性、稳定性及一致性。

1、在掌握中高端传感器及智能化仪器仪表关键核心技术的基础上，研究传感器及智能化仪器仪表设计、制造、仿真和验证技术，开发工艺技术、专用制造装备、专用测试校验设备，并实现规模化生产制造，形成较强的国际竞争力。

2、针对工业过程测控、工厂自动化、物流、环境监测、产品质量检验、汽车电子、智能电网、重大设施健康监测、物联网和节能减排等应用领域和国际市场，选择量大面广的传感器和智能化仪器仪表，采用可靠性工程方法和各种新技术，通过产品改型设计、完善制造装备和工艺等方式，提升产品的可靠性、稳定性和安全性，推动自主研发产品在国家重大工程中的应用，提高市场占有率。

3、选择一批具有跨越式发展潜力的技术、产品和服务，采用引进人才和自主研发相结合的方式，研制开发新一代的集约化传感器及智能化仪器仪表、现代制造服务项目，培育新的产业增长点。

（三）产业和企业转型升级工程

重点支持企业开展以信息化和工业化深度融合为核心的技术改造，传感器及智能化仪器仪表创新示范园区和基地建设，以及以现代制造服务业为核心的产业模式创新。

1、鼓励和支持拥有传感器及智能化仪器仪表基础和优势的产业园区，按照产业链发展的要求，形成若干个规模超百亿的创新型传感器及智能化仪器仪表产业集群。

2、推动投资主体多元化，鼓励和支持企业通过兼并重组、股份制改造上市、技术改造等手段，培育产值超10亿元的行业龙头企业和产值5000万元以上的“小（中）而精、精而专、专而强”的创新型企业。

3、推动企业发展现代制造服务业，延伸产业链，建设产品全寿命周期的服务体系和服务网络。

（四）产业化应用工程

支持有利于促进信息化和工业化深度融合，发展战略性新兴产业，提高生产效率，改造传统工业流程，促进安全生产、节能减排、环境保护、食品安全的行业应用示范，推动在重大装备和工程中的应用。

1、选择工业过程测控、工厂自动化、环境监测、汽车电子、智能电网、重大设施健康监测、文物保护等典型行业，开展应用示范，构建以自主产品为核心的解决方案。

2、按照“机电仪一体化”的思路，在轨道交通、工程机械、海洋工程、智能装备等高端装备制造业，开展应用示范，提高高端装备的智能化、自动化、国产化水平。

3、面向物联网技术和产业发展瓶颈，进一步加快与物联网发展相关的传感器及智能化仪器仪表核心关键技术研发及产业化。在智慧城市、智能交通、食品药品信息追溯、社会公共医疗服务等领域开展应用示范。

四、保障措施

（一）坚持顶层设计与产业规划相结合，成立跨部门的产业发展领导小组、专家委员会、行动计划办公室及管理支撑体系，形成政府主导，市场驱动的长效工作机制。

（二）组织实施四大工程，结合传感器及智能化仪器仪表产业特点，在项目管理、过程监督、成果考核等方面探索新的管理模式和工作机制，制定相应的管理办法。

（三）通过国家科技重大专项等国家科技专项（计划、基金）和重大工程，进一步加大对传感器和智能化仪器仪表技术发展的支持力度。以国家重大工程的总体解决方案为核心，发挥国家科技计划在前瞻性、前沿性和战略性的引领作用，发挥标准化对技术进步和产业发展的支撑作用，在国家相关专项中统筹安排传感器和智能化仪器仪表重点项目。

（四）充分利用产业园区的产业集聚优势，发挥地方发展仪器仪表产业的积极性，结合国家新型工业化产业示范基地创建工作，鼓励和支持拥有传感器、仪器仪表基础和优势的园区，按照产业链发展的要求，形成创新型产业集群，加速科技成果的转移转化。

（五）落实《国务院关于印发进一步鼓励软件产业和集成电路产业发展若干政策的通知》（国发〔2011〕4 号）和《关于印发〈高新技术企业认定管理办法〉的通知》（国科发火〔2008〕172 号），对符合相关政策条件经认定的传感器及智能化仪器仪表企业，可按规定享受有关税收优惠政策。

（六）鼓励和支持重点工程用户与仪器仪表企业联合攻关，共同开发，探索政府引导与“制造商 + 用户”相结合的市场化运作模式，推广使用具有自主知识产权的传感器及智能化仪器仪表。

（七）通过国家“千人计划”、“百、千、万人才工程”，加快对传感器及智能化仪器仪表领军人才、复合型人才的引进和培养。重视发挥企业工程技术人员，特别是特殊工种技工与技师的作用。

相关术语：

1、传感器

能感受规定的被测量，并按照一定规律转换成可用信号的器件或装置。通常由直接响应被测量的敏感元件和产生可用信号输出的转换元件及相应的电子线路组成。

2、仪器仪表

是根据各种科学（如物理、化学、生物）原理对被研究对象（被测量或被控量）进行检测、显示、观察、控制的器具或装置的总称。

3、智能化仪器仪表

仪器仪表应用微处理器技术、计算机技术等使产品具有某些人工智能，对外界因素的变化能做出正确的判断或相应的反应。

4、人工智能

研究、开发用于模拟、延伸和扩展人的智能的理论、方法、技术及应用系统的一门新的技术科学。人工智能是计算机科学的一个分支，它企图了解智能的实质，并生产出一种新的能以人类智能相似的方式做出反应的智能机器，该领域的研究包括机器人、语言识别、图像识别、自然语言处理和专家系统等。

工信部“仪器仪表行业企业生产过程信息化示范及推广应用”试点项目示范企业和参与企业名单

序号	试点参与单位
1	重庆川仪自动化股份有限公司
2	吴忠仪表有限责任公司
3	上海辰竹仪表有限公司
4	丹东通博电器集团有限公司
5	中环天仪股份有限公司
6	浙江正泰仪器仪表有限责任公司
7	上海阀特流体控制阀门有限公司
8	重庆市伟岸测器制造股份有限公司
9	浙江迪元仪表有限公司
10	西仪集团有限责任公司
11	华立仪表集团股份有限公司
12	上海万迅仪表有限公司
13	无锡智能自控工程有限公司
14	威胜集团有限公司
15	徐州阿卡控制阀门有限公司
16	南京优倍电气有限公司
17	浙江三方控制阀股份有限公司
18	河南汉威电子股份有限公司
19	福建顺昌虹润精密仪器有限公司
20	浙江中控技术股份有限公司
21	杭州盘古自动化系统有限公司
22	聚光科技杭州有限公司
23	长沙开元仪器股份有限公司
24	厦门安东电子有限公司
25	开封仪表有限公司

中国自动化仪表行业企业
信息化和工业化融合发展水平评估样本企业名单

序号	样本企业名称
1	吴忠仪表有限责任公司
2	北京和利时系统工程有限公司
3	上海辰竹仪表有限公司
4	浙江中控技术股份有限公司
5	重庆川仪自动化股份有限公司
6	天信仪表集团有限公司
7	上海阀特流体控制阀门有限公司
8	上海华强仪表有限公司
9	浙江三方控制阀股份有限公司
10	上海威尔泰工业自动化股份有限公司
11	上海大通自控设备有限公司
12	苏州博睿测控设备有限公司
13	重庆耐德工业股份有限公司
14	上海光华仪表有限公司
15	北京远东仪表有限公司
16	无锡智能自控工程股份有限公司
17	浙江苍南仪表厂
18	重庆市伟岸测器制造股份有限公司
19	北京康吉森自动化设备技术有限责任公司
20	上海海得控制系统股份有限公司
21	深圳市建恒测控股份有限公司
22	安徽天康股份有限公司
23	上海西派埃仪表成套有限公司
24	合肥精大仪表股份有限公司
25	浙江伦特机电有限公司
26	中山市东崎电气有限公司
27	江阴市节流装置厂有限公司
28	杭州盘古自动化系统有限公司
29	唐山汇中仪表股份有限公司
30	聚光科技（杭州）股份有限公司
31	北京华控技术有限责任公司
32	浙江迪元仪表有限公司
33	北京国电智深控制技术有限公司
34	上海岗崎控制仪表有限公司

35	开封仪表有限公司
36	上海兰宝传感科技股份有限公司
37	肇庆自动化仪表有限公司
38	丹东通博电器（集团）有限公司
39	上海凡宜科技电子有限公司
40	上海自动化仪表股份有限公司
41	中环天仪股份有限公司
42	福州福光百特自动化设备有限公司
43	上海肯特仪表股份有限公司

附件：

两化深度融合创新推进专项行动通知

工业和信息化部文件

工信部信［2013］165号

工业和信息化部关于开展“信息化和工业化深度融合创新推进专项行动”的通知

各省、自治区、直辖市及计划单列市、新疆生产建设兵团工业和信息化主管部门，有关单位：

为贯彻落实党的十八大精神，推动信息化和工业化深度融合，我部决定开展“信息化和工业化深度融合创新推进专项行动”。请按照《“信息化核工业深度融合创新推进专项行动：实施方案》的要求，做好落实和组织实施工作。

附近：“信息化和工业化深度融合创新推进专项行动”实施方案

工业和信息化部

2013年5月6日

附件：

“信息化和工业化深度融合创新推进专项行动”实施方案

根据全国工业和信息化工作会议精神，以及坚持效果导向、聚焦发展目标、突出工作重点的原则，我们制定了2013年“信息化和工业化深度融合创新推进专项行动”工作方案。

一、背景

党的十八大提出了推动“丝滑同步发展、两化深度融合”的新的要求，2012年“两化融合深度行活动”取得了显著的成效和社会影响力，企业推动信息化（以下简称两化）融合的内生动力得以释放，社会发展环境更为成熟，社会各界对政府推动两化深度融合工作的引导性作用充满新的期待，为顺应发展形势，加强创新，持续深入推动两化深度融合取得新成效，决定实施“两化深度融合创新推进专项行动”。

二、指导思想

以两化深度融合试点为抓手，继续引导性的发展方向；以解决共性问题为突破口，带动行业整体水平提升；以创新信息化服务模式为动力，推动工业和服务业的融合创新发展。

三、主要目标

一是在项目、企业和区域等层面，深入总结两化深度融合的成效和经验，不断为确定今后工作的重点和方向提供基础性一句；二是在若干传统产业，形成和推广一批行业信息化解决方案，破解部分行业两化深度融合的共性瓶颈问题；三是在部分前瞻性领域，开展一批两化深度融合试点，探索新的发展模式和经验；四是做好我部支持的两化融合项目的应用侧信息安全审核，提高支持项目采用自主软硬件产品的比例。

四、重点工作

（一）总结和推广两化深度融合的新成效，继续做好经验推广工作

跟踪分析2012年两化深度融合专项资金安排的重点项目实施情况，总结在信息化综合集成创新、产品嘻嘻花和服务型制造、面向产业服务和行业管理信息化应用等方面取得

的新成效。

加强国家级两化深度融合师范企业经验的总结和推广。依托部门户网站等信息化载体，搭建师范企业典型经验交流推广平台。编写《国家级两化深度融合师范企业案例集》。

全面深入开展两化融合评估，指导支持第三方机构完成首批企业两化融合水平等级认定，继续指导做好区域评估工作。

完成第二批 8 个国家级两化融合实验区工作的验收总结。以单一城市或具有紧密经济联系的城市为载体，选择部分地区开展国家级两化深度融合试点。

综合以上工作，形成《关于推动两化深度融合进展情况的报告》。

（二）深入开展典型企业诊断，建立和推广有效的行业解决方案

1、继续以传统产业改造升级为主要方向，选择仪器仪表的防止开展重点行业整体提升试点。

一是围绕仪器仪表行业现代生产管理和棉纺织行业在线生产监控组织企业开展试点公关，联合行业协会、试点企业、IT 服务企业、研究机构等形成试点实施组织体系，制定试点工作方案，启动试点项目，两化深度融合专项资金给予支持。跟踪试点项目全过程，挖掘提炼项目成果。

二是引导和支持行业应用与推广，开展仪器仪表行业和棉纺织行业评估诊断，避选应用推广的重点企业，支持开展培训活动，支持试点成果行业推广应用，周期性跟踪评价行业整体成效。

2、组织开展“工业云创新行动”。

依托云服务平台为企业提供研发设计，数据管理、协同营销和工程服务等新型集成服务和知识资源，降低企业研发创新和智能创造门槛，加速转型升级。服务内容不仅限于软件服务，服务对象不限于中小企业。

一是明确试点省市和实施方案。避选 8 ～ 10 个试点省市，一句区域产业特点和基础，针对区域内重点企业现状，形成详细实施方案。

二是开展试点省市企业评估诊断，提出各省市工业云服务重点内容建议。

三是建设区域工业云创新服务平台。组织信息技术服务商为各试点省市搭建工业云创新服务区域分平台，梳理专业知识，设计模型等个性化资源，完成数字化转换和平台共享，依据企业评估诊断结果定制云服务内容。

四是组织开展云工业创新服务系列推广活动，组织开展培训、交流推广大会、工业产品 3D 设计大赛活动，宣传推广云创新服务。

五是支持有条件地区构建区域工业云体验中心。对应用工业云服务的现金工业过程进行数字化展现，全方位立体呈现工业云创新服务价值，并为培训活动提供实践场所。

六是开展企业评估跟踪和成果推广，周期性组织企业参与评估诊断，分析总结工业与创新行动实施成效，提炼和推广成功经验及典型案例，梳理一批标杆企业。

3、继续实施行宫工业两化深度融合提升工程。

总结2012年提升工程成效，制定2013年工作计划，健全部内协调机制，明确分工，集中资源，形成合力，支持开展航空工业两化深度融合战略规划和顶层设计。支持中国航空工业集团公司和中国商用飞机有限责任公司的集团掌控、综合保障、供应链管理等信息化应用产品的研发推广。支持开展航空工业信息化标准体系和急用先行的标准研制。

4、信息技术产用合作专项。

加强电子信息企业与传统工业的深度合作，鼓励和支持工业企业采用安全、可靠信息技术和产品在装备、冶金等行业的应用示范，继续推进离散型行业信息技术应用共性技术支持和公共服务平台建设，推进汽车电子、机床电子、医疗电子和金融电子等应用电子产品开发，加强应用试点师范工程建设。

坚持系统带动整机和软硬件应用，以应用带动产业发展，加强系统集成能力建设，引导嘻嘻系统集成服务向产业链前后端延伸，推动咨询设计、集成实施、运行维护、测试评估、数据处理与运营服务等业务向高端化发展。支持信息技术服务支撑工具研发，支持重点软件企业面向工业制造业、金融、能源交通等行业的知识库建设，加快服务标准化和产品化。支持发展面向中小企业的信息技术服务，加快发展软件及服务（Saas）、平台即服务（PaaS）等新型业务模式。支持面向电子商务、物流、第三方支付等生产性服务的信息技术服务平台建设。鼓励大型工业制造企业采购社会化、专业化信息技术服务，积极培育面向工业制造的信息技术服务市场。

（三）实施电子商务集成创新试点工程

落实《电子商务“十二五”发展规划》和《工业和信息化部关于推进物流信息化工作的指导意见》，围绕大企业带脑子商务、行业电子商务平台、移动电子商务、跨境电子商务、产品信息追溯等5个领域，组织开展试点工作，为神话工业企业电子商务应用，提高行业供应链协同水平，确定一大批大企业电子商务供应链信息化提升试点项目。为探索电子交易和物流信息集成网络，创新工业产品流通模式，促进信息、信用、支付、融资、物流、认证、质检等商务要素的无缝衔接，确定一批工业行业电子商务平台试点项目，推动移动电子商务在企业管理、安全生产、环保监控、流通、物流和旅游服务等工农业生产和生产性服务业领域的创新应用，确定一批移动电子商务试点项目，为促进跨境电子商务发展及两岸电子商务合作，支持一批跨境电子商务平台及合作试点项目。为提高装备及零部件、电器、民爆产品，危化品等产品追溯管理和服务能力，确定并支持一批信息可追溯项目和追溯信息服务平台建设试点项目。

（四）开展重点项目信息化应用安全审核工作

在支持项目、认定师范企业等工作中针对“鼓励采用安全可靠的软硬件系统的项目方案”总结经验，以两化融合专项支持的项目为对象，从应用侧入手，以部机关有关司局负责的技术、产品和穷也的信息安全身缠机制为基础，把嘉诚信息系统后由于“产品不配套、技术不匹配、数据不兼容”所导致的“集成性和系统性”的安全审核作为重点，逐步积累经验。

五、进度安排

（一）关于总结和推广两化深度融合的成效和经验完成第二批实验区验收。（5 月）

召开国家级两化融合试验区工作会议和国家级两化深度融合师范企业经验交流会。（6 月）

完成《关于推动两化深度融合进展情况的报告》。（9 月前）

做好重点项目的跟踪检查和经验总结。6 月底前做好半年小结，11 月中旬做好全年工作总结。

（二）关于建立和推广有效的行业解决方案

5 月底前完成诊断工作，年底前完成行业解决方案，阶段性滚动推广。

完成首批工业云试点省市和实施方案。（4 月底前）

全部简称区域工业云创新服务平台。（年底前）

（三）关于电子商务集成创新试点工程

确定一批移动电子商务、信息可追溯项目和最速信息服务平台建设试点项目。（6 月）

明确一批大企业电子商务、行业电子商务平台和跨境电子商务试点项目。（12 月）

（四）关于开展重点项目信息化应用安全审核工作完成支持项目的综合性信息安全审查。（6 月）

引导地方和央企加强安全审核，全年跟踪项目实施中的信息安全问题。（全年）

六、保障措施

（一）发挥好部相关专项资金的作用。李泳豪两化深度融合专项资金对试点工作的引导性作用。产业振兴和技术改造等专项进一步加大对两化深度融合项目的支持。引导更多的地方设立地方性的两化深度融合专项资金，加大支持力度。

（二）继续发挥好全国工业和信息化系统的作用，加强与地方工业和信息化主管部门的联系，指导地方落实好国家相关政策，出台和落实地方性配套政策，加强与部机关相关司局的工作沟通。

（三）促进产学研用协同推进。注重激发企业内的生动力，把满足企业实际需求作为工作的出发点和落脚点。委托行业协会做好行业性两化深度融合推进工作。请部署搞笑、科研院所等，做好相关服务支撑工作。鼓励工业企业、信息化服务机构、行业协会等中介机构联合承担工作任务。

【追求无止境】

我们将一如既往创新产品，优质服务；只有专注，才能精致；只有专业，才能专业；伴着卓越梦想，我们追求无止境！

TYL型气体腰轮流量计

自主开发生产，技术工艺先进，指标达到国际先进水平，质量稳定可靠，始动流量低，流量范围度宽，并由NMI检测通过欧标认证。

◆流量范围：0.4m^3/h~1600m^3/h；

◆口径：DN25~DN200；

◆范围度：40:1~260:1；

◆压力等级：1.6MPa；

◆准确度：(1) 基表：1.0级，0.5级（特殊要求）

(2) 温、压修正：1.5级，1.0级（特殊要求）

◆结构形式：机械计数器型、电子体积修正型、机械计数器+体积修正仪型（双显示型），G10还有电子显示型；

◆可选配：机械计数器、固体脉冲信号发生器（SSP），TFC-B型、TFC-G型、FCM型、FCM-V型体积修正仪。

欧盟型式批准证书

EN12480&R137-1 测试报告

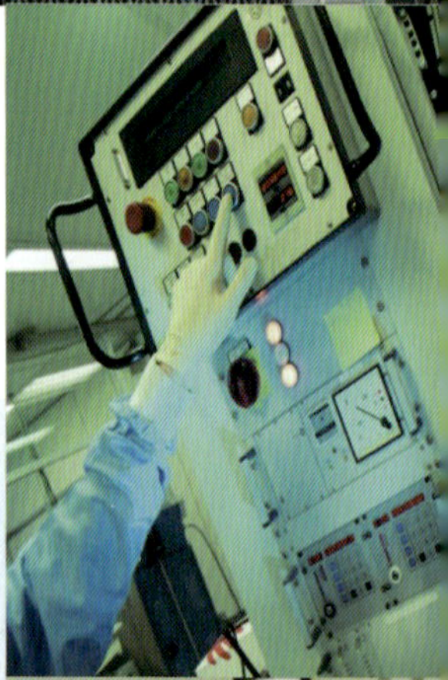

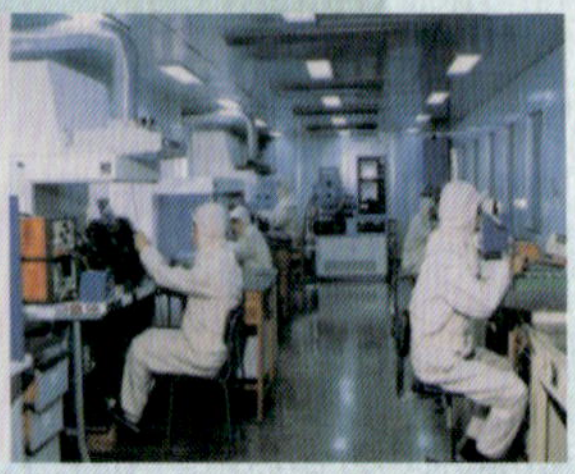

主要产品

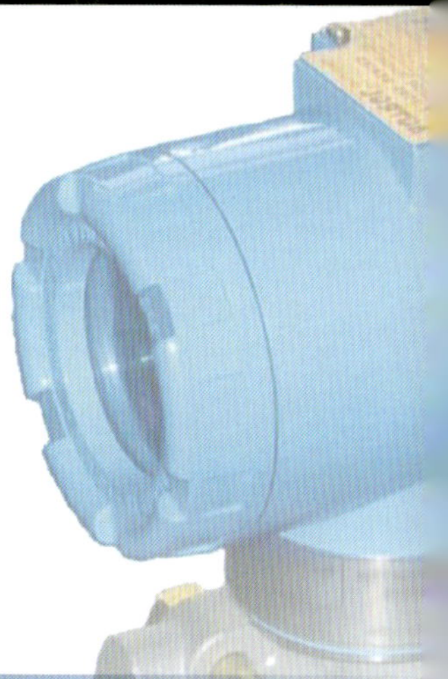

公司现有产品十二大类、五百多个品种、四万余个规格，具有代表性的先进产品有3151智能变送器、智能执行机构、温度仪表、压力仪表、弹性元件等，其中达到国优产品的四种、达到优质产品称号的二十种，达到国家技术标准的五十四种，多项产品被评为一等品，并荣获国家科学技术进步奖。公司产品广泛应用于石油、化工、电站、冶金、建材、电子、市政等国民经济重要领域，为国内外重点项目提供成套控制系统一千余项。

活塞式及浮球式压力计

高精度数字压力表

压力类仪表

3151系列智能变送器

444系列温度智能型温度变送器

可燃气体报警器

公司地址（Address）：中国.西安大庆路229号 No.229Daqing Road,XI’an　邮　编（Zip Code）：710082
公司网址（Website）：www.xygf.com.cn　服务邮箱（E-mail）：xykf@shaangu.com

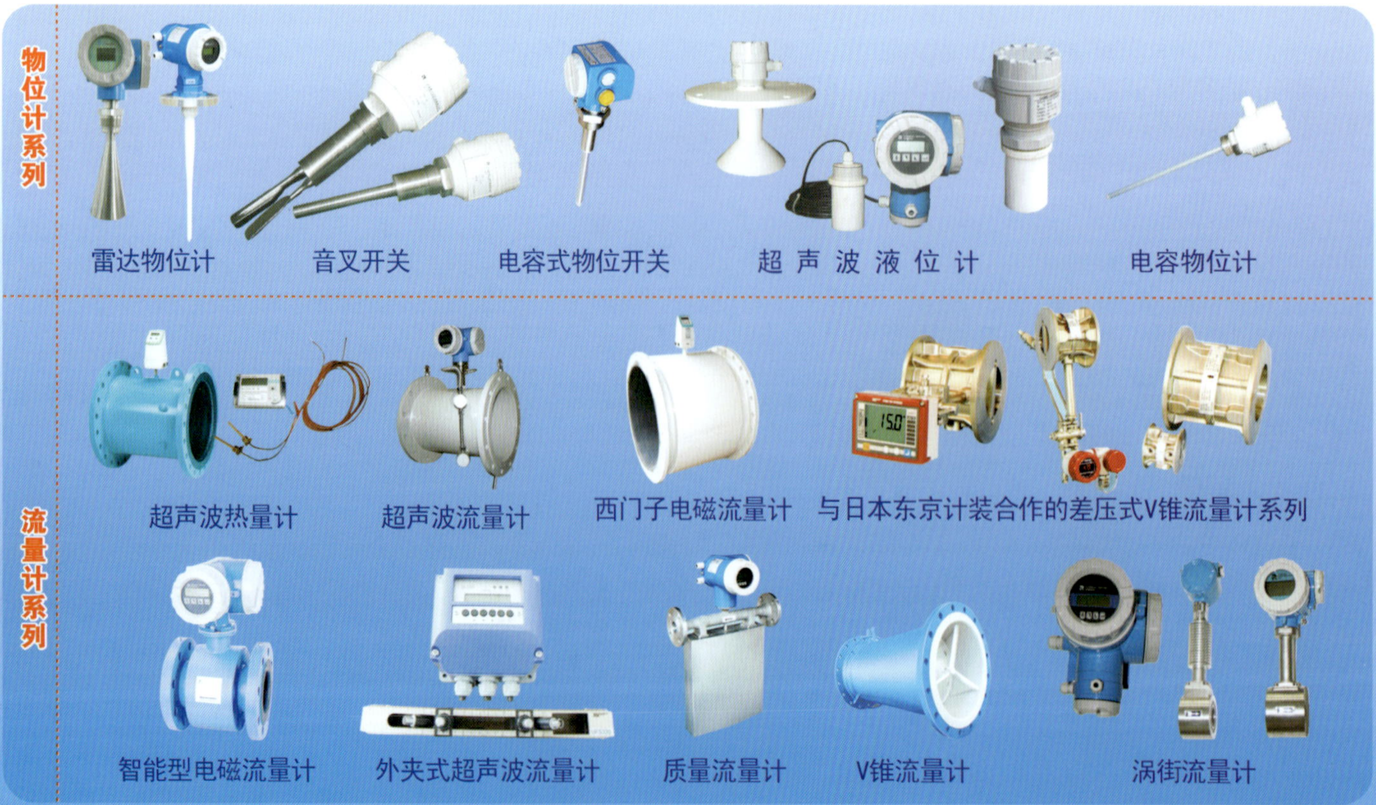

浙江迪元仪表有限公司

浙江迪元仪表有限公司始建于1991年，致力于工业过程自动化控制领域的智能流量（热量）计和控制阀的开发、生产、销售及技术服务，系国家重点高新技术企业，中石化、中石油、中海油物资供应商。

公司拥有一个省级高新技术研究开发中心，一个院士工作站。取得计量器具制造许可证书、特种设备（压力管道）制造许可证书、欧盟CE-PED承压设备认证书。通过ISO9001质量体系认证、ISO14001环境管理体系认证。

主要产品

电磁流量计、涡街流量计、浮子流量计、超声波流量计、V锥流量计、差压节流装置、调节阀、电磁水表、电磁热表、超声波热表。广泛应用于石油、石化、冶金、医药、环保、热电等行业及公用工程、住宅小区。

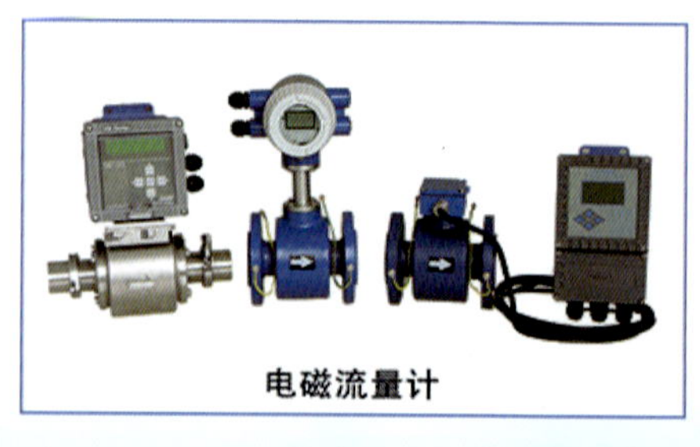
电磁流量计

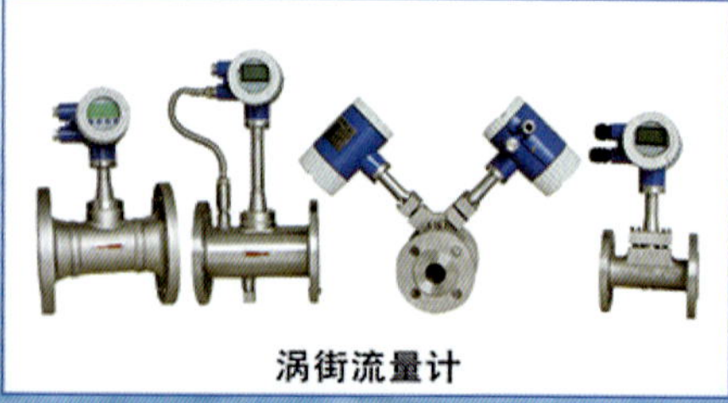
涡街流量计

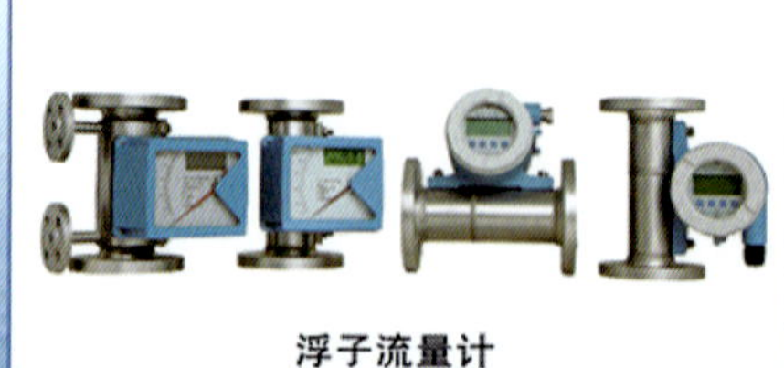
浮子流量计

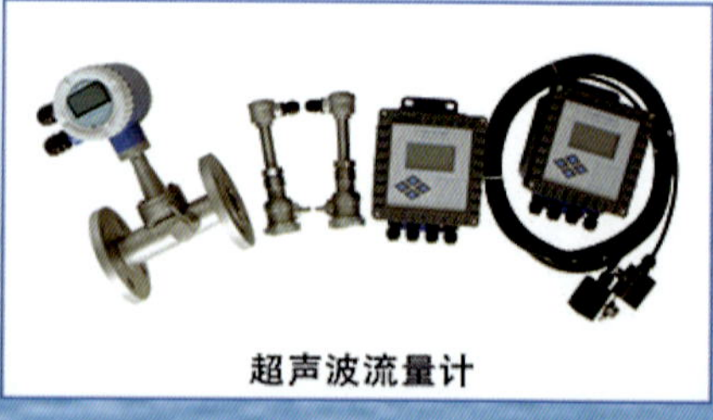
超声波流量计

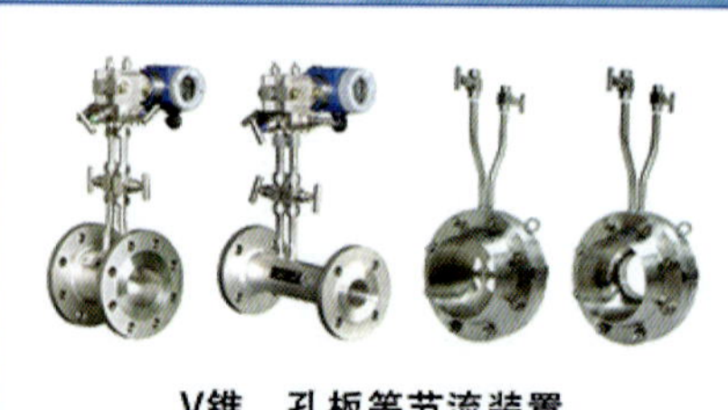
V锥、孔板等节流装置

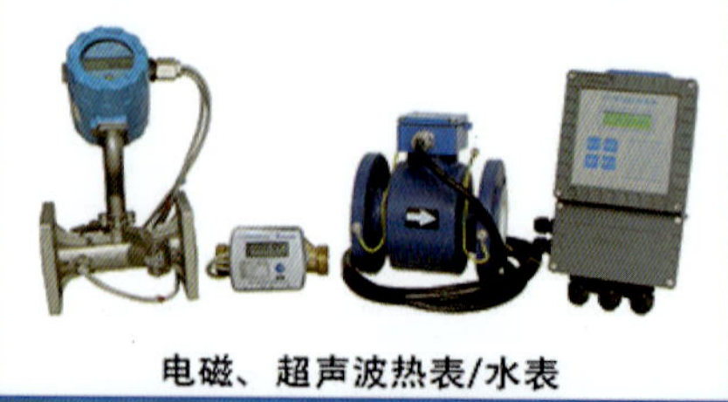
电磁、超声波热表/水表

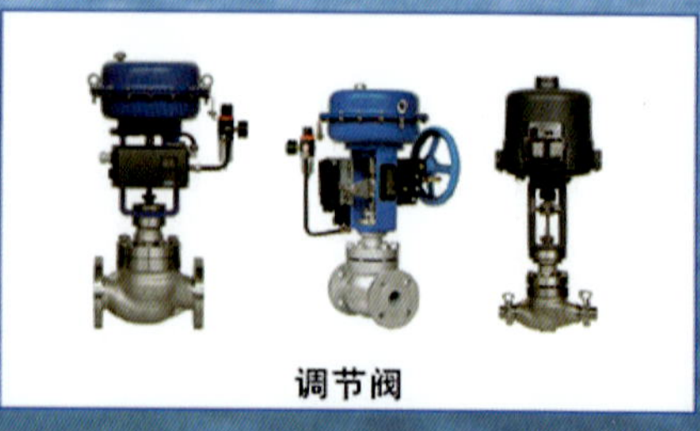
调节阀

地址：浙江省义乌市春晗路106号　邮编：322000
电话：0579-85260678　　传真：0579-85260658
www.zjdiyuan.com　E-mial: diyuan@zjdiyuan.com
服务热线：800-8579105

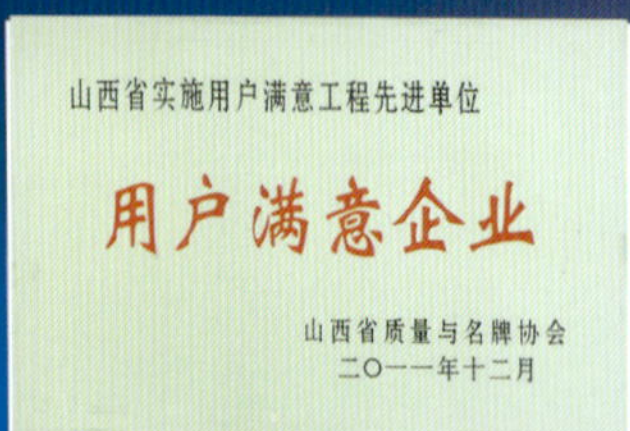

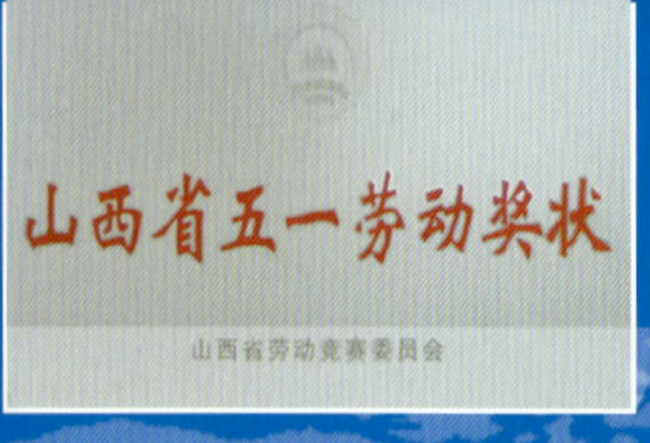

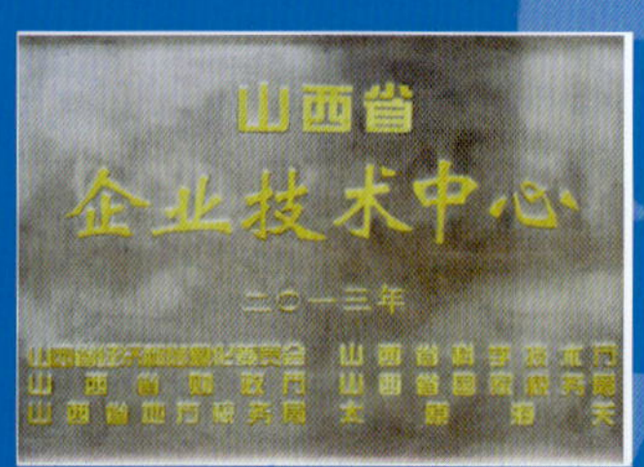

太原太航科技有限公司

太原太航科技有限公司（以下简称“太航科技”）隶属于中国航空工业集团公司，位于山西省太原市，公司总资产7.4亿元，在职员工2500余人。2013年公司实现销售收入约7.3亿元，利润接近2000万元。

太航科技公司是中国仪器仪表协会的理事单位、山西省计量协会副理事长单位、中国衡器协会常务理事单位、国家863项目“过程测控流量传感器及系统”牵头单位。公司在压力测试仪表、流量仪表方面均获得山西省著名商标，并于2012年获得“山西省五一劳动奖状”。

公司具有弹性敏感元件技术、传感器技术、仪器仪表及显示技术等科研开发能力，在传感器的建模与仿真、弹性材料稳定性处理及成型工艺技术、压力传感器设计及应用技术、流量传感器设计等方面具有专利和核心技术优势，在嵌入式计算机应用技术、仪器仪表设计、图形显示驱动技术等方面具有较强的开发应用能力。

公司主要产品：高精度活塞压力计、压力控制器、大气数据测试仪等；科氏力质量流量传感器、变送器、涡街流量计、超声波流量计等；条形码电子秤、多功能邮政秤、电子收银秤、工业衡器等；不锈钢、黄铜、铍青铜、高温合金波纹管以及膜盒和膜片等。

太航科技公司积极利用军工技术快速发展民用测量仪表，重点加快电子称重系统、流体计量检测系统、弹性敏感基础元件和智能机电产品的专业发展，通过积极参与市场竞争，融入区域经济，创新商业模式，不断扩大市场占有率，提升管理能力，致力于成为计量测控系统的领先者，具有广泛影响、品牌知名、受人尊重、和谐持续的一流企业。

公司使命

成为中航工业航电系统的非航空产业重要发展平台。

公司愿景

成为计量测控系统的领先者、汽车传感与仪表的卓越供应商、区域相关服务业的知名服务商，具有广泛影响、品牌知名、受人尊重、和谐持续的一流企业。

公司行为准则

高效务实、严谨精益、诚信豁达。

地址：山西省太原市并州南路137号 邮编：030006
网址：www.thkj.avic.com
电话：0351-7057855 7052980
传真：0351-7072815

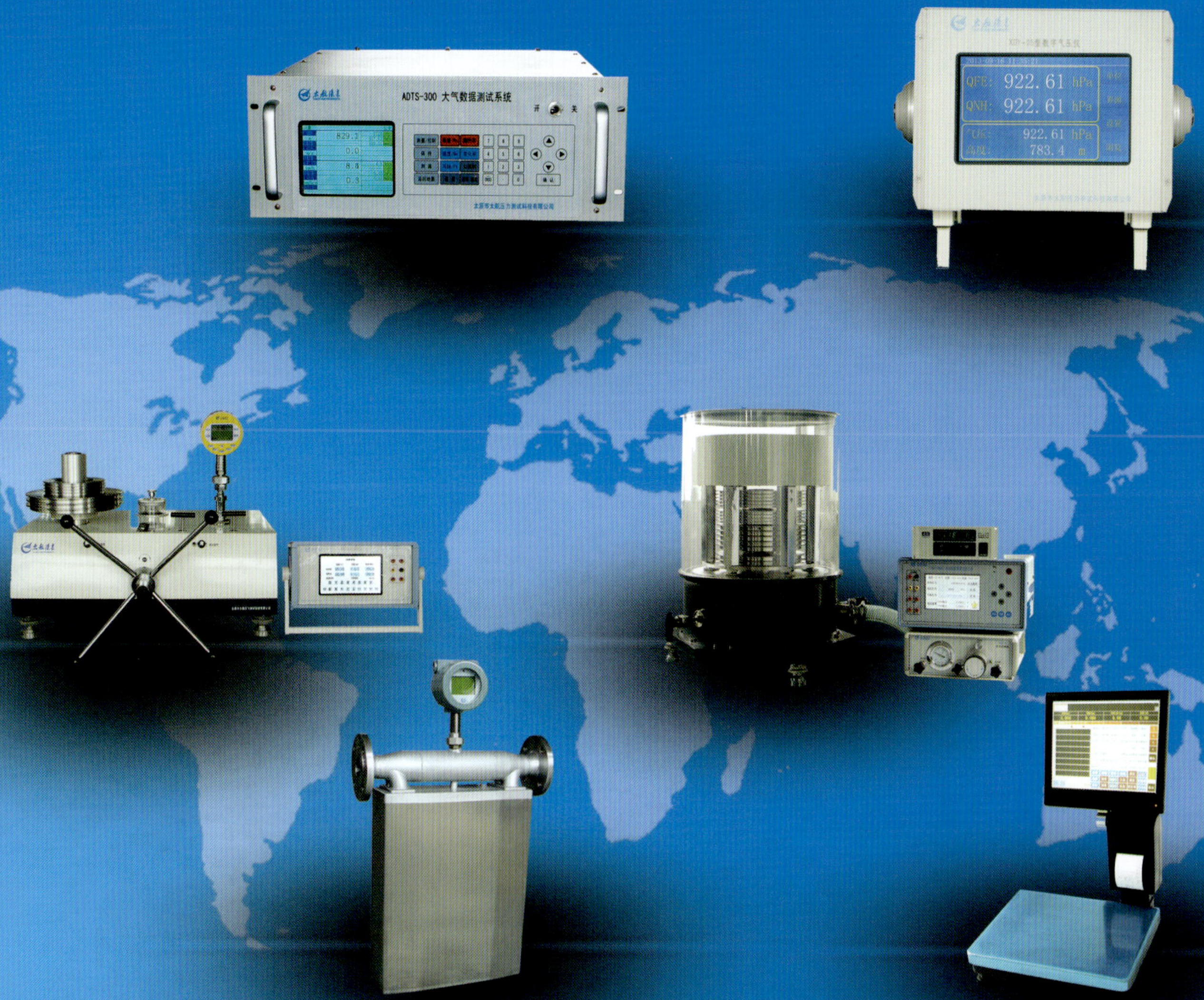

隔离式安全栅、隔离器、配电器、
温度变送器、电量变送器、浪涌保护器

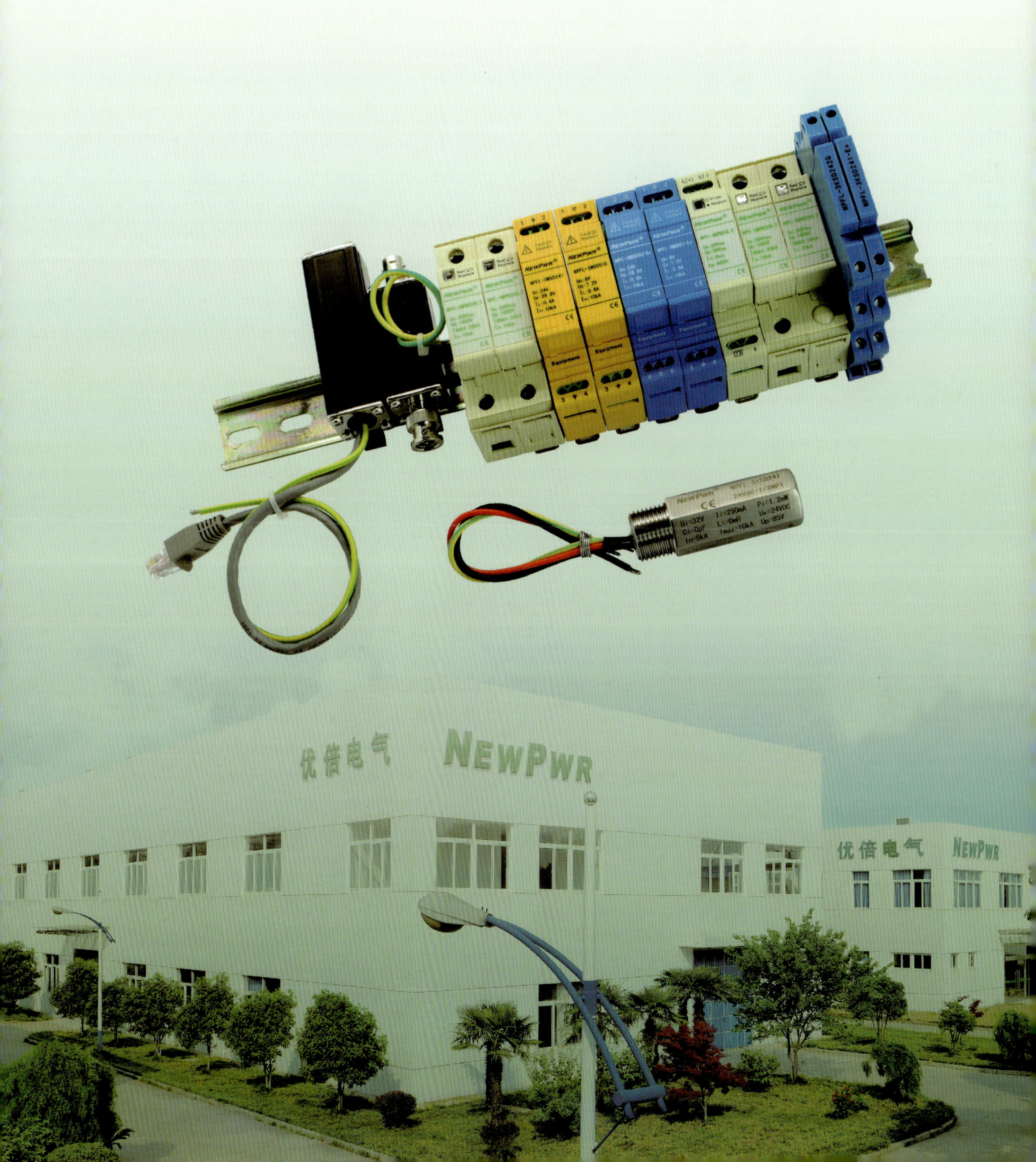

十年铸剑 盘古开关

KT系列无纸记录仪

[主机板]

32位ARM处理器配合独立SDRAM内存，以太网PHY驱动，显示控制系统及大容量存储器，集成度高，性能强大。

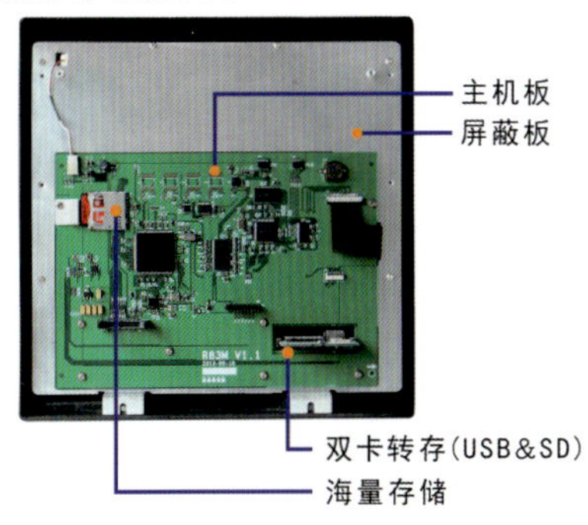

[输入板]

采用24位高精度Σ-Δ A/D转换芯片，测量精度高。高性能光电隔离开关，实现输入信号路路隔离。

[端子盖]

KT系列电源端子盖和信号端子盖采用了符合 EN61010-1:2001安规认证的安全设计，保证操作人员的生命安全。

[通讯模块]

支持Modbus/TCP实时以太网通讯，RS232与RS485通讯模块可更换。

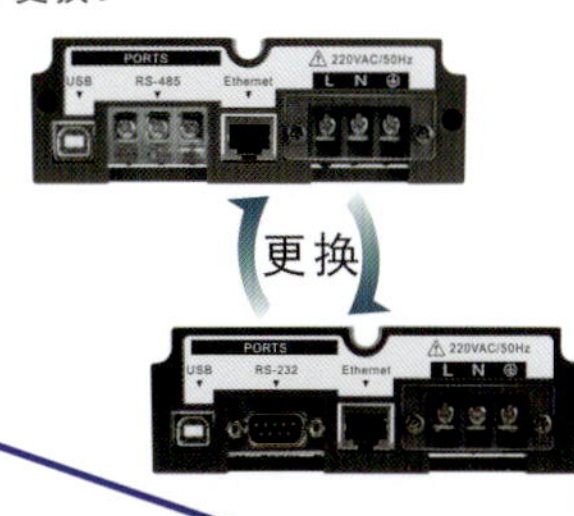

[橡胶轻触按键]

橡胶按钮使操作舒适简便，微动开关延长按键使用寿命。

橡胶按键

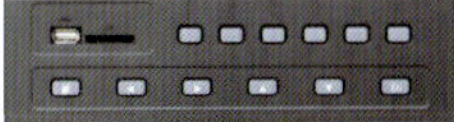

轻触开关

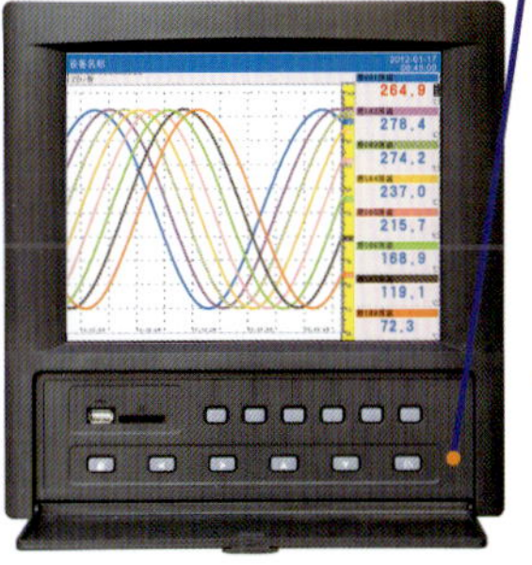

全铝机身(大口径一次拉伸成型)

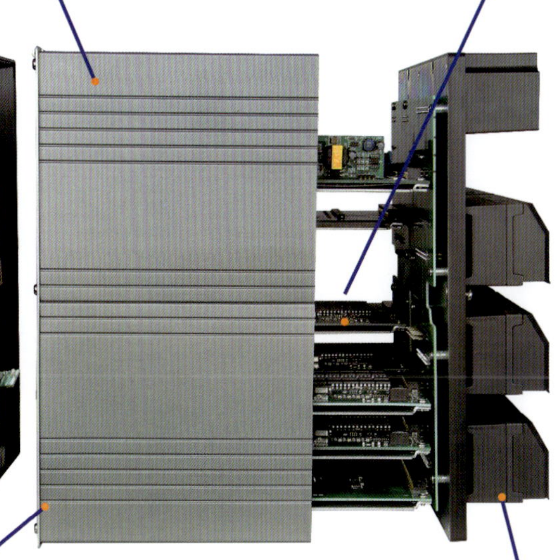

KT800

[机身屏蔽]

全铝密封简身及前后板屏蔽，确保仪表在电磁干扰（如变频器）环境下安全稳定工作。

[简易拆装的输入端子]

KT系列的输入端子拆装简便。现场检修时,只需拆换机身,无需拆装端子和信号线,即可实现仪表的更换。

[冷端设计]

冷端位置靠近端子，保证冷端温度和端子温度一致，确保热电偶精度。

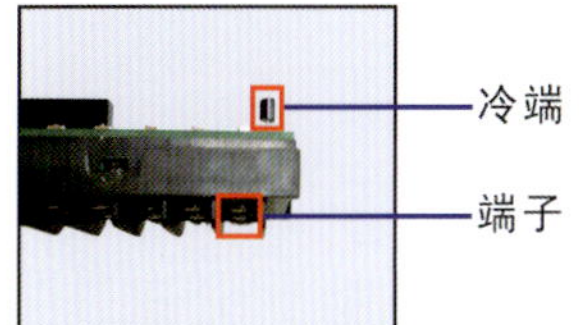

接线端子（默认）

插拔端子（可选，H2）

PG® 杭州盘古自动化系统有限公司
PANGU盘古 HANGZHOU PANGU AUTOMATION SYSTEM CO.,LTD

地址:杭州市西湖科技园振中路208号2幢北4、5楼
总机:0571-87770830 87770831 87770832
传真:0571-87770820
Email:hzpg@vip.163.com
Http://www.pangu.com.cn

上海辛克试验机有限公司是中国最大的装备制造集团上海电气集团总公司下属的动平衡机及材料试验机专业制造企业。

上海辛克试验机有限公司是国内专业从事动平衡检测设备设计、研制的先进技术型企业，拥有超过半个世纪的丰富设计制造经验和完善的检测研制手段及工艺技术，是国内最大的平衡机试验机制造企业，在行业领域内享有极高知名度。

1948年诞生于上海。

1991年7月，上海试验机厂与德国卡尔申克公司合资组建了上海申克试验机有限公司。

2007年7月：完成股份转让程序，上海电气集团总公司斥巨资收购德方全部50%的股份，更名为上海辛克试验机有限公司。

2009年3月14日：为把上海辛克打造成为具有自主产权、大吨位、高精度的大型检测仪器类产品——动平衡机和材料试验机的研发制造基地，上海电气集团正式进行投资立项，项目名称为《上海电气（集团）总公司上海辛克试验机有限公司发展大型高速动平衡机技术改造项目》。

2009年6月：易地项目土建改造正式破土动工。
2010年：正式启用松江区永丰路35号新厂区。
2010年12月：获得上海市高新技术企业称号。

上海辛克试验机有限公司结合一如既往秉承的“以用户为中心，持续改进，追求更好”的质量方针和“严格的科学管理、先进的测量技术、一流的产品质量、优质的服务理念”的经营理念，为客户提供更优质、更贴心的产品和服务。

2007年
南京汽轮电机（集团）有限责任公司
DG 10/ST690-H高速平衡机项目

2008年
大同（上海）有限公司、大同（台湾）有限公司
HY70VG36型高速动平衡机项目

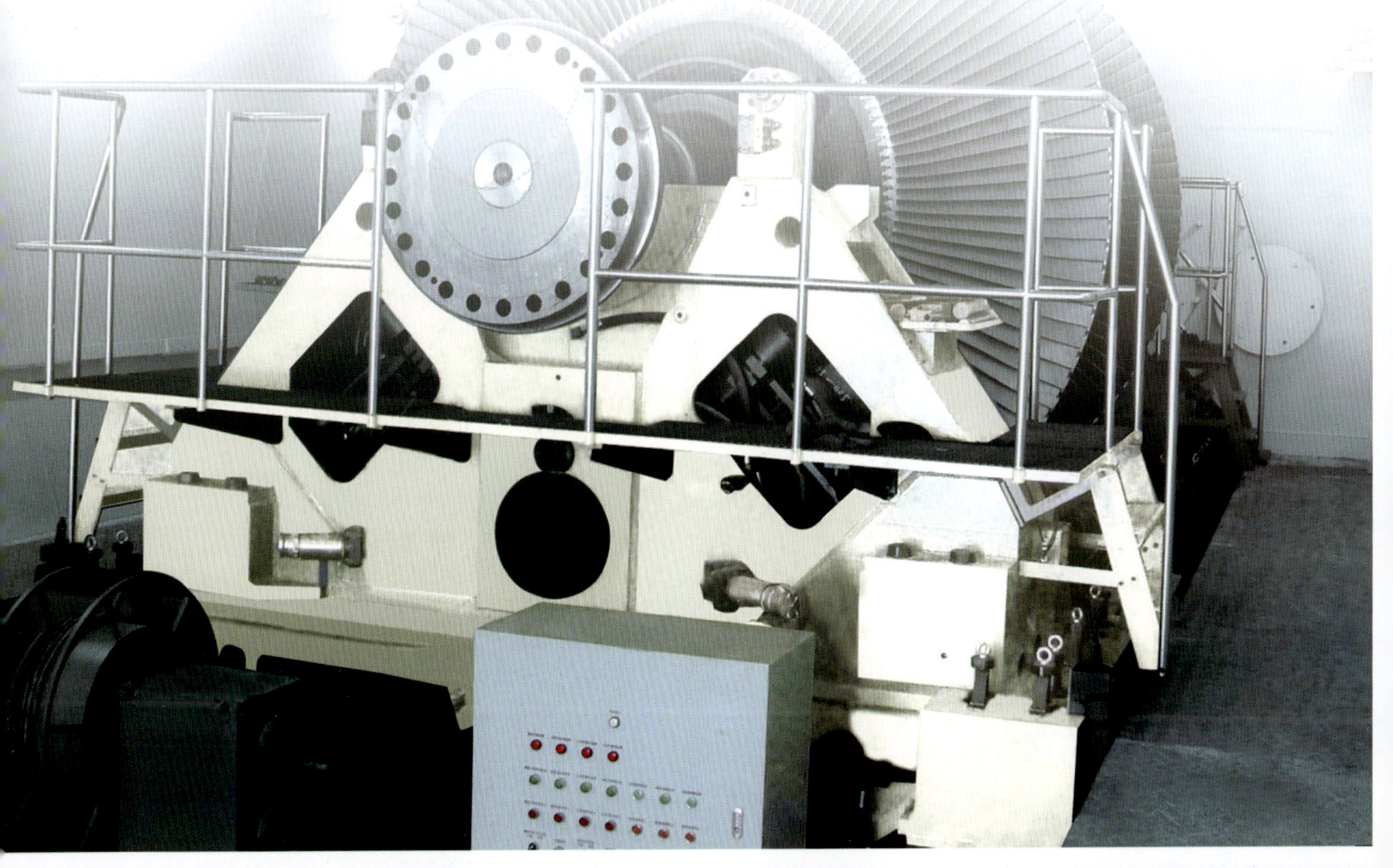